RAU'S REISEBÜCHER
Band 22

MOBIL **REISEN**

GRIECHENLAND

**Die schönsten Reiserouten
von Makedonien bis zum Peloponnes**

W0196379

WERNER RAU VERLAG STUTTGART

Idee, Layout, Text, Fotos, Karten und Pläne (falls nicht anders gekennzeichnet): Werner Rau
Titelfoto: Poseidontempel, Kap Sounio

vollständig neu bearbeitete 4. Auflage 2002

Herstellung: Druckerei Steinmeier, 86720 Nördlingen
Printed in Germany
Gedruckt auf chlorfrei gebleichtem Papier.

ISBN 3-926145-05-6
GEO-Nr. 676 10106

Werner Rau

MOBIL REISEN
GRIECHENLAND

Die schönsten Reiserouten
von Makedonien bis
zum Peloponnes

Rau's Reisebücher
Band 22

Kap Sounio

Der Dorfplatz in Metsovo (Epirus)

INHALT

Praktische und nützliche Informationen von A bis Z

Kurzessays

Karten, Lage- und Stadtpläne

Kavala (1) mit seiner dominierenden Festung im Nordosten Griechenlands spielt auch heute noch eine Rolle als **Fischereihafen (2)**.

Eine Besuchserlaubnis für den Heiligen Berg Athos ist nicht ganz einfach zu erlangen. Ein Bootsausflug von Chalkidiki aus zur Athosküste mit Blick auf die recht imposanten Klöster, wie das **Athoskloster Dohiariou (3)** z. B., ist da viel leichter zu bewerkstelligen.

Das **Amphitheater von Dodoni (4)** liegt ganz in der Nähe von Ioanina.

Zwei große Sehenswürdigkeiten sind auf dem Wege von Thessalien nach Süden zu bewundern – die Meteoraklöster (siehe nächste Doppelseite) und **Kloster Ossios Loukas (5)** mit seinen Fresken.

7

Wie Adlerhorste kleben die einstmals nur über halsbrecherische Leitern und abenteurliche „Aufzüge" zugänglichen **Meteoraklöster**, wie das **Kloster Rousanou (6)** oder das **Kloster Varlaam (7),** auf den Felskegeln.

Delphi mit seinem **Apollotempel (8)**, in der Antike Sitz des legendären Orakels, ist noch heute eines der bedeutendsten Touristenziele in Griechenland.

Die kleine Mühe eines Spaziergangs hinauf zum **Theater (9)**, vorbei an Tempelfragmenten und ionischen **Säulenkapitellen (10),** wird mit einem prächtigen Blick über das griechische Heiligtum belohnt.

In die Mauern des **Apollotempels (11)** ließen einstmals die Philosophen ihre Erkenntnisse, wie z. B. „Alles in Maßen", meisseln.

Der dorische Tempel des **Parthenon (12)** auf der Akropolis ist das Wahrzeichen Athens schlechthin. Links im Vordergrund das Odeon des Herodes Attikus.

Nicht nur die eindrucksvolle **Korenhalle (13)** auf der Akropolis ist von den negativen Umwelteinflüssen in Mitleidenschaft gezogen worden.

Der **Blick von der Akropolis (14)** geht über Athens Altstadtviertel Plaka bis zum Likavitoshügel.

Ein Bummel durch die Gassen der **Plaka (15)**, z. B. zum **Turm der Winde (16)**, bietet gute Gelegenheit, eine einladende **Taverne (17)** fürs Abendessen zu finden.

Unweit östlich der Plaka sieht man die imposanten Säulen des **Olympieion (18)**.

Der Peloponnes bietet Sehenswürdigkeiten aus nahezu allen Kulturepochen Griechenlands.

Dazu zählen z. B. das byzantinische **Mistras** mit der kuppelreichen **Afentiko Kirche (19)**, dann das berühmte **Olympia (20)**, weiter das abgelegene Küstenstädtchen **Monemvassia**, das gelegentlich auch „Gibraltar Griechenlands" genannt wird, mit dem **Kirchplatz Dzamiou (21),** oder das **Löwentor (22)** im epochemachenden **Mykene**, das von Heinrich Schliemann ausgegraben wurde.

Eine urige Taverne wie in der mittelalterlichen **Unterstadt von Monemvassia (23)**, ein schattiges Restaurant (24) oder eine Kneipe am Hafen wie hier in **Githio (25)** für eine Verschnaufpause nach anstrengenden Besichtigungen findet sich fast immer. Oder genießen Sie einfach die Ruhe der Mittagsstunden wie hier im reizvollen **Parga (26)** an einem sonnigen Herbsttag in der Nachsaison.

Eine der schönsten Küstenlandschaften und Strände an der ionischen Küste bietet das Städtchen **Parga (27)**, das südlich von Igoumenitsa liegt.

Und natürlich wird man von Igoumenitsa aus einen Abstecher auf die Insel Korfu unternehmen. Klassisch der Blick auf die **Klosterinsel Vlachernon (28)** auf Korfu.

KURZPORTRÄT GRIECHENLANDS

Griechenland (*Hellas – Elliniki Dimokratia – Hellenische Republik*) liegt auf dem Südausläufer der Balkanhalbinsel. Griechenland hat im Norden Landesgrenzen mit Albanien, mit der ehemaligen jugoslawischen Teilrepublik Makedonien, mit Bulgarien und mit der Türkei. Im Osten, Süden und Westen wird Griechenland vom Mittelmeer begrenzt.

Größe des Landes: Griechenland erstreckt sich über ein Territorium von 131.940 qkm (BRD 357.045 qkm). Etwa ein Viertel des Staatsgebietes entfällt auf die über 2.000 Inseln, von denen nur 200 bewohnt sind. Die größte Ausdehnung des Landes beläuft sich in Nord-Süd-Richtung auf rund 750 km und in Ost-West-Richtung auf 900 km.

Bevölkerung: Die Einwohnerzahl beläuft sich auf ca. 10,9 Mio. die sich zusammensetzen aus über 98% Griechen und Minderheit u.a. aus Türken (ca. 1%), Albanern, Bulgaren (0,3%) und Armeniern (0,2%). Die Bevölkerungsdichte beträgt 80 Einwohner je Quadratkilometer (BRD 218 Einw./qkm).

Religion: Abgesehen von verschwindend kleinen Gruppierungen (ca. 3 % Moslems, Juden, Protestanten u.a.) gehört der ganz überwiegende Teil der Bevölkerung (über 97%) der griechisch-orthodoxen Glaubensrichtung an. Es besteht eine verfassungsrechtlich verbriefte Glaubens- und Religionsfreiheit. Es gibt keine Staatskirche.

Hauptstadt ist **Athen** mit ca. 775.000 Einwohnern, inkl. aller Außenbezirke ca. 3,7 Mio. Einwohner. Die nächst größten Städte des Festlandes sind Thessaloniki (ca. 750.000 Einw.), Patra (ca. 200.000 Einw.), Larissa (ca. 120.000 Einw.) und Volos (ca. 77.000 Einw.).

Landesnatur: Das Staatsgebiet erstreckt sich von **Nordgriechenland** mit den Landschaften *Makedonien, Thrakien, Epirus, Thessalien, Böotien, Etolia* bis zur **Peloponnes-Halbinsel** mit den Landschaften *Achaia, Argolis, Arkadia, Missini, Lakonia, Elis* und schließt die Insel **Kreta** sowie zahlreiche **Inseln** im Ionischen Meer und vor allem in der Agäis mit ein.

Der generelle **Landschaftscharakter** des **Festlandes** wird geprägt vom Meer und von Gebirgen. So zieht sich der waldarme **Dinarisch-Hellenische Gebirgszug** vom Norden über den Gebirgsstock des Pindos mit seinen bizarren Gipfeln (Smolikas 2.637 m) und Schluchten in der Provinz Epirus bis zum Taigetos-Gebirge auf dem Peloponnes hin. Eingelagert zwischen den Höhenzügen sind kleinere und größere Beckenlandschaften und Ebenen, wie das Makedonische Becken, die Thessalische Ebene, die Becken von Ioanina, Böotien oder Argolis und die Ebenen von Sparta und Messini. Diese Ebenen waren geeignete Landschaften für die Entwicklung der ersten Stadtstaaten Griechenlands.

Markant im Norden Griechenlands ist die **Halbinsel Chalkidiki** in Makedonien, die durch ihre drei in die Agäis vorspringenden schmalen Halbinseln Kassandra, Sithonia und Athos auffällt. Nordöstlich schließt sich Griechenlands östliche Provinz Thrakien an, die im Osten an die Türkei grenzt und im Norden an der Grenze zu Bulgarien vom Rodopigebirge abgeschlossen wird.

Die Balkanhalbinsel wird immer wieder von Erdbeben heimgesucht, die von den sich bewegenden Kontinentalplatten und den Ausgleich der Spannungen in der Erdkruste hervorgerufen werden.

Bemerkenswert ist die starke Verkarstung des Landes. Seit der Antike wird an den Wäldern auf der Balkan-Halbinsel ein verhängnisvoller Raubbau betrieben, dem auch heute kein Einhalt geboten wird. Als Folge können auch kleinste Regenfälle, Wind und Wetter die dünne, fruchtbare Erdkrume abtragen. Häufige Waldbrände, durch Selbstentzündung in den heißen Sommermonaten hervorgerufen oder aus Gewinnstreben absichtlich provoziert und eine traditionelle Überweidung durch Schaf- und Ziegenherden begünstigen den Erosionsprozess und verhindern nachhaltig eine Regeneration des Baumbewuchses.

Die 4.100 km lange **Küste** des Festlandes – inklusive aller Inseln beläuft sich die Küstenlänge auf über 15.000 km – ist stark gegliedert und von tief einschneidenden, großen Buchten (Golfe) gekennzeichnet. Der einzige in Ost-West-Richtung verlaufende Meeresarm, der Golf von Korinth, durchtrennt das Land bis auf den schmalen **Isthmus von Korinth** fast vollständig. Die vom imposanten Kanal von Korinth durchstochene Landenge verbindet Zentralgriechenland mit dem Peloponnes, der mit einer Fläche von 21.440 qkm größten Halbinsel Griechenlands.

Staatsform: Griechenland ist nach seiner Verfassung vom Juni 1975 eine parlamentarisch-demokratische Republik. Volksvertretung ist die Nationalversammlung (Einkammerparlament *Vouli ton Ellinon*) mit 300 gewählten Abgeordneten verschiedener Parteien.

Staatsoberhaupt ist der Staatspräsident, der auf 5 Jahre gewählt ist und einmal wiedergewählt werden kann. Seit März 1995 hat *Konstantinos Stephanopoulos* von der PASOK Partei (Panellinion Socialistikon Kinima – Pan-

26

hellenische Sozialistische Bewegung) dieses Amt inne. Der Staatspräsident ernennt den Ministerpräsidenten, der als Regierungschef fungiert. Seit September 1996 ist das 2. Kabinett Simitis mit *Kostas Simitis* als Ministerpräsident im Amt. In der Verfassungsänderung von 1985 werden die Befugnisse des Staatspräsidenten auf repräsentative Aufgaben beschränkt – so darf er z.b. nicht mehr den Ministerpräsidenten entlassen – dafür wird die Position des Regierungschefs gestärkt.

Die PASOK, eine der beiden maßgeblichen Parteien Griechenlands, ist 1974 von Andreas Papandreou, als eine sozialistische Partei auf demokratischer Grundlage gegründet worden. Sie ging aus der Widerstandsbewegung PAK (Panhellenische Befreiungsbewegung) gegen die Militärdiktatur hervor.

Der andere große Block in der Parteienlandschaft Griechenlands wird von der Nea Dimokratia (ND) gebildet. Die Partei war 1974 von Konstantin Karamanlis als Nachfolgepartei der konservativen „Nationalen Radikalen Union" (ERE) gegründet worden.

Verwaltungstechnisch ist das Land in 10 Regionen mit 51 Bezirken (Nomoi) und 147 Kreisen (Eparchien) gegliedert. Die Stadt- und Dorfgemeinden können sich auf ein weitgehendes Selbstverwaltungsrecht berufen, das „der Staatsform, der Sicherheit des Staates und der sozialen Ordnung" basiert. Die **Mönchsrepublik Athos** mit zuletzt 557 Einwohnern ist autonomer Bestandteil des griechischen Staates.

Wirtschaftliche Schwerpunkte: Größten Anteil am Bruttoinlandsprodukt haben in Griechenland mit 58% die Bereiche Handel und Dienstleistung, gefolgt vom verarbeitenden Gewerbe mit über 23%. Dagegen sind ehemals dominierende Bereiche wie die Land- und Forstwirtschaft und die Fischerei – in der Agrarwirtschaft z.B. waren einstmals ca. 28% der arbeitenden Bevölkerung beschäftigt – auf knapp 10% gesunken. Wichtige landwirtschaftliche Produkte sind Baumwolle, Wein, Sultaninen, Tabak, Olivenöl. Tabak wird vor allem in Makedonien und Thrakien angebaut, während von den Küsten des Peloponnes der größte Teil des Olivenöls stammt. Die Fischerei, auch die Schwammfischerei, ist wegen Überfischung und Wasserverschmutzung stark rückläufig.

Förderung und Verarbeitung von Bodenschätzen (Braunkohle, Bauxit, Eisenerz, Magnesit, Blei, Zink, Chrom u.a.), Handelsschiffahrt und vor allem der Fremdenverkehr, sind weitere wirtschaftliche Schwerpunkte. Rund 11 Mio. Touristen besuchen jährlich Griechenland. Aber selbst der enorme Devisenzufluß durch den Tourismus kann die negative Zahlungsbilanz des erheblichen Handelsbilanzdefizits nicht kompensieren. Eine Zunahme der Investitionen und eine Besserung der wirtschaftlichen Lage haben im vergangenen Jahr zwar wieder zu einem leichten Anstieg des Bruttoinlandsprodukts geführt. Dennoch konnte Griechenland die Kriterien zum Beitritt zur Europäischen Währungsunion (Euro) noch 1998 nicht erfüllen. Nach Ansicht von Fachleuten gab es im Lande „weiterhin strukturelle Defizite und finanzielle Ungleichgewichte". Außerdem wurde eine übermächtige Bürokratie bemängelt. Am 19. Juni 2000 dann unterzeichnete Kostas Simitis die Beitrittsakte zur europäischen Wirtschafts- und Währungsunion. Das Ergebnis seiner strikten Wirtschaftspolitik der letzten Jahre.

Nationalflagge: Blau-weiß horizontal gestreift mit weißem, gleichseitigem Kreuz auf blauem Grund links oben.

Nationalfeiertag: Unabhängigkeitstag am 25. März.

Nationalhymne: Freiheitslied „Imnos eis tin Eleftherion".

Der **höchste Berg** ist der 2.917 m hohe **Oros Olimbos** (Olymp).

Längster Fluß ist der 291 km lange **Aliakmon** und mit 81 qkm ist der **Limni Vegorritis** der **größte See** Griechenlands.

KUNST UND GESCHICHTE – IN STICHWORTEN

Graue Vorzeit – 2800 v. Chr.

Funde und Ausgrabungen in **Petralona** auf der Halbinsel Chalkidiki in Nordgriechenland brachten ans Tageslicht, dass schon 600.000 Jahre vor unserer Zeitrechnung paläontologische Geschöpfe in Griechenland gelebt haben mussen. In Petralona wurden die ersten Feuerspuren der Welt gefunden. Hierher muß wohl Prometeus das von den Göttern geraubte und sorgsam in einem Schilfrohr verborgene Feuer gebracht haben, wofür er dann auch bestraft wurde. Riesen schmiedeten ihn, der Mythologie zufolge, an die Felsen des Kaukasusgebirges. Und um das Maß der Pein voll zu machen, kam täglich ein Adler, um an seiner Leber zu picken.

2800 – 1100 v. Chr. – BRONZEZEIT

In der **Bronzezeit** bringen aus dem Osten einwandernde Stämme die Kunst der Verarbeitung von Metall auf die Kykladen (Kykladenkultur). Die seerfahrenen Kykladenbewohner treiben mit der begehrten Ware Bronze fleißig Handel im ägäischen Raum.

Die Kulturzentren verlagern sich. Es entstehen die **Minoische** und die **Helladische Kultur**. Überreste der Paläste von **Knossos, Phaistos** und **Malia** spiegeln eine Epoche wieder, deren Keramik- und Goldschmiedekunst, Architektur, Freskenmalerei und deren Luxus von kaum einer anderen Kulturepoche übertroffen wird.

Die durch ein gewaltiges Erdbeben um 1700 v. Chr. zerstörten Paläste werden noch prächtiger wiederaufgebaut und entfalten sich schnell wieder zum Zentrum der Macht.

Die als „Hellenischen Stämme" bezeichneten Achäer und Ionier dringen von Norden nach Griechenland vor und bauen Befestigungsanlagen in **Mykene** und **Tiryns.** Knossos wird im 15. Jh. v. Chr., auf dem Höhepunkt seiner Entwicklung, durch den Ausbruch des Vulkans Thira zerstört. Mykene wird nun Mittelpunkt einer neu aufblühenden, das ganze östliche

Mittelmeer umfassenden Kultur.

Im 13. Jh. v. Chr. entsteht das mächtige Löwentor von Mykene.

Athen sichert seine Burg auf dem Akropolishügel durch Mauern. Der Palast von Theben wird zerstört.

Um 1200 v. Chr. Trojanischer Krieg.

Um 1100 v. Chr. tauchen aus dem Norden die Dorer in Massen auf und sorgen für den Zerfall der mykenischen Kultur.

Solon

1100 – 700 v. Chr. – GEOMETRISCHE ZEIT

Unter den griechischen Stämmen entwickelt sich das Bewußtsein eines einheitlichen Volkes der Hellenen.

Phönizier übernehmen die Führungsrolle im Mittelmeerhandel. In Kleinasien entstehen die ersten griechischen Kolonien.

Das aufkeimende Volksbewußtsein führt zur Gründung der Kultstätten **Dodona, Delphi** und **Olympia**.

Um 800 v. Chr. – Homer schreibt seine Heldenepen „Ilias" und „Odyssee"

Die Kunst befaßt sich mit der Darstellung plastischer Figuren. Die Vasenmalerei erreicht eine hohe Vollendung.

776 v. Chr. – Es finden zum ersten Mal **Olympische Spiele** statt.

700 – 480 v. Chr. – ARCHAISCHE ZEIT

Griechische Kolonien bilden sich in Unteritalien, in Sizilien und in Kleinasien. Die mächtigen Stadtstaaten (Polis) **Athen** und **Sparta** entstehen. In Athen schreibt Drakon seine Auffassung über Recht und Gesetz nieder. Athen wird durch seine

Sokrates

Flotte zur Großmacht unter Peisistratos.

Auf dem Peloponnes wird Sparta nach der Gründung des Peloponnesischen Bundes um 550 v. Chr. zum dominierenden Militärstaat. Der erste persische Ansturm versinkt in den Fluten vor Athos, ein zweiter Angriff unter Darius wird bei **Marathon** (490 v. Chr.) gestoppt. Die frohe Kunde bringt ein Läufer nach Athen. Zehn Jahre später erkämpfen die Perser unter Xerxes die **Thermopylen**, aber die Athener siegen zur See bei **Salamis** (480 v. Chr.). Schließlich werden die Perser 479

bei **Platäa** endgültig geschlagen.

Um 580 entstehen **dorische Tempel** in Korinth (Apollo Tempel) auf Ägina und in Athen (Parthenon) und in Bassä.

Ab dem 5. Jh. setzt sich zunächst in Kleinasien (Didyma, Efesus) der nicht mehr ganz so strenge Ionische Stil durch.

Im Bereich der **Keramik** sind die sog. „Schwarzfigurvasen" und etwas später die „Rotfigurvasen" mit Motiven aus der Mythologie kennzeichnend für die Archaische Zeit.

Im Bereich der **Skulptur** sind die Großplastiken der „Kuroi" (stehende Jünglinge), die „Koren" (Mädchenfiguren) und die Plastiken an Giebeln, Friesen und Metopen der Tempel für jene Epoche bezeichnend.

Auf dem Felde der **Literatur** ragen Sänger und Dichter wie Sappho oder Pindar und im 5. Jh. die Tragödiendichter Äschylos, Sophokles und Euripides heraus. Einer der ersten Naturphilosophen, Heraklit (550 – 480), lebte in jener Kulturepoche, ebenso der große Historiker Herodot (490 – 430).

480 – 323 v. Chr. – KLASSISCHE ZEIT

Unter Perikles entsteht ein „Goldenes Jahrhundert". Demokratie, Kunst und Kultur erleben eine glanzvolle Zeit. Streitigkeiten zwischen Athen und Sparta aber führen zu den **Peloponnesischen Kriegen** (431 – 404).

Philipp II. von Makedonien nützt den Zwist aus, unterwirft die zerstrittenen Stadtstaaten und befehligt den Feldzug gegen die Perser. Sein Sohn Alexander der Große setzt sein Werk fort, zerschlägt den „Gordischen Knoten" und dehnt sein Reich bis in den Orient, bis Ägypten und bis Indien aus.

Zu den großen Kunstwerken der Klassischen Zeit zählen der **Zeustempel von Olympia** oder die unter Perikles wieder aufgebaute **Akropolis**. Einer der großen Bildhauer jener Zeit war Phidias. Die großartig erhaltenen Bronzen, wie der **„Wagenlenker von Delphi"** oder der **„Poseidon vom Kap Artemision"** gehören zu

den schönsten Kunstwerken aus der früh-
klassischen Epoche. Es war die Zeit der
Sophisten (sog. Scheinwissen-schaftler)
und Philosophen wie Sokrates und dessen Schüler Platon und Xenophon oder
Aristoteles (384 – 322).

323 – 146 v. Chr. – HELLENISMUS

323 v. Chr. stirbt Alexander der Gro-
ße. Sein gigantisches Reich zerfällt in klei-
ne Königreiche, die von den ehemaligen
Generälen (Diadochen) der Alexander-
Armee regiert werden. Ständige Unstim-
migkeiten provozieren immer wieder neue
Kriege zwischen den Königreichen. Der
Hellenismus wird dadurch geschwächt.
Griechenland selbst wird zur kulturellen
Provinz. Die wahren Zentren griechischer
Kultur haben sich nach Alexandria in
Ägypten, Selenika in Syrien und Perga-
mon in Kleinasien verlagert.

Im 3. vorchristlichen Jahrhundert grei-
fen Römer erstmals nach Griechenland.
Die makedonischen Könige werden unter-
worfen und nach der letzten Schlacht beim
Isthmus von Korinth (146 v. Chr.) bemäch-
tigt sich Rom Griechenland endgültig.

In der Architektur bildet sich der **korinthische Stil** heraus. Bedeutende
Kunstwerke entstanden, wie der **Perga-
monaltar**, die **Bibliothek von Ephesus**
oder die Skulpturen „**Nike von Samo-th-
rake**" und „**Venus von Milo**".

146 v. Chr. – 395 n. Chr. – RÖMI-SCHE ZEIT

Griechenland wird unter dem Namen
Achaia 27 v. Chr. römische Provinz,
Hauptstadt wird Korinth. Um 50 n. Chr.
beginnt der Apostel Paulus in Philippi seine Missionsarbeit in Griechenland. Athen
entwickelt sich wieder zum Mittelpunkt von
Kunst und Kultur und erfährt unter der römischen Herrschaft für drei Jahrhunderte
eine neue Blüte.

393 n. Chr. – Olympia erlebt die letzten Spiele.

Um die Zeitwende lebte der große
Geograph Strabo.

395 – 453 – BYZANTINISCHE ZEIT

Mit der Teilung des Römischen Imperiums in das Weströmische Reich, mit dem
Machtzentrum Rom, und in das Oströmi-
sche Reich, mit der Metropole Konstantinopel (Byzanz), das seinen politischen
und kulturellen Einfluß auf Griechenland
geltend macht, beginnt die byzantinische
Zeitepoche.

Einflüsse östlicher Länder und Kunst-
elemente hellenischer Prägung verschmelzen zur byzantinischen Kunst, die
vor allem ihren Ausdruck in der Kirchen-
Architektur findet und der Mosaikkunst
und der Malerei breiten Raum gibt.

Aus dem Norden stürmen Barbaren-
stämme nach Griechenland. Zwischen
dem 4. und 11. Jh. verwüsten Vandalen,
Goten, Hunnen und Slawen immer wieder
das Land.

529 n. Chr. –Athen versinkt nach der
Schließung der philosophischen Schule
wieder in ein Provinzdasein. Das der byzantinischen Hauptstadt Konstantinopel
näher gelegene Thessaloniki läuft ihm an
Bedeutung den Rang ab.

Im 7. Jh. wird Griechenland dem **Byzantinischen Kaiserreiche** einverleibt.

Die **Kreuzzüge** ins Heilige Land (ab
1096) wecken die Begehrlichkeit der Franken und Normannen nach Expansion. Der
4. Kreuzzug führt dann auch nicht nur
nach Jerusalem, sondern bringt 1204 die
Eroberung Konstantinopels mit sich.

Schließlich fällt die griechische Halbinsel unter den Herrschaftseinfluß der
Franken. **Mistras**, im Zentrum der byzantinischen Despotenprovinz Achaia (auch
Morea genannt) auf dem Peloponnes,
wird zum letzten Hort der glanzvollen byzantinischen Kunst.

In der **Kirchenbaukunst** wird versucht, die rechteckige Struktur der *Basilika* mit einer Kuppel zu überdecken. Später werden an die vier Seiten gewölbearti-
ge Erweiterungen angefügt, die die
Kreuzkuppelkirche entstehen lassen. Oft
erhebt sich die Hauptkuppel über einer
achteckigen „Mauertrommel", die später
aufgelockert wird und dann nur noch aus

vier Doppelpilastern (8 Pfeilern) besteht. Man spricht hier vom Oktogon-Stil. Schöne Beispiele dafür sind Ossios Lukas oder Dafni.

Die Anordnung der Fresken im Kircheninneren folgt in aller Regel einem festen Schema. In der Zentralkuppel sieht man so gut wie immer Christus Pantokrator, den Allbeherrscher, umgeben von Aposteln und Evangelisten. Die Apsis des Allerheiligsten ist einem Marienbildnis vorbehalten, das oft von den Erzengeln Michael und Gabriel flankiert wird. Auch in den Pendentivs (dreieckige Übergänge zwischen Kuppelrund und Rechteckform der Tragewände), oder an den kuppeltragenden Säulen sind oft Erzengel, Heilige oder Schutzpatrone abgebildet. An den Wänden mahnen Szenen aus dem Leben Christi oder der Jungfrau Maria.

Kirchenschiff und Allerheiligstes (Bema) sind in griechisch-orthodoxen Kirchen durch eine Ikonenwand (Ikonostasis) getrennt. Auch die in aller Regel im Westen an den eigentlichen Kirchenraum angefügte Vorhalle (Narthex) und äußere Vorhalle (Exo Narthex) sind oft mit Fresken oder Mosaiken geschmückt.

15. Jh. – Anfechtungen aus dem Osten schwächen Byzanz immer mehr, bis ottomanische Türken 1453 Konstantinopel erobern. Das Byzantinische Kaiserreich geht zu Ende .

Venezianer setzen sich auf den Ägäischen Inseln und in Hafenstädten des Peloponnes fest.

1571 – In der **Schlacht von Lepanto** fügt die Armada der sog. „Heiligen Liga" der türkischen Flotte eine empfindliche Niederlage bei. Dennoch wird die türkische Expansion nicht gestoppt.

1669 – Türken erobern Kreta. Das venezianische Regime endet dort.

NEUERE GESCHICHTE

In den vier Jahrhunderten der Unterdrückung wird das griechische Nationalbewußtsein nicht gebrochen. Ende des 18. Jh. bilden sich Gruppen von Widerstandskämpfern (Klephten).

1821 – Nach einem Signal des Bischofs von Patra erheben sich die Griechen zu ihrem Kampf um die Unabhängigkeit.

1827 – Nach der Seeschlacht von Navarino und einem sechs Jahre währenden **Unabhängigkeitskampf** erreichen die Griechen ihre Freiheit wieder.

1830 – Das 2. Londoner Protokoll ruft Griechenland zum Königreich aus. Nauplia (Nafplio) wird Hauptstadt.

1832 – Prinz Otto von Bayern aus dem Hause Wittelsbach und Sohn König Ludwigs I. von Bayern wird zum ersten König der Hellenen proklamiert. Er regiert recht selbstherrlich.

1834 – Die Hauptstadt wird nach Athen verlegt.

1843 – Die erste Verfassung wird verabschiedet.

1863 – Der dänischstämmige Prinz Wilhelm löst als König Georg I. von Griechenland König Otto ab. Otto war durch eine Militärrevolte gestürzt worden.

1864 – Die bislang von Großbritannien besetzten Ionischen Inseln kommen an Griechenland.

1881 – Nach dem russisch-türkischen Krieg 1877/1878 werden auf dem Berliner Kongress die Besitzverhältnisse auf dem Balkan neu bestimmt. Thessalien und Epirus kommen daraufhin von der Türkei an Griechenland.

1882 – Mit dem Bau des Kanals von Korinth wird begonnen

1897 – Kreta wird besetzt. Krieg mit der Türkei (Venizelos).

1908 – Kreta schließt sich Griechenland an.

1913 – Nach dem Tod König Georgs I. übernimmt sein Sohn als König Konstantin I. die Macht.

1914 – 1918 – Erster Weltkrieg. Griechenland ist anfangs neutral, beteiligt sich dann aber gegen den Willen des Königs unter Eleutherios Venizelos indirekt an den Kriegshandlungen. Das Land stellt Briten und Franzosen Stützpunkte zur Verfügung. 1917 muß König Konstantin I. auf Betreiben der Alliierten Mächte abdan-

31

ken. Griechenland bricht seine diplomatischen Beziehungen mit Deutschland ab.

1920 – König Konstantin I. wird nach Griechenland zurückberufen.

1922 – Der Krieg mit der Türkei endet mit einer vernichtenden Niederlage für Griechenland. Viele Griechen aus Kleinasien fliehen ins Mutterland. König Konstantin I. muß erneut abdanken. Sein Sohn wird als Georg II. König von Griechenland.

1924 – Die Monarchie wird abgeschafft, am 23. März 1924 wird die Republik ausgerufen.

1935 – Erneut Ausrufung der Monarchie unter König Georg II. Staatsstreich und Diktatur von General Ioannis Metaxas bis 1940.

1940 – Italien versucht im Zweiten Weltkrieg nach Albanien nun auch Nordgriechenland zu besetzen und stellt den Griechen ein Ultimatum. Das italienische Ultimatum wird mit einem entschiedenen „Nein" (ochi) abgelehnt.

1941 – 1944 – Deutsche und italienische Truppen besetzen Griechenland. König Georg II. flieht. Gegen die Aktivitäten der griechischen Partisanen gehen die Besatzungsmächte mit brutalen Methoden vor. 1944 wird Griechenland durch die Alliierten befreit. Im Oktober 1944 Aufstand der Kommunisten.

1945 – 1949 – Bürgerkrieg zwischen Königstreuen und Kommunisten.

1946 – Im September 1946 Wiederherstellung der Monarchie.

1947 – König Georg II. stirbt. Nachfolger auf dem griechischen Thron wird König Paul I. bis 1964.

1948 – Griechenland kann von Italien den Dodekanes übernehmen.

1952 – Im November 1952 wird Marschall Papagos Premierminister.

1955 – Nach dem Tode Papagos wird Karamanlis Premier.

1960 – Am 16. August 1960 wird nach dem Zypernabkommen von 1959 Zypern unabhängig.

1964 – König Paul I. stirbt am 6. März 1964. König Konstantin II. wird vereidigt.

Papandreou wird nach einem überwältigenden Wahlsieg Ministerpräsident.

1967 – Putsch der Militärs. Beginn der Diktatur. König Konstantin II. geht ins Exil.

1973 – Volksabstimmung, Verfassungsänderung, Papadopoulos wird zum Präsidenten gewählt. Proklamation der Republik.

1974 – Zypernkonflikt, türkische Invasion auf Zypern. Griechenland tritt daraufhin im August 1974 aus Protest aus der NATO aus. Das Militär überträgt dem Exilpolitiker Karamanlis die Macht. Im November 1974 werden freie Parlamentswahlen durchgeführt. Karamanlis und seine „Neue Demokratie" erringen die absolute Mehrheit. Im Dezember 1974 wird in einem Referendum der Republik mit einer Zweidrittel-Mehrheit bestätigt.

1975 – Verfassungsänderung und 1. Kabinett Karamanlis.

1976 – Beitrittsverhandlungen über die Aufnahme in die EG.

1980 – Karamanlis wird Staatspräsident. Griechenland gliedert sich wieder in die NATO ein.

1981 – Beitritt zur EG am 1. Januar. Im Oktober Parlamentswahlen, Sieg von Ministerpräsident Andreas Papandreou von der Panhellenischen Sozialistischen Bewegung (PASOK).

1983 – EG-Vorsitz Griechenlands in der zweiten Jahreshälfte. Griechenland unterzeichnet einen neuen Stützpunktvertrag mit den USA. Im November 1983 Ausrufung des türkischen Separatstaates in Nord-Zypern.

1985 – Im März 1985 tritt Staatspräsident Karamanlis zurück. Als Nachfolger wird Christos Sartzetakis gewählt. Nach Parlamentswahlen im Juni zweites Kabinett Papandreou.

1986 – Verfassungsreform, Beschneidung der bisherigen Kompetenzen des Staatspräsidenten.

1987 – Zweite Umbildung des 2. Kabinetts Papandreou. Im April 1987 wird ein Gesetz verabschiedet, das kirchlichen Besitz verstaatlicht.

1988 – Im Januar Treffen des griechischen und türkischen Ministerpräsidenten in Davos.

1989 – Nach den Parlamentswahlen im Juni bilden die Parteien Nea Dimokratia und Vereinigte Linke unter Tzannetakis die Regierung. Im November 1989 erneute Parlamentswahlen. Wieder wird keine regierungsfähige Mehrheit erzieht. Es wird eine Allparteienregierung gebildet.

1990 – Griechenland wird von einer Welle von Streiks erschüttert. Die Allparteienregierung bricht auseinander. In neuerlichen Parlamentswahlen ändern sich die Mehrheitsverhältnisse nur unwesentlich. Ministerpräsident der neuen Regierung wird Mitsotakis. Im Mai Generalstreik gegen die beschlossenen Einfrierung der Löhne.

1991 – Streiks im öffentlichen Dienst. Griechenland verhindert die internationale Anerkennung der ehemaligen jugoslawischen Teilrepublik Makedonien unter dem Namen Makedonien.

1992 – Große Demonstration in Thessaloniki gegen die Anerkennung des ehem. jugoslawischen Makedonien. Die Politik in dieser Frage zwingt den griechischen Außenminister Antonis Samaras zum Rücktritt. Samaras bildet ein Jahr später die neue Partei POLA („politischer Frühling").

1993 – Griechenland akzeptiert ein Vermittlungsangebot der UNO in der Makedonien-Frage. Im September 1993 verliert die Partei Neue Demokratie durch den Austritt mehrerer Abgeordneter die absolute Mehrheit im Parlament. Rücktritt der Regierung Mitsotakis.

Nach vorgezogenen Parlamentswahlen wird Andreas Papandreou erneut Ministerpräsident.

1994 – Nach dem Abbruch des Dialoges mit Makedonien verhängt Griechenland ein Handelsembargo gegen Makedonien. König Konstantin von Griechenland und dessen Familie wird enteignet und ausgebürgert.

1995 – Kostis Stephanopoulos wird zum neuen Staatspräsidenten gewählt.

1996 – Im Juni 1996 stirbt der langjährige Ministerpräsident und Gründer der sozialistischen PASOK-Partei, Andreas Papandreou im Alter von 77 Jahren.

Nachfolger im Amt des Minister-präsideten und Regierungschefs wird Konstantinos Simitis. Der 60-jährige Simitis zieht die Parlamentswahlen um ein Jahr vor, um seine Position zu festigen. Bei den Parlamentswahlen am 22. September 1996 erringen Simitis und die PASOK 42% der Stimmen und halten, wenn auch knapp, mit 162 Sitzen ihre Parlamentsmehrheit. Der Oppositionsführer der ND (Nea Dimokratia, Neue Demokratie) und zeitweise Oberbürgermeister von Athen (1986 – 1989) Miltiades Evert, erreicht nur 108 der 300 Sitze.

1998 – Am 23. April 1998 erliegt der frühere Staatspräsident Karamanlis im Alter von 91 Jahren einem Herzinfarkt. Karamanlis – sechsmal Ministerpräsident und zweimal Staatspräsident – gilt als einer der bedeutendsten griechischen Staatsmänner der jüngeren Geschichte des Landes. Er spielte eine entscheidende Rolle bei der Rückkehr Griechenlands zur Demokratie.

2000 – Am 19. Juni 2000 unterzeichnet Premierminister Kostas Simitis die Beitrittsakte zur europäischen Wirtschafts- und Währungsunion. Griechenland erreichte durch die rigorose Sparpolitik des Premierministers die Beitrittskriterien.

Die sog. „Erdbeben-Diplomatie" zwischen Griechenland und der Türkei führte erstmals seit 40 Jahren zu gegenseitigen Besuchen auf Regierungsebene, zu zweiseitigen Verträgen und sogar zur Athener Anerkennung der Türkei als EU-Beitrittskandidat. Diese Annäherung der beiden Erzfeinde war die Folge von gegenseitiger Hilfe bei verheerenden Erdbeben im Sommer und Herbst 1999 in beiden Ländern. Man erkannte sich als hilfsbereite Nachbarn.

Vom **13.-29. August 2004** werden in Athen die 28. Olympischen Spiele stattfinden, an denen 11.000 Athleten mit 5.000 Funktionären aus fast 200 Länder teilnehmen werden.

33

BEGRIFFE AUS ARCHITEKTUR UND KUNSTGESCHICHTE

Ágios, Agía, Agíi – der Heilige, die Heilige, die Heiligen.

Agorá – (röm. Forum), säulenumgebener, zentraler Stadtplatz, der Marktplatz, der Versammlungsplatz in den Städten der Antike.

Akanthus – Blätterschmuck, z.B. an korinthischen Säulenkapitellen.

Akropolis – ein mit Mauern befestigter Hügel. Im Schutz der Mauern finden sich Tempel und Paläste.

Amphore – tönerne Vase, Krug, Behälter, meist mit zwei Henkeln.

Apsis – halbrunder, abschließender Anbau.

Architrav – tragender Querbalken über den Säulen eines Tempels.

Basilika – rechteckiger, dreischiffiger, frühchristlicher Kirchenbau.

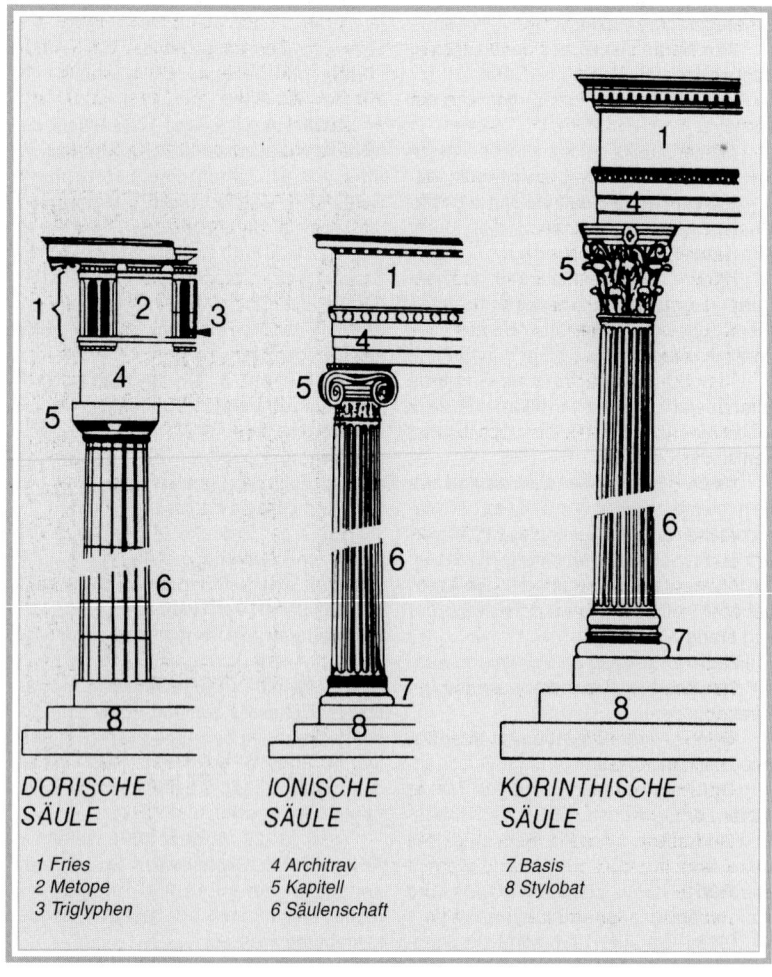

DORISCHE SÄULE

IONISCHE SÄULE

KORINTHISCHE SÄULE

1 Fries
2 Metope
3 Triglyphen

4 Architrav
5 Kapitell
6 Säulenschaft

7 Basis
8 Stylobat

Bema – Allerheiligstes; Raum zwischen Ikonostase und Apsis, Priestern vorbehalten.

Bouleuterion – Rathaus, Senatssitz.

Cavae – Halbrund der Zuschauerränge in Amphitheatern.

Cella – Innenraum eines Tempels, ohne Fensteröffnungen, in dem eine Skulptur der zu verehrenden Gottheit stand.

Heróon – Als Heiligtum verkehrtes Grabmal eines Helden.

Ikone – Heiligenbildnis auf fester Unterlage (Holztafel) gemalt.

Ikonostase – Ikonenwand in orth. Kirchen, vor der Bema.

Kannelure – senkrecht verlaufende, vertiefte, halbrunde Rillen (Furchen) in den Säulen.

Kapitell – oberer Säulenabschluß.

Karyatiden – Skulpturen weiblicher Gestalten, ersetzen Säulen.

Katholikón – Klosterkirche.

Kline – Liegestatt, auf der auch liegend gespeist wurde, auch Totenbett.

Kore – antike Frauenskulptur mit reichem Faltengewand.

Krypta – Gruft, Grabkapelle unter der Kirche.

Mégaron – (Empfangs) Halle in mykenischen Palästen.

Metamorphosis – Verklärung Christi.

Mitropolis – Bischofsitz (Kirche) der orthodoxen Kirche.

Metope – flache oder mit Reliefs versehene Platten an Tempelfriesen.

Naos – Heiligtum eines Tempels (auch Cella).

Narthex – Vorhalle in byzantinischen Kirchen.

Odeon – halbrunder überdachter Bau mit Zuschauerrängen.

Opisthodomos – Raum im Tempel hinter der Cella.

Orchestra – runder, zentraler Platz des Chors in antiken Theatern, eigentliche Bühne.

Panagía – Muttergottes, Hl. Maria

Pantokrátor – „Allbeherrscher", Christusfigur in der Zentralkuppel.

Pendentiv – dreieckiges Feld, entsteht zwischen Kuppelrundung und Tragewänden.

Peripteros – von Säulen umgebener antiker Tempel.

Perystil – Säulenhalle.

Propyläen – monumentales Säulentor.

Skene – Bühnenhaus antiker Theater.

Stavros – Kreuz

Stoá – überdachte, nach vorne offene, schmale, langgestreckte Säulenhalle

Stylobat – Tempelbasis auf der die Säulen stehen, oberste Stufe des Tempelfundaments.

Thólos – runder Säulentempel.

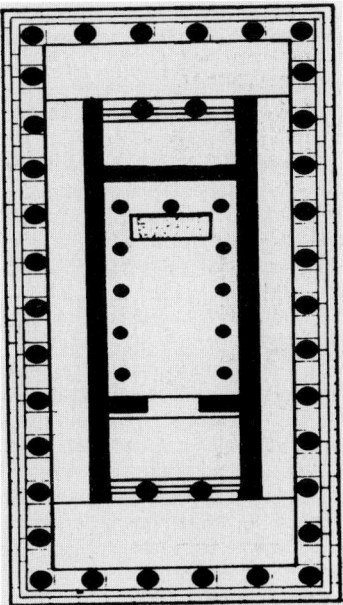

PERIPTEROS

WIE KOMMT MAN HIN?

MIT DEM AUTO

Es gibt zwei prinzipielle Anreisewege nach Griechenland – über Italien oder über die Balkanstaaten. Da der Weg über das ehemalige Jugoslawien durch die Kriegswirren in der Vergangenheit bis auf weiteres als Transitstrecke kaum in Frage kommt, und der Weg über Bulgarien auch nicht der bequemste ist, bleibt nur die Alternative über Italien und die Adria.

Für die Reise durch Slowenien, Kroatien und die Bundesrepublik Jugoslawien nach Griechenland, sind für die Bundesrepublik Jugoslawien gewisse. recht teure Formalitäten zu erfüllen. Für Einreise bzw. Transit durch Jugoslawien sind der Reispaß und ein **Visum** Voraussetzung. Das Visum kann gegen eine recht hohe Gebühr persönlich bei den Vertretungen der Bundesrepublik Jugoslawien in Deutschland besorgt werden. An der Grenze wird der Sichtvermerk nicht erteilt! Außerdem verlangt die Bundesrepublik Jugoslawien den Abschluß einer kurzfristigen **Kfz-Haftplichtversicherung**, die an der Grenze zu erwerben ist. Kosten für 30 Tage für einen Pkw DM 150,-. Prämien für Wohnmobile sind entsprechend höher. In Slowenien und Kroatien ist die Internationale Grüne Versicherungskarte ausreichend.

Für die Einreise nach Bulgarien genügt ein gültiger Reisepaß. Für das Auto wird die Internationale Grüne Versicherungskarte verlangt. Eine Kasko- und Insassen-Unfallversicherung ist empfehlenswert. An der Grenze wird eine Einreisegebühr für Kfz erhoben. Es empfiehlt sich dringend, bei beabsichtigten Reisen durch Bulgarien oder die Bundesrepublik Jugoslawien sich rechtzeitig vorher nach den neuesten Einreisebestimmungen und Gebühren zu erkundigen.

Der berühmt-berüchtigte **Autoput** durch das ehemalige Jugoslawien hat durch die Kriegswirren in den vergangenen Jahren gelitten. Mehr denn je ist er ein Verkehrsweg, der mit größter Umsicht zu befahren ist. Vor Nachtfahrten wird dringend abgeraten, auch vor dem Übernachten auf Parkplätzen entlang des Autoput. Aber auch am Tage muß wirklich mit allem gerechnet werden. Tiere oder Fußgänger auf der Fahrbahn, auf der Standspur oder auf der Fahrspur, auf der Sie fahren, entgegenkommende Fahrzeuge, unerwartete und unvorstellbare Überholmanöver, alles ist möglich. Zur Zeit kann der Autoput als Anreiseweg nicht empfohlen werden.

Der Weg durch Österreich über den Brenner (mautpflichtig) zu den Fährhäfen an der italienischen Adria Venedig, Triest, Ancona, Bari und Brindisi kann auf Autobahnen zurückgelegt werden. Entsprechend schnell ist die Anreise.

Alle Autobahnen außerhalb unserer Grenzen Richtung Süden und Südosten sind zwischenzeitlich mautpflichtig. Die nicht unerheblichen Gebühren summieren sich zu ganz stattlichen Beträgen und schlagen merklich zu Buche. Österreich z.B. verlangte für eine Zwei-Monatsvignette für ein Kfz bis 3,5 t zuletzt rund DM 22,-

Alle Autobahngebühren müssen in Landeswährung bezahlt werden. Eine Ausnahme macht die Bundesrepublik Jugoslawien. Dort müssen die Gebühren in DM bezahlt werden. Zuletzt wurde für die Strecke Sid – Belgrad – Pecenevce für ein Wohnmobil DM 180,- für den einfachen Weg verlangt!

Wichtig für Italien ist, dass Sie alle Gegenstände, die Sie auf dem Autodach transportieren und die über das Autodach nach hinten hinausragen (Surfbretter, Masten etc.), durch ein 50x50 cm großes, rot-weiß gestreiftes Warnschild markiert werden müssen. Gibt's im Autozubehörhandel oder bei den Automobilclubs.

MIT DER BAHN

Durchgehende Bahnverbindungen gibt es bislang noch nicht wieder. Die Verbindungen über Ungarn mit Umsteigen in Budapest sind z. Zt. die brauchbarsten.

Der **Fahrpreis** beträgt für die Strecke München–Athen–München rund DM 900,- Ein Bett im Schlafwagen 2. Kl. ca. DM 65,- und in der 1. Kl. zwischen DM 150,- und DM 440,-.

Sondertarife gibt es mit dem Inter Rail Paß für Jugendliche unter 25 Jahre. **Autoreisezüge** können zwischen Deutschland und Italien benutzt werden. Es bieten sich die Verbindungen von **Hamburg, Hannover, Dortmund, Köln, Frankfurt** oder **München** nach **Bozen** an. Die Züge führen Liege- und Schlafwagen. Im Normalfall werden nur Fahrzeuge in Pkw-Größe befördert.

Der **Fahrpreis** München – Bozen z.B. beträgt in der Hauptsaison für das Auto ca. EUR 200,-, dazu kommen rund EUR 75,- pro Person für einen Liegewagenplatz.

MIT DEM BUS

Die Europabusse der Deutschen Touring GmbH (www.touring-bus.com) verkehren z.Zt. ganzjährig nur über Österreich und Italien nach Griechenland. Die Balkanstrecke wird bislang noch nicht wieder bedient. Die Busse fahren samstags von **Dortmund** (Omnibusbahnhof ab 6 Uhr), über **Frankfurt** (Hauptbahnhof Südseite ab 12.45 Uhr) und **München** (Starnberg Bahnhof ab 19.30 Uhr) nach Thessaloniki (Bahnhof an 16 Uhr montags). Der Fahrpreis für die Strecke Frankfurt – Thessaloniki beläuft sich auf derzeit ca. EUR 95,- (ca. EUR 115,- Hin u. Rückfahrt). Die Fährüberfahrt ist nicht im Preis enthalten und kostet zusätzlich EUR 30,- .

MIT DEM FLUGZEUG

Direkte **Flugverbindungen** bestehen mehrmals täglich zwischen Hamburg, Frankfurt, München, Stuttgart, Wien, Zürich und Athen, sowie zwischen Hamburg, Frankfurt, München, Wien und Thessaloniki. Weiter bestehen regelmäßige Charterflugverbindungen zwischen den Flughäfen Hamburg, Düsseldorf, Stuttgart und

Athen, Thessaloniki und Korfu. Die Flugzeit beträgt zwischen drei und vier Stunden, je nach Ausgangs- und Zielflughafen

Der normale Flugpreis mit einer Flugscheingültigkeit von einem Jahr ohne Einschränkungen beläuft sich für einen Flug von Frankfurt nach Athen und zurück in der Business class derzeit EUR 1.483,- plus Steuern.

Eine Palette von **Sondertarifen** gibt es ab rund EUR 290,-. Sondertarife sind immer an Bedingungen gebunden, z.B. Aufenthaltsdauer, Abflugtag, Wochenendeinschränkung, FLuglinie etc., etc.

Der neue Athens Eleftherios Venizelos International Airport ist im März 2001 fertiggestellt worden. Er liegt ca. 30 km östlich von Athen bei **Spata.** Es entstand ein moderner Großflughafen, der für bis zu 65 Starts und Landungen pro Stunde ausgelegt wurde. Allerdings konnte der Zufahrtsweg nach Spata noch nicht auf denselben modernen Standard gebracht werden. Noch größtenteils auf Landstraßen ist der Flughafenzubringerverkehr unterwegs. Je nach Verkehrsdichte muss mit bis zu 2 Stunden Anfahrtszeit gerechnet werden. Flug Info: 1/35 30 000/35 31 000.

Der **Thessaloniki Makedonia Airport** befindet sich ca. 15 km südlich von Thessaloniki und ist auf guter Zubringerstraße in ca. 40 Minuten zu erreichen. Flug Info: 31/47 39 77/47 37 20.

MIT DEM SCHIFF

Seit die Landverbindung durch das ehemalige Jugoslawien durch die Kriegswirren auf dem Balkan für den touristischen Verkehr so gut wie unterbrochen ist, erlebt der Fährverkehr von Italien über die Adria nach Griechenland eine rasante Aufwärtsentwicklung. Die Reedereien kommen der boomenden Nachfrage durch neue, größere und vor allem schnellere Fährschiffe nach. Die Reederei Anek Lines verkehrt inzwischen mit 11 hochmodernen Schiffen im Mittelmeerraum. Und

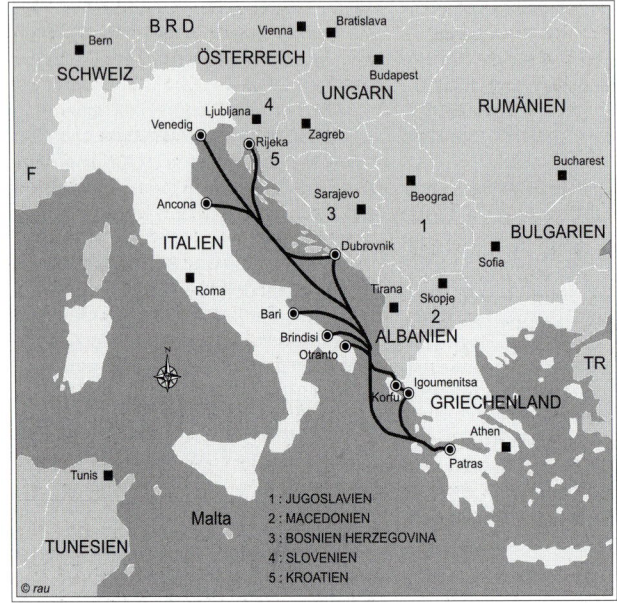

die Reederei Superfast Ferries schafft mit ihren schnellen Fährschiffen die Strecke von Ancona nach Patras in nur 19 Stunden.

Die wichtigsten Schiffsverbindungen, die für Anreisende aus unseren Regionen interessant sein können, bestehen von italienischen Häfen. Die meisten Abfahrten gibt es ab Ancona und Brindisi. Wer seinen Reiseplan sehr knapp kalkuliert, sollte in der Hochsaison unbedingt eine Reservierung für das Auto und einen evtl. Kabinenplatz vornehmen! Preisvergleiche zwischen den einzelnen Angeboten der verschiedenen Reedereien lohnen nach wie vor.

Manche Reedereien bieten Wohnmobilfahrern und Caravanern auf ihren Schiffen **„Camping an Bord"** an. Man übernachtet im eigenen Wohnmobil bzw. Caravan. Neben dem Passagepreis für das Wohnmobil bzw. das Gespann bezahlt man pro Person lediglich den Preis für einen Decksplatz und spart so die Kosten für eine Kabine. Sehr anspruchsvoll darf man bei diesem relativ preiswerten „Ver-

gnügen" allerdings nicht sein. Denn in der Hochsaison stehen die Autos dichtgedrängt. Und auf den Autodecks kann es je nach Schiffstyp sehr laut und sehr heiß werden.

Es gibt Toiletten, Duschen, Frischwasser und Stromanschluß. Gasbetriebene Geräte dürfen aus Sicherheitsgründen nicht benutzt werden! Camping-an-Bord-Plätze sind sehr gefragt. Vor allem in der Hauptreisezeit sollte man deshalb rechtzeitig reservieren!

Das Mitführen von gefüllten Reserve-Kraftstoffkanistern ist auf allen Autofähren aus Sicherheitsgründen offiziell nicht erlaubt.

Reservieren sollten Sie Ihren Schiffsplatz vor allem für die Rückfahrt auch dann rechtzeitig im voraus, wenn Sie Ihren Urlaub bis zur Neige auskosten wollen und Ihr Zeitplan auf der Heimreise keine Verzögerungen erlaubt. Ratsam ist es, eine solche Reservierung einige Tage vor Rückreise in einem Reisebüro oder Büro der Schiffahrtslinie nochmals rückzubestätigen.

☑ *Mein Tipp!* Wenn Sie an Deck oder in Ihre Kabine gehen, nehmen Sie alle Utensilien, die man während der Überfahrt zu brauchen glaubt (Fotoapparat und Filme, Lesestoff, Pullover, Medikamente etc.), gleich aus dem Auto mit, denn während der Überfahrt ist das Autodeck auf manchen Schiffen nicht mehr zugänglich. Fahrzeug verschließen! Kaum eine Reederei haftet für Gepäck im, am oder auf dem Auto. Gasbetriebene Aggregate in Wohnmobilen etc. abstellen. Handbremse anziehen, um die Bewegung des Fahrzeugs besonders bei dicht geparkten Autos während der Überfahrt so gering wie möglich zu halten.

Die nachfolgenden Angaben erheben keinen Anspruch auf Vollständigkeit. Preise und Termine unterliegen Änderungen! Diese Auflistung soll wie übrigens alle in diesem Reiseführer angegebenen veränderlichen Daten wie Preise oder Abfahrtszeiten lediglich als Übersicht zur ersten Orientierung dienen.

ITALIEN – GRIECHENLAND
Venedig – Patras (Korfu – Igoumenitsa)
Minoan Lines, Blue Star Ferries. Ganzjährig. Im Sommer tägliche Abfahrten. Fahrtdauer rund 32 Stunden (zwei Nächte). Camping an Bord möglich. Je nach Saisonzeit beträgt der Passagepreis pro Person ab EUR 50,- plus Kabinenzuschlag. Wohnmobil bis 7 m Länge ab ca. EUR 200,-, über 7 m Länge ca. EUR 350,- je nach Saison und Reederei. Minoan Lines gewährt Rückreiserabatte bis 30%.

Triest – Patras (Igoumenitsa)
Anek Lines. Ganzjährig. Camping an Bord möglich. Bis vier Abfahrten pro Woche. Fahrtdauer rund 25 Stunden. Preis pro Person ab EUR 40,- plus Kabinenzuschlag je nach Saisonzeit Preis für Wohnmobil bis 7 m Länge ab ca. EUR 140,-, über 7 m Länge EUR 210,-. Rückreiserabatt bis 30%.

Ancona – Igoumenitsa
Superfast Ferries. Ganzjährig. Camping an Bord möglich. Tägliche Abfahrt. Fahrtdauer 15 Stunden. Preis pro Person ab ca. EUR 60,- plus Kabinenzuschlag je nach Saison. Preis für Wohnmobil bis 7 m Länge ab ca. EUR 210,-, über 7 m Länge ca. EUR 290,-. Rückreiserabatt bis 25%.

Ancona – Patras
Anek Lines, Minoan Lines, Superfast Ferries. Tägliche Abfahrten. Fahrtdauer rund 20 Stunden. Camping an Bord möglich. Preis pro Person ab rund EUR 60,-. Wohnmobil bis 7 m ab rund EUR 200,-, über 7 m Länge ca. EUR 290,-. Rückreiserabatt bis 30%.

Bari – Igoumenitsa/Patras
Superfast Ferries. Ganzjährig. Direkt nach Igoumenitsa Fahrzeit 9,5 Stunden und direkt nach Patras (Fahrzeit 15,5 Stunden). Abfahrten täglich. Camping an Bord möglich. Preis pro Person ab EUR 43,-. Wohnmobil bis 7 m Länge ab EUR 108,-, über 7 m Länge ca. EUR 108,-. Rückreiserabatt bis 20%.

Bari – Patras
Ventouris Ferries. Juni bis Dezember. 3 Abfahrten wöchentlich. Fahrtdauer ca. 18 Stunden. Camping an Bord möglich. Preis pro Person ab ca. EUR 45,-. Wohnmobil bis 7 m Länge ca. EUR 136,-. Rückreiserabatt bis 30%.

Bari – Igoumenitsa
Ventouris Ferries. April bis Dezember. Tägliche Abfahrten. Fahrtdauer ca. 13 Stunden. Camping an Bord möglich. Preis pro Person ab ca. EUR 45,-. Wohnmobil bis 7 m Länge ca. EUR 136,-. Rückreiserabatt bis 30%.

Brindisi – Igoumenitsa (Korfu)
Blue Star Ferries. Ganzjährig tägliche Abfahrt nach Korfu und Igoumenitsa. Fahrtdauer 8 bzw. 10 Stunden. Camping an Bord möglich. Peis pro Person ab EUR 30,- je nach Saison. Wohnmobil bis 7 m Länge ca. EUR 70,-, über 7 m Länge ca. EUR 100,-.

Brindisi – Patras
Blue Star Ferries. Ganzjährig tägliche Abfahrten. Fahrtdauer 14 Std.. Camping an Bord nicht möglich! Preis pro Person ab ca. EUR 30,-. Wohnmobil bis 7 m Länge ab ca. EUR 70,-, über 7 m Länge ca. EUR 100,-.

Brindisi – Korfu – Igoumenitsa
Ventouris Ferries. April bis September. Tägliche Abfahrten. Fahrtdauer ca. 10 Stunden. Preis pro Person ab ca. EUR 65,-. Wohnmobil bis 7 m Länge ca. EUR 125,-. Rückreiserabatt bis 30%.

MOBIL REISEN

GRIECHENLAND

DIE ROUTEN

Delphi, Blick vom Theater auf die Reste des Apollotempels

NORDGRIECHENLAND

1. IGOUMENITSA – IOANINA

○ **Entfernung:** Rund 105 km. Abstecher nach Dodoni 19 km einfach, Abstecher zur Vikos Schlucht 46 km einfach.

→ **Strecke:** Über Straße 6/E90/E92 bis **Ioanina.**

⊙ **Reisedauer:** Mindestens ein halber Tag, plus Ausflüge.

⌘ **Höhepunkte:** Die **Lage und Altstadt** von Ioanina – das **Theater von Dodoni** * – die **Vikos-Schlucht** ***

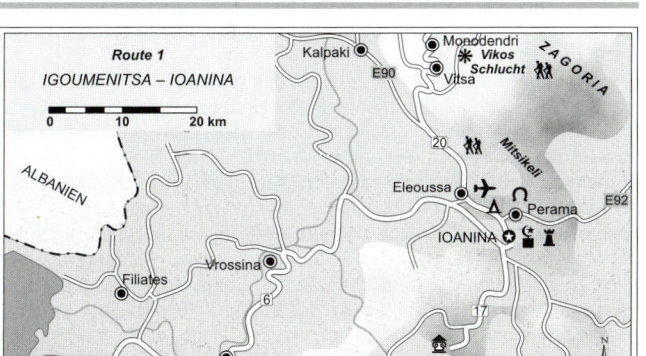

→ **Route:** Ab Igoumenitsa (Hotels und Camping siehe am Ende der Route 17, Rio – Igoumenitsa) folgen wir der Straße 6/E90/E92 zunächst nach Nordosten Richtung Ioanina. Nach 26 km erreicht man **Neraida**. Hier zweigt die Straße 18 südwärts über Paramithia nach Morfi (Parga) ab.Weiter auf der Straße 6/E90/E92. Es folgt eine sehr schöne Bergfahrt. In weiten Kehren wird der Bergsattel in 500 m Höhe erreicht. Auf der anschließenden Talfahrt passiert man das enge, verwinkelte Tal des Thyamis, später das Dorf **Vrossina** und erreicht nach einer Fahrt durch eine liebliche Hügellandschaft schließlich das Hochtal von Ioanina, das an seiner Nordostseite vom mächtigen Massiv des Mitsikeli Ori begrenzt wird. ●

Eine neue, 680 km lange autobahnähnliche Straße quer durch Nordgriechenland ist im Bau. Die Schnellstraße mit Namen „Egnatia", die auf weiten Teilen der alten Römertrasse folgt, führt vom Adriahafen Igoumenitsa nach Alexandroupolis in Thrakien, nahe der türkischen Grenze. Nach Fertigstellung dieser wichtigen Ost-West-Verbindung wird sich die

41

Fahrzeit zwischen Igoumenitsa und dem Nordosten Griechenlands ganz erheblich verkürzen.

IOANINA (Epirus), ca. 40.000 Einwohner, liegt 500 m hoch am Westufer des Sees Limni Ioaninion, der früher auch als Limni Pamvotis bekannt war. Die ansprechende Lage der Stadt am See, die hübsche Altstadt und zahlreiche Ausflugsmöglichkeiten sollten zu einem Aufenthalt veranlassen. Hotels und eine Campinganlage am See sind vorhanden (siehe Ende der Stadtbeschreibung).

Ioaninas Stadtgeschichte

Die bewegte Geschichte Ioaninas geht zurück bis ins Jahr 552. Kaiser Justinian brachte damals Gefangene aus Evroia auf dem heutigen Burghügel unter und gab dem Ort den Namen *Neo Evroia*. Mit der Ausbreitung der Stadt siedelten sich Mönche des Johanniter-Ordens an. Von ihnen leitet sich der heutige Name der Stadt ab, der sich um 650 einbürgerte.

Um 1204 wurde Ioanina Zentrum des griechischen Staates Epirus und es ist bis heute die unumstrittene Hauptstadt der Region Epirus geblieben. Ende des 14. Jh. gehörte die Stadt zum Herrschaftsgebiet des Serbischen Königs. Lange Zeit, vom 15. Jh. bis 1913, schrieben die Türken die Geschichtskapitel der Stadt. Despoten und Könige herrschten in Ioanina. Die schillernste Figur aber war **Ali Pascha**, ein recht selbstherrlicher Vertreter der Hohen Pforte in Istanbul und Statthalter des Sultans. Vom Beginn des 19. Jh. bis zu seinem blutigen Ende 1822 hielt er die Fäden der Macht in Händen. Seine Bestrebungen, Epirus den beherrschenden Einflüssen des Sultans zu entziehen, brachte Ioanina zwar eine Zeit des Aufschwungs, kostete den Pascha aber letztenendes den Kopf (siehe Insel Nissi Ioannion).

sehenswerte Altstadt *

Noch heute ist die mächtige Mauer, welche die auf einer Halbinsel gelegene **Altstadt** mit der alten **Zitadelle (11)** von Ioanina umgibt, vollständig erhalten. Überragt wird der alte Stadtteil von der **Aslan-Pascha-Moschee (8)** und deren Minarett. Man betritt die Altstadt durch das Tor an der Westseite. Sie erinnert im Gegensatz zu den Straßenzügen vor der Mauer kaum noch (außer der Moschee) an die lange Türkenherrschaft. Durch schmale, winkelige Gassen gehen wir hinauf zur Aslan-Pascha-Moschee. Man kann den Weg kaum verfehlen, wenn man sich links in der Nähe der Stadtmauer hält. Die Moschee und ihr etwas kurz geratenes Minarett stammen aus dem Jahre 1618. Von der Terrasse der Moschee genießt man einen herrlichen Blick über die Stadt und den See.

Im südöstlichen Teil der Altstadt liegt innerhalb der **Inneren Zitadelle (11)** der ehemalige **Palast Ali Paschas**, die kleine **Fethije-Moschee (12)** und das Grabmal Ali Paschas, des „Löwen von Ioanina".

Byzantinisches Museum (17)
Di.-Sa. 8.00-19.00 Uhr., Mo. 12.30-19.00 Uhr. Eintritt.

Links neben der Fethije-Moschee ist in einem ehemaligen Teil der Palastfestung Ali Pascha's das **Byzantinische Museum (17)** untergebracht. Gezeigt werden Grabbeigaben, Skulpturen und Ikonen.

Im Burgberg unter der Aslan-Pascha-Moschee befindet sich die Höhle des Skylo- sophos. *Dionysos Skylosophos* führte 1611 einen Aufstand gegen die Türken an, wurde jedoch vom griechischen Geldadel, der seine guten Geschäfte mit den Türken gefährdet sah, verraten. Skylosophos fand in der Höhle einen grausamen Foltertod.

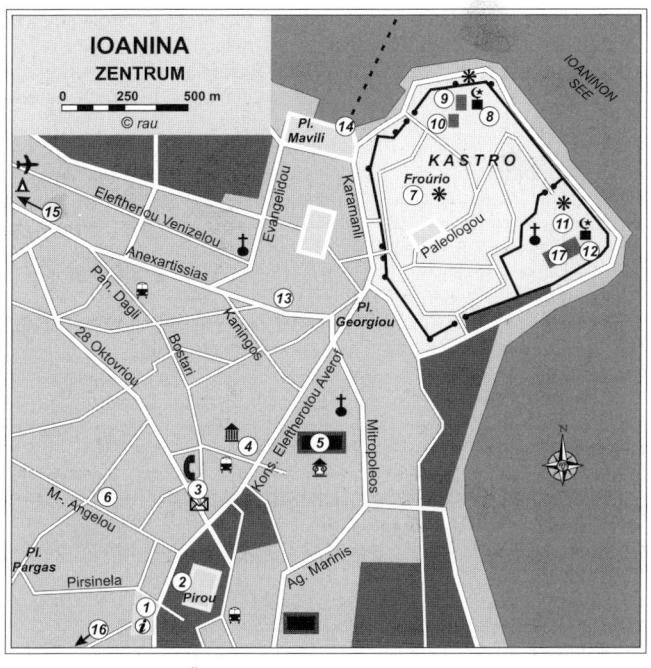

IOANINA
1 Information
2 Pirou Platz
3 Post
4 Rathaus
5 Archäologi-
sches Museum
6 Folklore
Museum
7 Froúrio, Festung
8 Aslan-Pascha-
Moschee
9 ehem. Türki-
sche Bibliothek
10 alte Synagoge
11 Innere Zitadelle
12 Fethije-Mo-
schee
13 Basar
14 Boote zur
Klosterinsel
15 zum Camping-
platz, zum Flug-
hafen, nach Igou-
menitsa, Perama
16 nach Dodoni
17 Byzantinisches
Museum

Wer sich einen Überblick über 4.000 Jahre Geschichte und Kultur der Landschaft Epirus verschaffen will, sollte das **Archäologische Museum (5)** von Epirus besuchen. Es liegt südlich der Altstadt zentrumsnah in einem kleinen Park. In verschiedenen Abteilungen zeigt es klassische Objekte, Skulpturen, Funde aus dem nahen Dodoni, Stücke aus byzantinischer Zeit u.a.

Archäologisches Museum (5)
Täglich 8.30-15.00 Uhr. Eintritt.

Das **Folkloremuseum (6)** in der M. Angélou Straße bietet einen interessanten Überblick über die traditionelle Lebensweise in der Region Epirus und zeigt Gewänder, Schmuck, Möbel und häusliches Gerät.

Folkloremuseum (6)
Di.-Sa. 8.00-15.00 Uhr.

Einer der schönsten Ausflüge, die man von Ioanina aus unternehmen kann, ist eine Bootsfahrt zur **Insel Nissi Ioannion**. Die Schiffsanlegestelle (14) befindet sich nahe der Nordwestecke der alten Stadtmauer am lebhaften Mavili Platz. Hier findet man einige Restaurants. Abfahrten im Sommer alle 30 Minuten, Überfahrtsdauer ca. 10 Minuten. Auf der kleinen Insel, die gerade mal 500 m breit und 800 m lang ist, findet man neben einer reizvollen Vegetation, darunter bis zu 500 Jahre alte Laubbäume, auch einladende Tavernen und Restaurants. Spezialitäten sind Süßwasserfische aus dem See, z.B. Karpfen, vor allem aber Aal in verschiedenen Zubereitungsarten. Wenigstens auf kulinarischem Gebiet hat die lange Türkenherrschaft angenehme Spuren hinterlassen. Die orientalischen Süßspeisen, die in guten Lokalen angeboten werden, sind von besonderer Qualität.

Bootstour zu den Klöstern auf der Insel Nissi Ioanninion * (14)

Von kunsthistorischem Interesse aber sind auf der Insel Nissi Ioannion nicht weniger als sechs **Klöster**: Ágios Panteleimon, Ágios

Nicolas, Ágios Ioannis Prodromos, Ágios Elisas, Moni Stratigopoulos und vor allem das Kloster Philanthropinon. In den Klöstern, die zwischen dem 11. und 13. Jh. entstanden, sind wunderschöne **Fresken** zu besichtigen, die meist aus dem 16. Jh. stammen. Beeindruckend sind u.a. die Fresken von **Ágios Nicolas**, die die Qualen der leidenden Christenheit darstellen; im **Philanthropinon** sieht man die Darstellung Adam und Eva im Paradies, die Gestalten griechischer Historiker und Philosophen, Mariä Verkündigung und Szenen aus dem Leben Christi. Im **Kloster Stratigopoulos**, auch Dilos-Kloster genannt, stellen die bemerkenswerten Fresken Szenen aus dem Leben Christi und der Jungfrau Maria und zum Jüngsten Gericht dar. Das **Kloster Ágios Panteleimon** war Schauplatz einer tragischen Episode. Ali Pascha zog sich hierher zurück, nachdem er bei Sultan Mehmet (Machmut) in Istanbul in Ungnade gefallen war. Am 24. Januar 1822 überbrachte ihm Hursit Pascha sein Todesurteil. Darauf entbrannte ein Kampf mit Hursit, bis schließlich Ali Pascha fiel. Sein Haupt und seine Schätze, u.a. 45 Millionen Piaster, wurden dem Sultan in Istanbul überbracht. Im Panteleimon ist ein kleines Museum eingerichtet.

Ioanina

Praktische Hinweise – Ioanina

☎ Ioanina Telefonvorwahl: 06 51

Information: **E.O.T.-Büro**, Napoleon Zerva Str. 2, 45332 Ioanina, Tel. 06 51/2 50 86, Fax 7 21 48

Feste, Folklore, Märkte

❖ Feste, Folklore, Märkte: „**Epirotika**", Festival und Aufführung antiker Dramen in Dodona (Dodóni), im August.

Restaurants

✗ Restaurants: **Gastra**, eines der besten und beliebtesten Restaurants der Gegend, immer stark frequentiert, gute Küche. Liegt in Eleoussa, rund 8 km nordwestlich. Mittlere Preislage, Montag geschlossen.

Makris, Platía Mavili 9, hübsches Café, das auch Snacks serviert.

Propodes, schön am Seeufer auf der Insel Nissi Ioannion gelegene Fisch-Taverne, nahe Ágios Panteleimon. Spezialitäten sind Aal und Froschschenkel.

To Mandio, gegenüber des Hauptzugangs zur Zitadelle, stadtbekannt für seine Souvlakia, gegrillte Lammrippchen u.ä., moderate Preise. – Und andere Restaurants.

Hotels

☖ Hotels: **Olympic** (C), 51 Zi., Melanidi 2, Tel. 25 147, Fax 22 041, 73 008, einfaches, ordentliches Haus in der geräuschvollen Innenstadt, Restaurant,.

Palladion (B), 136 Zi., N. Botsari 1, Tel. 2 58 56-9, Fax 7 40 34; Mittelklassehotel in der geräuschvollen Innenstadt, Restaurant, Parkmöglichkeit.

Xenia (B), 60 Zi., Dodonis 33, Tel. 4 73 01 - 5, Fax 4 71 89; Mittelklassehotel der staatlichen Hotelkette, bis zur Eröffnung des neuen Krikonis Hotel in Limnopoulo das beste Haus am Platz, liegt etwas abseits der Hauptstraße, daher nicht ganz so laut; Restaurant, Konferenzeinrichtungen. Parkplatz. Das Hotel war 1994 Schauplatz eines Gipfeltreffens während des Bosnienkrieges.

Pension Dellas, 8 Zi., Tel. 7 34 94, einfache, kleine, einladende, gut geführte Familienpension, auf der Insel Nissi Ioannion,

Camping

▲ – **Camping Limnopoula**, Tel. 2.52 65, Fax 3 80 60; ganzjährigAnf. Mai – Mitte Okt.; am nördl. Stadtrand beim Bootsclub direkt am See; kleiner, ebener Platz an der Ufermole, teils Gras, teils Betonflächen; 1 ha – 80 Stpl.; gute Standardausstattung; gutes Restaurant im Bootsclub.

AUSFLÜGE AB IOANINA

Dodoni (Dodóna), ca. 20 km südwestlich von Ioanina gelegen, gilt als das älteste griechische **Orakelheiligtum**. Zu sehen sind noch das sehr gut erhaltene antike **Theater** und die Grundmauern einiger Tempel.

Das Orakel von Dodoni war Zeus geweiht, der der Mythologie zufolge mit Dione hierherkam. Den Namen Dodoni erhielt die Kultstätte von der Meeresnymphe Dodo oder Dido. Zeus ließ sich bei einer Eiche nieder, um die das Heiligtum um 800 v. Chr. entstand. Die Gegenwart des Gottes und seine Offenbarungen meinten die Priester aus dem Rauschen der Blätter der heiligen Eiche, aus dem Gurren der Tauben, die auf ihr wohnten, aus dem Murmeln einer Quelle und aus dem Klang bronzener Gefäße zu erkennen.

Orakelheiligtum Dodona **
Mo. – Fr. 8 – 19 Uhr, Winter bis 17 Uhr. Sa. + So. 8.30 – 15 Uhr. Eintritt.

Die ersten griechischen Stämme sollen 2000 v. Chr. nach Dodoni gekommen sein. Einer von ihnen war der Stamm der *Helloi* (oder Selloi), von denen der Name „**Hellas**" für Griechenland stammen soll.

Im 4. Jh. v. Chr. entstanden in Dodoni die ersten Tempel nahe der Eiche. Alexander der Große spendete 9.000 Drachmen für weitere Tempel. Ausgangs des 3. Jh. v. Chr. dann ließ König Pyrrhus einen Tempel erbauen, der Dione geweiht war und richtete die Naia-Spiele ein. Unter Pyrrhus entstand auch das 18.000 Zuschauer fassende Theater.

Zu Beginn des zweiten nachchristlichen Jahrhunderts wurde Dodoni verwüstet, aber schon kurz darauf von Philipp V. von Makedonien wieder aufgebaut und erweitert. Auch die Römer kamen nach Dodoni, verwüsteten es 167 v. Chr., bauten es aber unter Octavian um die Zeitwende wieder auf. Der Untergang des Orakels bahnte sich mit der Ausbreitung des Christentums an. Es geriet in Vergessenheit, bis 1874 mit den Ausgrabungen des einst so bedeutenden Heiligtums begonnen wurde. Sommerliches Theaterfestival mit antiken Dramen.

Auf der Rückfahrt nach Ioanina bieten sich schöne Ausblicke ins Tal von Ioanina und auf die bis 1.810 m hohe Mitsikeli Bergkette.

Ausflug ins Zagoria-Massiv

Ausflug ins Zagoria-Massiv *

Fest einplanen sollte man den sehr lohnenden Abstecher von Ioanina nach Norden hinein ins **Zagoria-Massiv** und zur **Vikos-Schlucht**. Mindestens ein halber Tag ist für den Ausflug notwendig.

Man verläßt Ioanina auf der Straße 20/E90 in nordwestlicher Richtung nach Konitsa und zweigt nach ca. 22 km rechts ab Richtung „Central Zagori". Auf recht guter Straße geht es die Westflanke des Mitsikeli-Bergrückens hinauf. Oben gabelt sich der Weg. Wir halten uns links, der Beschilderung „Vikos-Canyon" folgend. Auch an der nächsten Weggabelung halten wir uns links.

Der Weg rechts führt nach **Kipi** und **Gefira** (ca. 7 km) mit einer alten, dreibogigen Steinbrücke. Man kann auf kurvenreicher Bergstraße noch etwa 20 km weiter nach Norden fahren und erreicht dann in völlig abgeschiedener Berglandschaft **Skamneli**. Dort gibt es Klöster und Kirchen aus dem 17. und 18. Jh. zu sehen.

Mehr zum Wandern als zum Fahren sind die Wege in die beiden weiter nördlich gelegenen Bergdörfern **Laista** und **Vrissohori** geeignet.

Unser Weg aber führt an bereits erwähnter Weggabelung links. Über bewaldete Berge führt uns die Straße zum Dorf **Vitsa**, das hübsch am Hang liegt. In der für die Zagoria-Region typischen Art sind die Häuser aus grauem Naturstein erbaut und mit Platten aus dem gleichen Material gedeckt. Auch Höfe und Dorfstraßen sind damit gepflastert. Diese kleinen Dörfer, insgesamt mehr als 40 „Zagorochoria", in der abgelegenen Zagoria-Region stehen unter Denkmalschutz und sind unter der Obhut des Zentralen Fremdenverkehrsverbandes nach und nach restauriert worden und besonders geeignete Gebäude in Touristenunterkünfte verwandelt werden. Man findet hübsche kleine Pensionen und Hotels und kann die ländliche griechische Küche sowie die unverdorbene Natur genießen.

Bergdorf an der Vikos-Schlucht *

Wenige Kilometer weiter bergauf zweigt rechts ein schmaler Weg nach **Monodendri** ab. Eng zusammengedrängt stehen die grauen, steingedeckten Häuser. Auf schmalen, steinigen, von Gras überwucherten Gassen gehen wir durch das alte Dorf mit malerischen Ecken und Winkeln. Der kleine Dorfplatz wird von einem mächtigen, schattenspendenden Laubbaum überragt.

Vikos-Schlucht ***

Am Gasthof vorbei führt der Weg hinaus aus dem Dorf. Nach zehn Minuten Fußweg bietet sich ein überwältigender Ausblick auf die grandiose, wilde **Vikos-Schlucht**, die größte ihrer Art in Griechenland. 12 km weit hat sich der Voidomatis-Fluß seinen Weg durch die Felsen gegraben und einen bis zu 1.000 m tiefen und etwa 200 m breiten Canyon geschaffen, der in der Nähe von Aristi in West Zagoria endet. Der Weg vom Dorfplatz endet am Tor des verlassenen **Klosters Agía Paraskevi**, das verwegen an den steilen Wänden der Schlucht klebt. Von dort sieht man weit in zwei Arme des Canyon. Die Ruhe und die tiefe Stille dieser

imposanten Landschaft beeindruckt sehr. Durch das Kloster (läuten) führt der Zugang zu einem Steig, der schmal und in schwindelnder Höhe zu ehemaligen Einsiedlerhöhlen führt. Ratsam nur für absolut schwindelfreie, trittsichere Besucher.

Vitsa im Zagoria-Massiv

Man kann die Schlucht in einer anstrengenden, ganztägigen Wanderung (ca. 7 bis 8 Stunden) von Monodendri nach Aristi (Hotel Taxiarches, (B), 20 Zi.) oder Papingo durchqueren.

Ein weiterer guter Blick auf die Vikos-Schlucht gelingt von **Oxya** aus, das oberhalb von Monodendri liegt.

Das ganze Gebiet ist inzwischen zum Nationalpark Vikou-Aoou erklärt worden. Hierzu gehört auch die Aoou-Schlucht.

Praktische Hinweise – Monodendri (Vikos-Schlucht)

☎ Monodendri Telefonvorwahl: 06 53

✖ Restaurants: **I Pita Tis Kikitsas**, am Zentralplatz, Tel. 7 13 40, Hausspezialität hier ist die ‚Tiropita' (ab 3 Personen), schöne schattige Terrasse.
Nikos Tsoumanis, Tel. 4 19 84, mitten im Dorf Megalo Pápingo gelegen, von der hübschen Terrasse schöner Blick in die Berge.

🏠 Hotels: **Monodendri Katerina** (B), 4 Zi., Tel. 7 13 00, Fax 7 14 10, traditionelles Haus in altem Gemäuer, hervorragendes Restaurant.
To Kalderimi (C), 5 Zi., Tel. 7 15 10; neu eingerichtetes hübsches Haus, geräumige Zimmer.
Vikos (B), 7 Zi., Tel. 7 13 32, Fax 713 70, traditionelles Haus, Restaurant.

Xenonas Kalliopi (C), 8 Zi., Megalo Pápingo, Tel. 4 10 81, gemütliches Ambiente mit schöner Restaurantterrasse.
Xenonas Kouli, (C), 7 Zi., Tel. 4 11 38, in tradionellem Gebäude mit Restaurant.

Pension Fanis (B), Tel.8 12 71, Fax 8 12 71, hübsches Haus mit rustikalem Ambiente, Restaurant nebenan.
Drakolimni (C), 31 Zi., gepflegtes Haus mit Restaurant, am Dorfeingang gelegen.

Sothrios Karpouzis, 11 Zi., Tel. 4 11 76, rustikales Haus am Rande der Vikosschlucht. Restaurant.

Monodendri

Restaurants

Hotels
Monodendri

Hotels
Megalo Pápingo

Hotels
Tsepelovo

Vikos

➔ **Route:** Denselben Weg zurück zur 17 km entfernten Straße 20/E90. ●

ROUTENALTRERNATIVE ZUR WEITERREISE

Man kann den Ausflug ins Zagoria-Massiv auch einbinden in die Weiterreise, die man dann über Kastoria und Edessa führt (siehe auch Routen 2 und 3, Ioanina – Kalambaka, Kalambaka – Thessaloniki).

Auf dem Weg von Ioanina nach Kastoria passiert man **Konitsa** (Hotel Boyrazani, (B), 22 Zi., Tel. 06 55/6 13 20, Fax 6 13 21; sowie andere Hotels der Kat. B u. C). Das Städtchen liegt am Hang eines weiten Talkessels, der vom breiten, steinigen Flußbett des Aoos beherrscht wird. Am südlichen Ortsrand sieht man von der Straße aus eine mächtige alte Steinbrücke über den Aoos, der hier aus einer engen, wildromantischen Schlucht tritt.

Im weiteren Verlauf der Strecke bieten sich Ausblicke auf die bis weit ins Jahr schneebedeckten Kuppen des 2.637 m hohen **Smolikas**, des höchsten Berges des Pindos-Gebirges, der eine einsame, hügelige und kaum besiedelte Landschaft überragen. Dieses strukturschwache Gebiet ist eine der Regionen Griechenlands, deren Bewohner ihr Glück durch Auswandern oder Auslandsarbeit suchen müssen.

2. IOANINA – KALAMBAKA

○ **Entfernung:** Rund 125 km, ohne Abstecher. Über neue Trasse bei Metsovo rund 20 km kürzer.

➔ **Strecke:** Über die Straße 6/E92 bis **Kalambaka.**

🕐 **Reisedauer:** Mindestens ein Tag.

⌘ **Höhepunkte:** Die **Perama-Höhle** * – die Fahrt über das **Pindos-Gebirge** – das **Bergdorf Metsovo** * – die **Meteoraklöster** ***.

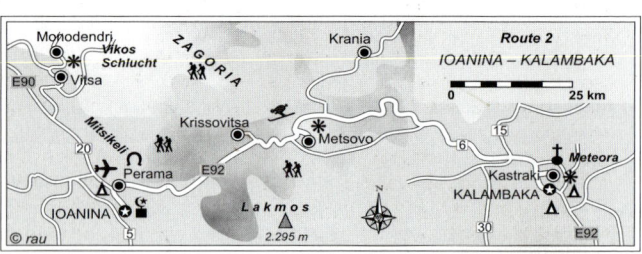

➔ **Route:** Unsere Route führt uns von Ioanina um das Nordufer des Sees Ioaninion auf die Straße 6/E92 Richtung **Trikala.** ●

3 km nach dem Straßenabzweig passiert man **Perama.** Hier lohnt ein Abstecher zu der in der Ortsmitte gelegenen **Tropfsteinhöhle**, die zu den schönsten und größten Höhlen Griechenlands zählt. Die Höhle

wurde, wie es heißt, erst 1940 entdeckt, als Einheimische ein Versteck vor den deutschen Besatzungstruppen suchten.

Die erst seit 1960 zugängliche Höhle ist nicht ganz 2 km lang und an den höchsten Stelle ca. 10 m hoch. Auf gut präpariertem Weg wird man durch die Wunderwelt aus phantastischen Tropfsteingebilden geführt, die in verschiedenen Farben angestrahlt werden. Führungen alle 10 Minuten, Dauer rund 45 Minuten.

**Höhle von Perama **
tgl. 8 – 18.30 Uhr. Eintritt. Führungen.

➔ **Route:** Der weitere Verlauf unserer Route führt auf der 6/E92 am Westhang des Mitsikeli-Gebirges hinauf zur Mazia-Höhe. ●

Unterwegs hat man von der Straße aus einen weiten Blick über die breiten Schilfgürtel unten am See, über die grüne Insel bis hinüber zur Stadt Ioanina. Nach gut 20 km überquert man in Balndouma den Fluß Arachtos. In vielen Kurven folgt die gut zu befahrene Straße dem herrlichen Arachtostal und führt hinauf ins Pindos-Gebirge. Hinter Votonossi (einige Tavernen) nimmt die Landschaft alpinen Charakter an.

➔ **Route:** Schließlich erreicht die 6/E92 nach weiteren 11 km den Wintersportort **Metsovo**. Nehmen sie die alte, nordwärts abzweigende Straße, um in den Ort zu gelangen. Eine neue Trasse umgeht Metsovo im Süden. ●

Metsovo (Epirus) liegt malerisch an einem Hang, etwa 2 km unterhalb der alten Straße. Der Ort hat schöne traditionelle, mehrstöckige Gebirgshäuser aus Naturstein aufzuweisen, in denen einige Hotels eingerichtet wurden. Bergwanderer nutzen diese Herbergen gerne..

In einem der schönsten Häuser, der restaurierten **Villa Tositsa**, ist ein **Volkskunde-Museum** eingerichtet. Die Tositsas zählen zu den alteingesessenen Familien in Metsovo. Sie machten in Ägypten durch den Anbau von Baumwolle ein Vermögen und bedachten daraus ihren Heimatort mit größeren Summen. Diese Zuwendungen ermöglichten die Gründung kleinerer Industrie- und Handwerksbetriebe und der Baron Michalis Tositsa Stiftung. Das Museum zeigt die Lebensweise einer wohlhabenden Familie vor etwa 100 Jahren, mit Schnitzereien, Möbel, Teppichen, Trachten und Schmuck. 30 minütige Führung

Metsovo, hübsches Bergdorf und Wintersportort Volkskunde Museum
Tgl. a. Do. 9.00 – 13, 16 – 18 Uhr. Eintritt. Führungen obligatorisch.

Ein Spaziergang hügelaufwärts durch die holprig gepflasterten Gassen lohnt. Am Dorfplatz findet man die **Galerie Averof**, die von Evangelos Averof-Tositsa gegründet wurde. Es eine der umfangreichsten Sammlungen griechischer Kunst des 19. und 20. Jh.

Griechische Kunstgalerie Averof
Tgl. a. Do. 10.00-16.30 Uhr. Juli – September 10.00-19.00 Uhr. Eintritt.

Der **Dorfplatz** mit alten Bäumen, von dem aus man einen schönen Blick zum schneebedeckten, 2.295 m hohen Peristeri im Süden hat, ist stark vom Tourismus geprägt. Schließlich hat das 1.160 m hoch gelegene Bergdorf nicht nur eine Wintersaison, sondern ist eine ebenso beliebte Sommerfrische. Immer seltener sieht man die alten Trachten. Nur noch gelegentlich tragen die Männer ihre dicken, derben, dunkelblauen Wollanzüge oder ihre weißen Wollhosen, über denen sie einen kurzen Faltenrock (fustanella) und dazu die typischen bequasteten Schuhe (tsarou hias) tragen.

Im unterhalb am Dorfende gelegenen **Kloster Ágios Nikolaos** sind 300 Jahr alte Fesken zu bewundern.

die typische Männertracht von Metsovo wird nur noch selten getragen

Praktische Hinweise – Metsovo

✂ Restaurants: **Taverna Metsovitika Saloni,** gutes, recht gemütliches Speiselokal, Spezialitäten sind mit Metsovo Käse überbackene Gerichte, Geschmortes im Tontopf oder im Teigmantel gegartes Lamm (kleftiko), umfangreiche Weinkarte. Mittlere Preislage. Nur abends geöffnet. – Und andere Restaurants.

🏠 Metsovo Hotels (Tel.-Vorw. 06 56): **Apollon** (C), 40 Zi., Tel. 4 18 44 Fax 4 21 10; einladendes, rustikales Haus im traditionellen Gebäudestil der Region, z.B. Pinienholzdecke und Kamin in der Halle; mittlere Preislage. Nahe dem Hauptplatz. Parkplatz.
Athinae (E), 9 Zi., Tel. 4 13 32, Fax 4 20 09, am Kentriki-Platz, hübsches kleines Haus mit beliebtem Restaurant.
Bitounis (C), 32 Zi., Tel. 4 12 17, Fax 4 15 45, einfaches Haus mit moderaten Zimmerpreisen.
Egnatia (C), 36 Zi., Tel. 4 12 63, Fax 4 14 85, an der Haupstraße, einfaches, aber sauber geführtes Haus.
Galaxias (C), 10 Zi., Tel. 4 12 02, Fax 4 11 24, am Kentriki-Platz, im Stil der Gebirgstradition mit viel Holz eingerichtet. Restaurant. – Und andere Hotels.

➔ **Route:** Wenn Sie es nicht allzu eilig haben, bleiben Sie auf der Weiterfahrt nach Osten auf der alten Straße, die – wenn auch nicht immer in bestem Zustand – nach 16 km den 1.705 m (man liest auch Schilder mit 1.690 m) hohen **Katara-Paß**, den höchsten Paß in Griechenland und Grenze zwischen den Landschaften Epirus und Thessalien, überquert. Im Winter ist der Übergang allerdings oft verschneit und gesperrt. Ausgesprochen schöne Berglandschaft. **Kalambaka** wird nach weiteren 53 km erreicht. ●

Kalambaka (Thessalien) hat außer seiner Kathedrale und zahlreichen Beherbergungsbetrieben dem Touristen wenig zu bieten. Es ist aber ein guter Ausgangspunkt für Ausflüge zu den Meteoraklöstern, die zu den größten Sehenswürdigkeiten in ganz Griechenland zählen. Noch etwas näher zu den Meteoraklöstern liegt der Ort **Kastraki**.

Praktische Hinweise – Kalambaka

✖ Restaurants: **Gertzos**, alteingesessenes Lokal am Rathausplatz, gute Küche zu erschwinglichen Preisen.

Panellinion, Taverne am Dimarheiou-Platz mit gut bürgerlicher Küche. Hübsche Restaurantterrasse.

Vachos, Taverne mit Tradition und guter Küche, moderate Preise, im Sommer sitzt man schön im Garten mit Meteorablick. – Und andere Restaurants.

Kastraki
Bakaliarakia, an der Kirche gelegen, Taverne mit beliebter lokaler Küche, gemütlich. Schattige Terrasse.

Kosmiki, an der Hauptstraße nahe der Kirche. Einladende Terrasse mit herrlichem Blick auf die Meteora-Felsen.

Hotels

▨ Kalambaka Hotels (Tel.-Vorw. 04 32): **Amalia** (A), 173 Zi., Trikalon 14, Tel. 7 22 16, Fax 7 24 57, www.amalia.gr, , rund 3 km außerhalb von Kalambaka, bislang modernstes und bestes Haus am Platz, 2 Restaurants, Cafeteria, Schwimmbad, Konferenzeinrichtungen, obere Preislage.

Motel Divani (A), 165 Zi., Trikalon 1, Tel. 2 33 30, Fax 2 36 38; gutes Haus der oberen Mittelklasse, relativ ruhig gelegen; Restaurant, Cafeteria, Schwimmbad, Parkmöglichkeit.

Edelweiss (B), 56 Zi., E. Venizelou 3, Tel. 2 39 66, Fax 2 49 18; gepflegtes, ordentlich ausgestattetes Mittelklassehotel, moderate Zimmerpreise; Restaurant, Cafeteria, Disco.

Famissi (B), 46 Zi., Trikalon 103, Tel. 2 41 17, Fax 2 46 15; schlichte, aber ordentliche Zimmer, mittlere Preislage; nehmen Sie möglichst kein Zimmer zur lauteren Straßenseite hin, Restaurant, Cafeteria. – Und andere Hotels.

Kastraki
France (C), 25 Zi., Tel. 2 41 86, Fax 27 51 86, einfaches, gut geführtes Hotel. Von manchen Zimmern Blick auf die Meteora-Felsen.

Kastraki II (B), 27 Zi., Tel. 7 53 35, Fax 7 53 35, gutes Mittelklassehotel mit Restaurant. Manche Zimmer mit Ausblick auf die Meteora-Felsen.

Camping

▲ – **Camping Kalambaka**, Tel. 2 23 09; Anf. Jan. – Ende Dez.; am östl. Stadtrand, nördl. der Straße Richtung Trikala; terrassierter Hang; 3 ha – 100 Stpl. Laden, Imbiß, Schwimmbad. Schöner Blick auf die Meteora-Felsen und die Stadt.

– **Camping International Rizos**, Tel. 2 29 54; Anf. Jan. – Ende Dez.; ca. 2 km östl. Kalambaka Richtung Trikala; eben, Baumbestand, Mattendächer; 1,5 ha – 100 Stpl.; Laden, Restaurant; Schwimmbad. Meteora-Ausblick.

– **Camping Philoxenia**; Tel. 2 44 66; Anf. Jan. – Ende Dez.; an der Straße Richtung Trikala, ca. 2 km; ebenes Gelände, lichter Baumbestand, Mattendächer; ca. 1 ha – 90 Stpl.; Laden, Restaurant, Schwimmbad. Meteora-Blick.

Kastraki
– **Camping Meteora Garden**; Tel. 2 27 27, Fax 2 31 19; Anf. Jan. – Ende Dez.; westl. Kalambaka, an der Straße Richtung Ioanina; ebenes Wiesengelände mit Baumbestand; 500 m vom Ort entfernt. 1 ha – 100 Stpl.; Laden, Imbiß, Schwimmbad.

– **Camping Vrachos Kastraki**, Tel. 2 22 93, Fax 2 31 34; Anf. Jan. – Ende Dez.; am südl. Ortsrand von Kastraki; leicht geneigtes Gelände; 500 m vom Ort entfernt, 2 ha – 280 Stpl.; Laden, Imbiß, Restaurant; Schwimmbad. Ausblick auf die Meteora-Felsen.

– **Camping Spilia**, Anf. April – Ende Nov.; kleinere Anlage, am nördl. Ortsrand von Kastraki; den Meteoraklöstern am nächsten. – Und andere Campingplätze.

DIE METEORAKLÖSTER

Im westlichen Ortsbereich von Kalambaka zweigt von der Straße 6/E92 die Straße nach Kastraki ab, die im weiteren Verlauf hinein in das phantastische Felstürmelabyrinth von Meteora führt. Eine weitere Zufahrt führt im Osten um Kalambaka und trifft in der Nähe des Klosters Agía Triáda auf die Höhenrandstraße.

Auf dem Weg von **Kastraki** hinauf zu den **Meteoraklöstern** sieht man außerhalb des Ortes hoch oben an der Felswand häufig bunte Tücher, Stoffe, Laken und ähnliches wehen. Was aussieht wie eine verirrte, überdimensionale Wäscheleine ist Zeugnis eines uralten Brauches in Kastraki.

das St. Georgs Wunder

Die Legende berichtet von einem Holzfäller, der sich bei der Arbeit unterhalb einer hoch in die Felsen gebauten St. Georgs Kapelle das Bein abgehackt hatte und zu verbluten drohte. In seiner Not flehte er den hl. Georg an und versprach, ihm alle Kleider seiner Frau zu opfern, wenn er geheilt würde. Das Wunder geschah. Der Mann konnte mit zwei gesunden Beinen nach Hause gehen. Zur Erinnerung an dieses Mirakel erklimmen junge Männer am Namenstag des hl. Georg (Ende April) in einer halsbrecherischen Kletterei die gefährlich steilen und glatten Felswände, um oben auf einem schmalen Gesteinssims Tücher und Schals ihrer Frauen oder Freundinnen aufzuhängen.

Unantastbaren Adlerhorsten gleich, kleben die Meteoraklöster auf den wuchtigen, glatten Felspfeilern „zwischen Himmel und Erde". Dem Wunsche entsprechend, Gott näher zu sein und der Not gehorchend, räuberischen Horden und der Verfolgung durch Andersdenkende zu entgehen, bauten hier Einsiedler und Mönche in abgeschiedener, schwindelregender Höhe ihre Klöster. Sie schufen, ähnlich der Mönchsrepublik Athos, ein unvergleichliches Zentrum byzantinischer Kunst.

Meteoraklöster ***
Geschichte

Etwa um das 11. Jh. ließen sich erstmals Einsiedler in den Höhlen und Nischen der Felsen nieder. Sie bildeten die *Skiti von Stagon* (stous aghios, kurz *stagous* – Ort der Heiligen). Aber erst Mitte des 14. Jh. begann sich eine Mönchsrepublik zu entwickeln.

Kyr Nilos, Abt der Kirche Doubiani (sie war das Zentrum der Skiti Stagon und lag nördlich des heutigen Kastraki links der Straße am Fuße eines Berges), zog mit Mönchen auf die Felsen und gründete vier Kirchen. Der Anlaß zur Flucht nach oben war wohl das Regime des serbischen Fürsten Simeon Uresis, der damals Thessalien beherrschte. Ständig entstanden nun neue Einsiedeleien und Kirchen, um die sich Klöster bildeten. Um 1360 kam mit *Athanasios Kinovites* vom Berg Athos, eine dominierende Persönlichkeit, auf die Meteoren. Er gründete das Kloster Megalo Meteoron, was soviel wie „das Schwebende" heißt. Es gab der gesamten Region ihren Namen. Bis ins 16. Jh. waren 24 Klöster entstanden.

Das Mönchtum hatte einen Höhepunkt erreicht. Aber auch die Diener Gottes scheinen nicht frei von Neid und Zwist zu sein. Unstimmigkeiten zwischen den einzelnen Abteien, vielleicht auch Verarmung der Klöster, führten zur Spaltung und schließlich zum Niedergang der Klostergemeinschaften. Nur noch die sechs größten Klöster Megalo

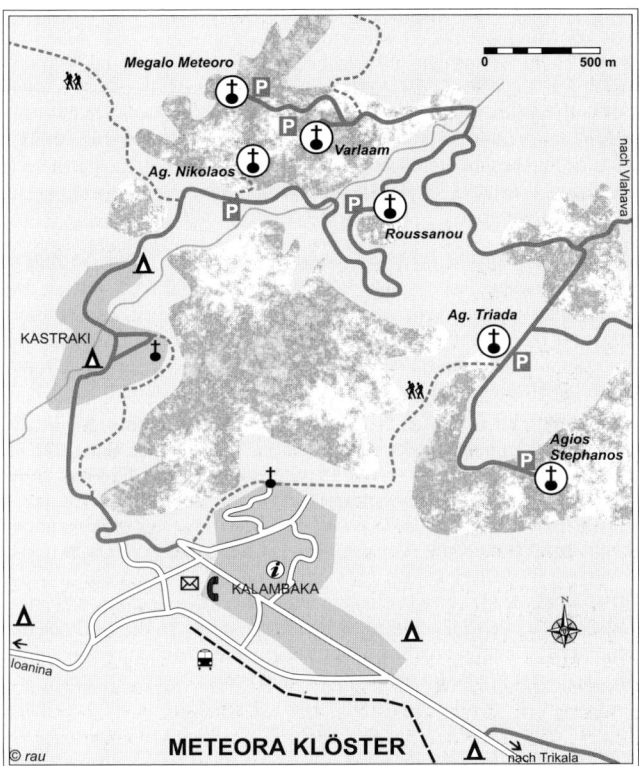

METEORA KLÖSTER

Meteoron, Varlaam, Agía Triáda, Ágios Nikólaos Anapafsas, Rousanou und Ágios Stephanos sind heute von Mönchen bzw. Nonnen bewohnt. Die anderen Klöster gerieten in Vergessenheit und verfielen.

Als Besucher steht man staunend an den Felshängen und fragt sich, wie die Mönche einstmals die glatten, senkrechten Felswände wohl erklommen haben mögen, geschweige denn, wie sie es vermochten, dort auch noch zu bauen. Es heißt, dass anfangs halsbrecherische Holzkonstruktionen, die in den Felsspalten verkeilt waren, nach oben führten. Lange Zeit, bis in unser Jahrhundert, waren die meisten Meteoraklöster nur über Strickleitern zugänglich, die die waghalsigen Holzkonstruktionen ablösten. Wem der Weg über die schwankenden Strickleitern, die bei fast jedem Schwindelgefühle hervorriefen, zu riskant erschien, mußte sich Netzen anvertrauen, die von den Mönchen mit einer ankerspillähnlichen Seilwinde hochgezogen wurden. Nicht nur das Kloster, sondern auch der Besucher schwebte dann zwischen Himmel und Erde, wahrscheinlich mit einem Stoßgebet auf den Lippen. Rund eine halbe Stunde dauerte es, bis man endlich hochgehievt war und aus dem pendelnden und rotierenden Netz befreit wurde. Am Kloster Varlaam und am Meteoron kann man diese Aufzugseinrichtung noch gut sehen.

53

Meteoraklöster ***

Gerne wird die Anekdote erzählt, dass ein Abt, gefragt, wie oft denn die Taue der Winden erneuert würden, geantwortet haben soll: „Wenn sie gerissen sind." Heute sind die Klöster über sichere Treppen und Brücken zugänglich. Frauen war der Zutritt lange Zeit ganz verwehrt. Noch heute wird verlangt, dass Männer beim Klosterbesuch keine kurzen Hosen, Frauen einen über die Knie reichenden Rock und Männer wie Frauen keine schulterfreien Hemden, T-Shirts etc. tragen. Die Klöster sind in aller Regel zwischen 13 und 15 Uhr geschlossen. Für die Besichtigung wird Eintritt verlangt.

☑ *Tipp eines Lesers!* Besuchern, die per Pedes die Klöster besichtigen wollen, wird empfohlen, Wasserflaschen mitzunehmen. Die Wege zwischen den einzelnen Klöstern sind kurvenreich, dadurch sehr lang und die Sonne brennt, auch wenn man relativ früh losgeht, irgendwann doch unbarmherzig! Der Aufstieg zum Kloster Agía Triáda ist am beschwerlichsten.

Ágios Nikólaos Anapafsis*
tgl. 9 –17.45 Uhr.
Eintritt.

Kommt man von Kastraki, taucht als erstes links über der Straße das **Kloster Ágios Nikólaos Anapafsis** auf. Es entstand Ende des 14. Jh. und wurde im 17. Jh. erweitert. Sehenswert sind die Fresken im Katholikon, die Thophanes von Kreta im 16. Jh. schuf.

Auf Grund der sehr beengten Platzverhältnisse auf dem knappen Felsplateau konnte man hier nicht in die Fläche, sondern war gezwungen in die Höhe zu bauen. Es entstand deshalb eine Anordnung der Einrichtung, wie sie sonst in Klöstern unüblich ist. Die Kirche des Klosters zum Beispiel, sonst ein eigenständiger Bau, ist hier im ersten Stock des Haupthauses untergebracht. Auf der selben Ebene liegt das Refektorium. Die Zellen der Mönche befinden sich im darüber liegenden Stockwerk. Ungewöhnlich auch die verhältnismäßig große und helle Vorhalle (Narthex) der Kirche. Da aus Platzmangel ein Kreuzgang oder ein Innenhof nicht zu verwirklichen war, wollte man durch eine größere Vorhalle einen Ersatz und Platz für die Mönche schaffen, an dem sie ihren Studien nachgehen konnten. Das Kloster kann nur in kleinen Gruppen besichtigt werden.

In der Nähe liegen auf einem Felsen die Ruinen des **Klosters Agía Moni**. Wenige Kilometer weiter gabelt sich die kurvenreiche Straße. Wir fahren geradeaus weiter und erreichen als nächstes das **Kloster**

Varlaam **
tgl. a. Fr. 9 – 13,
15.20 – 18 Uhr.
Eintritt.

Varlaam, das links unterhalb der Straße liegt. Varlaam wurde 1517 an der Stelle der Einsiedelei des Mönchs Varlaam, der sich Mitte des 14. Jh. hier niederließ, von den Brüdern Nektarios und Theophanis aus Ioanina gegründet. Es wird berichtet, dass 22 Jahre lang das Baumaterial auf dem Bergplateau gesammelt wurde und die Kirche dann in nur 20 Tagen erbaut worden sein soll. Die Wandmalereien in der Allerheiligen-Kirche Agii Pandis, der Hauptkirche (Katholikon) des Klosters und die schön geschnitzte Altarwand sind sehenswert. Die Wandmalereien im Hauptschiff des Katholikon stammen von dem Ikonenmaler Franko Katelanos, der durch die Ausschmückung des Klosters Megistis Lavra auf dem Berg Athos 1560 großen Ruhm erlangt hatte.

Ein **Museum** ist im ehemaligen Refektorium eingerichtet. U.a. sieht man kostbare Handschriften. Dazu gehört ein handgeschriebenes Evangelium des byzantinischen Kaisers Konstantinos Porphyrogennitos.

Erst 1923 wurde der Treppenweg mit 195 Stufen angelegt, über den man das Kloster erreicht.

Die Straße endet vor dem in Sichtweite gelegenen **Kloster Tis Metamorfoseos**, besser bekannt als **Megalo Meteoro**. Athanasios, der vom Berg Athos hierher gekommen war, erbaute es um 1380 auf dem 415 m hohen Felsen *Platy Lithos* (breiter Felsen).

Das Kloster war die größte und bedeutendste Mönchsgemeinschaft hier. Es verdankte seine Vorrangstellung vor allem den Geldmitteln des Mitbegründers und späteren Abts Joasaf. Joasaf hieß, bevor er die Mönchskutte anlegte, Ioannis Uresis oder Johannes Urosch. Als Sproß des serbischen Fürstenhauses verfügte er über Mittel, die dem Kloster zur Autonomie und zu erlesenen Kunstwerken verhalfen.

Der Besuch dieses Kloster lohnt vor allem wegen der wunderbaren nachbyzantinischen Wandmalereien im Katholikon, einer Kuppelkirche.

Meteorakloster Varlaam

Der Altarraum, mit einem Bildnis des Athanasios, stammt aus dem 14. Jh. Mitte des 16. Jh. wurde die Kirche zur größten aller Meteora-Klosterkirchen erweitert. Schön geschnitzte, vergoldete Altarwand. Und die von Tzanes, einem weiteren namhaften Ikonenmaler, geschaffene Marienikone gilt als ein Meisterwerk aus der byzantinischen Epoche.

Beim Klosterbesuch besichtigt man auch das Refektorium, das mit wuchtigen Tischen bestückt ist, und die Bibliothek, die kostbare alte Ikonen, Bücher und Handschriften enthält, darunter angeblich das älteste Manuskript Griechenlands aus dem 9. Jh. Die Gebeine und Schädel der verstorbenen Mönche werden übrigens im Kloster aufbewahrt. Sie sind durch ein Fenster in einer schweren Holztür in Regalen zu betrachten. Das Meteoron Kloster nimmt von April bis Oktober gelegentlich Gäste in seiner Herberge auf. Eine Brücke, ein Tunnel und 115 Stufen führen heute bequem zum Klosterportal.

Meteoron **
tgl. a. Di. 9 – 13,
15.20 – 18 Uhr.
Eintritt.

Wir fahren zurück bis zur Straßengabelung und halten uns dort links. Rechts unten erkennt man kurz darauf das imposant auf einer Felsnadel sitzende **Kloster Roussanou**, dessen Bauten mit dem Fels zu verschmelzen scheinen. Aus einer Einsiedelei, 1288 wahrscheinlich von den Mönchen Nikodemos und Benedikt gegründet, entstand 1545 das Kloster. Katholikon mit Fresken und vergoldeter Altarwand. Über zwei Brücken zugänglich.

Kloster Roussanou war im frühen 19. Jh. verlassen worden. Erst vor einigen Jahren zogen Nonnen ein und begannen mit der Restaurierung. Kloster Roussanou ist gewöhnlich täglich von 9.00 bis 18 Uhr geöffnet. Eintritt.

Etwas weiter rechts gelangt man zu einem kleinen Parkplatz. Prächtiger Blick auf die oben erwähnten Klöster und ins Tal.

Auf der Weiterfahrt sieht man schon von weitem das **Kloster Agía Triáda** auf seinem markanten Felsen thronen. 1476 erklomm der Mönch Dometios den lange Zeit nur schwer zugänglichen Felsen und begann mit dem Bau des Klosters.

Sehenswerte Dreifaltigkeitskirche (Katholikon) mit Ikonen und Fresken. Zum Kloster, das übrigens auch schon als Kulisse für einen James Bond Film diente, führen 140 in den Fels gehauene Stu-

Kloster Agía Triáda *
tgl. a. Do. 9 – 12,30, 15 – 17 Uhr. Eintritt.

Kloster Ágios Stephanos *
tgl. a. Mo. 9 – 13, 15.20 – 18 Uhr. Eintritt.

fen. Phantastischer Ausblick.

Am Ende der Straße schließlich liegt hoch über Kalambaka das **Kloster Ágios Stephanos**. Auch an dieser Stelle war zuerst eine Eremitage (12. Jh.), die zu Beginn des 14. Jh. von byzantinischen Adeligen zu einem Kloster ausgebaut wurde. Eine Kapelle des Klosters ist dem Hl. Stephan geweiht, deshalb der Name des Klosters Ágios Stephanos.

Das Kloster stand unter dem Schutz der byzantinischen Kaiser und des Patriarchen von Konstantinopel und hatte das Privileg, den Namenszusatz „königlich" zu tragen.

Das Katholikon stammt aus dem späten 18. Jh. Holzgeschnitzte Altarwand. Kostbare Ikonen und Reliquien, darunter ein Splitter vom Heiligen Kreuz und ein Reliquiar Johannes' des Täufers. Im ehemaligen Refektorium ist ein **Museum** eingerichtet.

Das Kloster wird von Nonnen geführt. Es gibt ein Gästehaus. Prächtiger Blick ins Pinios-Tal.

3. KALAMBAKA – THESSALONIKI

⊙ **Entfernung:** Rund 260 km, mit Umweg über Kastoria und Edessa rund 370 km.

➜ **Strecke:** Über Straße 15 bis **Siatista** – E90 über **Kozani** und **Veria** bis **Thessaloniki**.

🕐 **Reisedauer:** Mindestens ein Tag, mit Umweg über Kastoria und Edessa besser zwei Tage.

⌘ **Höhepunkte:** Die archäologischen Stätten von **Vergina** und **Pella**.

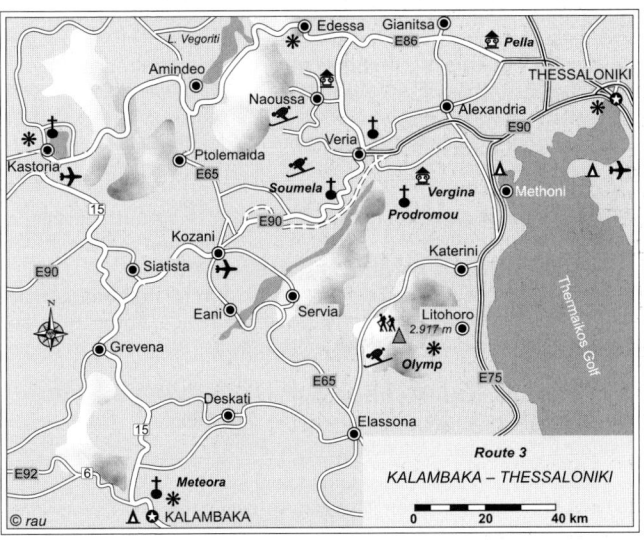

Route 3
KALAMBAKA – THESSALONIKI

0   20   40 km

© rau

➜ **Route:** Wir verlassen Kalambaka auf der Straße 6/E92 in nordwestlicher Richtung. Nach 8 km zweigen wir nordwärts ab auf die Straße 15 Richtung **Grevena** (Hotels). 28 km nördlich von Grevena bietet sich südlich von **Siatista** Gelegenheit, entweder der Straße 15 über **Neapolis** (Hotels, u.a. *Galini*, C, Tel. 04 68/2 23 29) und **Argos Orestikon** weiter nach **Kastoria** zu folgen (65 km) oder ostwärts auf die Straße 20/E90 nach **Kozani** abzuzweigen. ●

ABSTECHER NACH KASTORIA

Kastoria (ca. 17.000 Einw.) in West Makedonien, der 690 m hoch gelegene Verwaltungsort der gleichnamigen Provinz, liegt sehr schön unterhalb von Berghängen auf einer Landzunge, die in den See Limni Kastorias (auch Limni Orestiada) hineinragt.

Kastorias Geschichte

Die wechselvolle Geschichte der Stadt geht bis in die Antike zurück. Damals kannte man Kastoria unter dem Namen *Keletron*. Im 3. Jh. dann hieß die Stadt nach ihrem eigentlichen Gründer Diokletian *Diokletianopolis* und wurde in byzantinischer Zeit in *Justinianopolis* umbenannt. Ihren heutigen Namen *Kastoria* – der wohl mit Castor, dem lat. Wort für Biber zusammenhängt – erhielt die Stadt im 8. Jh.

Immer wieder war Kastoria Ziel von Eroberern. Bulgaren, Albanier und Serben bemächtigten sich seiner. Schließlich wurde Kastoria von 1385 bis 1912 von den Türken besetzt.

All die Fremdherrschaften mögen das öffentliche Leben, nicht aber die religiösen Gewohnheiten der Bevölkerung beeinträchtigt haben. Wie anders wäre es möglich gewesen, dass in Kastoria einst über 70 Kirchen standen. Die wenigen noch verbliebenen Gotteshäuser sind schöne Beispiele für byzantinische Kirchenarchitektur und Malerei. Die meisten der Kirchen wurden zwischen dem 11. und 14. Jh. errichtet. Dazu zählt die **Kirche Panagía Koubelidiki** dem 11. Jh. mit kreuzförmigem Grundriss. Schon das Erscheinungsbild des Kirchleins aus Backstein und naturbelassenen Felsbrocken ist bemerkenswert. In der Vorhalle sind Fresken aus dem 15. Jh. zu sehen. Als größter Schatz der Kirche zählt ein Fesko aus dem 15. Jh. mit der ,Schlafenden Jungfrau', das als ein Werk Giottos gilt.

Die **Kirche Ágios Stephanos** aus dem 9. Jh.gehört ebenfalls zu den sehenswerten Kirchen der Stadt. Sie weist Fresken aus dem 12. Jh. auf. Die Kirche liegt im nordöstlichen Stadtbereich.

Ebenso sehenswert sind die Fresken der **Kirche Agii Anárgyri** aus dem 10. Jh in der Vitsiou Straße sowie die Kirche **Ágios Nikolaos Kasnidzi**, deren bemerkenswerten Fresken zu den schönsten der Region zählen

Die Besichtigung der Kirchen sind nur in Begleitung eines Wärters des Byzantinischen Museums möglich. Infos erhalten Sie dort. Der Rundgang dauert ca. 3 Stunden.

Ikonensammlung im Byzantinischen Museum *
tgl. a. Mo. 8.00 – 15.00 Uhr, Eintritt frei.

Bevor Sie den Besichtigungsrundgang starten, sollten Sie dem sehenwerten **Byzantinischen Museum** in der Platía Dexamenis einen Besuch abstatten.

Über 80 Ikonen werden ausgestellt. Die außergewöhnlichen Exponate werden in einer chronologischen Reihenfolge präsentiert, die den Kunstepochen vom 12. bis ins 17. Jh. entspricht, wobei sich die früh- bzw. spätbyzantinischen Stilrichtungen gut unterscheiden lassen.

Aber nicht nur der Kirchen wegen lohnt ein Spaziergang durch die teils steilen und engen Gässchen der Stadt, die seit alters her ein bedeutendes Zentrum des Kürschnerhandwerks ist. Der Wohlstand, den die Stadt vor allem in den beiden vergangenen Jahrhunderten durch Biberzucht, Pelzhandel und Pelzverarbeitung erlebte, dokumentiert sich in den alten Herrenhäusern (Arhontika) mit trutzigen Dächern und den charakteristischen, vorspringenden, mit kräftigem Holzwerk versehene Fensterfronten im ersten Stock. Im Inneren dieser für ganz Makedonien typischen Häuser findet man freskenbemalte Wände, schön gearbeitete Holzdecken und repräsentative Kamineinfassungen.

58

In einem dieser Herrenhäuser in der Kapetan Lazou Straße, das einst der **Familie Nerantzis Aivazis** gehörte, ist heute ein **Volkskundemuseum** eingerichtet. Es zeigt die Wohnverhältnisse der reichen Pelzhändlerfamilie ab dem 17.Jh. Man sieht nicht nur ein Pelzatelier und Fischereiutensilien, sondern hat Gelegenheit, durch den Wohnbereich mit einem prunkvollen Salon, einem üppigen Schlafzimmer und einem herrschaftlichen Wohnzimmer zu gehen. In Letzterem sind außergewöhnliche Fresken zu bestaunen.

**Kastoria
Volkskundemuseum***
tgl. 10.00 - 12.00 +
16.00 - 18.00 Uhr.
Eintritt

Nahebei in der Vizandiou Straße hat man im **Haus Emanouil** das sehenswerte **Trachtenmuseum** eingerichtet. Zu den Exponaten zählen wertvolle Pelze und außergewöhnlich kostbare Gewänder mit traditionellen Stickereiarbeiten, die teilweise aus dem 17. Jh. stammen.

**Kostbare
Gewänder im
Trachtenmuseum**
Tgl. 10.00 - 12.00 +
16.00 - 18.00 Uhr.
Eintritt.

Sehr schön ist das **Seeufer** östlich der Stadt. Man sollte im Stadtbereich (Ampel) rechts zum See abbiegen und dem einspurigen Uferweg etwa 2 km nach Nordosten folgen und kommt dann zu einer Terrasse am See mit jahrhundertealten Laubbäumen und einer kleinen Taverne. Von hier hat man einen schönen Blick über den See. Leider ist das Seewasser durch Verunreinigungen durch die ansässige Industrie von so fragwürdiger Qualität, dass einem ein Aufenthalt am Wasser, je nach Wetterlage, schon mal verleidet werden kann. An Baden ist gar nicht zu denken.

Unmittelbar hinter der Taverne liegt, ebenfalls direkt am See, das ehemalige **Kloster Panagia Mavrotissa**. Die zweigeteilte Klosterkirche enthält schöne Beispiele für die hochentwickelte Freskenmalerei. Die beiden Kirchenräume stammen aus unterschiedlicher Zeit. Links liegt die Kirche aus dem 11. Jh. mit Fresken im byzantinischen Stil, während der Kirchenraum rechts aus dem 16. Jh. stammt und mit Fresken im makedonischen Stil innen und außen geschmückt ist.

Nach vorheriger Absprache mit dem Klosteraufseher kann ggf. auf dem kleinen Parkplatz vor dem Kirchengarten mit kleinen Wohnmobilen übernachtet werden.

Praktische Hinweise – Kastoria

**Kastoria
Restaurants**

✗ Restaurants (Tel.-Vorw. 04 67): **Omonoia**, Mitropoleos Straße 97, am Omonia Platz gelegen, kleines, einfache Taverne.
Swan Restaurant, Thomaidos Straße 1 Tel. 04 67/ 2 79 94, gutes, recht gemütliches Speiselokal, Spezialitäten sind u.a gegrillte Forellen.
Nostalgia, Nikis Straße 2, Tel. 04 67/ 2 26 30, am See gelegen, ruhiges Lokal mit Fleisch- und Fischgrillgerichten.

🛏 Kastoria Hotels (Tel.-Vorw. 04 67): **Aeolis** (A), 14 Zi., Agiou Athanassiou Straße 30, gut geführtes Haus im Stadtzentrum.
Anessis (B), 21 Zi., Gramou Straße 10, Tel. 8 39 08, Fax 8 37 68; einfaches Mittelklassehotel.
Orestion (B), 20 Zi., Davaki Platz 1, Tel. 2 22 57, Fax 2 22 58,
Xenia (A), 14 Zi., Dexamenis Platz 11, Tel. 2 25 65, Fax 2 63 91; zwar bislang bestes Haus am Platz (was sich leider nicht auf den Service bezieht), aber die Lage am verschmutzten See kann einen Aufenthalt beeinträchtigen. – Und andere Hotels.

Hotels

ABSTECHER ZU DEN PRÉSPA SEEN

Naturliebhaber und Freunde abgeschiedener Landschaften sollten einen Abstecher nach Nordwesten zum **Großen** und **Kleinen Préspa See** an der Grenze zu Albanien in 850 m Höhe unternehmen. Der Große Prespa-See mit seinen 275 qkm, ist das größte Binnengewässer des Balkans, den ein nur 1 km breiter Landstreifen vom Kleinen Prespa-See trennt. Schöne Sandstrände.

Die Préspa-Seen, Paradies für Pelikane und Kormorane *

Bootsausflüge auf den Seen

Die Gestade der Seen, lange Zeit militärisches Sperrgebiet und nicht zugänglich, wurden aufgrund seiner einmaligen Fauna und Flora zum Natur- und Vogelschutzgebiet erklärt. Besonders Pelikane und Kormorane nisten in dieser Gegend und man kann schön beobachten, wie sie zwischen den Seen hin- und herfliegen.

Ab **Psarádes** ist folgende Ausflugsmöglichkeit möglich:

Eine Bootsfahrt in typischen, schwarzen Fischerbooten führt zunächst zu Felsmalereien, weiter zu einer Grotte, in der sich die **Eremitage Metamorphosis** mit in den Fels gehauenen Mönchszellen aus dem 13. Jh. befindet. Kurz darauf erkennt man die **Eremitage Mikri Analipsis**, die im 15. Jh. in einem Felsspalt erbaut wurde. Pelikane und Kormorane begleiten die Bootsfahrt.

Ein Bootsstop ermöglicht einen Spaziergang über Holzstege zur sehenswerten **Kapelle** der **Eremitage Panagía Eleoússa** aus dem 15. Jh. Ihre Wandmalereien machen diesen Ausflug lohnenswert.

Ebenfalls mit dem Boot ist ein Besuch auf der kleinen **Insel Ágios Achillios** möglich. Vor prächtiger Seen- und Berglandschaft stehen hier die Ruinen der dreischiffigen **Basilika Ágios Achillios**. Sie wurde bereits im 10. Jh. vom bulgarischen Zaren Samuel erbaut. Man wollte den zuvor geraubten Reliquien des hl. Achillios einen sicheren Aufbewahrungsort verschaffen.

Ein weiteres besuchenswertes Dorf dieser Gegend ist **Ágios Germanós**, wo sich das Préspa Informationszentrum befindet. Es ist der hiesigen Tier- und Pflanzenwelt und der Geologie gewidmet.

WEITERREISE AB KASTORIA

➜ **Route:** Zur Weiterreise bietet es sich an, ab Kastoria der Straße nordostwärts über **Dispili, Korissos** und **Aetos** zu folgen. 8 km östlich von Aetos stößt man auf die E65, der man ein kurzes Stück südwärts folgt, um nach knapp 10 km nordwärts abzuzweigen um zur E86 zu gelangen. Dieser Straße folgt man dann über **Edessa** nach **Thessaloniki**. ●

HAUPTROUTE

➜ **Route:** Unsere **Hauptroute** folgt ab Kalambaka dem oben schon erwähnten Weg über die Straße 15 und über **Grevena** (2 Hotels, u.a. *Milionis*, C, 48 Zi., Tel. 04 62/2 2 32 23) bis südlich von **Siatista** und zweigt dort ab auf die Straße 20/E90 nach **Kozani**. ●

2 km nördlich der Straßengabelung lohnt ein Abstecher von der E90 zum 5 km nordwestlich der Hauptstraße gelegenen Ort **Siatista** (Hotel Archontikon, C, 25 Zi., Tel. 04 65/2 12 98, Fax 2 28 35). Das Städtchen war im 18. und 19. Jh. eine wohlhabende Gemeinde und ein bedeutendes Handels- und Bildungszentrum in Westmakedonien. Aus jener Zeit stammen auch die Herrenhäuser, die den Weg hierher lohnen. In einigen der zu besichtigenden Häuser sind noch schöne Wandmalereien erhalten. Sehenswert auch die alten byzantinischen Kirchen. Siatista ist neben Kastoria ein bedeutendes Zentrum der Pelzverarbeitung. In der Nähe große Braunkohle- und Kunstdüngerindustrie.

Abstecher nach Siatista makedonische Herrenhäuser

Kozani, Distrikthauptstadt im Westen Makedaniens, hat neben dem Ruf, eine der bedeutendsten Bibliotheken aus der Türkenzeit des 16. Jh. zu besitzen, dem durchreisenden Besucher wenig mehr als einige alte Herrenhäuser, eine schön geschnitzte Bilderwand aus dem 13. Jh. in der **Kirche Ágios Nikolaos**, sowie ein kleines volkskundliches **Museum** zu bieten.

Sehenswertes in Kozani

◸ Kozani Hotes (Tel.-Vorw. 04 61): **Motel Nefeli (B)**, 27 Zi., Tel. 6 68 86, Fax 2 47 36. 2 km nördlich der Stadt.
Tselicas (B), 48 Zi., Tel. 3 59 97, Fax 3 56 50. – Und andere Hotels.

Kozani Hotels

ABKÜRZENDE ROUTENALTERNATIVE

Landschaftlich reizvoll und eine erhebliche Abkürzung der hier beschriebenen Reiseroute durch Nordgriechenland ist die Wegstrecke von Kozani auf der E65 über **Elassona** nach **Larissa**. Dabei passiert man ca. 23 km südlich von Kozani Griechenlands längste Brücke, die den zu einem riesigen See aufgestauten Fluß Aliakmon in einer Länge von etwa 2 km überspannt. Nimmt man die alte Straße, die weiter südwärts von Kozani über den See führt, kommt man nach 21 km nach **Aiani**. In der Nähe liegt das **Aiani** aus dem 15. Jh. Im Kloster wurde eine Handschrift aus dem 13. Jh. wiederentdeckt, in der verlorengeglaubte Texte aus dem 9. Jh. enthalten sind.

Ab Larissa weiter mit Etappe 9, Thessaloniki – Volos.

abkürzende Routenalternative von Kozani über Elassona nach Larissa längste Brücke Griechenlands

HAUPTROUTE

Auf dem Weg von **Kozani** nach **Veria** passiert man auf der Straße 4 das **Kloster Panagia Soumela**. Es ist nach seinem Mutterhaus bei Trabzon in der Osttürkei benannt. In ihm wird heute die wundertätige Marienikone verehrt, die der Evangelist Lukas im 5. Jh. gemalt haben soll und die nach der Auflösung des Klosters bei Trabzon von flüchtenden Mönchen angeblich hierher gebracht wurde. Das Kloster, das ein bedeutendes Zentrum der orthodoxen Christenwelt ist, feiert jedes Jahr zu Mariä Himmelfahrt Mitte August ein großes Kirchenfest.

Veria (Makedonien), rund 37.000 Einwohner, ist Hauptstadt des Verwaltungsbezirks Imathia. Gegründet wurde es wahrscheinlich von Mitgliedern der Antigoniden-Dynastie (Diadochen Alexanders des Großen) und stand im 3. Jh. n. Chr. unter dem besonderen Schutz Kaiser Diokletians. Damals war Veria zeitweise Hauptstadt der römischen Provinz Makedonien. Schon früh war Veria ein Zentrum des jungen Chris-

Veria

sehenswerte Fresken in der Christuskirche tgl. a. Mo. 8.30 – 15.00 Uhr.

tentums und im Jahre 54 flüchtete der Apostel Paulus aus Thessaloniki hierher, um sein Missionswerk fortzusetzen.

Zu den Sehenswürdigkeiten der im übrigen recht neuzeitlich wirkenden Stadt zählen die **Alte Kathedrale**, die **Kirche Ágios Ioannis Theologos** und vor allem die **Kirche Ágios Hristos** (Christuskirche) mitten im Zentrum der Stadt. Der Backsteinbau weist wunderbare Fresken des bedeutenden makedonischen Meisters Georgios Kalliergis aus dem frühen 14. Jh. auf.

Das **Archäologische Museum** zeigt Funde aus prähistorischer, archaischer, hellenistischer und römischer Zeit.

In **Nea Nikomidia** nordöstlich von Veria wurde vor nicht langer Zeit eine bemerkenswerte neolithische Siedlung entdeckt.

Veria Hotels

> Veria Hotels (Tel.-Vorw. 03 31): **Makedonia** (B), 37 Zi., Kontogeorgaki 50, Tel. 6 69 02, Fax 2 79 00. Restaurant.
> **Veria** (C), 62 Zi., Tel. 9 31 12, Fax 9 31 34. – Und andere Hotels.

hellenistischer Palast von Vergina tgl. 8.00 – 19.00 Uhr. Eintritt.

Rund 12 km südöstlich von Veria liegt an den Nordwestausläufern des Piperia-Gebirges der Ort **Vergina** (Makedonien). Östlich der Gemeinde führt ein schmaler Fahrweg bergwärts, der am Eingang zum Ruinenfeld eines **Palastes** aus hellenistischer Zeit endet. Angelegt wurde der Palast wahrscheinlich im frühen 3. Jh. v. Chr. von Antigonos Gonatas. Die Ausdehnung der Anlage mißt ca. 145 x 95 m. Um einen riesigen, viereckigen, von 60 dorischen Säulen gesäumten Innenhof reihen sich die verschiedenen Räume, Gemächer und Säle. Zu erkennen sind noch viele der verblüffend präzise bearbeiteten Eintrittsschwellen.

Der Eingang befand sich an der Ostseite in der Nähe der uralten Eiche. Weiter links davon ein Rundbau (Tholos), der nach Ansicht des französischen Archäologen Leon Heuzey, der 1861 die ersten Grabungen durchführte, als Zeremonienraum diente. Gut zu erkennen sind an der Südseite drei Stümpfe ionischer Doppelsäulen, die einen zum Innenhof hin offenen Raum kennzeichnen, der von Gemächern flankiert wird. Die Böden der Räume waren mit Bild- und Ornamentmosaiken geschmückt, die leider nur noch in Fragmenten zu erahnen sind. Von der erhöhten

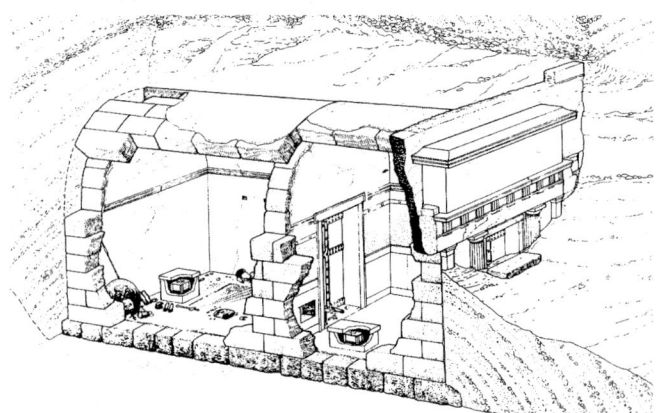

Vergina, großes Königsgrab. Abb. mit frdl. Genehmigung Prof. Manolis Andronikos, Thessaloniki

Geländeterrasse, auf der der Palast liegt, hat man einen sehr schönen Blick in die Ebene.

Auf der Anfahrt zum Palast passiert man das linkerhand gelegene **Makedonische Grab**. An der nicht nur für Makedonier bedeutenden archäologischen Stätte wird zeitweise noch gearbeitet. Sie ist also nicht immer zugänglich.

Das sog. **„Königsgrab"** (insgesamt wurden drei Gräber entdeckt) wurde 1977 vom griechischen Archäologen *Prof. Manolis Andronikos* freigelegt. Er fand ein unversehrtes Grab aus dem. 4. Jh. v. Chr., in dem neben anderen Grabbeigaben ein schwerer Goldsarkophag stand mit der Asche des makedonischen Königs Philipp II., dem Vater Alexanders des Großen. Den Deckel schmückte ein Relief-Stern mit sechzehn Zacken. Dieser ‚Stern von Vergina' verursachte Mitte der 90er Jahre politische Komplikationen zwischen dem griechischen Makedonien, das es sich als Wappensymbol aussuchte, und der einstigen jugoslawischen Teilrepublik Mazedonien, die den Stern für ihre Unabhängigkeitsflagge beanspruchten. Griechenland verhängte daraufhin solange ein Handelsembargo, bis die Ex-Jugoslawen endlich auf dieses Symbol verzichteten.

(Marginalie: Königsgrab Philipp II.)

Das Grab, mit Säulenfassaden marmornen Türflügeln und einer Vorhalle, liegt unter einem Tonnengewölbe. Die Gräber sind teils mit herrlichen Fresken ausgeschmückt und waren viele Jahrhunderte unter Erdhügeln verborgen.

Unter den Funden und Grabbeigaben des glücklicherweise nicht von Grabräubern heimgesuchten Königsgrabes waren Beinschienen, Helm, Brustpanzer, Schwert, Kopfring (königliches Diadem), Bronze- und Silbergefäße, zwei überaus wertvolle Goldkassetten (Urnen) in den Steinsarkophagen, sowie fünf elfenbeinerne kleine Köpfe mit Portraits. Prof. Andronikos erkannte drei der Köpfe als Philipp II. von Makedonien, dessen Gemahlin Olympia und deren beider Sohn Alexander. Alle Gegenstände befinden sich jetzt im Archäologischen Museum Thessaloniki.

Aufgrund der Funde wird angenommen, dass dieses „Königsgrab" das Grab Philipps II. ist. Daraus folgert, dass hier bei Vergina die alte makedonische Hauptstadt *Aigai* gewesen sein muß und nicht bei Edessa, wie bislang vermutet. Also war es auch hier, wo Philipp II. im Theater ermordet und entsprechend der Sitte in der Hauptstadt des Reiches bestattet wurde. Ein weiteres Kammergrab wurde in der Nähe des Palastes ausgegraben.

Des weiteren sieht man an der Straße nach Palatitsa rechterhand ein weites Feld zahlloser kleinerer und größerer **Hügelgräber** aus der frühen Eisenzeit.

Wer sehr an byzantinischer Kunst interessiert ist, sollte einen Abstecher zum **Kloster Prodromou** machen. Dazu zweigt man von der Straße Veria – Vergina östlich des Aliakmon-Flusses nach Süden auf eine Nebenstraße ab. Das Sehenswerte im Kloster ist eine schöne Ikonenwand.

➜ **Route:** Ab Veria erreicht man **Thessaloniki** relativ rasch über die Schnellstraße E90. ●

UMWEG ÜBER EDESSA

Wer sich für makedonische Geschichte interessiert, dem sei der im Folgenden beschriebene Umweg über Edessa empfohlen.

➡ **Alternativroute:** Man verläßt Veria auf der Straße nach **Skidra** in nördlicher Richtung. ●

Auf dem Weg nordwärts durchquert man eine durch den Fluß Moglenitsas und zahlreiche Kanäle bewässerte, fruchtbare Ebene mit riesigen Obstplantagen. Im Westen erhebt sich der Bergzug des Vermion Oros, (höchste Erhebung 2.052 m).

Nach rund 15 km sollte man bei **Kopanos** und **Lefkadia** auf die Hinweisschilder „Great Macedonian Tombs" achten. Sie führen zu den etwa 400 m östlich der Straße gelegenen unterirdischen **Mausoleen makedonischer Militärführer** und ihrer Familien.

makedonische Gräber
Di. – Sa. 8.30 – 15.00 Uhr, sonn- und feiertags 9.00-14.00 Uhr. Mo. geschlossen. Eintritt.

Zunächst stößt man auf das rechts des Zufahrtsweges unter einem häßlichen Betonbau versteckte Grab eines makedonischen Generals aus dem 3. vorchristlichen Jahrhundert. Schlüssel beim Wächter. Eine breite Rampe führt hinunter zum Eingang des erst 1954 freigelegten Mausoleums. Nun steht man vor der hohen, tempelartigen Fassade des Grabmals, hinter der sich das mächtige Tonnengewölbe der eigentlichen Grabkammer aus Kalkstein befindet.

Der Grabeingang wird rechts und links von je zwei dorischen Halbsäulen flankiert. In den Zwischenräumen sind Freskenfragmente erkennbar, die von links nach rechts den verstorbenen Militär, dann Gott Jupiter oder Hermes, im dritten Feld Aiakos und im vierten Radamantis darstellen. Letztere waren Richter der Unterwelt. Darüber Friese und eine Reihe von sechs kurzen ionischen Säulen. Auch dort kaum noch erkennbare Spuren von Fresken.

Geht man etwa 300 m weiter, findet man linkerhand, ebenfalls inmitten weiter Obstplantagen, ein zweites Grabmal, zu dessen Eingang eine imposante Freitreppe hinunter führt. Hinter den schützenden Eisenportalen (Schlüssel beim Wärter) sieht man eine sehr gut erhaltene Grabfassade mit Säulen und erstaunlich frisch wirkenden Wandmalereien.

Ein weiteres Grab befindet sich unmittelbar an der Hauptstraße. Es ist das Mausoleum der makedonischen Familie Lyson Kalliklis, einem Zweig des Alexanderclans aus dem 4. Jh. v. Chr. Die Grabstätte, für die sterblichen Reste von 22 Personen konzipiert, weist ganz ausgezeichnet erhaltene Wandmalereien auf. Leider ist es der Allgemeinheit nur selten zugänglich.

Naoussa (Hotels), 6 km westlich der Hauptstraße, liegt 320 m hoch recht hübsch an der Ostflanke des Vermion-Gebirges. Eine nicht gerade gute Straße führt von dort weiter nach **Kato Vermion** (Hotel Seli, C, Tel. 03 32/7 12 06), einem der wichtigsten Wintersportgebiete Griechenlands. Von Kato Vermion geht eine direkte Straße hinab nach Veria.

➡ **Route:** Die Straße aus Veria erreicht bei Skidra die E86. 15 km westlich liegt **Edessa**. ●

Edessa (Makedonien), Bezirkshauptstadt mit ca. 16.000 Einwohnern, liegt etwas erhöht (430 m) am Rande eines Geländeplateaus oberhalb der Makedonischen Ebene am Flüßchen Vodas, der mit seinen **Wasserfällen** in der Stadt den Anziehungspunkt Edessas bildet. Die verzweigten Wasseradern des Flusses speisen Grünanlagen und sorgen selbst im Sommer für ein angenehmes Klima.

die Wasserfälle von Edessa

Unter dem Vorhang des Wasserfalls befinden sich Tropfsteinhöhlen, die allerdings nicht leicht zugänglich sind.

Von einer archäologischen Stätte in der Nähe wurde lange angenommen, es handele sich um Aiges (Aigai), die legendäre erste Hauptstadt des Königreiches Makedonien. Neuere Erkenntnisse allerdings vermuten das alte Aiges in Vergina. Edessa, das noch eine byzantinische Bogenbrücke aufweist, über die die Via Egnatia führte, war wie ganz Nordgriechenland bis zum Anfang unseres Jahrhunderts von Türken besetzt. Sie brachten auch den heute noch größten Gewerbezweig der Stadt nach Edessa, die Teppichherstellung.

⌂ Edessa Hotels (Tel.-Vorw. 03 81): **Xenia** (A), 20 Zi., Fillipou 1, Tel. 2 9706, Fax 2 18 98, www.xenia-edessas.gr, neues, Luxushotel, zentrale Lage, Restaurant.
Katarraktes (B), 44 Zi., Karanou 26, Tel. 2 23 00; Fax 2 72 37. – Und andere Hotels.

Edessa Hotels

➜ **Route:** Der weitere Verlauf dieses Abschnitts unserer Reiseroute führt von Edessa auf der E86 über **Gianitsa** (23 km) und **Pella** (47 km) nach **Thessaloniki**, das man nach rund 88 km erreicht. ●

Gianitsa ist das wirtschaftliche Zentrum dieser landwirtschaftlich überaus stark genutzten Region (Baumwolle, Obst). In der jüngeren Geschichte des Landes trat die Stadt um 1912 als Mittelpunkt des Widerstandskampfes gegen die türkischen Machthaber hervor.

Nördlich der E86 liegt das Ruinenfeld des **antiken Pella** mit bescheidenen Fundamentsfragmenten.

Pella, in der Antike als „größte Stadt in Makedonien" bekannt, löste im 5. Jh. v. Chr. die Stadt Aiges (heute Vergina) als Hauptstadt des makedonischen Königreiches ab. Bald wurde es ein Zentrum des Kunst- und Geisteslebens Nordgriechenlands. Der junge Alexander, der 356 v. Chr. in Pella das Licht der Welt erblickte und später als „der Große" in die Geschichte eingehen sollte, wurde hier von Aristoteles unterrichtet. Auch Alexanders Vater, Philipp II. von Makedonien, wurde schon in Pella geboren (382 v. Chr.).

antikes Pella
Di. – So. 8.00 –
19.00, Mo. 12.00 –
19.00 Uhr. Eintritt.

Unter den Künstlern, die zeitweise hier am makedonischen Hof lebten, waren auch Schriftsteller und Tragödiendichter wie Pindar oder Euripides. Letzterer verfaßte in Pella die Tragödie „Archelaos", zu Ehren des gleichnamigen makedonischen Königs, der den Hof von Aiges nach Pella verlegte und somit zum eigentlichen Stadtgründer wurde. In Pella schrieb Euripides auch die „Bacchanten", eine weitere der Tragödiendichtungen, die im Theater von Pella zur Erstaufführung kamen und heute gelegentlich noch auf dem Spielplan sommerlicher Theaterfestspiele in Griechenland stehen.

Eine für die damalige Zeit sensationelle städtebauliche Neuerung war, dass die Straßen nach einem regelmäßigen Rastersystem angelegt wurden, das einst vom legendären Stadtbaumeister Hippodamos von Milet in Kleinasien erdacht wurde.

Zu sehen gibt es heute die Grundmauern verschiedener Gebäude, die vermutlich Verwaltungszwecken dienten. Vom ionischen Peristyl sind einige Säulen wieder aufgerichtet. Am meisten beeindrucken den Besucher aber die bemerkenswerten **Bodenmosaiken**, teils mit geometrischen Mustern, teils mit Figurenmotiven wie dem „Raub der Helena" und einer „Hirschjagd"., die aus verschiedenfarbigen Kieselsteinen unglaublich kunstvoll zusammengefügt sind. Das Prunkstück der Grabungsfunde von Pella, das herrliche Bodenmosaik die „Löwenjagd" und andere Exponate sind im Museums von Pella ausgestellt. Es zeigt sehr lebendig einen Löwen zwischen zwei Jägern mit Lanze und Schwert. Das Mosaik stammt vermutlich aus dem **Haus des Dionysos**, das durch seine sechs Säulen im Ausgrabungsgelände zu erkennen ist. Dieses Haus ist als Modell im Eingangsbereichs des Museums zu sehen.

Thessaloniki ist noch 40 km entfernt.

der Weiße Turm, Salonikis Wahrzeichen
Foto: Griechische Zentrale für Fremdenverkehr, München

4. THESSALONIKI

🕐 **Reisedauer:** Mindestens ein halber Tag.

⌘ **Höhepunkte:** Das **Archäologisches Museum** * – das
Byzantinische Museum in der Rotunda – die **byzantinischen
Kirchen** – Stadtblick von der **Zitadelle.**

Gemessen an den geschichtlichen Zeiträumen Griechenlands ist
Thessaloniki (Makedonien) eine vergleichsweise junge Stadt. 1985 feierte
sie ihren 2300. Geburtstag. Und 1997 war Thessaloniki „Kulturhauptstadt
Europas".

Die Gründung der Stadt **Thessaloniki** (auch Saloniki) geht zurück
auf Kassandros, einen General aus der Armee Alexanders des Großen.
Im Jahre 315 v. Chr. gründete Kassandros, der mit der Schwester Alexanders des Großen, Thessalonike, verheiratet war, an der Stelle des
alten Thermi, eine Stadt am Thermaikos Golf und nannte sie zu Ehren
seiner Gattin *Thessaloniki*. Die Neugründung entwickelte sich rasch und
wurde 168 n. Chr. Hauptstadt der römischen Provinz Makedonia. Durch
den Bau des wichtigen Verkehrsweges Via Egnatia, der Byzanz mit Rom
verband, profitierte die Stadt erneut.

Stadtgeschichte Thessaloniki's

Nach einem Besuch des Apostels Paulus im Jahre 49 n. Chr.
entstand hier eine der frühesten Christengemeinden in Makedonien.

Besonders im frühen 4. Jh. mußte Saloniki mehreren Anstürmen
der Goten standhalten. Kaiser Galerius konnte die Angreifer erfolgreich
zurückschlagen. In jener Zeit erlitt der Schutzpatron Thessalonikis,
Dimitrios, den Märtyrertod.

Etwa seit dem 7. Jh. war Thessaloniki zur zweitwichtigsten Stadt im
byzantinischen Kaiserreich geworden, auf wirtschaftlichem wie auf
geistigem Gebiet. Von hier zogen die Brüder und Mönche Cyrill und
Methodius im 9. Jh. nach Norden. Sie brachten den slawischen Völkern
nicht nur das Christentum, sondern auch ein einheitliches Alphabet und
die kyrillische Schrift, die in ihrer heute nicht mehr gebräuchlichen Urform
als „Glagoliza" bekannt war.

Der hohe Stand der Bildung und der wirtschaftliche Wohlstand
machten Saloniki immer wieder zum Ziel feindlicher Angriffe. Die Stadt
mußte sich bulgarischer, serbischer und sarazenischer Belagerung
erwehren. Im Jahre 1185 überrannten Normannen die Stadt und keine
20 Jahre später bemächtigten sich die Heere des 4. Kreuzzugs unter
dem Marquis Bonifacio de Montferrat der Stadt. Der Marquis wollte sich
mit der Eroberung Thessalonikis eine adäquate Entschädigung für die
verpaßte Kaiserwürde in Konstantinopel verschaffen. Ganz offensichtlich
hatten die Kreuzfahrer weniger den Schutz des Heiligen Grabes in
Jerusalem im Sinn, sondern gingen vielmehr ganz weltlichen
Eroberungsgelüsten unter einem religiös verbrämten Mäntelchen nach.

1246 kam die Stadt wieder zum Byzantinischen Kaiserreich und
wurde zu Beginn des 15. Jh. den Venezianern zum Schutz gegen die
Osmanen abgetreten.

1430 erlebte die Stadt die größte Belagerung ihrer Geschichte unter dem türkischen Sultan Murat II. Danach stand Thessaloniki nahezu 500 Jahre unter türkischer Herrschaft.

Als 1912 Thessaloniki wieder zu Griechenland kam, wurden so gut wie alle Zeugen osmanischer Kultur, allen voran die Minarette beseitigt. Viele andere Kulturgüter fielen 1917 einem riesigen Brand zum Opfer.

Heute ist die Stadt mit rund 400.000 Einwohnern nach Athen die zweitgrößte Stadt Griechenlands, wichtigste Industrie- und Hafenstadt in Nordgriechenland, Hauptstadt Makedoniens, Messe und Universitätsstadt.

Aus allen Geschichtsepochen sind charakteristische Denkmäler erhalten. Die großen Sehenswürdigkeiten Salonikis aber sind in erster Linie byzantinische Kirchen, an deren Vielfalt und Ausschmückung man die Entwicklung der gesamten byzantinischen Kunstepoche nachvollziehen kann.

Eine Stadtbesichtigung wird man zu Fuß, mit öffentlichen Verkehrsmitteln oder per Taxi unternehmen. Eine Stadtrundfahrt mit dem Auto gestaltet sich wegen des Verkehrs und der Parkplatznot problematisch.

STADTRUNDGANG

Ausgangspunkt für unseren Stadtrundgang ist der Platz **Platía Aristotélous (2)** an der Hafenpromenade Nikis. Am Platz findet man neben dem Büro der **Griechischen Zentrale für Fremdenverkehr E.O.T. (1)** und dem Electra Palace Hotel einige hübsche Restaurants und Straßencafés. Ebenfalls in der Nähe des Platzes liegen das Hauptpostamt (3) und Telefon-Telegrafenamt (4).

Seit jeher ist die **Hafenpromenade Nikis (7)** (früher Vassileos Konstantinou) die beliebte Straße für den traditionellen Abendbummel, die „Volta". In den Straßencafés läßt es sich angesichts der weiten Meeresbucht gut sitzen. Das westliche Ende der Uferpromenade am Alten Hafen führt hinein ins Stadtviertel **Ladádiko**, in dem sich viele Tavernen und Bistros befinden. Viele davon wurden in ehemaligen Lagerhäusern eingerichtet. Mit Hilfe von EU-Geldern hat die Stadt hier seit 1993 umfangreiche Restaurierungsarbeiten durchgeführt, und so erhielt das Viertel inzwischen ein ganz besonderes Flair. Die Bezeichung Vergnügungsviertel kommt der Sache ziemlich nahe.

Salonikis Wahrzeichen: Der ‚Weiße Turm' (8) Di. – So. 8.00 – 14.30 Uhr, Mo. 12.30 – 19.00 Uhr, Nov. – Mar. nur bis 17.00 Uhr. Eintritt.

An ihrem Ostende erhebt sich der massive **„Weiße Turm" Lekós Pírgos (8)**, Salonikis Wahrzeichen. Erbaut wurde der Turm im 15. Jh. wahrscheinlich nach Plänen des berühmten türkischen Baumeisters Sinan und stellte eine Bastion an der Zusammenführung der Land- und der Seemauer dar. Die Bastion trägt den Beinamen „Blutturm", nach einem Massaker, das Janitscharen, eine Elitetruppen der osmanischen Sultane, unter der Bevölkerung anrichteten. Der Turm wird heute als Museum genutzt und kann besichtigt werden. Gezeigt werden u. a. kostbarer Goldschmuck, Keramiken, Grabfunde und Ikonen. Allerdings werden die wichtigsten Exponate zeitweise im Byzantinischen Museum ausgestellt. Wie lange diese provisorische Auslagerung sein wird, ließ sich zum Zeitpunkt der Drucklegung leider nicht feststellen. Vom Dach des Turmes hat man einen schönen Rundblick auf die Stadt.

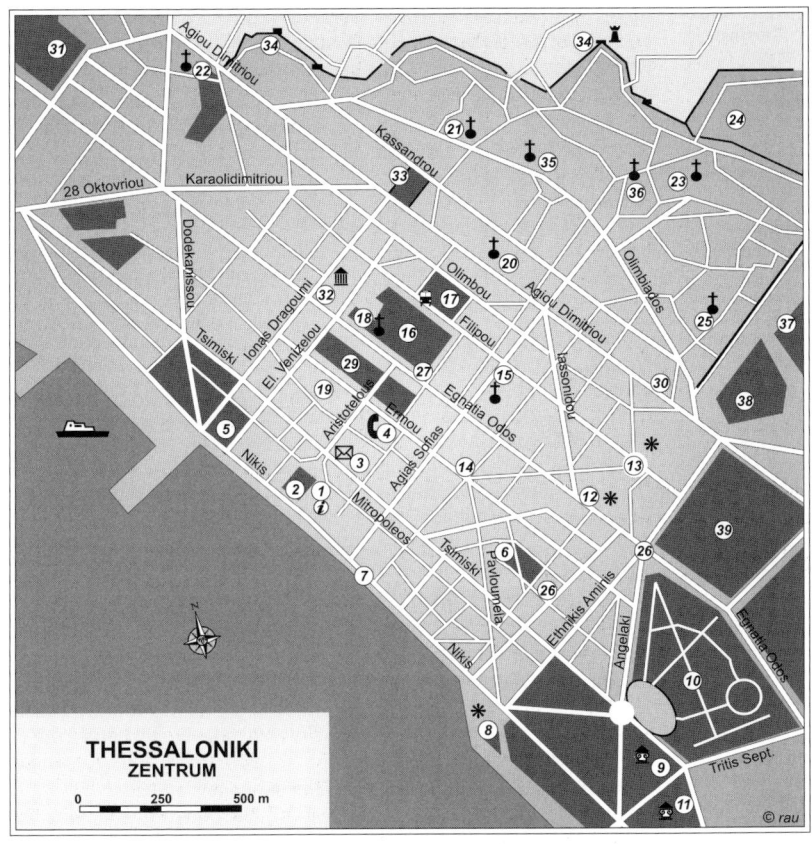

THESSALONIKI – *1 Information, 2 Platia Aristotélous, 3 Hauptpostamt,
4 Telefonamt, 5 Eleftherias Platz, 6 Navarino Platz, Palast Kaisers Galerius
(Oktogon), 7 Hafenpromenade Nikis, 8 Weißer Turm, 9 Archäolog. Museum,
10 Messegelände HELEXPO, 11 Byzantinisches Museum, 12 Galeriusbogen,
13 Ágios Georgios, Rotunda, Museum, 14 Agía Sofia, 15 Panagía Ahiropíitos,
16 Dikastirion Platz, 17 Röm. Agora, 18 Panagía Halkéon, 19 Markthalle
Modiano, 20 Ágios Dimítrios, 21 Agía Ekaterini, 22 Agíi Apostóli, 23 Vlatadon
Kloster, 24 Zitadelle, 25 Ag. Nikolaos Orfanos, 26 Sintrivaniou Platz, 27 Hamam,
28 Hippodrom, 29 Vláli-Markt, 30 Atatürks Geburtshaus, 31 Bahnhof,
32 Rathaus, 33 Ministerium für Makedonien, 34 Stadtmauer, 35 Profitis Ilias
Kirche, 36 Osios David Kirche, 37 Hospital, 38 Friedhof, 39 Universität*

An der Kreuzung nördlich des „Weißen Turms" erkennen wir das
Staatstheater von Nordgriechenland. An ihm vorbei gehen wir die
Nikolaou Germanou nordwärts bis zum rechterhand gelegenen
Archäologischen Museum (9) am Hanth-Platz.

Auf dem Weg zum Archäologischen Museum sieht man östlich der
Nikolaou Germanou eine Grünanlage. Dort erinnert ein Denkmal an den

Stadtspaziergang in Thessaloniki

Kronprinzen Konstantin, der am Dimitrios-Tag 1912 die Befreiungsarmee in die Stadt führte. Und ein Gedenkstein erinnert in dem kleinen Park an König Georg I., der hier 1913 bei seinem Morgenspaziergang einem Attentat zum Opfer fiel.

Nördlich davon erstreckt sich des **Messegeländes HELEXPO (10)**. Seit 1926 findet hier alljährlich im September eine internationale Handelsmesse statt. Auf dem Gelände fällt der markante Fernmeldeturm der griechischen Telekom OTE, der **Pirgos Oté (Pirgos Oté)** auf. Auf

herrlicher Blick vom Fernmeldeturm *

der Turmspitze gibt es eine Café-Bar. Bei einem Kaffee oder einem Imbiß können Sie von dem langsam rotierenden Restaurant aus einen prächtigen Blick auf die Stadt und die Küste genießen. Bei sehr klarem Wetter kann man im Süden sogar den Olymp ausmachen.

Archäologisches Museum * (9)
Apr. – Okt. Di. – So. 8.00 – 19.00 Uhr, So. 12.30 – 19.00 Uhr, Nov. – Mar. nur bis 17.00 Uhr. Eintritt.

Im **Archäologischen Museum (9)** sind Grabungsfunde aus der prähistorischen bis hin zur byzantinischen Zeit zu sehen. Glanzstück des Museums sind Gegenstände, die im vermutlichen Grab König Philipps II. von Makedonien bei Vergina gefunden wurden. Zu den phantastischen Kleinodien zählen u.a. eine fast ein Meter hohe Bronzevase (Mischkrug oder „Krater") aus dem 4. vorchristlichen Jahrhundert mit Darstellungen der Hochzeit von Dionysos und Ariadne, seltene Papyrusschriften, Sarkophage, Bodenmosaiken, römische Skulpturen vom 1. bis 5. Jh., sowie Grabungsfunde aus Olynthos, Sindos, Derveni und anderen archäologischen Stätten Makedoniens.

Seit 1987 sind im Museum die schönsten Funde von Pella zu finden, darunter das herrliche Mosaik „Löwenjagd".

Byzantinisches Museum * (11)**
Apr. – Okt. Di. – So. 8.00 – 19.00 Uhr, So. 12.30 – 19.00 Uhr. Nov. – Mar. Di. – Fr. 8.00 – 17.00 Uhr, Sa. + So. 8.00 – 14.30 Uhr, Mo. 10.30 – 17.00 Uhr. Eintritt.

Nur wenige Gehminuten östlich des Archäologischen Museums findet man das **Byzantinische Museum (11)**. Es wurde erst 1995 hier eingerichtet und zählt mit seiner einmaligen, sehr sehenswerten Sammlung von Ikonen, Fresken, Reliefs, Keramiken etc. zu den herausragenden Museen seiner Art in der Welt.

Vom Archäologischen Museum über die Angelaki Straße westwärts. Am Sintrivaniou Platz (26) stoßen wir auf die Odós Egnatia, eine der wichtigen Ost-West-Verbindungen Salonikis, die die Stadt schon seit mehr als 2000 Jahren durchkreuzt. Wenige hundert Meter die Egnatia nach Westen gehend, stoßen wir auf den **Galeriusbogen Apsída Galeríou (12)**. Der römische Triumphbogen wurde 303 n. Chr. zu Ehren Kaiser Galerius' nach seinem Sieg über die Perser erbaut. Die Reste der verbliebenen Reliefs stellen Szenen aus dem siegreichen Feldzug gegen die Perser dar.

Südlich des Triumphbogens wurden am **Navarino Platz (6)** Reste des **Palasts des Kaisers Galerius (6)** freigelegt. Die mächtigen, achteckigen Mauerreste des sog. Oktogons lassen ein ehemals stattliches Gebäude erahnen, das vermutlich als kaiserlicher Bankettsaal genutzt wurde.

In der Nähe, am Platz Ipódromiou, liegt ein weiteres Ausgrabungsfeld einer antiken **Pferderennbahn Hippodrom (28)**, mit einer Ausdehnung von fast 100.000 qm.

Unweit nördlich des Galeriusbogens erkennt man den gedrungenen, mächtigen Rundbau der ehemaligen Kirche **Ágios Georgios (13)**.

Rotunda (13)

Diese **Rotunde (Rotónda)**, ein runder Kuppelbau, entstand Anfang des

4. Jh., war als Mausoleum für Kaiser Galerius gedacht und damals mit dem Kaiserpalast verbunden. Galerius' Nachfolger und getaufter Kaiser Konstantin der Große verwandelte den Bau in eine Palastkirche. Theodosius der Große schließlich weihte sie dem Hl. Georg und ließ sie mit herrlichen Mosaiken ausschmücken. Die Technik dieser frühen Mosaikkunst mit goldenem Untergrund wurde Vorbild für viele weitere Mosaikmotive in byzantinischen Kirchen.

1591 machten die Türken aus der Kirche eine Moschee und fügten ein Minarett an, das heute noch zu sehen ist und das einzig verbliebene Minarett in ganz Thessaloniki ist. 1912 schließlich wurde die Rotunda wieder ihrer Bestimmung als Kirche zugeführt. Nach der Beseitigung der Schäden, die 1977 ein Erbeben verursacht hatte, diente das Gebäude lange als Museum für byzantinische Kunst. Nach einer gründlichen Restaurierung gab es Streit über die künftige Nutzung.

der Galeriusbogen, ein römischer Triumphbogen

Die eine Seite wollte es wieder als Kirche nutzen, die andere, die Archäologen, als Museum. Die Letzteren obsiegten und so kann hier die prächtige Mosaiksammlung aus frühchristlichen Zeiten bewundert werden. Die Mosaiken zählen zu den bedeutendsten Kunstwerken.

Zurück zur Egnatia und weiter stadteinwärts (westwärts). An der Querstraße Ágios Sofias kann man südwärts zum gleichnamigen Platz abzweigen. Man findet dort die Kirche **Agía Sofía (14)**. Sie stammt aus dem 8. Jh. und stellt in ihrem Stil den Übergangstyp einer dreischiffigen Basilika zur kreuzförmigen Kuppelkirche dar. Im Inneren sind zwei herrliche Mosaiken erhalten. Eines davon zeigt die Muttergottes, den Jesusknaben auf dem Arm haltend. Dieses Mosaik gilt als sichtbares Dokument des „Bilderstreits" der Orthodoxen Kirche im 8. und 9. Jh. Der historische Streit, in aller Regel auf literarische Weise ausgetragen und vom yzantinischen Kaiser Leo III. durch seine bilderfeindlichen Verordnungen heraufbeschworen, tobte damals zwischen den *Ikonoklasten*, den Gegnern der Ikonen und den *Ikonodulen*, den Bilderverehrern. Wissenschaftler meinen, dass das Jesuskind erst später hinzugefügt wurde, um das Kreuz, das die Gestalt der Muttergottes einst in den Armen hielt, zu ersetzen.

Wenn Ihr Sinn nun eher danach steht für Ihr leibliches Wohl zu sorgen, denn weiter byzantinische Kirchen zu besichtigen, machen Sie

Stadtspaziergang in Thessaloniki

einen kleinen Umweg südlich durch die Fußgängerzone Iktinou zur Haupteinkaufsstraße Tsimiski. Auf dem Wege finden Sie jede Menge von Cafés, Ouzeris, Restaurants und Tavernen, in denen Sie sich vor weiteren Taten stärken können. Über die einen Straßenzug weiter westlich gelegene Straße Agías Sofias gelangt man wieder zurück zur Egnatia.

Geht man von der Egnatia die Agías Sofias wenige Schritte nordwärts, trifft man rechterhand auf die Kirche **Panagía Ahiropíitos (15)**. Diese dreischiffige Basilika aus dem 5. Jh. war früher wahrscheinlich die Hauptkirche Salonikis. Jedenfalls war sie die erste, die von den Türken zur Demonstration ihrer Macht in eine Moschee verwandelt wurde.

Sehenswertes am Dikastirion-Platz (16)

Abermals zurück zur Egnatia und weiter westwärts bis zum zentralen **Stadtplatz Dikastirion (16)** rechterhand. Nördlich des Platzes wurden Teile der **römischen Agora (17)** ausgegraben. Etwas unterhalb erkennt man den Bau eines **Hamam (27)**, eines türkischen Badehauses. An der Ecke zur Egnatia erhebt sich die alte Kirche „Unsere Liebe Frau der Kupferschmiede" **Panagía Halkéon (18)** oder Chalkeon. Sie entstand im Jahre 1042 und wurde in byzantinischem Stil auf dem Grundriß eines griechischen Kreuzes erbaut. Bemerkenswert die Fresken, darstellend die Apokalypse und das Letzte Abendmahl.

bunter, lebhafter Stadtmarkt ** (29)

Das Karree südlich der Egnatia bis zur Parallelstraße Ermou wird von dem riesigen **Vláli-Markt (29)** und der **Markthalle Modiano (19)** eingenommen. Hier durch die mit pulsierendem Leben und Lärm erfüllten Gassen zu schlendern ist eine Abwechslung besonderer Art. Viele der Typen und Charaktere die hier arbeiten oder dem süßen oder erzwungenen Nichtstun nachhängen, sind von besonderem Schlag. Und zwischen Fisch und Gemüse geben schon mal Musikanten des fahrenden Völkchens ihr Können zum Besten. Oder es steppt in den Tavernen im wahrsten Wortsinn der Bär, wenn Bärenführer die armen Kreaturen zum Tanz „ermuntern".

Ein Stück westlich des Marktes, Ecke Ermou und Venizelou, sieht man das **Grigoris Lambrakis Denkmal**, das an die jüngere Geschichte Griechenlands erinnert. Lambrakis, ein linker Politiker, wurde hier 1963 von Rechtsextremisten ermordet. Das Ereignis war der Beginn der Übernahme der Macht im Lande durch die Militärjunta. Vassilis Vassilikos hat das Leben Lambrakis zum Thema seines Romans „Z" gemacht. Costas Gavras verfilmte den Stoff. Grigoris Lambrakis wurde bei Yves Montand gespielt.

Nun gehen wir über den Platz Dikastirion nordwärts bis zur Straße Agiou Dimitriou. Dort finden wir eine der bemerkenswertesten Kirchen Salonikis, die **Ágios Dimítrios (20)**. Der äußerst seltene Bau einer fünfschiffigen Basilika stammt in seinen Ursprüngen aus dem 5. Jh., wurde aber nach mehreren Bränden im 6. und 7. Jh. immer wieder umgebaut und nach dem großen Brand von 1917 im Jahre 1948 erneut restauriert. Einige der aus dem 8. Jh. stammenden Mosaiken sind noch erhalten, so zum Beispiel das in der Nähe des Chors, den Hl. Dimitrios als Beschützer der Kinder darstellend oder ein anderes, das den Kirchengründer Leontius und ein Kirchenoberhaupt zeigt. Das Grabmal des Stadt-

Grabkirche des Stadtpatrons Dimitrios

heiligen Dimitrios, der hier den Märtyrertod starb, befindet sich in der Krypta der Seitenkapelle.

Zwei weitere bemerkenswerte byzantinische Kirchen liegen weiter westlich, die **Agía Ekateríni (21)** und die **Agíi Apostóli (22)**. Sie stammen aus dem 13. bzw. frühen 14. Jh. und sind nach dem Grundriß eines griechischen Kreuzes errichtet. Die Kirche der Hl. Apostel weist reiche Außenverzierungen, Mosaiken und Wandmalereien auf.

Anschließend sollte man durch die engen Gassen hinauf zur **Zita-delle (24)** gehen. Ein Taxi zu finden kann schwierig sein. Fahrer lehnen es gerne ab zur Zitadelle zu fahren, weil sie nicht sicher sein können, dort wieder Fahrgäste zurück in die Stadt aufnehmen zu können. An der Zusammenführung der Stadtmauer und der Südspitze der Zitadellen-mauer liegt das **Kloster Vlatadon (23)**. Nach der Überlieferung soll hier 49 n. Chr. der Apostel Paulus seine christliche Botschaft an die Saloni-ker verkündet haben. Von hier und vor allem von den Mauern der Zita-delle, z.B. vom Trigoniou Turn ein Stück weiter nordöstlich, gelingt ei-nem ein phantastischer Blick auf die Stadt und ihren Hafen.

Blick von der Zitadelle

Den Weg von der Zitadelle zurück in die Stadt kann man über die Zografou Elenis führen und stößt dann auf die Athinas Straße. Westlich der Zografou, etwa in Höhe des Ayios Dimitrios Hospitals, liegt an der Apostolou Straße die Kirche **Ágios Nikólaos Orfanós (25)**. Sie stammt aus dem 14. Jh. und weist schöne Wandmalereien auf.

Über die Apostolou gehen wir südwärts (stadteinwärts), überqueren die Athinas Straße und die Olimbiados Straße und stoßen wenig später auf die Hauptstraße Ágios Dimitriou. Rechterhand, Ágios Dimitriou 115, liegt das türkische Konsulat (30). Auf dem Gelände des Anwesen befindet sich das Geburtshaus von Mustafa Kemal Atatürk (1881 – 1938), der Begründer der modernen Türkei.

Praktische Hinweise – Thessaloniki

Thessaloniki

Thessaloniki Telefonvorwahl: 031, Postleitzahl: 54000

☎ Information: **E.O.T.-Büro**, 54000 Thessaloniki, Platía Aristotélous 8, Tel. 22 29 35, 27 18 88, Fax 26 55 04.
E.O.T. am Flughafen Thessaloniki, Tel. 47 32 12, 47 11 70.
Touristenpolizei, am Bahnhof, Tel. 51 70 00, am Flughafen Tel. 42 50 11.
Touring Club ELPA., 54000 Thessaloniki, Vassillissis Olgas 228, Tel. 42 63 19. **Straßenhilfsdienst:** ELPA Tel. 104

Thessalonikis Flughafen, liegt rund 13 km südöstlich der Stadt bei Mi-kras. Direktflüge bestehen nach Frankfurt, München, Stuttgart, Zürich, Wien und andere europäische Großstädte und natürlich nach Athen. Es verkehrt ein Zubringerbus zwischen Bahnhof, Aristotélous Platz (Electra Hotel) und Flug-hafen.

Flughafen

❖ Feste, Folklore, Märkte: **Internationale Messe** im September. Zur gleichen Zeit griechisches **Schlagerfestival** und anschließend internationales **Filmfestival**.
Dimitria im Oktober, Fest zu Ehren des Stadtpatrons Ágios Dimítrios.
In **Langadas**, ca. 20 km nordöstlich von Thessaloniki, feiert man jedes Jahr zwischen dem 20. und 23. Mai das **Fest der „Anastenarides"**, das Fest der Feuerspringer, das zu Ehren des Hl. Konstantin und seiner auf den Britischen Inseln geborenen Mutter, der Hl. Helena (Eleni), gefeiert wird. Flüchtlinge aus Ostthrakien brachten den Brauch, der aus heidnischer Zeit stammt, nach

Feste, Folklore, Märkte

Makedonien. Von Musik begleitet tanzen Männer und Frauen, heilige Ikonen über ihren Köpfen tragend, barfuß über glühende Kohlen.

Restaurants

☑️ *Mein Tipp!* Rein theoretisch können in den Restaurants der besseren Kategorie Tischreservierungen vorgenommen werden. Ob bei der Ankunft im Lokal dann aber tatsächlich ein Tisch für Sie zur Verfügung steht, ist damit noch lange nicht garantiert. Wenn Sie also Wert darauf legen, in einem bestimmten Lokal wirklich einen Platz zu bekommen, gehen Sie einfach etwas früher, vielleicht vor 20.30 Uhr, bevor die Einheimischen gewöhnlich zum Essen ausgehen. Die allermeisten Restaurants akzeptieren keine Kreditkarten.

✂️ Restaurants: **Aigli**, Kassandrou und Ágios Nikolaos, Tel. 27 00 16, elegantes, sehr teures Feinschmeckerlokal, zählt zu den besten Adressen in der Stadt, eingerichtet in einem ehemaligen türkischen Hamam, man sitzt auch schön im Freien. Am Wochenende Unterhaltungsprogramm.

Krikelas, 32 Ethnikis Antistasis, Tel. 41 12 89, östlich des Vergnügungsparks, reiche Auswahl an Mezedes, bekannt für seine Wildgerichte, teuer.

Totti's, an der Südwestecke des Aristotélous Platzes, sehr beliebte, elegante Ouzeria, man sitzt sehr schön draußen unter den Sonnenschirmen, mittlere Preislage.

To Makedoniko, 32 Giorgiou Papadopoulou, an der Westseite der Stadtmauern in der Oberstadt, einfache, urige, laute Kneipe mit ordentlicher, preiswerter Küche. – Und viele andere Restaurants.

Hotels

🏠 Hotels: **Electra Place (A)**, 145 Zi., Tel. 23 22 21, Fax 23 59 47; renommiertes zeitgemäßes, Firstclass Hotel, zentral am lebhaften Aristotélous Platz gelegen, zwei Restaurants, Konferenzeinrichtungen.

Olympia (B), 115 Zi., Olympou 65, Tel. 23 54 21, Fax 27 61 33; ordentliches, modernes Mittelklassehotel, Nähe Römische Agora und Dimitrios Kirche, Restaurant, Cafeteria, Parkmöglichkeit.

Philippion (B), 88 Zi., Tel. 21 74 06, Fax 21 85 28; modernes Mittelklassehotel, gut ausgestattete Zimmer, 5 km außerhalb Richtung Flughafen auf einem bewaldeten Hügel gelegen, Pendelbus in die Stadt, Fahrtdauer 15 Minuten. Restaurant, Cafeteria, Terrassenkaffee, zwei Nachtclubs, Schwimmbad, Konferenzeinrichtungen, Parkplatz. Und zahlreiche weitere Hotels.

Jugendherbergen

Jugendherbergen: **CVJM** (Männer) Hanth Platz Tel. 225277 und CVJM (Mädchen) Agías Sofias Straße 11 Tel. 27 61 44.

Camping bei Thessaloniki

Agía Tríada

▲ – **E.O.T.-Camping Akti Thermaikou**, Tel. 03 92/5 13 52; Anf. Jun. – Ende Sept.; ca. 30 km südwestl. Saloniki, vorbei am Flughafen, beschildert; ebenes Gelände zwischen Straße und Meer, guter Schatten durch Laubbäume, Hartstandplätze für Caravans; 10 ha – 440 Stpl.; einfache Standardausstattung; Restaurant, Mietbungalows, Tennis; langer, breiter Sandstrand mit angrenzendem, öffentlichem Strandbad, Bushaltestelle: Linien 72 und 76 alle 20 Minuten nach Thessaloniki.

Epanomi

– **E.O.T.-Camping Epanomi**, Tel. 03 92/4 13 78; Anf. Jan. – Ende Dez.; ca. 34 km südl. Saloniki und ca. 4 km südl. von Epanomi am Golf von Thermaikos; ansprechend und relativ ruhig gelegen, weitläufiges, ebenes Grasgelände mit Hartstandplätzen für Caravans, guter Schatten durch Laubbäume; 40 ha – 650 Stpl.; einfache Standardausstattung; Tennis, langer Sandstrand.

5. CHALKIDIKI
THESSALONIKI – OURANOPOLI

○ **Entfernung:** Rund 440 km.

→ **Strecke:** Über Straße 16 bis **Thermi**, Straße 67 über **Nea Moudania, Paliouri** (Kassandra), **Nikitas** und **Porto Koufos** (Sithonia) nach **Ágios Nikolaos**, Landstraßen nach **Paleohori**, Straße 16 über **Stratoni** nach **Ouranopoli**.

⏱ **Reisedauer:** Mindestens ein Tag, besser zwei Tage. Ausflug zum Berg Athos ein weiterer Tag.

⌘ **Höhepunkte:** Die **Strände** und **Küsten** ** – Schiffsausflug zum **Berg Athos** ***.

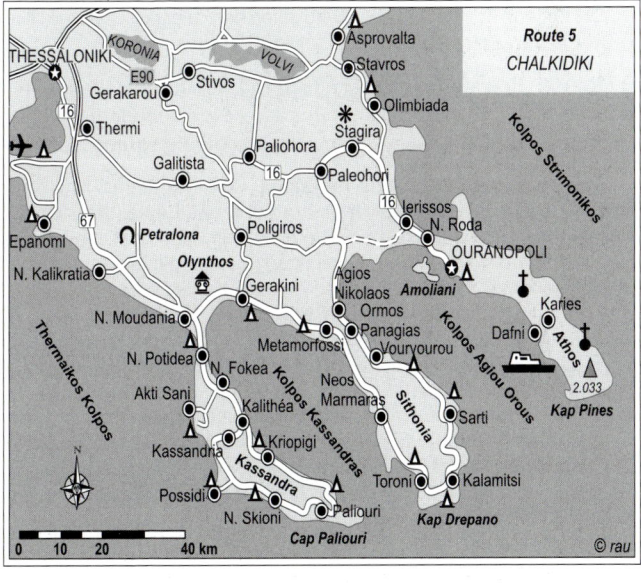

Chalkidiki (oder Halkidiki), die Halbinsel südöstlich von Saloniki, fällt durch ihre markante Form auf, die von den drei in die nördliche Ägäis vorspringenden „Fingern" **Kassandra** im Westen, **Sithonia** in der Mitte und **Ágion Óros** mit der Mönchsrepublik Athos im Osten geprägt wird. Begrenzt wird Chalkidiki von den Seen Koronia und Volvi im Norden, vom Golf von Thermaikos im Westen und vom Strimonischen Golf im Osten. Die Landschaft Chalkidikis ist abwechslungsreich und zählt zu den schönsten in Nordgriechenland. Während das hügelige Hinterland vornehmlich landwirtschaftlich genutzt wird, sind die Küsten und Strände vor allem auf Kassandra und an der Westküste Sithonias zu beliebten Touristenzielen geworden.

75

Chalkidiki wird schon in der antiken Mythologie erwähnt. Es galt als die Heimstätte der Giganten, den Feinden und Gegenspielern der Götter. Der ursprüngliche Name der Chalkidiki war *„Phlegra"*, was soviel wie „Ort des Feuers" bedeutet. Wissenschaftler vermuten in dem Namen einen Hinweis darauf, dass die Halbinsel in der griechischen Mythologie als Schauplatz zahlreicher Schlachten zwischen den Göttern und den Giganten galt. Im 8. und 7. Jh. vor Christus hatten Bewohner des mächtigen Stadtstaates Chalkis die Halbinsel kolonisiert. Von ihnen stammt der Name *Chalkidiki*. Herodot erwähnt Chalkidiki in seiner Beschreibung der Persischen Kriege. Nach dieser Schilderung vereinigten sich die 32 bedeutendsten Städte auf Chalkidiki unter der Führung der Stadt Olynthos im 5. Jh. v. Chr. zum Chalkidischen Bund, der aber bald den Eroberungszügen Philipps von Makedonien zum Opfer fiel. Die Städte des Bundes wurden zerstört, das Territorium dem Königreich Makedonien einverleibt. Später wurde die Chalkidikis eine Provinz des Römischen Reiches, danach gehörte es zu Byzanz.

Die bedeutendsten Sehenswürdigkeiten der Halbinsel Chalkidiki sind die **Höhle von Petralona** und das antike **Olynthos**.

➔ **Route: Petralona** liegt ca. 48 km südöstlich von Thessaloniki. Man verläßt die Straße Thessaloniki – Nea Moudania im Ort **Eleohoria** und fährt noch 4 km nordwärts bis **Petralona**. •

Tropfsteinhöhle mit Urweltfund * tgl. 9.00 – 21.00 Uhr. Im Winter nur bis 17.00 Uhr. Eintritt.

Der Eingang zur **Höhle von Petralona** „Kokkines Petres" liegt kaum einen Kilometer nördlich des Ortes am Fuße des Berges Katsika. Die Höhle wurde 1959 zufällig von Bauern entdeckt. Ein Jahr später fand man in einem der zahlreichen Höhlengänge einen mit Stalagmiten und Kalkablagerungen bedeckten menschlichen Schädel. Wissenschaftliche Untersuchungen ergaben, dass es sich um die Reste eines mehr als 280.000 Jahre alten Schädelknochens handelt, der von einem Urmenschen aus der Entwicklungsperiode zwischen Homo Erectus und Homo Sapiens stammt. Sehr wahrscheinlich ist dieser Urmensch älter als der Neandertaler. Von dem rund 5 km langen, weitverzweigten Höhlensystem sind bis heute etwa 400 Meter erschlossen, beleuchtet und für Besucher bequem begehbar. Die Höhlenräume (die Große Halle ist etwa 100 Meter lang) sind überreich mit den bizarrsten, rötlichen Stalagtiten- und Stalagmitenformationen ausgestattet. Der Besuch der Höhle von Petralona lohnt sehr.

Der Höhle angeschlossen ist ein kleines Museum (separater Eintritt), in dem fast alle urzeitlichen Funde aus der Höhle ausgestellt sind, darunter Knochenreste von Tieren, primitive Steinwerkzeuge, Spuren eines Feuers und Schädelformen von Urzeitmenschen. Der 1960 gefundene und Aufsehen erregende Schädel des Urmenschen von Petralona ist allerdings nur als Kopie zu sehen. Das Original ist im Archäologischen Museum in Thessaloniki zu bestaunen.

Die archäologische Stätte von **Olynthos** etwa auf halbem Wege zwischen Nea Moudania und Gerakini gelegen, wird nur für den sehr an Archäologie interessierten Reisenden eine Bereicherung sein, denn von der alten Stadt, die um 390 v. Chr. die Metropole eines Städtebundes war, sind nur noch karge Mauerreste und Teile der Stadtbefestigung mit

der Strand von Ágia Triáda

einiger Mühe erkennbar. Der Rest ruht unausgegraben unter einem mächtigen Hügel.

Hauptstadt der Halbinsel Chalkidiki ist **Poligiros**, das 670 Meter hoch an den Hängen des Holomon-Bergzuges liegt. Sein 1.165 Meter hoher Gipfel ist die zweithöchste Erhebung auf Chalkidiki, nach dem 2.033 Meter hohen Berg Athos. Das kaum 4.500 Einwohner zählende Städtchen weist einige alte Häuser im typisch makedonischen Architekturstil auf.

Weiße Landschaftsteile weisen auf die hiesige Kaolingewinnung hin. Es wird zur Porzellanherstellung benötigt. Das Archäologisches Museum des Städtchens (geöffnet tgl. a. Mo. 8.30 – 15.00 Uhr, Eintritt) lohnt einen Besuch.

Bei klarem Wetter gestattet die Höhenlage der Stadt einen weiten Blick bis zur Bucht von Kassandra und ihre begrenzenden Landzungen Kassandra und Sithonia.

Nea Moudania – Badeort an der Gabelung der Straßen nach Kassandra und Sithonia mit nettem Stadtkern, umgeben von Feldern und Weinbergen, weist vor allem einen herrlichen, langen Sandstrand auf.

Nea Moudania
▲ – **Camping Ouzouni Beach**, Tel. 03 73/4 21 00, Fax 4 21 05; Anf. Mai – Ende Sept.; ca. 2 km südl. des Ortes beschilderter Abzweig westwärts und ca. 300 m unbefestigte Zufahrt; kleiner, ebener Platz mit Laubbäumen; 2 ha – 130 Stpl.; Standardausstattung; Laden, Imbiß; Sandstrand.

Nea Moudania Camping

HALBINSEL KASSANDRA

Die westlichste der drei Halbinseln Chalkidiki erhielt ihren Namen nicht von Kassandra, der Tochter König Priamos' von Troja, wie man

**Halbinsel
Kassandra**

annehmen könnte, sondern vielmehr von Kassandros, einem General Alexanders des Großen und Gründers von Thessaloniki.

Man erreicht die Halbinsel über eine schmale Landenge bei **Nea Potidea**, die von einem Kanal durchstochen wird.

Ganz in der Nähe liegen die kärglichen Reste des antiken **Potidea**, das einst durch seinen Aufstand gegen die Herrschaft Athens mit zum Ausbruch des Peloponnesischen Krieges beitrug.

Kassandra ist voll für den Tourismus erschlossen. Eine Ringstraße führt um die südliche Hälfte der Halbinsel und verbindet bequem alle Touristenorte und Strandregionen.

Umfährt man Kassandra im Uhrzeigersinn, erreicht man die Badeorte und ihre Strände in folgender Reihenfolge:

Die Inselstraße passiert **Nea Fokea**, ein Fischerdorf mit Lokalen direkt am kleinen Hafen, der überragt wird von einem alten Wachtturm. Zahlreiche Fischtavernen und das Hafenstädtchen **Afitos**.

Nea Fokea

Nea Fokea Hotels: **Alexandros** (C), 28 Zi., Tel. 03 74/8 15 00, Fax 8 10 12.
Apollon (C), 19 Zi., Tel. 03 74/8 17 02, Fax 8 16 12.

Afitos

Afitos Hotels: **Afitis** (B) 60 Zi., Tel. 03 74/9 12 73, Fax 9 15 46.
Aristoteles (A), 159 Zi., Tel. 03 74/9 15 68, Fax 9 11 24, Bungalows.
Blue Bay, (D), 42 Zi., Tel. 03 74/1 64 45, Fax 9 16 46.

Später kommt man durch **Kalithéa** (bescheidene Reste eines Ammon-Zeus-Tempels), einen stark vom Tourismus geprägten Ort, in dem sich die Ringstraße um den südlichen Teil der Halbinsel Kassandra gabelt. An den langen **Sandstränden** südlich des Ortes haben sich einige Hotelkomplexe angesiedelt. Dadurch stehen die Strände praktisch nur noch den Hotelgästen zur Verfügung.

Hotels und Camping auf Kassandra

**Hotels und
Camping
zwischen
Kalithéa und
Loutra**

Kalithéa

Kalithéa Hotels: **Ammon Zeus** (B), 126 Zi., Mai – Okt.; Tel. 03 74/2 23 56, Fax 2 32 32,
Athos Palace (A), 599 Zi., Mai – Okt., Tel. 03 74/2 21 00, Fax 2 36 05, eines besten Ferienhotels der Gegend, guter Service, herrlicher Strand, den sich das Athos Palace mit dem benachbarten Schwesterhotel **Pallini Beach** teilt. Beide Häuser sind im Sommer sehr stark frequentiert. Restaurants, Bars, Taverne, Schwimmbäder, Reitstall, Nachtclub.
Belvedere (C), 60 Zi., Tel. 03 74/2 2910, Fax 2 23 52.
Pallini Beach (A) Tel. 03 74/ 2 24 80, Fax 2 24 89.
Makedonikos Ilios (C), 128 Zi., Tel. 03 74/2 35 40, Fax 2 35 41, Bungalows.

Kriopigi

Kriopigi Hotels: **Alexander Beach** (B), 210 Zi., Mai – Okt., Tel. 03 74/ 2 29 91, Fax 2 35 88, www.papcorp.gr; an einem mit Pinien bewachsenen Hang über dem Strand, Restaurant, Poolbar, Taverne, Tennis, Schwimmbad, Freizeiteinrichtungen. Wassersport.
Kassandra Palace (A), 271 Zi., Mai – Okt., Tel. 03 74/5 14 71, Fax 5 20 80, www.kassandra-palace.gr.

▲ –Camping Kryopigi, Tel. 03 74/5 10 37, Fax 5 11 00; Anf. Juni – Ende Sept.; im Ort beschilderter Abzweig, über betonierten, teils schmalen und steilen Fahrweg hinab zum Meer ca. 1 km; langgestreckte, schmale Geländestufen unterhalb eines bewaldeten Berghanges, direkt an den Sandstrand grenzend, guter Schatten durch Pappeln, Hartstandplätze für Caravans; ruhig gelegen; 2,5 ha – 150 Stpl.; einfache Standardausstattung; Laden, Imbiß.

Halbinsel Kassandra Hotels, Camping

Paliouri

◻ Paliouri Hotels: **Chrousso Village** (B), 138 Zi., April – Okt., Tel. 03 74/9 21. 80, Fax 9 21 51. Apartment-Hotel.
Port Marina (B), 97 Zi., Mai – Okt.; Tel. 03 74/9 21 53, Fax 9 21 08, Apartment-Hotel.

Kalandra

◻ Kalandra Hotels: **Mendi** (A), 172 Zi., April – Okt., Tel. 03 74/4 13 23, Fax 4 13 26, www.mandi-hotel.gr.

▲ – Camping Kalándra-Possidi, Tel. 03 74/4 13 45, Fax 4 11 23; Mitte Mai – Ende Sept.; westl. des Ortes Richtung Possidi, langgestreckter, fast ebener Geländestreifen mit niederen Bäumen und Sträuchern; wenig Schatten; Hartstandplätze für Caravans; abseits und ruhig gelegen; 4 ha – 200 Stpl.; einfache Standardausstattung; Laden, Restaurant; langer Sandstrand.

Nea Skioni ist, wie **Possidi** und **Siviri**, ein kleines Fischerdorf mit schönen Stränden und kleinen Restaurants am Hafen.

Nea Skioni

▲ – Camping Anemi Beach, Tel. 03 74/7 12 76; Anf. Mai – Ende Sept.; ca. 10 km südl. von Kalandra; zum Meer geneigtes Wiesengelände, teilweise Schattendächer; 2 ha – 120 Stpl. Standardausstattung; Laden, Restaurant; grober Sandstrand.

Camping und Hotels an der Nordküste des Golfs von Kassandra zwischen Gerakini und Nikitas

Geraki

◻ Hotels: **Gerakini Beach** (B), 503 Zi., Apr. – Okt., Tel. 03 71/5 23 02, Fax 5 21 18, Mittelklassehotel und Ferienanlage in ausgedehnter Parkanlage mit langem Sandstrand, Restaurant, Taverne, Strand- und Poolbar, Tennisplätze, Fitnesseinrichtungen, Animation, Autovermietung, Parkplatz.
Sithonia Village (B), 77 Zi., Tel. 03 71/5 21 18, www.gerakini-beach.gr; Bungalows.

▲ – Camping Kouyon, Tel. 03 71/5 20 52, Fax 5 20 52; Anf. Mai – Ende Sept.; östl. des Ortes beschilderte Zufahrt gegenüber der Mobil-Tankstelle, zum Meer geneigtes Gelände mit Obst- und Olivenbäumen; 2 ha – 120 Stpl.; Standardausstattung; Sandstrand.

Metamórfosis

▲ – Camping Sithon, Tel. 03 75/9 83 02, Fax 9 83 01; Ende Mai – Ende Sept.; knapp 2 km östl. des Ortes Abzweig meerwärts; recht ansprechend und relativ ruhig gelegen; langgestrecktes Gelände, nicht überall eben, Schatten durch Bäume und Mattendächer; 2 ha – 90 Stpl.; Standardausstattung; Laden, Restaurant; Sandstrand.

HALBINSEL SITHONIA

Der Name Sithonia stammt von *Sithon*, einem Sohn des Meeresgottes Poseidon. Die mittlere der drei Chalkidiki-Halbinseln ist reich an unterschiedlichen Landschaften. Während im Norden felsige,

79

**Halbinsel
Sithonia
schöne Buchten
und Strände im
Süden Sithonias
***

mit Pinien besetzte Hügel vorherrschen, an der regenreicheren Ostküste die steil zum Meer abfallenden Hänge stark bewaldet sind und dort die Küstenlinie mit relativ wenig Sandstrandanteilen schwer zugänglich ist, bietet der Küstenstrich von Sarti bis Kalamitsi und weiter südlich zahlreiche, herrliche Felsbuchten mit eingelagerten Sandstränden.

Die Westseite von Sithonia ist wesentlich mehr bewohnt. Die bedeutendsten Ferienanlagen findet man bei Neos Marmaras. Eine Rundfahrt auf der gut ausgebauten Inselstraße ist eine lohnende Abwechslung.

Fährt man im Uhrzeigersinn um die Halbinsel, stößt man auf folgende Orte mit Unterkünften:

Hotels und Camping auf Sithonia:

Nikiti

**Hotels und
Camping auf
Sithonia**

▲ – **Camping Lacara**, Tel. 03 75/9 14 44; Anf. Mai – Ende Sept.; 8 km südöstl. von Vourvourou, am Strand von **Koutloumoussi**; fast ebenes Gelände in einem tiefen, bewaldeten Taleinschnitt, der sich zum Meer hin öffnet, Schatten durch hohe Laubbäume; 7 ha – 250 Stpl.; recht einfache Standardausstattung; Laden, Imbiß, Sand- und Kiesstrand.

Vourvourou – an lagunenartiger, geschützter Bucht gelegen mit vorgelagerter Insel Diaporos.

▲ – **Camping Rea**, Tel. 03 75/9 11 00, Fax 2 20 52, Mai – Sept.; nahe des Ortes; ebenes Sandgelände am Meer; Standardausstattung. Laden, Restaurant, Wassersportmöglichkeiten. – Und andere Campingplätze.

Sárti

▲ – **Camping Armenistis**, Tel. 03 75/9 14 87, Fax 9 14 87; Mitte Mai – Mitte Sept.; etwa auf halbem Wege zwischen Vourvourou und Sarti; ebenes, fast schattenloses Gelände mit wenigen Mattendächern unterhalb der Straße an herrlicher, von Felsen begrenzter Sandbucht, mit Blick zum Berg Athos; sehr einfache Standardausstattung. Laden, Imbiß, Musikveranstaltungen. Gute Wassersportmöglichkeiten (Tauchen, Surfen).

– **Camping Sarti Beach**, Tel. 03 75/9 15 69; April – Okt.; ca. 1 km südl. des Ortes, ebenes Gelände beim Hotel Sarti Beach, zum Meer hin niedere Düne vorgelagert, Schatten durch Pappeln und Mattendächer; 2 ha – 200 Stpl., einfache Standardausstattung; Laden, Restaurant; Sandstrand; Blick zum Berg Athos.

Kalamitsi

▲ – **Camping Kalamitsi**, Tel. 03 75/4 14 10, Fax 4 14 10; Anf. Mai – Ende Sept.; im südl. Ortsbereich beschilderter Abzweig zur Bucht; sehr ansprechend und recht ruhig gelegen, Grasgelände mit Pappeln und Weiden; 7 ha – 450 Stpl.; Standardausstattung; Laden, Imbiß; herrliche, von Felsen begrenzte Bucht mit breitem Sandstrand; Tennis.

Tristinika

▲ – **Camping Isa**, Tel. 03 75/5 11 29, Fax 5 11 28; Anf. Mai – Mitte Sept.; von Tristinika südostwärts Richtung Toroni, beschilderter Abzweig meerwärts; ebenes Gelände mit lichtem Baumbestand, bis an den schönen Sandstrand reichend, ansprechend und relativ ruhig gelegen; ca. 3,5 ha – 300 Stpl.; Standardausstattung; Laden, Restaurant.

Neos Marmaras/Porto

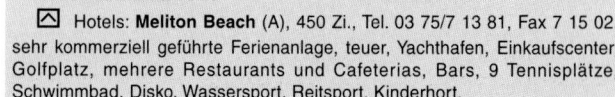

☐ Hotels: **Meliton Beach** (A), 450 Zi., Tel. 03 75/7 13 81, Fax 7 15 02; sehr kommerziell geführte Ferienanlage, teuer, Yachthafen, Einkaufscenter, Golfplatz, mehrere Restaurants und Cafeterias, Bars, 9 Tennisplätze, Schwimmbad, Disko, Wassersport, Reitsport, Kinderhort.

80

Sithonia Beach (A), 420 Zi., gehört wie das Meliton Beach und das **Village Inn** (B) zum **Porto Carras Casino Complex**. Alle Gäste der drei Hotels können die oben genannten Einrichtungen nutzen.

Halbinsel Sithonia

▲ – **Camping Areti,** Tel. 03 75/7 14 30, Fax 7 15 73; Anf. Mai – Mitte Okt.; ca. 8 km südl. von Neos Marmaras Abzweig meerwärts, noch ca. 3 km Feldweg; ansprechend und ruhig gelegenes, leicht geneigtes, parzelliertes Gelände, durch Sträucher unterteilt, wenig Schatten; 3 ha – 150 Stpl.; einfache Standardausstattung; Laden, Restaurant, Tennis, Mietbungalows; durch Felsen separierte, sandige Strandabschnitte.

– **Camping Stavros,** Tel. 03 75/7 13 75; Anf. Mai – Ende Sept.; südlich Neos Marmaras nach dem Hotelkomplex Porto Carras meerwärts und noch rund 7 km; ansprechend und ruhig gelegener Platz am Meer, Schatten hauptsächlich durch Mattendächer; ca. 3 ha – 200 Stpl.; Standardausstattung; Laden, Restaurant, Sandstrand.

➔ **Route:** Der weitere Verlauf unserer Route zur Ostküste der Halbinsel Chalkidiki führt über **Ormos Panagias** und **Ágios Nikolaos** nordwärts nach **Pirgadikia**. Dort nehmen wir die Landstraße nordwärts, die über **Megali Panagía** bei **Paleohori** die Straße 16 erreicht. Ihr folgen wir zunächst ostwärts bis **Stratoni Stratoni** und dort südwärts bis **Ouranopoli**. Der wesentlich kürzere Weg über Gomati nach Ierissos führt bislang immer noch über eine ziemlich schlechte, unbefestigte Straße . ●

Erwähnung verdient der kleine Hafen **Ormos Panagias** n der Ostküste am Beginn der Halbinsel Sithonia. Ab hier verkehren im Sommer täglich gegen 9 Uhr recht komfortable Ausflugsboote entlang der Westküste des Berg Athos, Ganztagestour, Rückkehr gegen 17 Uhr.

Bootsausflug zur Athosküste

Stagira an der Straße 16 und rund 10 km westlich von Stratoni gelegen, wäre wirklich keiner weiteren Erwähnung wert, könnte es sich nicht als Geburtsort des großen Philosophen und Lehrers Alexanders des Großen, Aristoteles (384 – 323 v. Chr.), rühmen. Sein Denkmal steht oberhalb des Ortes.

Geburtsort des Aristoteles

Später erreicht man auf der Fahrt nach Ouranopoli entlang des Golfs von Ierissos zuerst das kleine Hafenstädtchen **Nea Roda** (Hotel Alexandros (A), 103 Zi., Tel. 03 77/3 14 24) und kurz darauf **Ierissos** (u.a. Hotel Mount Athos, (B) 90 Zi., Tel. 03 77/2 22 25) mit Resten mittelalterlicher Festungsanlagen und einem recht hübschen Strand. Ierissos ist bekannt für seine ganz aus Holz gebauten Schiffe, Kaikis genannt, die hier nach alter Manier immer noch gebaut werden.

In der Antike befand sich bei Nea Roda der **Xerxes Kanal**, ein Schiffskanal, der den Golf von Ierissou im Norden mit dem Golf von Agiou Orous im Süden verband. Der Perserkönig Xerxes hatte den Kanal 480 v. Chr. graben lassen, um seinen Kriegsschiffen den gefährlichen Weg um das Kap am Berg Athos zu ersparen. Schon einmal hatten die Perser in einem Sturm vor dem Berg Athos ihre gesamte Kriegsflotte verloren.

Ouranopoli, das „Himmelsstädtchen", das ruhige, abgeschiedene Hafenstädtchen, hat schöne Strände und einige ordentliche Restaurants und Hotels. Erst um 1923 entwickelte sich um den alten byzantinischen

81

Wehrturm aus dem 14. Jh. eine kleine Gemeinde, in der sich hauptsächlich türkische Flüchtlingen ansiedelten. Der Turm war bis dahin von Mönchen bewohnt. Ein kleines Byzantinisches Museum (geöffnet tgl. a. Mo. 11.00 – 17.00 Uhr) ist darin eingerichtet.

Ouranopoli ist nicht nur bekannt für seine handgewebten Teppiche, es ist auch der „Grenzpunkt" zwischen der weltlichen Gesellschaft und der abgegrenzten, religiösen Welt der Klöster und Mönchsgemeinschaften auf dem heiligen Berg Athos.

Ab Ouranopoli verkehren im Sommer regelmäßig Ausflugsschiffe, die an der Westküste der Athos-Halbinsel bis zum Berg Athos fahren. Von Bord aus sind viele der an bewaldeten Hängen gelegenen Athosklöster zu sehen.

Ouranopoli Restaurants

Praktische Hinweise – Ouranopoli

✂ Restaurants: **Sugar**, im Ortszentrum, sehr gute Küche, guter Service, mittlere Preislage, u.a. Fisch und Fleisch vom Grill.

Skites, im Skites Hotel, südlich des Ortes, sehr gute Küche, schöne Terrasse über dem Meer, mittlere Preislage. – Und andere Restaurants.

Hotels

⌂ Ouranopoli Hotels (Tel.-Vorw.: 03 77): **Eagle's Palace** (A), Apr. – Okt.; 153 Zi., 15 Bungalows, Tel. 3 10 47, Fax 3 13 83, www.eaglespalace.gr; ansprechend oberhalb eines Sandstrandes gelegene, komfortable Hotelanlage der oberen Qualitäts- und Preiskategorie; Restaurant, Taverne, Piano Bar, Snackbar am Pool, Schwimmbad, Sauna, Tennis, Fitnesseinrichtungen, Wassersport, Animation. Ausflüge mit der Hotelyacht zum Berg Athos u.ä.

Theoxenia (A), Apr. – Okt., 22 Zi., 20 Bungalows, Tel. 7 10 60, Fax 7 10 79, www.theoxenia.gr; modernes Haus, etwas spartanische Zimmerausstattung; obere Preislage, Restaurant, Bars am Pool und am Strand, Taverne, Schwimmbad, Sandstrand, Tennis, Wassersport.

☑ *Mein Tipp!* Hotel **Skites**, Tel. 7 11 40, Fax 7 13 22, kleines, angenehmes Haus mit 16 Zimmern im Bungalowstil, mittlere Preislage; ausgezeichnetes Restaurant mit schöner Terrasse. Parkplatz. – Und andere Hotels.

Camping

▲ – **Camping Ouranopoli**, Tel. 03 77/7 13 96, Fax 7 13 95, Anf. Mai – Ende Sept.; an der Meerseite der Hauptstraße gut 1 km nördlich des Ortes; ansprechend gelegenes, überwiegend ebenes Gelände am Meer, Schatten durch Mattendächer; ca. 1 ha – 120 Stpl.; Standardausstattung, Restaurant. Sandstrand. Etwas beengt, besonders im Sommer sehr stark frequentiert.

AUSFLUG ZUR INSEL AMOLIANI

Ab Ouranopoli und ab Tripiti bietet sich Gelegenheit, mit Kaikis und kleineren Fährschiffen zu dem vorgelagerten Inselberg **Amoliani** zu gelangen. Dort findet man abgeschiedene **Strände**, z.B. bei Alikes an der Südküste, sowie den kleinen Hafenort Amoliani und eine handvoll kleiner Fischerdörfer. Es gibt einfache, kleine Hotels, Restaurants, einen einfachen Campingplatz am Strand von Alikes und eine Campingmöglichkeit am Ostkap bei Oros. An einem Sommerwochenende sollt man sich einen Besuch der Insel allerdings nicht antun. Das überschaubare, kaum 5 km lange und an der breitesten Stelle bei Amoliani gerade mal 2 km breite Eiland platzt dann vor lauter Naherholern aus Thessaloniki aus allen Nähten.

ÁGION ÓROS – DER HEILIGE BERG ATHOS

Eine auf der Welt wohl einmalige Erscheinung ist auf der östlichsten der drei Chalkidiki-Halbinseln, **Ágion Óros**, zu finden, die **Mönchsrepublik Athos**.

Die ca. 340 qkm große Halbinsel ragt rund 40 km in die Ägäis hinaus, ist zwischen 8 und 18 km breit und wird an ihrem südöstlichen Ende durch den steilen Felsen des Heiligen Berges Athos, dessen markanter Kegel 2.033 Meter fast unmittelbar aus dem Meer aufragt, abgeschlossen. Die griechische Mythologie weiß zu berichten, dass unter dem Gebirgszug der Halbinsel der Gigant Athos begraben sein soll. Er hatte es gewagt, dem Meeresgott Poseidon zu spotten und wurde daraufhin vom bärtigen Dreizackschleuderer für immer unter den gewaltigen Felsen ins Meer getaucht.

Im Jahre 481 v. Chr. wollte der Perserführer Xerxes den nordwestlichen „Flaschenhals" der Athos Halbinsel zwischen der Hierissos-Bucht und der Singidikos-Bucht mit einem Kanal durchstechen lassen. Für damalige Verhältnisse stellte das Vorhaben eine schier unlösbare Aufgabe dar. Dennoch gab Xerxes den Auftrag dazu. Der Eindruck des Desasters, das sich zwei Jahre zuvor vor dem Südkap der Halbinsel abgespielt hatte – die gesamte persische Kriegsflotte war in einem fürchterlichen Sturm während der Umrundung des Kaps Pines mit Mann und Maus versunken – war den Persern noch zu gut in Erinnerung. Noch heute wird das Südende der Halbinsel von jedem Schiffer mit größter Umsicht passiert. Der Kanal allerdings wurde nie fertiggestellt. Nur noch Spuren von ihm sind zu finden.

KLÖSTERLICHE LEBENSWEISEN

Alle Klöster und ihre angegliederten Gemeinschaften haben ihre monastische Lebensweise einem von zwei Systemen untergeordnet, dem **idiorrhythmischen** oder dem **cenobitischen System**.

In **cenobitischen** Klöstern, von denen es zwölf gibt, wird das monastische Leben von der Gemeinschaft geprägt. Man wohnt, betet, arbeitet und ißt gemeinschaftlich. Die verwaltende Autorität liegt in den Händen der „Gerontia" (der Ältesten), die von der Mönchsgemeinschaft gewählt werden, während die bestimmende Autorität in der Hand des auf Lebenszeit gewählten Abtes liegt. Er ist der Führer und geistige Vater des Klosters. Der Abt wird in seiner Arbeit von zwei oder drei Vertretern der Gerontia unterstützt, die jährlich abgewechselt werden.

In **idiorrhythmisch** geführten Klöstern, von denen es acht gibt, wird zwar auch in der Gemeinschaft gewohnt und gearbeitet, aber gebetet wird entweder gemeinsam oder alleine. Die Mahlzeiten werden jedoch grundsätzlich alleine eingenommen.

WEGE ZU DEN ATHOS-KLÖSTERN

Der Besucher kommt mit dem regelmäßig verkehrenden Linienschiff (eine Abfahrt täglich morgens, wenn das Wetter es erlaubt) von **Ouranopoli** im kleinen Hafen der Mönchsrepublik **Dafni** an. Eine bescheidene Pier, einige Häuser, Zollbüro, Postamt, Polizeistation, zwei, drei Lä-

MÖNCHSREPUBLIK ATHOS

„Wo Gott verehrt und gepriesen wird"

Als Zentrum monastischen Lebens wird der Berg Athos erstmals im Jahre 843 erwähnt. Damals kamen die ersten Mönche nach der Synode von Konstantinopel, ausgelöst durch den Ikonenstreit, zum Berg Athos, um ungestört in der Abgeschiedenheit der Berglandschaft ihre Ikonen verehren zu können. Bedeutende Persönlichkeiten der ersten Athosmönche waren Peter der Athonite und Eutymios der Thessaloniker. Es formten sich die ersten Mönchsgemeinschaften um den sogenannten „Sitz der Ältesten – Cathedra Geronton".

Richtiggehend organisiertes monastisches Leben kehrte auf Athos durch den legendären Gründer des Klosters Megistis Lavras, **Athanasios**, im Jahre 963 ein. Athanasios, der seine Lehrtätigkeit aufgab um Mönch zu werden, konnte durch seine freundschaftlichen Beziehungen zu Kaiser Nikephoros Phokas und dessen großzügige finanzielle Unterstützung seine Vorstellungen von einer großen Mönchsgemeinde auf Athos verwirklichen.

Im Jahre 972 unterzeichnete Kaiser Ioanis Tsimiskis ein Edikt, das in Zusammenarbeit mit der Repräsentantenschaft der Klöster konzipiert und in Kariai, dem Hauptort der Mönchsrepublik, erstmals publik gemacht wurde. Wichtigster Punkt des Edikts war die Bestätigung der Mönchssiedlungen als eigenständiger Staat.

Die Bestimmung, die besagt, dass jedem weiblichen Wesen, ob Mensch oder Tier, der Zutritt zum Berg Athos zu verwehren ist, wird dem Edikt im 11. Jh. unter Kaiser Konstantin Monomachos angefügt. Und noch heute wird an diesem Gesetz eisern festgehalten. Frauen – und übrigens auch Kinder – dürfen sich nur bis auf 500 m der Athosküste nähern.

Seit der Gründung des Mönchsstaates durch Athanasios hatten sich in nur wenigen Jahrzehnten auf Athos bereits über 3.000 Mönche eingefunden. Und der Zustrom aus ganz Europa schien kein Ende zu nehmen. Zu Beginn des 13. Jh. existierten bereits annähernd 300 größere und kleinere Klöster.

Vor allem im 14. Jh. erlebte die Entwicklung auf Athos einen glanzvollen Höhepunkt. Viele große, neue Klöster wurden in diesem Jahrhundert gegründet. Zum Ende des 14. Jh. hin wurde die Mönchsrepublik allerdings durch türkische Piraten und Streitkräfte arg bedrängt und konnte sich schließlich seine Autonomie nur noch durch ein jährliches Lösegeld von 130.000 Silberstücken erkaufen. Weitere Steuern kamen hinzu, die schließlich zu einer riesigen finanziellen Belastung wurden, die die

den, eine Taverne für die Reisenden, das ist Dafni mit kaum 20 Einwohnern.

Kariai, Hauptstadt der Mönchsrepublik Athos

Vom kleinen Platz an der Bootsanlegestelle fährt der Bus zum Hauptort **Kariai** (auch Karies, Karyes) ab. Fahrtdauer ca. eine Stunde. Zu Fuß wird man für den Weg ungefähr zweieinhalb Stunden benötigen. Kariai ist für jeden Athos-Besucher erste Station. Nur hier erhält er vom Büro der „Heiligen Gemeinschaft" seine endgültige befristete Aufenthaltsgenehmigung. Und wie schon erwähnt, Frauen erhalten grundsätzlich keine Erlaubnis zum Betreten der Mönchsrepublik.

Kariai liegt erhöht und recht hübsch an einem dicht bewaldeten sanften Berghang. Überwältigend ist zunächst die große Ruhe und Gelassenheit, die von überall und jedem auszugehen scheinen.

Klöster rasch verarmen und letztendlich verfallen ließ. Der Niedergang der Mönchskultur ging mit einer rapiden Abwanderung der Mönche einher. Zum Beispiel lebten im einst mächtigen Kloster Megistis Lavras zuletzt nur noch 6 Klosterbrüder von einstmals mehr als 1.000.

Am 2. November 1912 wurde die türkische Herrschaft über den Berg Athos beendet und ein Jahr später im Vertrag von Lausanne die griechische Souveränität über den Heiligen Berg verbindlich festgelegt. 1924 wird in der „Charta vom Heiligen Berg" und in der griechischen Verfassung einvernehmlich bestätigt, dass die Mönchsrepublik Athos ein selbstverwalteter Teil Griechenlands sei.

Als einziges offizielles Mitglied der griechischen Regierung hat ein Zivilgouverneur seinen Sitz in Kariai. Er ist dem griechischen Außenminister direkt verantwortlich. Der Gouverneur wohnt zwar den Versammlungen der „Heiligen Kongregation" bei, hat dort aber lediglich beratende Funktion.

Die eigentlichen Regierungs- und Verwaltungsgeschäfte der Mönchsrepublik werden von 20 Vertretern der „Heiligen Gemeinschaft" ausgeübt, die von den 20 führenden Klöstern entsandt werden.

Um die „Heilige Gemeinschaft" zu bilden, sind die Klöster in fünf Gruppen eingeteilt:
1. Megistis Lavras, Dochiariou, Xenophontos, Esfigmenou.
2. Vatopediou, Koutloumousiou, Karakalou, Stavronikita.
3. Iviron, Pandokratoros, Philotheou, Simonospetras.
4. Chiliandariou, Xiropotamou, Pavlou, Grigoriou.
5. Dionysiou, Zographou, Pandeleimonos, Kostamonitou.

Übernachten kann der Besucher im **Kloster Koutloumousiou**, wenige Minuten südlich von Kariai. 1980 brannten zwar Teile der Gebäude nieder – Feuer, meist durch offenes Licht oder Öfen entfacht, ist ein alter Feind der Klöster – Übernachtungsgäste finden dennoch eine Bleibe dort.

Das Kloster entstand ausgangs des 10. Jh. und gehört einem Kontrakt zufolge heute zum Kloster Zographou. Das Klosterleben wird nach den Regeln des cenobitischen Systems geführt. Heute leben nur noch knapp 10 Mönche hier.

Wer sich für das Leben auf dem Berg Athos näher interessiert, dem sei Erhart Kästners Buch „Die Stundentrommel vom Heiligen Berg Athos" empfohlen. Es vermittelt, wie kaum ein anderes, ein wenig von der Atmosphäre, vom Geist, der auf dem Heiligen Berg herrscht.

ATHOSKLÖSTER

1 Megistis Lavras
2 Ag. Pavlou
3 Ag. Dionysiou
4 Ossiou Grigoriou
5 Karakalou
6 Philotheou
7 Iviron
8 Koutloumousiou
9 Stavronikita
10 Pandokratoros
11 Ag. Pandelei-
monos
12 Xenophontos
13 Dochiariou
14 Kostamonitou
15 Zographou
16 Esfigmenou
17 Chilandariou
18 M. Chourmitsis
19 Vatopediou

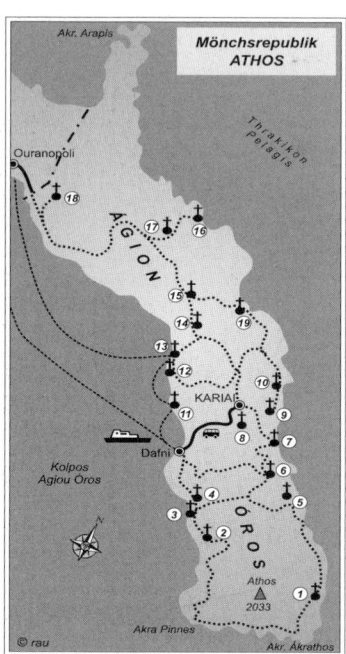

Die Mehrzahl der Reisenden wird wohl die Halbinsel Ágion Óros und den Berg Athos lediglich auf einem Ausflugsboot umrunden. Zeitweise wurde den männlichen Ausflüglern ein Landgang in Dafni und der Besuch einiger küstennaher Klöster gestattet. In jüngster Zeit war das nicht mehr erlaubt. Man wird sich also in Thessaloniki, in Ouranopoli, in Ormos Panagias auf Sithonia (einer der Ausgangspunkte von Ausflugsbooten zum Berg Athos) oder im Hotel, das die Bootsfahrt anbietet, nach dem neuesten Stand der Dinge erkundigen müssen.

Nähert man sich mit dem Schiff von Ouranopoli her der Westküste der Halbinsel, erkennt man als erstes **Kloster Dochiariou**. Es liegt direkt an der Küste am Fuße eines bewaldeten Hanges. Zu Fuß ist es von Kariai in ca. drei Stunden zu erreichen. Die beiden nächstgelegenen Klöster sind Kostamonitou (1 Stunde nördlich gelegen) und Xenofontos (ca. 1/2 Stunde südlich gelegen).

Beim Näherkommen gruppieren sich die Mauern, Kuppeln, Türme und Balkone zu einer kleinen Klosterstadt mit einem großen Torhaus am Strand und einem mächtigen, viereckigen Turm, der die Anlage überragt und dem Ganzen einen doch recht wehrhaften Ausdruck verleiht.

Gegründet wurde Dochiariou im 10. Jh. vom Hl. Euthymios, einem Zeitgenossen und Mönchsbruder des Athosgründers Athanasios. Euthymios hatte zuvor schon eine Abtei bei Dafni gegründet. Sie wurde allerdings bald wieder von Piraten verwüstet. Den Namen „Dochiariou" erhielt das Kloster aufgrund der früheren Tätigkeit seines Gründers. Euthymios war ehemals im Kloster Megistis Lavras „Docheiaris", was soviel wie „Oberverwalter der klösterlichen Magazine" bedeutet. Athanasios hatte ihn auf diesen Posten selbst eingesetzt.

In der Klosterbibliothek, die in dem markanten viereckigen Turm untergebracht und Besuchern nicht zugänglich ist, werden kostbare alte Handschriften, Pergamente und Druckwerke aufbewahrt.

Neben einer wundertätigen Quelle, die den Erzengeln Michael und Gabriel geweiht ist, zählen zu den Schätzen des Klosters ein Splitter vom Heiligen Kreuz, Reliquien von nicht weniger als 45 Heiligen, kostbare Meßgewänder und liturgisches Gerät sowie das Marienfresko „Gorgoepicoos", über das in der Klosterchronik zahlreiche Wunder berichtet werden.

Ein kurzes Stück südwärts sieht man in unmittelbarer Küstennähe *das Athoskloster*
Kloster Xenophontos. Von Kariai aus erreicht man es zu Fuß in ca. 3 *Dochiariou*
Stunden. Nächster Nachbar im Süden ist die etwas landeinwärts
gelegene Skiti Evangelismou Theotokou.

Wie bei allen küstennahen Athosklöstern, so gelingt einem auch beim
Xenophontos der schönste Blick auf die Klosteranlage vom Meer aus.

Angeblich soll das Kloster bereits im 6. Jh. gegründet worden sein,
was wohl in den Bereich der Legende einzuordnen ist. Schriftlich erwähnt
wird es nämlich erstmals im 10. Jh. als eine Gründung des Hl. Xenophon.
Zum Ende des 11. Jh. hin wurde Xenophontos vom Oberbefehlshaber
der byzantinischen Kriegsflotte, Stefanos, zu einer großen, wehrhaften
Klosteranlage ausgebaut. Im 13. Jh. fielen Piraten über das Kloster her,
das sich aber trotz des Schadens schließlich die 8. Position in der
Hierarchie der Athosklöster erringen konnte.

Fährt man an der Küste weiter südwärts, sieht man bald die riesige
Fensterfront des hotelpalastähnlichen Gästehauses des großen **Klosters
Pandeleimonos** auftauchen. Dahinter staffelt sich am Fuße eines
bewaldeten Hanges eine wahre Klosterstadt. Sie wird überragt von den
vielen Türmen ihrer Kirchen und Kapellen, deren Zwiebelform schon
erahnen läßt, dass es sich wohl um ein von russischen Mönchen
geleitetes Kloster handeln muß. Das cenobitische Kloster
Pandeleimonos, 19. in der Klosterhierarchie, trägt denn auch den
Beinamen „Kloster der Russen".

Das Kloster Pandeleimonos ist von Kariai aus zu Fuß in etwa 3
Stunden zu erreichen. Man kann aber auch mit dem Bus von Dafni oder
Kariai bis in die Nähe des Klosters Xiropotamou fahren und gelangt dann
in ca. einer halben Stunde zu Fuß nach Pandeleimonos. Geht man vom
Xenophontos hierher, wird man kaum weniger als eine gute Stunde
benötigen.

Im 11. Jh. kamen sehr viele russische Mönche auf den Berg Athos. Sie besetzten das Kloster Xylourgou, beanspruchten unter ihrem Abt Laurentios aber bald ein größeres Haus. Der Protos und die Heilige Gemeinschaft in Kariais sprachen ihnen daraufhin das verwaiste „Kloster der Thessaloniker" zu, aus dem später das Pandeleimonos hervorging. Die Wirren der Zeit beeinflußten auch den Zustrom der Mönche. Im 16. Jh. war das Kloster sogar zeitweise geschlossen und im Jahre 1725 hausten gerade noch 4 Mönche in der Klosterstadt. In der Türkenzeit mußten alle russischen Mönche das Kloster verlassen. Es verkam fast völlig und wurde erst zum Beginn des 19. Jh., nun näher am Meer, wieder aufgebaut. Eine neue Blütezeit begann. 1903 lebten nicht weniger als 1446 Mönche im Pandeleimonos. Aus jener großen Zeit stammt auch das riesige Gästehaus des Klosters. Es war für seine komfortablen Quartiere bekannt, brannte aber 1969 teilweise aus. Die 20 noch verbliebenen Klosterbrüder verlieren sich heute fast in der weitläufigen Anlage.

Fährt man mit dem Schiff entlang der Küste weiter nach Süden, passiert man den Hafen von Dafni, umrundet einen Landvorsprung und sieht bald darauf das **Kloster Simonos Petras**, das sich mit einer äußerst imposanten Außenfassade präsentiert, die auf einem Felsen etwa dreihundert Meter hoch über dem Meer aufragt. Der Zugang ist weder von der Meerseite noch von Land her einfach. „Simeons Felsen", so der übersetzte Name des Klosters, ist von Kariai aus zu Fuß in dreieinhalb Stunden zu erreichen. Steuert man das Kloster von Dafni mit einem Mietboot, einem „Kaiki" an, erreicht man nach etwa 15 Minuten das Klosterarsenal am Ufer und muß von dort zum Kloster aufsteigen.

Die Gründungslegende des Klosters berichtet, dass der Heilige Simeon im frühen 15. Jh. eines nachts zu Weihnachten durch einen hell leuchtenden Stern auf die Stelle, auf der später das Kloster errichtet wurde, aufmerksam gemacht wurde. Als Simeon dann einige Laienbrüder um sich gesammelt hatte, um mit dem Bau zu beginnen, bekamen mehr und mehr von ihnen Angst vor dem steilen Felsen und wollten die Baustelle wieder verlassen. Simeon beauftragte einen Mitbruder, den Abreisenden ein letztes Glas zur Stärkung aufzutragen. Isaiah, so hieß dieser Mitbruder, tat jedoch einen Fehltritt und stürzte den Felsen hinab. Doch oh Wunder, der Mönch war weder im geringsten verletzt, noch war der Wein verschüttet, noch die Gläser zerbrochen. Darin sahen nun alle ein göttliches Zeichen und machten sich endgültig an die Errichtung des Klosters.

Die Südküste wird im weiteren Verlauf recht felsig und die folgenden Klöster Grigoriou, Dionysiou und Pavlou liegen alle etwas erhöht auf Felssockeln und wirken mit ihren steil aus dem Meer ragenden Mauern wie Burgen.

Am steilen, felsigen Südkap Pines und an der Südküste finden sich einige Skiti und Einsiedeleien, die nicht selten nur sehr schwer und oft über halsbrecherische Steige zugänglich sind.

An der Südhälfte der Ostküste der Halbinsel Ágion Óros liegt das bedeutendste Kloster der Mönchsrepublik **Megistis Lavras** in fast außerirdischer Abgeschiedenheit auf einem Geländeplateau etwa 160 Meter oberhalb des Meeres. Das nach der idiorrhythmischen Regel geführte Kloster rangiert als erstes in der Klosterhierarchie.

Will man Megistis Lavras zu Fuß von Kariai aus erreichen, wird man gute 7 Stunden unterwegs sein. Das am nächsten benachbarte Kloster Karakalou ist rund 4 Gehstunden nördlich gelegen. Hat man die Gelegenheit, in Karakalou ein Motorboot zu erwischen, dauert die Reise nur eine Stunde. Von der Anlegestelle ist das Kloster in ca. 15 Minuten zu erreichen.

Im Jahre 963 gründete der legendäre Athanasios auf Anregung und mit finanzieller Unterstützung des Kaisers Nikephoros Phokas das Kloster und legte damit den Grundstein zur Mönchsrepublik Athos. Kaiser Nikephoros ernannte Athanasios zum ersten Abt auf Lebenszeit. In der Urkunde war auch festgelegt, dass die Zahl der Mönche auf 80 zu beschränken sei. Der Ruf und die Anziehungskraft des Klosters allerdings stiegen rasch und im 11. Jh. lebten bereits 700 Mönche im Kloster.

Im 16. Jh. wurde die Einführung der idiorrhythmischen Klosterregel versucht, aber bald konvertierte man wieder zur cenobitischen Lebensweise. Aber auch dieses starke und einflußreiche Kloster blieb nicht verschont von den Wirren der Zeit, von Piratenüberfällen und auch nicht von internen Streitigkeiten. Das führte schließlich dazu, dass der Stern des Klosters sank. Ausgangs des 17. Jh. sollen angeblich gerade noch 4 Klosterbrüder in dem riesigen Anwesen gewohnt haben. 1963 feierte das Kloster Megistis Lavras unter großer Anteilnahme der ganzen Athosbevölkerung und des griechischen Königshauses sein tausendjähriges Bestehen. Heute ist Megistis Lavras ein idiorrhythmisches Kloster mit etwa 70 Mönchen im Stammhaus und weiteren 250 Brüdern in den angeschlossenen Mönchsgemeinschaften.

Folgt man der Ostküste weiter in nordwestliche Richtung, passiert man folgende küstennahe Klöster: **Karakalou** (ca. dreieinhalb Stunden Fußweg von Kariai), **Iviron** (ca. eineinhalb Stunden Fußweg von Kariai), **Stavronikita** (ca. eine Stunde Fußweg von Kariai) und **Pandokratoros** (ca. eineinhalb Stunden von Kariai).

Noch weiter nördlich liegt in einer herrlichen Bucht eines der heute noch bedeutendsten Klöster der Mönchsrepublik, das **Kloster Vatopediou**. Von Kariai aus erreicht man es auf einem etwa dreistündigen Fußmarsch. Über die Gründung des Klosters kursieren zwei Legenden. Einmal heißt es, Kaiser Konstantin der Große hätte hier ursprünglich ein Kloster gegründet, das später zerstört und von Kaiser Theodosius I. aus Dankbarkeit für die Errettung seines Sohnes Arkadius wieder erbaut wurde. Es heißt, Arkadius habe an dem stürmischen Südkap des Berges Athos Schiffbruch erlitten und sei Dank der Hilfe der Heiligen Jungfrau eben an der Stelle des Klosters an Land gespült worden und zwischen Büschen (Vatos) erwacht. Andererseits soll die Klostergründung auf die Brüder Athanasios, Antonius und Nikolaos zurückgehen, die Ausgangs des 10. Jh. von Adrianopel (Edirne, Türkei) hierher gekommen waren.

Vatopediou, das als einziges der Athosklöster den gregorianischen Kalender übernommen hat, war bis 1541 cenobitisch, danach und bis heute idiorrhythmisch. Seine einst große Bruderschaft ist mittlerweile auf 40 Mönche zusammengeschrumpft.

Steuert man die Athos-Halbinsel auf dem Landwege an, endet die Straße in **Ouranopoli** (siehe dort).

6. OURANOPOLI – KAVALA

○ **Entfernung:** Rund 160 km, ohne Abstecher.

➜ **Strecke:** Über Straße 16 bis **Stratoni** – Landstraße über **Olimbiada** nach **Stavros** – 2/E90 über **Amfipoli** bis **Kavala**.

🕐 **Reisedauer:** Mindestens ein halber Tag.

⌘ **Höhepunkte:** Die **Strände** bei Stavros und Asprovalta * – **Lage** und **Altstadt** von Kavala **.

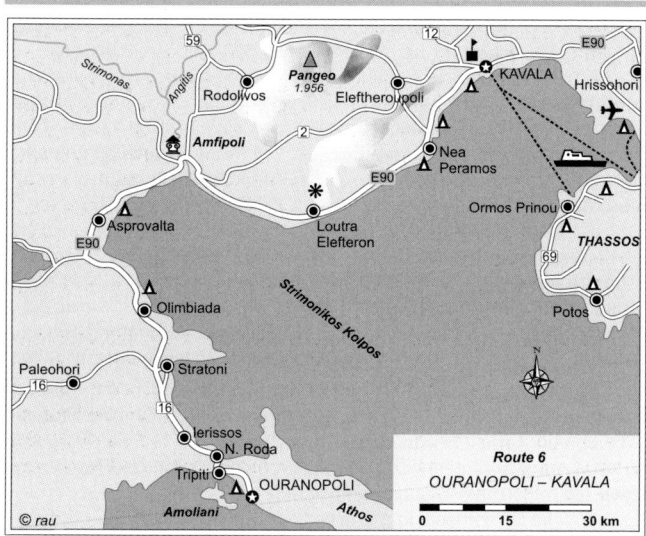

Route 6
OURANOPOLI – KAVALA
0   15   30 km

➜ **Route:** Von Ouranopoli über **Nea Roda** und **Ierissos** zurück bis **Stratoni**. Man kann die Route durch Nordgriechenland erheblich abkürzen, wenn man ab Stratoni über die Straße 16 direkt zurück nach Thessaloniki fährt.

Will man dagegen nach **Kavala** weiterreisen, folgt man ab Stratoni einer allerdings nicht sonderlich guten Nebenstraße durch schöne Pinienwälder nordwärts und erreicht nach einer recht kurvenreichen Fahrt beim Ort **Olimbiada** schließlich wieder das Meer. ●

einladende Strände bei Stavros und Asprovalta *

Rund 14 km nördlich von Olimbiada passiert man den Ort **Stavros** mit schönen Sandstränden vor einem schattigen Platanenhain.

Asprovalta liegt noch einige Kilometer weiter nördlich an der E90 am weiten Strimonischen Golf. Das Städtchen wird dank seiner langen, feinsandigen Strände ebenfalls gerne als Badeort aufgesucht.

▲– **Camping Achilleus**, Tel. 03 97/2 22 59; Jan. – Ende Dez.; terrassierter Platz nordöstlich von Asprovalta; ca. 150 Stpl.; Standardausstattung.
– **Camping Europa**, Tel. 03 97/ 2 22 96; Anf. Juni – Ende Sept.; rund 3 km nordöstlich Richtung Akti Kerdilion; kleiner, ebener Platz an der lauten Straße, Schattenbäume, nahe dem Meer; ca. 1,5 ha – 100 Stpl.; Standardausstattung; Laden, Imbiß.

Asprovalta Camping

Auf dem weiteren Weg nach Osten folgt die E90 eine Zeit lang der sandigen Küste des Strimonischen Golfes. Bei **Nea Kerdilia**, kurz vor der Brücke über den aus Bulgarien kommenden Fluß Strimonas, erkennt man links am Straßenrand eine große Löwenplastik auf einem hohen Steinsockel. Irgendwann fand man die monumentale Skulptur im nahen Flußbett. Es wird vermutet, dass sie vom wenige Kilometer nördlich gelegenen **Amfipoli** hierher gespült wurde. Amfipoli, eine Gründung des Perikles, war ein ständiger Zankapfel zwischen Makedonien, Thrakien, Athen und den Persern. Erst als das Gebiet römische Provinz wurde, konnte sich die Stadt mit ihren starken Befestigungen um die Akropolis der Ausbeutung der reichen Bodenschätze (vor allem Gold) und dem Prägen seiner weithin bekannten Münzen widmen. Seit der Mitte des 5. vorchristlichen Jahrhunderts war die Stadt mehr als 1000 Jahre lang wegen ihrer Brücke, dem einzigen Übergang über den Strimonas weit und breit, von großer strategischer Bedeutung. Über die Brücke, eine Konstruktion aus hunderten von Baumstämmen, verlief die wichtige Römerstraße Via Egnatia.

Das Grabungsfeld kann besichtigt werden. Bevor Sie sich auf einen Rundgang über die archäologische Stätte aufmachen, sollte zunächst das am Eingang erbaute **Archäologische Museum** besucht werden. Es beherbergt fast alle Grabungsfunde aus Amfipolis, darunter Bronzefunde aus der Eisenzeit, kostbare Gegenstände aus Silber, sowie Goldschmuck, wie z. B. ein mit Goldlaub verziertes Diadem aus dem 4. vorchristlichen Jahrhundert.

Ärchäologisches Museum von Amfipoli
tgl. a. Mo. 8.00 – 14.30 Uhr. Eintritt.

➔ **Route:** Nach rund 70 km gelangt man auf der E90 nach **Kavala**. Von der hoch über dem Meer verlaufenden Straße bietet sich ein phantastischer Blick auf Stadt, die sich wie ein Amphitheater um ihren Hafen gruppiert. ●

schöner Blick auf Kavala

Wenige Kilometer vor Kavala zweigt die Straße 12 nordwärts Richtung **Drama (Drama)** ab. Ihr sollte man folgen, wenn man hier einen Abstecher in das **antike Philippi** (Filipi) unternehmen will. Man erreicht das beiderseits der Straße gelegene Ruinenfeld nach ca. 11 km. Genaue Beschreibung siehe Route 8 (Kavala – Drama – Thessaloniki).

Abstecher ins antike Philippi *

KAVALA (Makedonien), eine laute quirlige Stadt mit annähernd 60.000 Einwohnern, zählt heute zu den bedeutendsten Häfen Ostmakedoniens. Vom Hafen verkehren regelmäßig Fähren zur Insel Thassos.

Zur Römerzeit war die Stadt als *Neapolis* bekannt. Die Kreuzfahrer nannten sie *Christopolis* und erst später bürgerte sich der Name *Kavala* ein, der sich angeblich vom italienischen Cavallo (Pferd) ableitet. Es

91

Kavala

wird angenommen, dass dies ein Hinweis darauf ist, dass der Hafen von Kavala früher ein wichtiger Umschlagplatz des Pferdehandels war, der wiederum dadurch entstand, dass die Kreuzfahrer hier ihre Pferde zurückließen, bevor sie sich zur Heimreise einschifften.

Hier landete Brutus vor der Schlacht bei Philippi und der Apostel Paulus setzte in Kavala seinen Fuß an Land, um zu seiner Missionsreise aufzubrechen.

Aus der osmanischen Zeit stammt der mächtige **Aquädukt „Kamáres"**, der noch heute imposant mitten durch die Stadt verläuft. Sultan Suleiman „der Prächtige" hatte die Wasserleitung, deren Bögen teilweise über 50 m hoch sind, im 16. Jh. erbauen lassen, um der Stadt eine ständige Wasserversorgung zu sichern.

Besonders interessant ist ein Besuch des alten **Türkenviertels** unterhalb der markanten, sehenswerten **byzantinischen Festung** (sehr schöner Stadtblick) im Osten der Stadt oberhalb des Aquädukts.

Im Türkenviertel wurde Mitte des 18. Jh. Mohammed Ali, der Sohn eines reichen Tabakhändlers, geboren. Mohammed war später türkischer Gouverneur in Ägypten und wurde dort zum Begründer der ägyptischen Königsdynastie, deren letzter Regierender König Faruk war.

Volkskunst-Museum
Mo. – Fr. 8.00 – 14.00 Uhr, Sa. 9.00 – 13.00 Uhr. Eintritt frei.

In der Filipou Straße 4 findet man das **Volkskunst-Museum** der Stadt mit einer Ausstellung zeitgenössischer griechischer Kunst. Neben den Werken des Malers und Bildhauers Polygnotos Vagis, der in Amerika Karriere machte und auf der Insel Thassos geboren wurden, werden Kunst- und Gebrauchsgegenstände früherer Tage bis in die Neuzeit wie z. B. Trachten, Werkzeuge und alte Fotografien gezeigt.

Haus des Muhammed Ali
tgl. a. Mo. 10.00 – 14.00 Uhr + 17.00 – 19.00 Uhr. Geschlossen Okt. – April. Es wird eine Spende erwartet.

Das **Geburtshaus Muhammed Ali's** im südlichen Teil der Altstadt nahe des Hafens ist heute **Museum** und vermittelt einen recht guten Einblick in die Lebensweise einer moslemischen Familie der Oberschicht Mitte des 18. Jh.

Auf dem Weg zum Geburtshaus von Mohammed Ali passiert man das sog. **Imaret**, einen markanten, langgestreckten, architektonisch interessanten Bau mit Kuppeln. Er stammt aus dem Jahre 1817, wurde unter Mohammed Ali erbaut und diente damals als Medrese (Koranschule).

Die Zeit der Türkenherrschaft endete in Kavala erst 1912 und während des 1. und 2. Weltkrieges war die Stadt in bulgarischer Hand.

Große Tradition hat in Kavala bis auf den heutigen Tag der Tabakhandel. Das schön restaurierte **Tabak-Lagerhaus** hinter dem Kapnergati Platz erinnert an diese alte Handelstradition.

Archäol. Museum
Di. – Fr. 8.00 – 19 Uhr, Sa. + So. 8.00 – 14.30 Uhr. Eintritt.

Eine andere bedeutende Sehenswürdigkeit ist das **Archäologische Museum** in der Ethnikis Antistatis Straße, in dem bedeutenden Funde aus Amfipoli, Avdira und einige Exponate aus Philippi zu sehen sind. Hervorzuheben sind Terrakotta-Büsten aus dem 4. Jh. v.Chr., die eine Göttin mit geschminkten Lippen und Hals- und Armschmuck darstellen. Im 1. Stock des Museums fällt ein Sarkophag aus Kalkstein auf, an dessen Innenseite zwei weinende Frauen sehr beeindruckend dargestellt sind.

Praktische Hinweise – Kavala

☎ Kavala Telefonvorwahl: 0 51

Information: **E.O.T.-Büro**, 65001 Kavala, Eleftherias Platz, Tel. 22 24 25, 22 87 62, Fax 22 38 85.

✕ Restaurants: **Mytilini**, gute Fischtaverne an der Ostseite des Hafens, mittlere Preislage.
Taverne To Koutoukaki, Fischspezialitäten, schöne Terrasse. – Und andere Restaurants.

☐ Kavala Hotels: **Tosca Beach** (A), 100 Zi., Mai – Okt., Tel. 0 51/22 47 65, Fax 24 39 86; Restaurant.
Blue Bay (B), 33 Zi., Nea Iraklitsa, Tel. 05 94/ 21 80 02, Fax 2 15 55; Restaurant.
Egnatia (A), 45 Zi., 7. Merarchias 139, Tel. 24 48 91, Fax 24 53 96, modernes Haus der gehobenen Mittelklasse, erhöht über der Stadt an der Straße 12 Richtung Filipi gelegen, Restaurant, Cafeteria, Dachgarten, Parkplatz.
Galaxi (B), 150 Zi., El. Venizelou 27, Tel. 22 45 21, Fax 22 67 54, www.hotelgalaxy.gr; zentral gelegenes, aber nicht mehr in allen Bereichen zeitgemäßes Stadthotel, direkt am Hafen, laut, Restaurant, Parkplatz.
Lucy (B), 217 Zi., westlich von Kavala am Strand von Kalamitsa, Tel. 24 28 30, Fax 24 25 01, Schwimmbad, Nachtclub, Tennis, Parkplatz.
Oceanis (B), 168 Zi., Leoforos Erythrou Stavrou 32, Tel. 22 19 81, Fax 22 52 70, sehr nüchternes Haus ohne viel Charme, zählt aber zu den besten Hoteladressen in der Stadt, zentral gelegen, auch nachts recht laut, versuchen Sie ein Zimmer nach hinten zu bekommen, Restaurant, Dachgarten, Schwimmbad, Garage. – Und andere Hotels.

Kavala-Perigial

▲ – **Camping Irini**, Tel. 0 51/22 97 85, Fax 22 97 48; Anf. Jan. – Ende Dez.; am östl. Stadtrand zwischen Nationalstraße und Meer; Grasgelände mit

Kavala

Kavala

Restaurants

Hotels

Camping bei Kavala

Camping bei Kavala

Schattenbäumen, teils befestigte Stellplätze; 2,5 ha – 190 Stpl.; gute Standardausstattung; Laden, Restaurant, Imbiß; Sandstrand.

Akti Kavala
– **Camping Akti Kavala Batis**, Tel. 0 51/22 97 75, Fax 22 79 49; Anf. Jan.
– Ende Dez.; ca. 4 km südwestl. Kavala unterhalb der Küstenstraße; überwiegend eben, Schatten durch Laubbäume; 4 ha – 150 Stpl.; Standardausstattung; in der Nähe Laden, Restaurant; öffentliches Strandbad.

Nea Peramos
– **Camping Anatoli**, Tel. 05 94/2 15 90, Fax 2 11 42; Anf. Mai – Ende Sept.; gut 19 km südwestl. Kavala an der Küstenstraße; ebenes Grasgelände mit einigen Laubbäumen an einer hübschen Bucht; 1,5 ha – 100 Stpl.; Standardausstattung; Laden, Imbiß, Schwimmbad,; zum Strand über die Straße.

Naturschutzgebiet am Nestos-Fluß

Östlich von **Keramoti** findet man im Mündungsdelta des Flusses **Nestos** ein ausgedehntes **Feuchtbiotop**, das zu den größten seiner Art in ganz Griechenland gezählt wird. Selten gewordene Tier- und Vogelarten wie z. B. Schreiadler und Seidenreiher, sowie Fischotter oder Schakale sind hier noch heimisch. Infos und Tipps (auch in deutscher Sprache) zu Tierbeobachtungen gibt es im Naturschutzzentrum, das an der Straße von **Hrissoupoli** nach Kavala liegt. Ein Besuch im Nestos-Café, nahe von Hrissoupoli und direkt am Fluß gelegen, lohnt, denn hier lassen sich viele der seltenen Tiere gut beobachten.

INSEL THASSOS (MAKEDONIEN)

Zu erreichen ist die Insel mit **Autofähren**, die bis zu 8 mal täglich von **Kavala** und bis zu 7 mal täglich von **Keramoti** aus verkehren. Fahrtdauer ab Kavala ca. 2 Stunden, ab Keramoti ca. 40 Minuten. Anlaufhäfen sind von Kavala aus der Hauptort **Thassos** und **Prinos** (Ormos Prinou) an der Westküste. Von Keramoti aus wird nur Thassos/Liménas angelaufen.

Thassos, die nördlichste Insel im Ägäischen Meer, wurde schon früh von Ioniern besiedelt. Bald entwickelte sich ein blühendes Staatswesen, dessen Macht sich nicht zuletzt auf die reichen Gold- und Silberminen auf Thassos selbst, aber auch im Pangeon-Gebirgszug auf dem Festland gegenüber, stützte.

Bekannt war Thassos auch für seinen ausgezeichneten Marmor und für seinen Wein, der in der Antike bis Ägypten und Kleinasien exportiert wurde. Griechischer Wein von Thassos wird heute nicht mehr so weit geliefert. Wenn man ihn probiert, weiß man warum. Er wird gleich vor Ort konsumiert.

Ein großer Sohn der Insel wurde um 500 v. Chr. auf Thassos geboren, der Maler Polygnotus. Er zählte zu den größten Künstlern seiner Zeit und schuf vor allem in den Tempeln Delfi's bedeutende Wandbilder, von denen aber kein einziges erhalten ist. Dennoch leben seine Werke in den Schilderungen des Kunstchronisten Pausanias (um 140 n. Chr.) weiter.

Dank seiner schönen Strände und seiner vegetationsreichen Landschaft, die überragt wird vom zentralen 1.127 Meter hohen Hisperion, ist Thassos heute ein gern besuchtes, um nicht zu sagen überlaufenes, Sommerferienziel. Daran hat sich auch nichts geändert, seit in der Nähe fleißig nach Erdgas und Öl gebohrt wird.

Thassos (Limenas), der kleine Hauptort der Insel, entstand an der Stelle eines antiken Hafenstädtchens, dessen Reste einer einst von marmornen Säulenhallen umgebene **Agorá**, der **Propyläen**, eines **Zeustempels** (Zeus Agoreios), des **Telesikles-Rundbaus** und eines **Dionysos-Heiligtums** noch zu sehen sind. Ein etwa zweistündiger Rundgang über die antike Stätte ist lohnend. Von besonderem Interesse ist die **Stadtmauer** aus erstaunlich kunstvoll zusammengesetzten Marmorquadern. Figurenreliefs schmücken teilweise noch heute die einst prächtigen Toranlagen.

Thassos
Agorá
Geöffnet von Sonnenaufgang bis Sonnenuntergang. Eintritt frei.

Besuchenswert ist das **Archäologische Museum** neben der Agorá, in dem die meisten Grabungsfunde von Thassos zu sehen sind. Neben Schmuck, Münzen und Keramik werden Weih- und Grabreliefs, ein Silenkopf sowie römische Portraits und Statuen gezeigt.

Archäol. Museum
Di. – Fr. 9.00 – 15 Uhr. Eintritt.

Folgt man der Mauer bergan kommt man zum hellenistischen **Theater**, das aus dem 4. Jh. v. Chr. stammt, von den Römern in eine Gladiatorenarena umgebaut wurde und heute gelegentlich wieder als Kulisse bei Aufführungen antiker Dramen dient.

Um einen Überblick über das Städtchen und seinen Hafen mit den versunkenen antiken Kaimauern zu erhalten, steigt man zum gut 100 m hohen **Burghügel** über dem Theater hinauf. Dort standen im Altertum die Akropolis und ein Athene-Tempel. Zu sehen sind noch die Mauern einer genuesischen Festung. Der herrliche Rundblick lohnt die Mühe des Aufstiegs.

herrlicher Blick vom Burgberg *

Schöne **Strände** findet man ca. 3 km südöstlich des Hauptortes Thassos bei **Makriammos** und westlich bei **Glifada**.

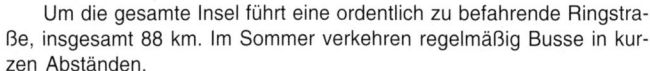

Um die gesamte Insel führt eine ordentlich zu befahrende Ringstraße, insgesamt 88 km. Im Sommer verkehren regelmäßig Busse in kurzen Abständen.

Die Inselstraße windet sich zunächst von Thassos südwärts und steigt dann hinauf zu den Orten **Panagía** und **Potamia**, passiert ein in den vergangenen Jahren durch Feuer verwüstetes Waldgebiet, stößt bald darauf auf eine herrliche Badebucht, erreicht dann nach rund 15 km **Aliki** mit den antiken Marmorsteinbrüchen, Resten von Tempeln und frühen Basiliken, um nach weiteren 23 km über **Astris** und **Potos** den Hafen- und Ferienort **Limenaria** zu erreichen. In der Nähe wird neuerdings wieder nach Gold gegraben, was allerdings dem sommerlichen Badebetrieb an den schönen Stränden der Bucht keinen Abbruch tut.

Badebuchten

Von **Skala Marion** führt eine Stichstraße 13 km ins Inselinnere zum sehr hübschen Örtchen **Maries**.

Besonders schön können die Abende an der Südküste sein, wenn man in der Ferne die Kulisse des Berges Athos im Abenddunst sieht.

Der Weg an der Westküste entlang zurück nach Thassos ist rund 40 km lang. Dort sind die Badeorte **Ormos Prinou** und **Skala Rachoniou** mit ihren Stränden erwähnenswert.

Praktische Hinweise – Thassos

❖ Feste, Folklore: **Kirchweihfest** am 15. August in Thassos. Im Sommer Theaterfestival mit antiken Dramen.

Thassos (Limenas) Feste, Folklore, Märkte

Thassos (Limenas) Restaurants

✂ Restaurants: **Sirtaki**, eine hübsche Taverne am Ende des Hafens am Ostrand von Limenas, unter Tamarisken sitzend kann man Fischgerichte oder frische Salate genießen, relativ preiswert. – Und andere Restaurants.

To Platanakia, am alten Hafen, gute Küche, zivile Preise, hübsche Terrasse.

Thassos (Limenas)

◻ Thassos Hotels (Tel.-Vorw. 05 93):

Amfipolis (A), 42 Zi., Tel. 2 31 01, Fax 2 21 10, recht elegantes Anwesen mit Hotelgarten, eingerichtet in einem ehemaligen Landsitz, Restaurant der gehobenen Preisklasse.

Hotels auf Thassos

Acropolis (C), 13 Zi., Tel. 2 24 88, Fax 2 24 41, gut geführtes Mittelklassehotel in herrschaftlichem Gebäude mit hübschem Hotelgarten.

Timoleon (B), 30 Zi., Tel. 2 21 77, Fax 2 32 77; zentral gelegenes, modernes, einfaches, ordentliches Haus am Hafen, neben der Touristenpolizei und an der zentralen Bushaltestelle, mittlere Preisklasse, Restaurant.

Potos-Pefkári

Potós (D), 18 Zi., Tel. 5 14 16, Fax 5 28 36, hübsch eingerichtete Zimmer mit Balkon, einige Apartments, Restaurant.

Limenaria

Ralitsa (D), 24 Zi., Tel. 5 15 78, Fax 5 28 78 hübsches Mittelklassehotel am Strand. Restaurant. – Und zahlreiche andere Hotels.

Camping auf Thassos

Limenaria

▲ – **Camping Pefkari**, Tel. 05 93/5 15 95, Fax 5 11 90; Anf. Apr. – Mitte Okt.; an der Südküste ca. 2 km südl. des Ortes; schön und ruhig am Meer gelegenes, terrassiertes Gelände, zum Meer abfallend, Schatten durch Olivenbäume; 2 ha – 100 Stpl.; gute Standardausstattung; Laden, Imbiß; Sand- und Kiesstrand.

– **Camping Daedalos**, Tel. 05 93/7 13 65; Anf. Mai – Ende Sept.; an der südwestlichen Küste, Gras- und Sandgelände mit einigen Schattenbäumen am langen Sandstrand; ca. 2 ha – 100 Stpl.; Standardausstattung; Imbiß; Wassersportmöglichkeiten.

Panagia

– **Camping Golden Beach**, Tel. 05 93/6 14 72, Fax 6 12 07; Anf. Mai – Ende Sept.; fast ebenes bis zum Meer reichendes Gelände mit einigen Laubbäumen, ansprechend und ruhig gelegen; ca. 3 ha – 200 Stpl.; Standardausstattung;– Und andere Campingplätze.

7. KAVALA – ALEXANDROUPOLI

O Entfernung: Rund 200 km, ohne Abstecher.

→ Strecke: Über die 2/E90 und über **Xanthi** bis **Komotini** – Landstraße über **Maronia** bis **Mesti** – E90 bis **Alexandroupoli.**

🕐 Reisedauer: Mindestens ein Tag.

✂ Höhepunkte: Die Altstadt von **Xanthi** – das **antike Maronia** – der **Strand bei Fanari** – die **Höhle von Makri.**

Diese Etappe weist keine Sehenswürdigkeiten auf, die von solcher Bedeutung wären, dass Sie als ein „Muß" zu bezeichnen wären. Wer also nicht aus besonderen Interessensgründen, z.B. weil man die Natur- und Vogelschutzgebiete in den Feuchtbiotopen bei Keramoti, Lagos oder

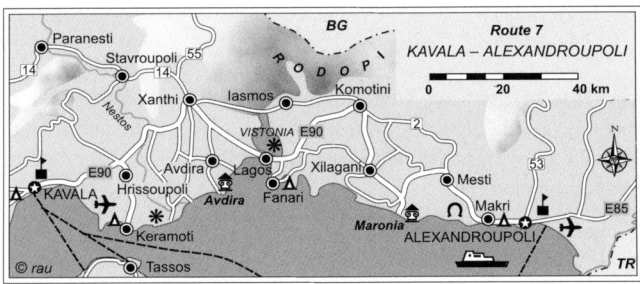 

Alexandroupoli besuchen will, in diesen Teil Griechenlands reist, kann auf diese Etappe getrost verzichten, ohne das Bild Griechenlands prägende Sehenswürdigkeiten zu versäumen.

Dieser Streckenabschnitt führt durch **Thrakien** (Thrákia), Griechenlands nordöstlichster Provinz, die seit jeher Brücke zwischen den Kulturen Asiens und Europas war. Thrakien wird im Westen vom Fluß Nestos, im Osten vom Evros, dem Grenzfluß zur Türkei hin, im Norden von Bulgarien und dem Rodopi-Gebirge und im Süden vom Ägäischen Meer begrenzt. Das alte Kulturland, bereits 2000 Jahre vor Christus besiedelt und im 7. vorchristlichen Jahrhundert durch aus Zentralgriechenland und von den Ägäischen Inseln vorstoßenden Griechen kolonisiert, war bald eine wichtige Drehscheibe des Handels, der Kultur und der Kunst zwischen Kleinasien und dem Abendland. Seine größte Blütezeit erlebte Thrakien als römische Kolonie im 2. und 3. Jh. n. Chr.

Thrakien, Griechenlands nordöstlichste Provinz

➔ **Route:** Knapp 60 km nordöstlich von Kavala liegt an der E90 die Stadt **Xanthi**. ●

XANTHI (Thrakien) mit annähernd 25.000 Einwohnern ist Bezirkshauptstadt und Zentrum des hiesigen Tabakanbaugebiets. Die Stadt liegt recht hübsch und etwas erhöht an den Hängen eines sanften Tales und hat, mehr als die Städte weiter westlich, türkische Elemente aus der Zeit der immerhin fast 500 Jahre währenden Osmanenherrschaft bewahrt. Der moslemische Anteil an der Stadtbevölkerung ist relativ hoch und die Minarette der Moscheen oder die recht orientalisch anmutende Kleidung mancher Frauen sind hier aus dem Stadtbild nicht verschwunden. Es ist ein interessanter Zeitvertreib, sich in einem der Straßencafés am zentralen Stadtplatz niederzulassen und das bunte Treiben gegen Abend hin zu beobachten.

Wer Zeit hat, sollte einen Bummel durch die kopfsteingepflasterten Straßen und Gassen in der etwas höher gelegenen **Altstadt** mit ihren bunt bemalten, typisch thrakischen Wohnhäusern unternehmen.

In der Umgebung der Stadt findet der Kunstinteressierte drei Klöster, die Reste einer byzantinischen Festung und ein **Naturhistorisches Museum**.

Xanthi Hotels (Tel.-Vorw. 05 41): **Motel Natassa** (B), 72 Zi., Tel. 2 15 21, Fax 2 15 25.
Nestos (B), 74 Zi., Kavalos 1, Tel. 2 75 31, Fax 2 75 35.

Xanthi Hotels

97

Xanthi
Hotels

Democritus (C), 40 Zi., 28. Octovriou 41, Tel. 2 51 11. Fax 2 55 37.
Xanthippion (C), 53 Zi., Tel. 7 70 61, Fax 7 70 76. – Und andere Hotels.

➔ **Route:** Auf der Weiterfahrt kann man in **Vafeika**, 10 km südöstlich von Xanthi, südwärts auf eine Nebenstraße abzweigen, die nach rund 30 km an der Küste in der Nähe des antiken **Avdira** (Abdera) endet. ●

In **Avdira** soll im 5. Jh. v. Chr. der Philosoph Demokrit gelebt haben und bereits über den Aufbau der Materie durch Atome nachgedacht haben.

Ebenfalls aus Avdira stammt der redegewandte Sophist Protagoras. Ihm wird das Werturteil zugeschrieben: „Der Mensch ist das Maß aller Dinge". Dafür wurde er allerdings in Athen, besonders vom Philosophen Sokrates, schwer angegriffen

Bei Ausgrabungen kamen von der antiken Stadt bislang zwei Heilige Bezirke aus hellenistischer Zeit, römische Bäder, ein Theater, Grabstätten, Villen und Hausfragmente zutage. Die schönsten Fundstücke wie Bodenmosaike, Vasen, Goldschmuck etc. sind in den Archäologischen Museen von Kavala und Komotini ausgestellt.

Hier an der Küste findet man lange, einsame **Strände**.

➔ **Route:** Zurück zur Straße E90 und weiter Richtung **Komotini**. Nach knapp 20 km kommt man durch **Lagos** (auch Porto Lagos). ●

Lagos, auch Pórto Lágos genannt, ein hübscher Ort mit einladenden Fischtavernen, liegt auf einer Landbrücke zwischen dem Vistonis-See und der gleichnamigen Meeresbucht. Der **Vistonis-See** mit seinen Schilf- und Tamariskenufern ist ein bedeutendes Winterquartier und Brutrevier für viele Vogelarten. Löffler, Rotschenkel, Enten, Gänse und Seeschwalben nisten in dieser Region und auf vielen Dächern der umliegenden Dörfer brüten seit altersher Störche. Von einem Verbindungsweg zwischen den Dörfern Sélino und Néa Kessáni sind sehr gute Tierbeobachtungen möglich.

Auf einer kleinen Insel des von Sumpfgebieten und Schilfgürteln umgebenen Sees liegt das schneeweiße **Kloster Ágios Nikolaos**. Man kann es zu Fuß über einen Holzsteg erreichen. Besonders im Frühjahr sind von hier aus Reiher zu beobachten.

Lagos soll übrigens an der Stelle des alten *Dioni* liegen und es wird behauptet, dass in den Tiefen des Sees die Reste des alten *Vistoni* zu erkennen sind, der legendären Hauptstadt des Reiches von König Diomidis.

Am Ostende des Sees zweigt eine Straße südwärts ab nach **Fanari**, einem kleinen Ort mit einer der schönsten **Sandstrände** an der thrakischen Küste.

der Strand von
Fanari

Fanari
Camping

▲ – **E.O.T.-Camping Fanari**, Tel. 05 35/3 12 17, Fax 3 12 70; Anf. Mai – Ende Okt.; ca. 6 km südlich der Nationalstraße und etwas außerhalb des Dorfes; weitläufiges, ebenes Grasgelände mit gutem Schatten durch Laubbäume, ruhig und ansprechend gelegen, Hartstandplätze für Caravans; 6 ha – 250 Stpl.; Standardausstattung; Laden, Restaurant; langer, breiter Sandstrand.

➔ **Route:** Als nächstes erreicht man auf der E90 **Komotini**.

KOMOTINI (Thrakien) ist die Hauptstadt der Präfektur Rodopi. Ähnlich wie in Xanthi sind auch hier noch Zeugen aus der Osmanenherrschaft zu finden. Sehenswert sind einige der erhaltenen, alten **Herrenhäuser**. In einem von ihnen ist das **Regional- und Volkskundemuseum** eingerichtet.

Im Stadtpark sind Reste der antiken Via Egnatia zu sehen. Dort findet man auch die aus dem frühen 19. Jh. stammende, also noch während der Türkenherrschaft errichtete **Marienkirche**. Im Inneren eine geschnitzte Altarwand mit spät-byzantinischen Ikonen und Fresken darüber.

Das **Archäologische Museum** der Stadt wird als das interessanteste Museum dieser Art zwischen der türkischen Grenze und Thessaloniki bezeichnet. Es zeigt Fundstücke aus Avdira, Dikea, Maronia und Mesembria. Glanzstück ist eine sehr schöne Büste des Kaisers Markus Aurelius, die aus 24karätigem Gold gearbeitet wurde. Ein bemalter Sarkophag aus dem 5. Jh. v.Chr. ist ebenfalls erwähnenswert. Die Malerei darauf zeigt einen Zug von Frauen und Männern, dem ein Streitwagen folgt. Mit Wasserkrügen, die sie auf den Köpfen tragen, holen sie Wasser aus einem löwenförmigen Brunnen.

Archäologisches Museum tgl. a. Di. 9 – 15 Uhr. Eintritt.

🏠 Komotini Hotels (Tel.-Vorw. 05 31): **Archontiko Christou Evis** (B), 81 Zi., Km 3 der E90 Komotini – Alexandroupoli, Tel. 3 35 60, Fax 2 69 79. Zeitgemäßes Mittelklassehotel, Restaurant, Schwimmbad.
Astoria (B), 14 Zi. 28 Platía Irinis, Tel. 3 50 54, Fax 2 27 07.
Olympos (C), 30 Zi., 37 Orfeos, Tel. 3 76 90, Fax 3 76 93, zentral gelegenes Haus der Mittelklasse.
Orpheus (B), 79 Zi., 1 Parasiou, Tel. 3 71 80, Fax 2 82 71, einfacheres, zentral gelegenes Haus. – Und andere Hotels.

Komotini Hotels

Ausflüge: Nördlich Komotini erhebt sich die Südflanke des **Rodopigebirges**. Dort sind vor allem am 1.483 m hohen Papikion, schwer und in der Regel nur zu Fuß zugänglich, **byzantinische Klöster** zu finden.

Ausflüge von Komotini

ROUTENALTERNATIVE ÜBER MARONIA

Eine überlegenswerte Routenvariante ist der Weg über **Maronia**. Dazu verläßt man Komotini in südlicher Richtung und kommt nach 18 km nach **Xilagani**. Wenige Kilometer westlich davon liegt **Imeros**, das für seine nicht weit vom Ort entfernten Strände bekannt ist.

12 km südöstlich von Xilagani liegt **Maronia**, ein hübsches thrakisches Dorf. Wenige Kilometer südlich davon findet man in Küstennähe die Reste des **antiken Maronia**, das in Homers Odyssee als *Ismaros* auftaucht. In Maronia, das im 4. vorchristlichen Jahrhundert seine Blüte erlebte, wurden Reste der Stadtbefestigung, Fragmente eines Theaters, eines Dionysos-Heiligtums und Bodenmosaiken ausgegraben. Die Akropolis der Stadt stand auf dem nahen Ismaros-Hügel. Von hier soll übrigens der tiefrote Wein, das „Göttergetränk" mit seinem „balsamischen Duft" stammen, den Odysseus nach der Schlacht um Troja in „zwölf gehenkelten Krügen" an Bord nahm, um damit später auf seiner Irrfahrt den

das antike Maronia

Kyklopen Polyphem betrunken zu machen, bevor er ihn mit einem glühenden Pfahl blendete.

Der etwa eineinhalbstündige durch das antike Maronia sollte man an der kleinen Hafentaverne im Dorf Ágios Charalambos beenden. Man könnte hier meinen, am Ende ganz Griechenlands zu sein.

Maronia Hotels

☒ Maronia Hotels: **Roxani** (C), 12 Zi., Tel. 05 33/4 15 91, bei der Gemeinde Platanitis.

➡ **Route:** Von Maronia erreicht man über **Krovili** nach rund 16 km nördlich von Mesti die Straße E90 und trifft nach weiteren 19 km bei **Makri** wieder an die Küste. ●

Höhle von Makri

In einer **Tropfsteinhöhle** bei **Makri**, die besichtigt werden kann, läßt Homer Odysseus mit seinen Gefährten den einäugigen Polyphem blenden.

Schöne **Strände** findet man westlich bei **Messimvria** (Reste einer antiken Stadt mit sehr langer Stadtmauer).

➡ **Route:** Das von Makri noch 12 km entfernte **Alexandroupoli** ist auf der stark vom Fernverkehr belasteten 2/E90 relativ rasch zu erreichen. ●

ALEXANDROUPOLI (Thrakien) mit seinem neuzeitlichem Straßenbild, ist Bezirkshauptstadt und wichtigster Hafen Thrakiens. Alexandroupoli soll eine der ersten Siedlungen gewesen sein, die Alexander der Große um 340 v. Chr. gründete und die seinen Namen erhielt. Eine alte Stadt also. Um so erstaunlicher, dass Sehenswürdigkeiten aus dem Altertum so gut wie nicht vorhanden sind. Vom Wahrzeichen der Stadt, dem **Leuchtturm**, führt eine Uferpromenade bis zum Strand im Westen der Stadt. Vom Hafen verkehren täglich Autofähren zur Insel Samothraki.

Eines der wenigen **Vogelparadiese** im östlichen Mittelmeerraum findet man östlich von Alexandroupoli im Feuchtbiotop des Mündungsdeltas des Grenzflusses Evros (türk. Meris Nehri).

Alexandroupoli Hotels

Praktische Hinweise – Alexandroupoli

☒ Alexandroupoli Hotels (Tel.-Vorw. 05 51): **Motel Astir** (A), 52 Zi., 280 Democratias Ave., Tel. 2 64 48,Fax 2 46 51; einladendes Hotel der gehobenen Mittelklasse, in Meeresnähe gelegen; Restaurant, Schwimmbad, Tennis, Parkplatz.

Alexander Beach (B), 102 Zi., 2 km westlich an der Straße nach Komitini, Tel. 3 92 90, Fax 3 90 70.

Motel Egnatia (B), 96 Zi., Makris Ave., Tel. 3 76 30, Fax 3 76 34, Strandhotel der Mittelklasse. – Und andere Hotels.

Camping

▲ – **Camping Alexandroupoli Beach**, Tel. 05 51 /2 87 35; Anf. Jan. – Ende Dez.; am östl. Stadtrand zwischen Nationalstraße und dem öffentlichen Strandbad, ebenes Wiesengelände mit Hartstandplätzen für Caravans, Schatten durch Büsche und Bäume; 7 ha – 230 Stpl.; Standardausstattung; Laden, Imbiß, Tennis, Strand in unmittelbarer Nähe.

➡ **Route:** 34 km nordöstlich von Alexandroupoli gabelt sich die E90 – einmal in die Straße 110 zum 10 km östlich entfernten Grenzpunkt Kipi/Ipsala (Weiterführung nach Istanbul) und zum anderen in die E85 nach Norden über Suflion (Hotels), Didymatichon (Hotels) und Orestias (Hotels) ins türkische Edirne. ●

INSEL SAMOTHRAKI

Von Alexandroupoli verkehren Autofähren regelmäßig zum Hafenstädtchen **Kamariotissa**, an der Westküste der Insel Samothraki. Abfahrten im Sommer bis zu zweimal täglich. Sonst bis fünf mal die Woche, dann gewöhnlich außer Donnerstag und Sonntag. Fahrzeit rund drei Stunden. Außerdem bestehen einmal pro Woche Verbindungen mit schnellen Tragflügelbooten zwischen Kavala und Thassos und Samothraki.

Bei der Anreise erkennt man schon von weitem den markanten 1.611 m hohen Gipfel des Fengari, der über der Insel aufragt und schon in hellenistischer Zeit eine ganz wichtige Landmarke für die frühen Seefahrer in der nördlichen Ägäis war. Homer schreibt in seinem 13. Gesang der Ilias, dass Poseidon, der Erderschütterer, vom Gipfel aus den Fortgang der Schlacht um Troja verfolgt haben soll: „... Denn er saß, anstaunend die Schlacht und das Waffengetümmel, hoch auf dem obersten Gipfel der grünumwaldeten Samos Thrakiens. Dort erschien mit allen Höhn ihm der Ida, auch erschien ihm Priamos' Stadt und der Danaer Schiffe." Unterzieht man sich der Anstrengung des Aufstiegs, kann man bei klarem Wetter auch als Normalsterblicher tatsächlich die kleinasiatische Küste im Osten, die Küste Thrakiens im Norden und im Westen bis zum Berg Athos blicken.

Bekannt ist Samothraki nicht etwa wegen seiner Strände, die eher als bescheiden zu bezeichnen sind, vielmehr wegen seines „**Heiligtums der Großen Götter**" an der Nordküste der Insel. Diese Stätte zog von frühgeschichtlicher Zeit bis ins 4. Jh. n. Chr. Pilger aus dem ganzen hellenistischen Raum an, die den Mysterien der Kabyren beiwohnen wollten. Bei den Ausgrabungen durch Franzosen und Österreicher und nach dem 2. Weltkrieg durch Dr. Lehmann von der New Yorker Universität wurden unter anderem zahllose Öllampen gefunden, so dass davon ausgegangen werden kann, dass die Kulthandlungen nachts stattfanden. Die Kabyren, die Großen Götter von Samothraki, waren thrakische Gottheiten, die offenbar von den Griechen, als sie auf die Insel kamen, in ihre Mythologie integriert wurden. Kabyren waren Götter der Unterwelt. An ihrer Spitze stand Hekate, Göttin der Nacht und der Zauberkraft, die von Hades und Persephone begleitet wurde.

Die Mysterien von Samothraki, die in ihrer Bedeutung denen des Demeterkults von Elefsis in keiner Weise nachstanden, gipfelten jährlich in einem öffentlichen Fest. Zusätzlich gab es Mysterien, in denen zu jeder Jahreszeit Kandidaten zwei verschiedene Weihestufen erreichen konnten. Zu den Geweihten zählten zum Beispiel der Historiker Herodot und Philipp II. von Makedonien, von dem Plutarch wiederum berichtet,

Samothrakis „Heiligtum der Großen Götter"

dass er hier 357 v. Chr. Olympia, seine spätere Frau und Mutter Alexanders des Großen, kennenlernte.

Die Blütezeit des Heiligtums war in hellenistischer Zeit, aber weder Makedonier, noch Ptolemaer, noch die Römer zerstörten die geweihten Tempel. Erst im 4. Jh. n. Chr., zur Zeit Kaiser Theodosius, geriet der Kult in Vergessenheit. Zerstört wurde die Tempelanlage schließlich durch ein Erdbeben. Der Besucher findet das Heiligtum in der Nähe des Örtchens **Paleopoli** an einem mit Büschen und Olivenbäumen bewachsenen Hang. Dank der guten Arbeit der Archäologenteams sind die Ausgrabungen recht gut beschildert.

Zu den freigelegten Tempeln zählen das **Hereion**, das Allerheiligste der Großen Götter, erkennbar durch fünf wieder errichtete dorische Säulen, dann die **Stoa**, ein **Theater** und der **Rundbau der Arsinoe**. Diese größte Rotunda hellenistischer Architektur diente dem Empfang der Vertreter der verschiedenen griechischen Staaten, die dem jährlichen Mysterienfest beiwohnen wollten. Arsinoe, die Stifterin des Baus, stammte aus Makedonien, heiratete später ihren Bruder Ptolemäus II. und herrschte im 3. vorchristlichen Jahrhundert in Ägypten als Arsinoe II. zusammen mit ihrem Bruder.

Seit etwa dem 4. Jh. v. Chr. war der Tempelbezirk von einer mächtigen Mauer begrenzt, die heute noch gut erkennbar ist und sich den Berg hinaufzieht. Auf den Anhöhen Reste einer genuesischen Festung, die um 1430 von den Gateluccis errichtet wurde.

1863 wurde in einem Brunnenbecken von einem Herrn namens Champoiseau, französischer Konsul im türkischen Adrianopel (Edirne), eine kleine kunsthistorische Sensation entdeckt, die geflügelte **Siegesgöttin Nike**. Die Statue, heute im Louvre in Paris zu bewundern, wird zu den bedeutendsten Kunstwerken aus hellenistischer Zeit gezählt.

Nike von Samothraki Archäol. Museum Do. – So. 8.30 – 15 Uhr. Eintritt.

Im **Museum von Paleopoli** sind neben einem Modell der Tempelanlage die Grabungsfunde aus dem Heiligen Bezirk ausgestellt, darunter befinden sich Steinskulpturen, Keramiken und eine Kopie der berühmten ‚Nike von Samothraki'.

Allzu viele Ausflugsmöglichkeiten bieten sich auf der knapp 180 qkm großen Insel mit ihrem selbst im Sommer nicht zu heißen Klima nicht. Dennoch sollte man zumindest einmal entlang der felsigen Südküste etwa bis **Lakoma** oder bis **Kasteli** fahren.

Samothraki Hotels

Praktische Hinweise – Samothraki

⌂ Samothraki Hotels (Tel.-Vorw. 05 51):

Kamariotissa
Niki Beach (C) Tel. 4 15 61, 4 14 61.

Paleopoli
Kastro (B), 50 Zi., Tel. 8 94 00, Fax 4 10 00, www.kastrohotels.gr – Und andere Hotels.

Camping

▲ – **Camping Samothraki**, Tel. 05 51/4 14 91, ; Ende Mai – Ende Sept.; Campingmöglichkeit an der Nordküste, rund 14 km östlich des Fährhafens bei Therma. In der Nähe der antiken Stätten von Paleopoli.

8. KAVALA – THESSALONIKI

○ **Entfernung:** Rund 200 km.
➔ **Strecke:** Über die Straße 12 und über **Drama** bis **Seres** – E79 bis **Thessaloniki.**
🕐 **Reisedauer:** Mindestens ein Tag.
⌘ **Höhepunkte:** Das **antike Philippi** *.

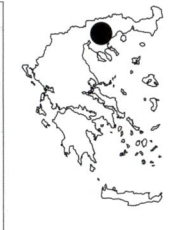

➔ **Route:** Alternativ zum etwas kürzeren Weg von Kavala über die E90 nach Thessaloniki, kann man auch den Weg über die Straße 12, über **Drama** und **Seres** wählen. Rund 11 km nordwestlich von Kavala passiert man das antike **Philippi**. ●

Philippi ist Ostmakedoniens bedeutendste archäologische Stätte. Sie liegt beiderseits der Straße nach Drama.

Um das Jahr 350 v. Chr. siedelte der Makedonierkönig Philipp II. hier Familien seines Reiches an, wohl um in erster Linie seine Goldminen im nahen Pangeon-Gebirge zu sichern und auszubeuten. Die Gemeinde wurde nach Philipp („Der Pferdefreund" zu deutsch) benannt.

„Thou shalt see me at Philippi", „In Philippi sehen wir uns wieder" läßt Shakespeare Cäsars Geist in seiner Tragödie zum Meuchler Brutus sagen, in Anlehnung an die historisch verbriefte Tatsache, dass Brutus und Cassius in der Schlacht 42 v. Chr. nur wenige Kilometer südlich von Philippi von Markus Antonius und Oktavian geschlagen wurden. Brutus und Cassius begingen daraufhin Selbstmord, die Sieger jedoch bauten Philippis Macht und Ansehen aus. Nicht zuletzt wurde die positive Entwicklung der Stadt durch ihre ausgesprochen günstige Lage an der Via Egnatia, einer der wichtigsten Verkehrsadern und Handelswege des Römischen Reiches zwischen Kleinasien und der Balkanhalbinsel, gefördert.

Wohl nicht ohne Bedacht suchte sich der Apostel Paulus die bedeutende Stadt aus, um hier seine erste Rede auf europäischem Boden zu halten. Paulus wurde zwar eine Zeit lang in Philippi gefangengehalten, sein Einfluß auf die Bevölkerung war jedoch bereits so groß, dass sich hier die erste christliche Gemeinde bildete.

antikes Philippi *
Jun. – Okt.: tgl.
8.00 – 20.00 Uhr.
Okt.: 8.00 – 18.30
Uhr. Nov. – Mai:
8.00 – 17.00 Uhr.
Eintritt.

Philippi

Man betritt den südlichen Teil des Ruinenfeldes, das sich beiderseits der Straße ausdehnt, durch die Propyläen und steht dann auf der großen **Agora** (Forum), wo noch zahlreiche Reste römischer Bauten zu finden sind, die vornehmlich nach oben erwähnter Schlacht zwischen Brutus und Markus Antonius errichtet wurden.

Etwas weiter sieht man die Reste einer **Basilika** (B) aus dem 5. Jh., auf die man durch markante Pfeiler- und Bogenfragmente schon von weitem aufmerksam wird. Dahinter liegt eine erstaunlich gut erhaltene öffentliche Latrinenanlage.

Ausgrabungen in den letzten Jahren brachten östlich des Forums die Grundmauern einer oktogonalen Kirche zutage, deren Gründung Kaiser Konstantin dem Großen zugeschrieben wird.

Auf dem nördlich der Straße gelegenen Ruinenfeld findet man die Fundamente einer **Basilika** (A) aus dem 6. Jh. mit Atrium, ein **Theater** und die etwas entfernt und erhöht auf felsigem Terrain gelegene **Akropolis**. Die Reste der Festungsanlagen dort oben stammen teilweise aus makedonischer, teilweise aus byzantinischer Zeit. Im Theater übrigens, das aus der Zeit Philipps II. stammt, zur Römerzeit aber in eine Gladiatorenarena umgebaut wurde, werden heute gelegentlich wieder antike Dramen aufgeführt. Unter den Resten der Basilika entdeckte man eine Krypta, die als Gefängnis des Apostels Paulus bezeichnet wird.

Der archäologischen Stätte ist ein kleines **Museum** angeschlossen mit Funden aus der Antike bis in die Neuzeit. Hervorzuheben sind Fußbodenmosaiken, Sarkophage und Kapitelle aus römischer Zeit, sowie Exponate aus byzantinischer Zeit.

➔ **Route:** Folgt man der Straße noch weitere 22 km nach Norden, erreicht man **Drama**. ●

DRAMA (Hotels) ist die – touristisch wenig interessante – Distrikthauptstadt, die aber wirtschaftlich ein bedeutendes Zentrum der Baumwoll- und Tabakindustrie ist. Im 14. Jh. hatten Türken die Stadt besetzt. Von ihnen stammt auch die Bezeichnung „Goldene Ebene". Besonders an einem späten Sommernachmittag kann man das diffuse, rotgoldene Licht über der gut einhundert Meter hoch gelegenen Ebene zwischen den Gebirgszügen Menikion im Westen und Falakron im Norden beobachten.

➔ **Route:** Der weitere Verlauf unserer Route führt über die Straße 12 weiter nach Westen und erreicht nach 71 km **Seres**. ●

SERES (Serra, Serrai), die Distrikthauptstadt mit heute etwa 45.000 Einwohnern und wichtiges Umschlagzentrum der in der Umgebung angebauten landwirtschaftlichen Erzeugnisse wie Baumwolle und Tabak, mußte in der Vergangenheit oft Machtkämpfe zwischen Byzanz und den slawischen Nachbarn über sich ergehen lassen. Seres wurde von den Bulgaren angegriffen, die einst nach Saloniki vordrangen, dann wieder von Kaiser Basil II. befreit, um schließlich von 1386 bis 1913 von den Türken besetzt zu werden.

Aus der Antike, als Seres noch *Peona* hieß, sind auf dem Koulas- **Seres**
Hügel über der Stadt Reste der **Akropolis** und einer byzantinischen
Festung zu finden.

Innerhalb der Festungsmauern steht die byzantinische Kirche **Ágios
Nikolaos** aus dem 13. Jh. Von der Burg bietet sich ein schöner **Blick vom**
Rundblick auf die Stadt, das Strimon-Tal und die Bergzüge im Osten **Burgberg**
und Westen.

In der Stadt selbst sind aus byzantinischer und türkischer Zeit nur
noch wenig Baudenkmäler erhalten. Vieles wurde durch Neubauten
ersetzt. Geblieben sind jedoch die kleinen Wasserläufe entlang der
Altstadtstraßen und die Reste einiger Moscheen, z.B. am zentralen
Stadtplatz. Dennoch lohnt ein kurzer Bummel durch die verbliebenen
Reste des einstigen **Türkenviertels**.

Am Platía Eleftherias findet man das **Archäologische Museum**, **Archäologisches**
das in einer restaurierten türkischen Markthalle eingerichtet wurde. **Museum**
Neben makedonischen Grabbeigaben sind Kermaiken und byzantinische
Mosaiken aus dem 13. Jh. ausgestellt.

Sehenswert in der Stadt ist vor allem die ehemalige Kirche **Ágios
Theodoros**. Die dreischiffige Basilika stammt aus dem 11. Jh. und zeigt
neben einigen römischen Skulpturen ein schönes Mosaik, das Szenen
aus dem „Letzten Abendmahl" zeigt.

▣ Seres Hotels (Tel.-Vorw. 03 21): **Elpida** (B), 80 Zi., 66, Merachias, Tel. **Seres**
5 93 11, Fax 3 63 01. **Hotels**
Xenia (B), 57 Zi., 16, Ag. Sophias, Tel. 2 29 31, 2 96 66. – Und andere
Hotels.

☑ *Mein Tipp!* Einen Abstecher zum ca. 10 km entfernten **Kloster
Ioannis Prodrómou** (Johannes der Täufer) sollte man nicht auslassen.
Es liegt eingebettet am Ende einer tiefen Schlucht des Menikion-
Gebirges. Seit der Klostergründung im 13. Jh. haben sich durch An- und
Umbauten ineinander verschachtelte Gebäudeteile zusammengefügt,
die wie ein kleines Dorf wirken. Ein Wehrturm, Zellentrakte mit hölzernen
Balkonen und Wirtschaftsgebäude roten Ziegel und grauen
Schieferdächer, ein hübscher überdachter Brunnen und ein
blumengeschmückter Innenhof mit der **Klosterkirche** laden zum Bleiben
ein. Ein besonders schöner Blick auf das Anwesen ist von einem
Felssporn oberhalb des Klosters möglich.

Besichtigen kann man die Klosterkirche aus dem 14. Jh. mit sehr
schönen Wandmalereien und einer aus Walnußholz geschnitzten Ikone.
Nicht nur durch das Läuten der Kirchenglocke, sondern noch mit
zusätzlichem Schlagen auf ein langes Holzbrett werden die Nonnen zur
Messe gerufen. Ein Geräusch, das man weit durch die ganze Schlucht
hören kann.

Eine kleine Taverne außerhalb des Klosters bietet einfache
Erfrischungen an.

➔ **Route: Thessaloniki** (Details siehe Route 4) liegt 85 km weiter
südwestlich und ist über die stark befahrene E79 relativ rasch zu
erreichen. ●

THESSALIEN
9. THESSALONIKI – VOLOS

○ **Entfernung:** Rund 350 km, ohne Abstecher.

➔ **Strecke:** Über E75 bis **Larissa** – E92 bis **Volos**.

◷ **Reisedauer:** Mindestens ein Tag.

⌘ **Höhepunkte: Bergwandern** am Olymp Massiv – die **Strände** bei Litohoro/Plaka – das grüne **Tempe Tal ***.

Route 9
THESSALONIKI – VOLOS

0   20   40 km

➔ **Route:** Der direkte Weg von Thessaloniki nach Volos führt über die gebührenpflichtigen, sehr stark befahrenen Schnellstraßen E90/E75 südwärts, entlang der Küste an der Thermaikos-Bucht und unterhalb des Olympos-Massivs vorbei.

Nach 75 km passiert man **Katerini** (Hotels der Kat. C). Etwa 15 km südlich davon bietet sich die Möglichkeit, westwärts zur archäologischen Stätte von **Dion** abzuzweigen.

Später passiert man das dicht bewachsene Tempe-Tal und erreicht über **Larissa** schließlich den Abzweig (E92) nach **Volos**. ●

Dion, im Schatten des Götterthrons Olymp und in landschaftlich reizvoller Umgebung gelegen, war schon im 5. Jh. v.

Olympiade der Makedonier, das antike Dion tgl. 8.00 – 19.00 Uhr, (Winterhalbjahr 17 Uhr). Eintritt frei.

Chr. eine ganz bedeutende Kultstätte Makedoniens, die mit den Heiligtümern wie Delphi oder Olympia konkurrierte. Die Feiern in Dion, als „Olympische Spiele von Dion" in der antiken Welt bekannt, zogen ganze Menschenmassen an. Neben hellenistischen Bauten, einem Theater und einem Stadion, wurden bei Grabungen auch Fundamente aus römischer Zeit freigelegt. An den ausgegrabenen Straßen läßt sich auch erkennen, dass die Stätte nach einem regelmäßigen, überlegt konzipierten Raster angelegt war, in der die öffentlichen und privaten Gebäude ebenso ihren vorbestimmten Platz hatten wie Bäder, Tempel und Kultstätten.

Das größte Heiligtum war den ägyptischen Gottheiten Isis und Serapis geweiht. Es heißt, dass Alexander der Große von hier aus zur Welteroberung aufbrach, nachdem er dem hier gehuldigten Gott Zeus ausgiebig opferte.

Etwa 500 m von der Grabungsstätte entfernt, im Dorf gelegen, ist ein neues **Museum** entstanden. Es zählt zu den wichtigsten archäologischen Museen in Griechenland. Die Exponate umfassen Funde aus Dion, wie Grabstelen, Skulpturen und Sarkophage. Die Nachbildung einer hier 1992 gefundenden Wasserorgel sei besonders erwähnt. Besonders bemerkenswert ist eine Grabstele mit der rührenden Darstellung einer Mutter mit Kind. Im Untergeschoss werden Modelle antiker Villen, Möbeln und Webstühlen ausgestellt und die Kunst der Mosaiken-Herstellung demonstriert.

Archäol. Museum von Dion * Apr. – Okt.: Di. – So. 8.00 – 19.00 Uhr, Mo. 12.30 – 17.00 Uhr. Nov. – Mar.: Di. – Sa. 8.00 – 17.00 Uhr, So. 8.00 – 17.00 Uhr, Mo. 12.30 – 17.00 Uhr. Eintritt.

Óros Ólimbos, das gewaltige Gebirgsmassiv des Olymp mit einer höchsten Erhebung von 2.917 m und zahlreichen Gipfeln um 2.000 m, galt in der antiken Welt der Griechen als unantastbarer Sitz des Göttervaters Zeus und der Götterfamilie. Die Gipfel, die höchsten in ganz Griechenland, wurden erst 1913 von zwei Schweizer Bergsteigern und einem griechischen Bergführer bezwungen. Das Massiv ist im unteren Teil relativ leicht zu begehen. In den Gipfelregionen ist allerdings alpine Erfahrung nötig. Das Gebiet wurde zum **Olymp Nationalpark** erklärt, womit man erreicht hat, dass die Fauna und Flora, darunter seltene Bergpflanzen und Greifvögel, geschützt ist.

Götterthron Olymp

Ausgangspunkt für Berg- und Klettertouren im Olympos-Massivs ist **Litohoro (Litochoron)** an der Ostflanke. Dort findet man auch Unterkünfte (Kat. D) und ein Büro des Griechischen Bergsteigerverbandes EOS in der Korovagou Straße 20 (Tel 03 52/8 45 44). Entlang den Wanderwegen in den Höhen des Óros Ólimbos sind Schutzhütten zu finden.

Ausgangspunkt für Bergwanderungen im Olympos-Massiv

Ein Stück kann man mit dem Auto in die Bergwelt des Olymps hineinfahren. Man folgt dazu ab Litohoro einer Nebenstraße durch bewaldetes, ansteigendes Gebiet und kommt nach nicht ganz 20 km zu einer in den Sommermonaten Juni bis September bewirtschafteten Berghütte **Priónia** in ca. 1.100 m Höhe. Etwas weiter ist ein Parkplatz angelegt, von dem aus markierte Wege abgehen. Ganz in der Nähe des Parkplatzes findet man eine bewirtschaftete Berghütte und den **Prioni-Wasserfall**. Ob bei steigenden Besucherzahlen der Weg weiterhin soweit per Auto zu befahren sein wird, ist ungewiß.

Nach einem knapp dreistündigen Fußmarsch von der Prioni-Hütte gelangt man zu weiteren bewirtschafteten Schutzhütte (2.100 m Höhe) mit Namen **Spilios Agapitos** oder „Refuge A", Tel 03 52/8 18 00. Die Hütte wird von Kosta Zalatas von Mai bis Oktober bewirtschaftet. Sie verfügt über 90 Schlafplätze, Duschgelegenheiten und ein Restaurant.

Zwei Drittel des Weges bis zum Gipfel Mytikas des Olymp-Massivs sind geschafft. Hier erhalten Sie vom Hüttenwirt Informationen über den Weg und das Wetter aus allererster Hand. Hier übernachtet man am besten und geht am nächsten Morgen die letzten zwei Stunden zum Gipfel, zum Thron des Göttervater Zeus in 2.917 m Höhe. Teile der Strecken verlangen festes Schuhwerk, dass man schwindelfrei und sehr trittsicher ist. Zwischen Ende Mai und Ende Oktober kann man in aller Regel davon ausgehen, dass der Weg schneefrei ist. Ab hier beginnt ein markierter Weg, der in etwa 7 Stunden zum Gipfel führt. Gute Ausrüstung und Kondition sind Voraussetzung für diesen Aufstieg, wobei bergsteigerisches Können nicht erforderlich ist.

Näheres über Routen, Gehzeiten und Lage der Schutzhütten teilt der Griechische Bergsteigerverband in Athen mit (s. Anschriften).

Von der Berghütte Priónia aus lassen sich aber auch kürzere Wanderungen machen, z. B zum eine knappe Stunde entfernt gelegenen **Kloster Ágios Dionysios**.

Hotels und Camping in Küstennähe zwischen Methoni und Platamón

Südlich von Katerini/Kalithea reihen sich die Campinganlagen wie Perlen an einer Schnur. Ihnen allen ist gemein, dass sie auf einem relativ schmalen Gelände zwischen der Bahnlinie und der Küste liegen. Die Zufahrten sind staubige Feldwege, die unmittelbar von der Schnellstraße abzweigen. Da diese Campinganlagen in der Nähe der Schnellstraße liegen, also bequem zu erreichen sind, sind sie meist spätestens mit Beginn der Ferienzeit sehr stark belegt. Lärmbelästigung durch die nahe Schnellstraße auch nachts.

U.a. finden sich hier: **Camping Nireas** (Anf. Mai – Ende Sept.) bei Variko; **Camping Helena** (Anf. Mai – Ende Okt.); **Camping Minerva** (Ende Apr. – Ende Sept.); **Camping Sylvia**, und andere Campingplätze.

Plaka/Litohoro

 Plaka/Litohoro Hotels (Tel.-Vorw. 03 52): **Leto** (C), 93 Zi., Ethniki Odós Larissis, Tel. 2 21 22, Fax 2 21 23.

Olympios Zeus (B), 100 Zi., April – Sept.; Tel. 2 21 15, Fax 2 21 74; Bungalows und **Camping**.

 ▲ – **Camping Olympos Beach**, Tel. 03 52/2 21 12, Fax 2 23 00; Ende April –-Ende Sept.; Abzweig von der Schnellstraße Richtung Plaka Beach; fast ebenes, dicht bewachsenes Gelände oberhalb des Meeres; ca. 3 ha – 120 Stpl.; gute Standardausstattung; Laden, Restaurant, 50 Mietbungalows, schmaler Strand.

– **Camping Olympios Zeus**; Tel. 03 52/2 21 15; Mai – Sept.; von der Schnellstraße Richtung Plaka Beach; ausgedehntes Gelände mit gutem Schatten; 8 ha – 300 Stpl.; Standardausstattung; Laden, Imbiß, Mietbungalow; Tennis; Sandstrand. – Und andere Campingplätze.

Paralia Skotinas

▲ – **Camping Hellas**, Tel. 03 52/4 14 90; Mai – Okt.; Abzweig von der Schnellstraße nach Skotinas; eben, Schatten, Laden Imbiß, Mietbungalows; Sandstrand. – Und andere Campingplätze.

Platamonas/Panteleimon

 Panteleimon Hotels (Tel.-Vorw. 03 52): **Kronos** (B), 47 Zi., Tel. 4 27 82. **Maxim** (B), 73 Zi., Tel. 4 13 05, Fax 4 11 60.

Platamon Beach (B), 170 Zi., Apr. – Okt., Megalou Alexandrou 110, Tel. 4 12 12, Fax 4 14 86. – Und andere Hotels.

 ▲ – **Camping Poseidon Beach**, Tel. 03 52/4 16 54, Fax 4 19 94; Anf. Apr. – Ende Sept.; beschilderter Abzweig von der Schnellstraße in Sichtweite der Burg; eben, mit Schattenbäumen, ansprechend gelegen; 3 ha – 300 Stpl.; gute Standardausstattung; Laden, Restaurant; Mietbungalows; langer Kiesstrand.

– **Camping Castle**, Tel. 03 52/4 12 52, Fax 4 11 60; Anf. Mai – Ende Sept.; beschilderter Abzweig von der Schnellstraße in Sichtweite der Burg; ebenes, teils schattiges Gelände in ansprechender Lage; ca. 2 ha – 100 Stpl.; gute Standardausstattung, zählt mit zu den besten Plätzen der Region; Laden, Restaurant, Mietbungalows; Tennis, Kiesstrand. – Und andere Campingplätze.

Eine weithin sichtbare Landmarke ist die hoch über dem Meer imposant auf einem Hügel gelegene **Burg von Platamonas**. Fränkische Kreuzfahrer des 4. Kreuzzugs unter Bonifazius von Montferrat hatten sie im frühen 13. Jh. angelegt, um die Schiffahrtswege im Thermaikos Golf überwachen zu können. Auch die Türken machten sich später das strategisch äußerst günstig plazierte Gemäuer zunutze, konnten sie damit ja nicht nur die Schiffahrt, sondern ebensogut den Verkehr durch das Nadelöhr des Tempe-Tales kontrollieren

markante Kreuzritterburg

Will man die gewaltige Festung mit ihren bis zu 10 m hohen und stellenweise über 3 m dicken Mauern besichtigen, nimmt man den Fußweg 000—der von Neos Pandeleimonas an der Schnellstraße hinaufführt.

Bald darauf verläßt die Schnellstraße die Küste und führt hinein in die dicht bewachsene, von schroffen Felsen flankierte **Schlucht von Tempe** (Tembi), durch die der Fluß Pinios zur Küste hin drängt. Die Fahrt durch das Tal ist äußerst reizvoll. Parkplätze in der Nähe der **Quellen der Dafne** und der **Venus**, die angeblich Heilwasser führen sollen. Der griechischen Mythologie zufolge hat sich Apollo in den Wassern des Pinios gereinigt, nachdem er im Heiligen Bezirk zu Delphi die Schlange Python getötet hatte.

herrlich grünes Tempe-Tal

Man passiert **Larissa** (zahlreiche Hotels), den grau und nicht sehr attraktiv wirkenden Hauptverwaltungsort der Provinz Thessalien auf einer Umgehungsstraße. Wer auf seinem bisherigen Weg durch Nordgriechenland die sehenswerten Meteora-Klöster nicht angesteuert hat, kann von Larissa aus einen Abstecher über Trikala nach Kalambaka und zu Meteora-Klöstern machen.

➜ **Route:** 42 km weiter südlich von Larissa erreicht man den Abzweig nach **Volos**, das 18 km weiter östlich liegt. ●

VOLOS (Thessalien), 71.000 Einwohner, Hauptort der Region Magnesia, liegt am Nordufer des Golfs von Pagassitikos zu Füßen des Pilion-Gebirges. Die Stadt besitzt einen wichtigen Handelshafen. Von dort verkehren Autofähren zu den östlich in der Ägäis gelegenen Inseln der Sporaden und nach Syrien. Volos soll übrigens, glaubt man der Überlieferung, auf den Mauem des legendären Jolkos erbaut sein. Von dort brach Jason mit dem Zug der Argonauten auf, um das Goldene Vlies zu suchen und zu rauben. Tatsächlich wurden im Stadtzentrum bei Grabungen Gegenstände aus mykenischer Zeit entdeckt.

Bei längerem Aufenthalt lohnt ein Besuch des **Archäologischen Museums** am östlichen Ende der Uferpromenade. Funde von der paläolithischen Zeit bis zur Periode des Römischen Imperiums aus den umliegenden archäologischen Stätten wie Sesklo, Dimini und Iolkos sind zu sehen. Es werden hier die Exponate nicht abstrakt in Schaukästen gezeigt, sondern sehr anschaulich in Zusammenhang mit der einstigen Funktion dargesellt, wie z. B. Grabbeigaben und Stelen zusammen mit rekonstruierten Gräbern. Diese interessante Art der Museumsgestaltung wurde hier Ende der 70er Jahren vom damaligen Museumsdirektor ini-

Archäol. Museum tgl. a. Mo. 8.30 – 15 Uhr. Eintritt.

tiiert. Inzwischen haben viele archäologische Museen in Griechenand sich diese Ausstellungsmethode angeeignet.

Volos

Praktischen Hinweise – Volos

☎ Volos Telefonvorwahl: 04 21
Information: **E.O.T.-Büro**, 38400 Volos, Riga Ferreau Platz, Tel. 2 35 00.

Hotels

◁ Hotels im Zentrum von Volos werden vom Verkehrslärm beeinträchtigt.
Electra (B), 38 Zi., Topali 22, Tel. 3 26 71, Fax 3 12 24, zentral gelegenes Mittelklassehotel.
Park (B), 119 Zi., Deligiorgi 2, Tel. 3 65 11, Fax 2 86 45, zentral am kleinen Stadtpark am Hafen gelegen. Von den oberen Stockwerken Blick auf den Hafen. Restaurant, Garage.
Xenia (B), 77 Zi., Plastira 1, Tel. 3 77 93, 3 77 90, etwas südöstlich des Hafens am Meer, Nähe Ágios Konstantinos Kirche, Archäologischem Museum und einem kleinen Strand, verhältnismäßig ruhig gelegen, Restaurant, Cafeteria, Parkplatz. – Und andere Hotels.

**Camping bei
Volos**

Kato Gatzea

▲ – **Camping Hellas**, Tel. 04 23/2 22 67, Fax 2 24 92, www.travelpelion.gr; Anf. Apr. – Ende Okt.; rund 18 km südöstlich von Volos, an der Küstenstraße zwischen Kato Gatzea und Kala Nera, von der Straße zum Meer abfallender Olivenhain in ansprechender Lage; 3 ha – 180 Stpl.; Standardausstattung; Laden, Restaurant, Sand- und Kiesstrand, in Ortsnähe.
– **Camping Sikia**, Tel. 04 23/2 22 79, Fax 2 27 20, www.camping-sikia.gr; Mitte März – Ende Okt.; rund 18 km südöstlich von Volos, an der Küstenstraße zwischen Kato Gatzea und Kala Nera; mehrere Terrassen unter Olivenbäumen am Steilhang, teils prächtiger Blick aufs Meer; 2,5 ha – 150 Stpl.; gute Standardausstattung; Laden, Imbiß, Hotelzimmer; Sandstrand mit Felspartien; in Ortsnähe.

AUSFLÜGE

Westlich von Volos befinden sich einige, wenn auch nicht sehr spektakuläre, archäologische Stätten:
Dimini, ca. 4 km westlich von Volos und südlich der Straße nach Larisa gelegen, war schon im späten Neolithikum (ca. 4. Jtsd. v. Chr.) besiedelt. Bei Ausgrabungen wurden aber auch zwei Kuppelgräber aus der mykenischen Epoche entdeckt. Alle Funde im Museum von Volos.
Sesklo liegt etwa 10 km westlich von Volos und ca. 5 km südlich der Straße nach Larissa. Forschungen ergaben, dass hier eine der bedeutendsten neolithischen Siedlungen (ca. 4000 v.Chr.) im nordöstlichen Mittelmeerraum war.

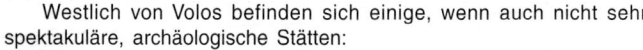

PILION-RUNDFAHRT

Besonders reizvoll und unbedingt anzuraten ist eine Rundfahrt durch die sich südöstlich von Volos erstreckende **Magnessia-Halbinsel** mit dem bis zu 1.551 m hohen Pilion-Gebirge.

➜ **Route:** Man verläßt Volos nordostwärts in Richtung **Hania/ Zagora**. Kurvenreich zieht die oft schmale Bergstraße hinauf zu den dicht bewaldeten Hängen des Pilion. ●

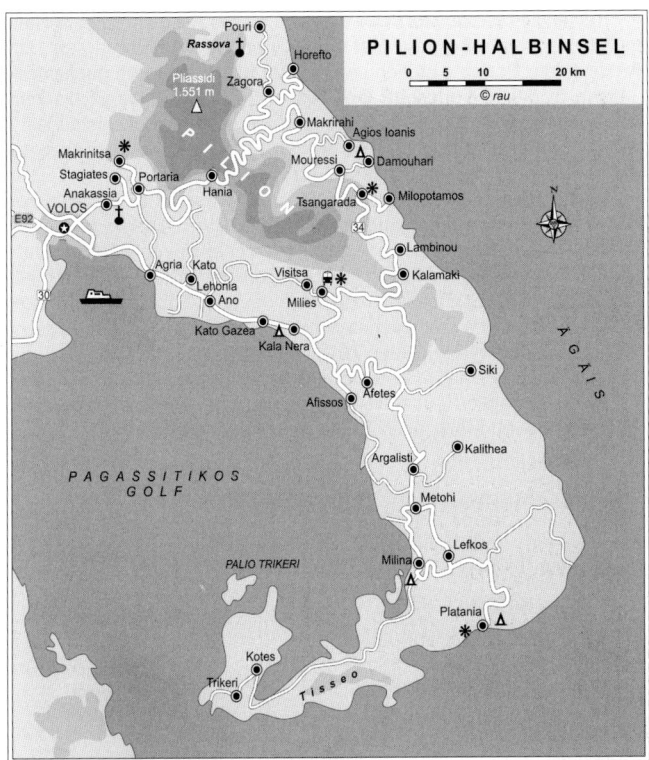

PILION-HALBINSEL

0   5   10   20 km

© rau

In **Anakassia**, gleich am Nordrand von Volos, ist im „Kondos Haus" das **Theophilos Museum** untergebracht. Das Haus ist mit Fresken des volkstümlichen Malers aus dem späten 19. Jh., Theophilos, geschmückt.

Man passiert die ganz in der Nähe der Straße gelegene **Kirche von Episkopi** mit schönen Reliefs. Knapp 2 km westlich der Straße liegt der Ort **Stagiates**, der für seine Wurstspezialität „Spenzofai" und seinen Kokkineli-Wein bekannt ist.

Weiter bergwärts erreicht man **Portaria** (Hotel Xenia, B, 76 Zi., Tel. 04 21/9 91 58, Fax 2 75 51). Spätestens hier sollte man anhalten und den bei klarem Wetter phantastischen **Blick auf Volos** und die Bucht genießen. Wenn man etwas außerhalb der lauten Stadt Volos wohnen will, kann man sich z.B. in einem der historischen, oft hundert und mehr Jahre alten und in aller Regel schön restaurierten **Landhäuser (Archontiko)** einmieten. Die Häuser haben selten mehr als 10 Zimmer, sind aber recht komfortabel eingerichtet und nicht eben billig. U. a. gibt es: *Archontiko Athanasski* (A), 9 Zi., Tel. 9 92 35, Fax 9 90 91; *Archontiko Kantartzi* (A), 14 Zi. Tel. 9 93 88; *Tis Marios* (A), 7 Zi. Tel. 9 95 35, Fax 9 90 03.

wohnen in alten Landhäusern

111

Keinesfalls versäumen sollte man den kurzen Abstecher von Portaria ins 3 km entfernte Bergdorf **Makrinitsa.** Den Wagen läßt man auf dem Parkplatz am Dorfrand stehen und geht zu Fuß durch grob gepflasterte Gassen in den malerischen Ort, dessen Häuser mit den typischen, vorkragenden Balkonen – teilweise sind sie sehr hübsch restauriert – sich am Hang hinaufziehen. Für den Alltag ist hier der Esel oder das Muli immer noch das brauchbarste Transportmittel.

malerischer Dorfplatz von Makrinitsa *

Von ganz besonderem Reiz ist der hübsche **Dorfplatz von Makrinitsa,** der von sechs uralten Platanen überdacht wird. In ihrem Schatten sitzend kann man bei einem Kaffee oder einem Gläschen Ouzo die prächtige Aussicht hinunter zur Bucht genießen. Die Idylle wird durch den hübschen Brunnenpavillon und durch das kleine **Johanneskirchlein** im Dämmerlicht des Laubdaches nur noch verstärkt. Der byzantinische Kirchenbau weist nach Süden hin einen hübschen Arkadengang und Reliefbilder an der Außenseite der kleinen Apsis und im Narthex auf.

Einige der alten Häuser wurden von der Griechischen Fremdenverkehrszentrale renoviert und in Touristenunterkünfte (Archontiko) verwandelt.

Makrinitsa Feste, Folklore

Restaurants

Hotels

Praktische Hinweise – Makrinitsa

❖ Feste, Folklore: Jedes Jahr im Mai feiert man in Makrinitsa das bunte **Volksfest „Maides".**

✂ Restaurants: **Psystaria,** Hauptstraße, Regionalspezialität ‚Spetsofai', schöne Terrasse. **Panthéon,** am Dorfplatz, Tel. 04 28/ 9 91 43, ‚Spetsofai' und andere Spezialitäten, schattige Terrasse.

▢ Makrinitsa Hotels (Tel.-Vorw. 04 21): **Archontiko Repana** (A), 7 Zi., Tel. 9 95 48, Fax 9 95 48.
Archontiko Sissilianou (B), 7 Zi., Tel. 9 95 56.
Archontiko Xiradakis (A), 7 Zi., Tel. 9 92 50, Fax 9 01 51.
Archontiko Diomidi (B); 12 Zi., Tel. 9 94 30, Fax 9 91 14.

Im weiteren Verlauf führt die schöne, aber kurvenreiche Paßstrecke (herrliche Ausblicke) hinauf nach **Hania.** Der 1.200 m hoch gelegene Ort ist Zentrum eines Wintersportgebiets mit Skiliften und Schutzhütten. Auf einem schmalen Fahrweg kann man bis in die Nähe des 1.548 m hohen Pilion-Gipfels **Pliassidi** gelangen.

Heimat der Centauren

Die mit Kastanien, Platanen, Nußbäumen und Buchen dicht bewachsenen und im Frühjahr und Herbst oft von Regenschauern und tiefhängenden Wolken überzogenen Höhen waren der griechischen Mythologie zufolge die Heimat der **Centauren,** diesen eigenwilligen Gestalten halb Mensch, halb Pferd. Eines dieser legendären Geschöpfe, die für ihre laszive Lebensweise und Trunksucht bekannt waren, war *Cheiron.* Er galt als der Weiseste unter ihnen. Cheiron lebte in einer Höhle im Pilion-Gebirge und war Lehrer und Erzieher des Trojahelden Achilles, des Heilers Asklepios und von Jason. Der griechischen Mythologie zufolge war es Jason, der das erste Boot zimmerte, um damit mit seinen Gefährten, den Argonauten, nach Colchis am Schwarzen Meer vorzudringen. Als Beute brachte Jason aber nicht nur das Goldene Vlies,

in Makrinitsa

sondern auch die Prinzessin Medea mit, die sich allerdings sehr bald als furchtbares und mörderisches Frauenzimmer entpuppen sollte.

Nach weiteren 13 km kurvenreicher Fahrt entlang den mit Apfelplantagen überzogenen grünen Hängen, bietet sich die Möglichkeit, ins 6 km entfernte **Zagora** abzuzweigen. Zagora, die größte Stadt am Pilion, liegt schön an einer üppig bewachsenen, zerfurchten Bergflanke. Von dort windet sich die Fahrstraße hinunter zur Küste (8 km) und endet in **Horefto**. Dieses abgelegene Dorf ist für seine Sandstrände bekannt.

> 🛏 Horefto Hotels (Tel.-Vorw. 04 26): **Erato** (C), 19 Zi., Tel. 2 24 45.
> **Hagiati** (B), 25 Zi., Tel. 2 24 05, Fax 2 24 05, am Strand, Parkplatz.
> **Katerina** (C), 38 Zi., Tel. 2 27 72, Restaurant, Parkplatz. – U. a. Hotels.

Horefto Hotels

Die Hauptstraße führt in nicht enden wollenden Kehren über **Makrirahi** und **Anilio** (das Dorf „ohne Sonne") zum Abzweig des tief unterhalb gelegenen Küsten- und Badeorts **Ágios Ioanis**. Schöne **Sandstrände**.

Strände, Hotels und Camping bei Ágios Ioanis

> 🛏 Ágios Ioanis Hotels (Tel.-Vorw. 04 26): **Aloe** (B), 44 Zi., Tel. 3 12 41, Fax 3 13 41, Restaurant, Hotelgarten, Strand, Parkplatz.
> **Maro** (B), 47 Zi., Tel. 3 12 82 – Und andere Hotels.
>
> ▲ – **Camping Kinotiko**, einfache Campingmöglichkeit, ca. 50 Stpl.

Ágios Ioanis Hotels

Camping

Eine kurze Wegstrecke weiter, zweigt rechts die Straße nach **Kissos** ab. Der Ort liegt von dichter Vegetation umgeben sehr schön ungefähr 500 Meter über dem Meeresspiegel. Interessant ist dort eine kleine, dreischiffige **Basilika**, die aus der Mitte des 18. Jh. stammt und eine interessante Ikonenwand und Fresken aufweist.

113

schön gelegenes Tsangarada

Im weiteren Verlauf erreicht die hoch über dem Meer verlaufende Straße über **Mouressi** den schön gelegenen Ort **Tsangarada**. Auch hier wieder üppige Vegetation und ganze Wälder mit Kastanien, Buchen, Platanen oder Nußbäumen. Schöner Dorfplatz mit einer tausendjährigen Platane und hübschen Tavernen (pilionitische Spezialitäten sind z.b. Bohnensuppe und „Spetzofai", eine deftige Bauernwurst mit Gemüse). Im Ort sind einige hübsche alte Patrizierhäuser erhalten.

Hotels bei Tsangarada

⌂ Tsangarada Hotels (Tel.-Vorw. 04 23): **Alkioni** (A), 7 Zi., Tel. 4 96 50, 4 96 50, kleine Pension im traditionellen Stil.
Archontiko Hatzakou (A), 8 Zi., Tel. 4 99 11.
Pilio-Holyday Club (A), 30 Zi., Tel. 4 94 00, Fax 4 93 55; Restaurant, Bungalows.
Xenia (B), 46 Zi., Tel. 4 92 05, Fax 4 94 96; Restaurant, Bar. – Und zahlreiche andere, meist kleinere Hotels.

Kurz vor Tsangarada führt die 8 km lange Zufahrtsstraße hinunter an die Küste nach **Milopotamos,** einem sehr hübsch gelegenen Badeort mit herrlichen Sandstrandeinlagerungen zwischen ausgedehnten Felspartien.

Xorithi und **Lambinou** sind die nächsten Stationen auf der herrlichen Fahrt, bei der immer wieder wunderschöne Ausblicke auf die tiefblaue Ägäis möglich sind.

idyllisches Milies

Wenig später gabelt sich die Straße. Der Weg nach Westen führt nach **Milies** (6 km), einem abgelegenen idyllischen Bergdorf. Der Ort am Endpunkt der lange nicht mehr verkehrenden Pilion-Bahn (der kleine, verträumte Bahnhof ist noch vorhanden) war vor allem im 18. und 19. Jh., während der Zeit der Türkenherrschaft, ein Zentrum der Kunst und Kultur. Das Bergdorf hat eine unerwartet kostbare Bibliothek mit seltenen Druckwerken und Handschriften. Eine Besichtigung lohnen aber vor allem die **Fresken** in der **Kirche Taxiarches** und das kleine **Regionalmusem** (geöffnet tgl. a.Mo. 10-14 Uhr). Bemerkenswerterweise besitzt das Dorf am Dorfplatz sogar eine **Bibliothek**, die besichtigt werden kann.

Zu den **kulinarischen Spezialitäten** von Milies zählen „Tyropsomo", mit Käse überbackenes Brot und die knackige Apfelsorte „Firikia".

☑ *Mein Tipp!* Gute Nachricht für Freunde alter Eisenbahnen. Seit 1996 ist die historische Kleinbahn wieder in Betrieb. Im Sommer verkehrt die **Schmalspurbahn „Karvounis"** (der kleine Schwarze) mit ihrer Dampflok und den kleinen restaurierten Waggons wieder von Volos nach Milies. Die Fahrt ist wunderschön und führt über Brücken, durch Schluchten und schließlich durch Olivenhaine, Obstplantagen und vorbei an malerischen Dörfern hinauf nach Milies. Leider ist der genaue Fahrplan der Oldtimerbahn derzeit nicht feststellbar. Zuletzt fuhr die Bahn an Sonn- und Feiertagen.

Milies Feste, Folklore

Praktische Hinweise – Milies

❖ Feste, Folklore: Jedes Jahr ab **26. Juli** feiert man in **Milies** ein 3 Tage dauerndes Fest mit viel Folklore, Tanz und Musik.

Makrinitsa, Foto: G.Z.F, München

Milies Hotels

⌂ Milies Hotels (Tel.-Vorw. 04 23): **Archontiko Filippidi** (A), 8 Zi., Tel. 8 67 14.
Palios Stathmos (A), 8 Zi., Tel. 8 67 14, Fax 9 01 51, in einem schattigen Platanenhain gelegen, Restaurant. – Und andere Hotels.

In **Visitsa**, nur 3 km weiter westlich von Milies, findet man eine ganze Reihe alter, hübsch gelegener Bürgerhäuser, die vornehmlich aus dem 18. Jh. stammen und diese typischen, vorspringenden Erker- und Balkone aufweisen. Einige von ihnen sind vom Fremdenverkehrsverband in Touristenunterkünfte umgebaut worden (z.b. *Glorious Peleys Castle Hotel*, De Luxe Kategorie, alle Annehmlichkeiten, 11 Zi., Tel 04 23/8 66 71. *Archontiko Vafiadi*, Kat. A, 8 Zi., Tel. 04 23/8 67 65. Und andere). Eine Spezialität von Visitsa ist der scharfe, hausgebrannte „Tsipouro".

➔ Man kann nun von Milies entweder über Visitsa entlang der alten Eisenbahnlinie und über Ágios Vlassis zurück nach Ano Lehonia fahren, oder von Milies über den kürzeren Weg die Westküste bei **Kala Nera** erreichen. ●

Zweigt man an der oben erwähnten Gabelung nicht nach Milies ab, kann man auf ordentlicher Straße bis in den Südteil der Magnessia-Halbinsel vordringen. Man passiert **Argalasti** 2 km weiter geht es vor Metohi rechts ab nach **Horto** und **Milina**. Der kleine Hafen- und Badeort in schöner Lage am Meer war einst eine namhafte Seefahrersiedlung mit Werften. Heute ist es ein in den Sommermonaten sehr stark besuchter Ferienort. Bootsausflüge in die Valtoudi-Bucht und zur vorgelagerten, unbewohnten Insel Alatas mit einem Kloster sind möglich.

Camping bei Milina

▲ – **Camping Argo**, Tel. 04 23/5 41 44; Anf. Mai – Ende Sept.; Abzweig bei Horto; kleiner Platz in sehr ansprechender Lage, Schatten durch Bäume und Mattendächer; 1 ha – 50 Stpl.
– **Camping Olison**, Tel. 04 23/6 52 36; Anf. Mai – Ende Okt.; außerhalb des Ortes, kleines Terrassengelände mit Schattenbäumen, in schöner Lage am Meer; ca. 65 Stpl., Taverne.

Die Straße endet schließlich in **Platania** an der Südküste mit schönen **Stränden**.

Platania Hotels

Praktische Hinweise – Platania

⊠ Platania Hotels (Tel.-Vorw. 04 23): **Drossero Akroyali** (C), 30 Zi., Tel. 7 12 10, Fax 7 12 11; Restaurant, Parkmöglichkeit.
Archontiko (C), 16 Zi., Tel. 7 12 92. Apartments. – Und andere Hotels.

Camping

▲ – **Camping Louisa**, Tel. 04 23/7 12 60, Anf. Mai – Ende Sept.; ca. 80 Stpl., Standardausstattung, Laden, Taverne. – Und andere Campingplätze.

Trikeri, der südlichste Ort auf der Halbinsel, war lange nur per Schiff von Volos oder Milina aus zu erreichen.

➔ **Route:** Der Rückweg nach **Volos** führt über **Argalasti** und **Afetes** zur Westküste und weiter über **Kala Nera** und **Agria**. ●

Agria ist ein hübscher Küstenort mit zahlreichen Strandtavernen. Stände und Hotels findet man vor allem in Afissos, Kala Nera und **Kato Gatzea**. Bei Kato Gatzea liegen zudem zwei größere Campingplätze, Einzelheiten darüber stehen am Ende der Beschreibung von Volos, siehe dort.

im Pilion immer noch ein nützlicher Freund, der Esel

ZENTRALGRIECHENLAND, ATTIKA

10. VOLOS – DELPHI

○ **Entfernung:** Rund 200 km, ohne Abstecher und Umwege.

➔ **Strecke:** Über Straße 30 bis **Mikrothives** – E75 bis vor **Thermopiles** – E65 bis **Amfissa** – E65/48 bis **Delphi**.

🕐 **Reisedauer:** Mindestens ein Tag, ein zusätzlicher Tag für Delphi.

⌘ **Höhepunkte:** Das **antike Delphi** und sein **Museum** ***

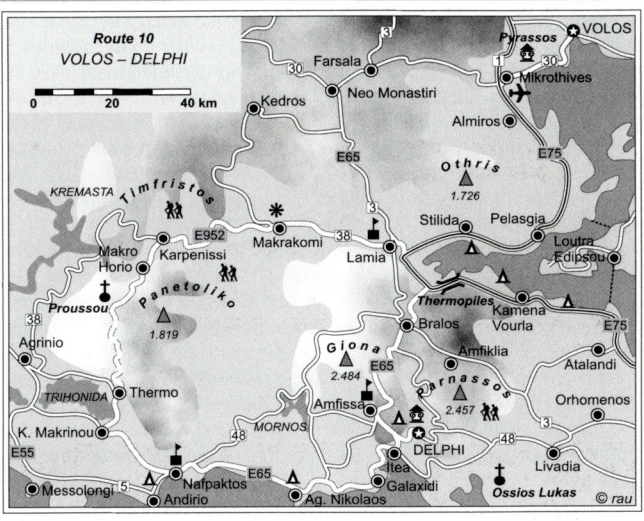

➔ **Route:** Wir verlassen Volos in südlicher Richtung, passieren **Dimitrias** (Reste einer über 2000 Jahre alten Stadt) und wenige Kilometer weiter den hübsch an einer Bucht gelegenen und von Olivenhainen umgebenen Ort **Hrissi Akti Panagias.** Wenig weiter, bei **Nea Anhialos**, erkennt man rechterhand die großen Ruinenfelder des antiken **Pyrassos**. Schließlich erreichen wir bei Mikrothives die Schnellstraße 1/E75, der wir über **Almiros** weiter südwärts folgen. Bei **Pelasgia** erreicht die Straße wieder das Meer am Maliakos Golf. Gegenüber erkennt man die Höhenzüge der Insel Euböa (Evia). ●

Stilida/Stylis

▲ – **Camping Stylis Interstation**, Tel. 02 38/2 38 28, Anf. März – Ende Okt.; östlich der Stadt und südliche der Schnellstraße E75, Wiesengelände mit Baumbestand, bis ans Meer reichend; ca. 4 ha – 160 Stpl.; Standardausstattung. Laden, Restaurant, Strandbad.

Camping bei Stilida

117

Lamia (Frankenkastell mit Museum. Hotels) wird von der Schnell-straße 1/E75 im Osten umgangen, die dann schnurgerade auf das Kallidromo Bergmassiv (1.372 m) zuführt. Ca. 12 km südlich von Lamia zweigt die Straße E65 nach Amfissa und Patras ab.

Bleibt man auf der Schnellstraße 1/E75 Richtung Athen, passiert man nach etwa 5 km den historischen **Thermopylen Paß**. Dieses „Tor der heißen Schwefelquellen" war in der Antike eine nur schwer überwindbare Engstelle zwischen den Bergen des Kalidromo Massivs im Süden und der Küste im Norden. Der Paß war lange der einzige gangbare Landweg zwischen Thessalien und Südgriechenland.

König Leonidas und seine Helden

An dieser strategisch wichtigen Stelle verschanzte sich im Jahre 480 v. Chr. Leonidas, König von Sparta, mit 7.000 Kriegern, um die zahlenmäßig weit überlegenen Streitkräfte des Perserkönigs Xerxes aufzuhalten. Schon zehn Jahre zuvor hatten die Griechen unter Miltiades in der Schlacht bei Marathon (ein Läufer brachte die Siegesnachricht im legendären „Marathonlauf" nach Athen) den erste Perserangriff abwehren können. Natürlich lag den Griechen sehr daran, nun auch diese zweite Perserattacke abzuwehren. Zwei Tage konnten sich Leonidas' Soldaten heldenhaft verteidigen. Die Perser erlitten fürchterliche Verluste. Wutentbrannt forderte Xerxes von Leonidas die Herausgabe der Waffen, der aber soll geantwortet haben: „Holt sie euch doch!"

Xerxes drohte weiter, die Pfeile seiner gefürchteten Bogenschützen würden „wie Wolken die Sonne verdunkeln". Daraufhin Leonidas: „Um so besser, dann können wir im Schatten kämpfen." Schließlich waren von den Spartanern nur noch 300 Mann am Leben, die sich an die engste Stelle des Thermopylenpasses zurückzogen und nur durch die Machenschaften eines Verräters, der den Persern einen Weg über die Berge in den Rücken der Spartaner zeigte, überwältigt werden konnten.

Heute erinnert ein **Marmordenkmal** mit einer Bronzestatue des Spartanerkönigs Leonidas an die Begebenheit vor fast zweieinhalbtausend Jahren.

alternativer Direktweg nach Athen

➔ **Route:** Folgt man der Schnellstraße 1/E75 noch ein Stück weiter in Richtung Athen, kommt man an den Badeorten **Kamena Vourla** (großes Hotelangebot aller Kategorien), **Ágios Konstantinos** und **Skala** vorbei und trifft bei **Kastro** wieder auf unsere aus Delphi kommende Hauptroute. ●

Camping bei Kamena Vourla

Kamena Vourla
▲ – **Camping Kamena Vourla**, Tel. 02 35/2 20 53, Fax 2 47 27; Anf. Mai – Mitte Okt.; am westl. Ortsrand; weitläufige Ferienanlage, Hartstandplätze für Caravans; 28 ha – 300 Stpl.; Mietbungalows; Laden, Restaurant, Tennis; Sand- und Kiesstrand.
– **Camping Apollon**, Tel. 02 35/2 24 86; Anf. Apr. – Ende Okt.; am östl. Ortsrand; 1 ha – 100 Stpl.; Sand- und Kiesstrand.
– **Camping Copelia**, Tel. 02 35/2 20 00; Anf. Apr. – Ende Sept.; ca. 3 km östl. des Ortes; 1,5 ha – 100 Stpl.

Ágios Konstantinos
– **Camping Blue Bay**, Tel. 02 35/3 11 39, Fax 3 16 18; Anf. Jan. – Ende Dez.; ca. 4 km östl. des Ortes; weitgehende ebene Anlage in ansprechender

Lage am Meer; 2,3 ha – 150 Stpl.; gute Standardausstattung, Laden, Restaurant. Sand- und Kiesstrand.
– **Camping Leonidas,** Tel. 02 35/3 14 49; Anf. Mai – Ende Sept.; ca. 5 km östl. des Ortes; 3 ha – 250 Stpl.; Sand- und Kiesstrand.

Arkitsa, Hafenstädtchen mit regelmäßigen Autofährverbindungen nach **Loutra Edipsou** auf Euböa, tgl. bis zu 12 Abfahrten zwischen 6.30 und 22 Uhr.

Autofähren nach Euböa

„RUSTIKALE" ROUTENALTERNATIVE UND UMWEG

Wer gerne schwierige Strecken fährt, kurvenreiche, teils auch schlechte und unbefestigte Straßen nicht scheut, dafür aber schöne, abgeschiedene Berglandschaften liebt und gerne auf Wegen unterwegs ist, die wirklich abseits üblicher Reiserouten liegen, dem sei diese Alternative (es ist auch ein gehöriger Umweg) von Lamia über **Karpenissi**, **Thermo** und **Nafpaktos** nach Delphi vorgeschlagen. Man sollte dafür einen zusätzlichen Reisetag vorsehen.

➡ **Alternativroute:** Dazu ist es nötig, die Schnellstraße 1/E75 bei Lamia zu verlassen und über **Lamia** auf der 38/E952 westwärts Richtung **Karpenissi** (Karpenision) zu fahren (ca. 80 km). ●

Nach 15 km erreicht man den Abzweig zum Kurbad **Loutra Ipatis** (zahlreiche Hotels und Pensionen aller Kategorien). Ipatis ist bekannt für seine Badekuren gegen Herzleiden, Kreislaufstörungen und Hautkrankheiten.

Kurbäder

Später folgt die Straße dem Tal des Sperhios-Flusses aufwärts. Man passiert **Makrakomi** (einfache Hotels). Nur wenige Kilometer weiter nördlich liegt das bescheidene Kurbad **Platistomo** (einfache Hotels), das bei Einheimischen bekannt ist für seine Trinkkuren bei Nierenleiden.

Etwa 18 km weiter, bei **Ágios Georgios,** zieht die Straße durch Pinienwälder (schöne Ausblicke bei Timfristos) und später an den Südhängen des bis zu 2.315 m hohen Timfristos-Massivs entlang nach **Karpenissi** (960 m). Das kleine, abgeschiedene Bergstädtchen ist Wintersportort und im Sommer ein ausgezeichneter Ausgangspunkt für Wanderungen in die umliegenden, bewaldeten Höhen von Evritania. Im Timfristos-Gebiet gibt es Schutzhütten des Griechischen Bergsteiger Verbandes (s. Anschriften). In der Nähe von Karpenissi fand 1823 der Freiheitskämpfer Markos Botsaris den Tod.

Wandermöglichkeiten im Timfristos-Massiv

Praktische Hinweise – Karpenissi
Karpenissi Telefonvorwahl: 02 37.

☎ **Touristen Information,** in der Ethnikis Straße, 36100 Karpenissi, Tel. 2 24 81.

📷 Karpenissi Hotels : **Anessis** (B), 37 Zi., Zinopoulou 50, Tel. 28 07 00, Fax 2 30 21, einfaches, zentral gelegenes Mittelklassehotel.
Club Montana (L), 135 Zi., Sovila, Tel. 8 04 00, Fax 8 04 09, www.montana.gr; etwas außerhalb gelegenes, gepflegtes Firstclass Hotel mit entsprechenden Preisen, Restaurant, Schwimmbad, Hallenbad, Fitnesseinrichtungen, Tennis, Wintersport, Konferenzeinrichtungen.

Karpenissi

Hotels

eine einladende
Taverne findet
sich fast überall

Helvetia (C), 71 Zi., Zinopoulou 33, Tel. 2 24 65, zentral gelegenes, gutes Mittelklassehotel.
Mont Blanc (B), 37 Zi., Tel. 2 23 22. – Und andere Hotels.

Ab Karpenissi kann man auf einer auf weite Strecken unbefestigten Bergstraße südwärts fahren. Dabei passiert man bei **Mikro Horio** (zwei einfache Hotels) unterhalb des 2.101 m hohen Kaliakouda ein schönes Flußtal und erreicht schließlich über eine schlechte Wegstrecke entlang der Nordflanke des Panetoliko-Massivs nach ca. 35 km den Ort **Proussos** in wunderschöner Berglandschaft. Unterkunft bietet in Proussos die Pension Agathidis (B), 10 Zi., Tel 02 37/9 12 48.

Kloster
tgl. 9 – 13, 17 –
Sonnenuntergang.

In der Nähe liegt in einem Bergeinschnitt weltabgeschieden das **Kloster Proussou**. Neben byzantinischen Mosaiken in der Klosterkirche gilt eine wundertätige Marienikone, die dem Evangelisten Lukas zugeschrieben wird, als kostbarster Schatz des Klosters.

Folgt man der unbefestigten Straße weiter südwärts, kommt man durch **Thermo** (Hotel Aetolia, (D), 10 Zi., Tel. 06 44/2 23 94), erreicht nach ca. 37 km bei **Petrochorion** das Ostufer des Trihonida-Sees und trifft – über **Kato Makrinou** und **Pitsinaiika** fahrend – schließlich in **Nafpaktos** auf die Haupt- und Küstenstraße E65 Richtung Itea. Aber es sei nochmals erwähnt, daß diese Strecke über das Panetoliko-Massiv eine ziemlich rauhe Angelegenheit ist.

Einfacher zu befahren ist die Strecke von **Karpenissi** auf der Straße 38 nach **Agrinio**. Sie führt ca. 9 km westlich von Karpenissi über einen 1.250 m hohen Paß und später durch eine sehr reizvolle Berglandschaft hinunter zum Stausee Kremasta, der auf einer Brücke überquert wird. Der See wird von den Wassern der Flüsse Aheloos,

Agrafiotis, Tavropos und Trikeriotis gespeist. Es ist eines der größten Stausee- und Wasserkraftprojekte Griechenlands.

Ab Agrinio erreicht man Nafpaktos am bequemsten auf der 5/E55 über Messolongi.

Nafpaktos, ein hübsches Hafenstädtchen am Nordwestende des Golfs von Korinth, wird überragt von einer alten, von den Venezianern angelegten Festung. Zu Zeiten der Venezianer hieß die Stadt noch *Lepanto*.

Am 7. Oktober 1571 tobte weiter westlich die historische und auf vielen Gemälden verewigte „Seeschlacht von Lepanto". In dem Gefecht traten die Flotte der Staaten des westlichen Mittelmeerraums unter der Führung des 23 Jahre alten Don Juan d'Austria (1547 – 1578) an gegen die osmanischen Flottenverbände unter Ali Pasha, dem Großwesir Sultan Selims. Die Schlacht, noch mit Rudergaleeren ausgeführt, endete mit einer derben Niederlage der osmanischen Flotte.

die historische Seeschlacht von Lepanto

Praktische Hinweise – Nafpaktos

 Nafpaktos Hotels (Tel.-Vorw. 06 34): **Lepanto Beach** (B), 48 Zi., Kathodos Dorieon und Ph. Plastira Straßen, Tel. 2 77 98, Fax 2 39 30.
Nafpaktos (B), 50 Zi., am Gribovo Strand, Tel. 2 95 51, Fax 2 95 53.
Xenia (B), 48 Zi., E. Arvaniti, am Gribovo Strand, Tel. 2 23 01, Fax 2 97 64.

Nafpaktos Hotels

▲ – **Camping Platanitis Beach**, Tel. 06 34/3 15 55; Ende Mai – Ende Okt.; ca. 5 km westl. Nafpaktos; ebenes Grasgelände mit Laubbäumen, zwischen Straße und dem Golf von Korinth; 2 ha – 150 Stpl.; gute Standardausstattung; Laden, Imbiß; Sand- und Kiesstrand.
– **Camping Dounis Beach**, Tel. 06 34/3 15 65; Anf. Mai – Ende Sept.; ca. 7 km westl. Nafpaktos; ebenes Gelände mit Laubbäumen und Mattendächern, am Golf von Korinth; 1,5 ha – 100 Stpl.; gute Standardausstattung; Laden, Imbiß; Sand- und Kiesstrand; bei Andirio in der Nähe Fährstation nach Rio (Peloponnes).

Camping

➔ **Alternativroute:** Um diesen alternativen Umweg nach Delphi zu vollenden, fährt man ab Nafpaktos entweder über die gute Küstenstraße E65 entlang des Korinthischen Golfs ostwärts nach **Itea** und weiter nach Delphi oder man nimmt hinter Nafpaktos die landeinwärts führende, schmale, kurvenreiche, mitunter auch schlechte, dafür aber landschaftlich sehr reizvolle Bergstraße 48 über **Lidoriki**, vorbei am **Mornos-Stausee** und über Vounichora und **Amfissa** nach **Delphi**. ●

Recht ansehnliche **Strände** sowie Unterkünfte findet man auf der insgesamt recht lohnenden Küstenfahrt zwischen Nafpaktos und Itea bei **Ágios Nikolaos**, einem hübschen Dorf an einer kleinen Bucht, mit Autofährverbindungen nach **Egio** (Peloponnes).

Ágios Nikolaos
▲ – **Camping Doric**, Tel. 02 66/3 17 22, Fax 3 11 96; Anf. Mai – Ende Sept.; bei km 51 oberhalb der Küstenstraße; Terrassen in schöner Lage, mit herrlichem Blick über den Korinthischen Golf zur Peloponnes-Küste, etwas Baumschatten; 2 ha – 100 Stpl.; Standardausstattung; Restaurant.

Ágios Nikolaos Camping

Galaxidi ist eine alte Stadt mit langer Marinetradition (Marine Museum). Reste einer Festung sind vorhanden. Sehenswerte byzantinische Klosterkirche aus dem 13. Jh.

Itea, Hafenstadt schon seit der Antike und heute Anlaufpunkt für Kreuzfahrtschiffe, deren Passagiere für einen Ausflug nach Delphi hier an Land gehen.

Itea
Hotels

Praktische Hinweise – Itea

⊠ Itea Hotels (Tel.-Vorw. 02 65): **Galini** (B), 30 Zi., Akti Possidonos 57, Tel. 3 22 78, Fax 3 23 23, Restaurant, Parkplatz.
Kalafati (B), 37 Zi., Gionas 1, Tel. 3 22 94, Fax 3 29 86, in Strandnähe, Restaurant, Bar, Parkplatz.
Nafsika (B), 95 Zi., Iroon Ave., Tel. 3 33 00, Fax 3 38 31. Restaurant. – Und andere Hotels.

Camping

▲ – **Camping Beach-Camp**, Tel. 02 65/3 23 00; Jan. – Ende Dez.; östl. von Itea am Ortsrand von Kira; ebener Platz mit Bäumen und Mattendächern; 1,5 ha – 100 Stpl.; Standardausstattung; Laden, Imbiß. Zum Strand über die Straße.
– **Camping Ayannis**, Tel. 02 65/3 25 55; Anf. Apr. – Ende. Okt.; östl. Itea bei Kira; gestuftes Gelände in Hanglage; auch Mattendächer; 3 ha – 150 Stpl.; einfache Standardausstattung; Laden, Imbiß; Kies- und Felsstrand.

HAUPTROUTE NACH DELPHI

➔ **Hauptroute:** Der Weg unserer **Hauptroute** führt an der Gabelung vor dem Thermopylenpaß von der Schnellstraße 1/E75 auf die E65 und auf neuer, ausgezeichnet ausgebauter Trasse südwärts über **Bralos** und **Amfissa** nach **Delphi** Schöne Ausblicke sind möglich zurück zum Maliakos-Golf und auf die umliegenden Berge. ●

In **Bralos** mündet die neue Paßstraße in die alte Trasse, führt weiter durch ein Hochtal und über die Anhöhe von Amplema (850 m). Die Berghänge sind teils mit den Abraumhalden zahlreicher Bergwerke übersät. Angesichts der zerklüfteten Westhänge des Parnassos-Bergstocks geht die sehr ansprechende Fahrt in vielen Serpentinen hinunter nach **Eleonas**, das links der Straße malerisch am Berghang oberhalb üppiger Olivenhaine liegt.

Nach weiteren 6 km kommen wir nach **Amfissa**, Hauptort des Bezirks Fokis und wichtiger Umschlagplatz der hiesigen Olivenproduktion. Im Mittelalter, als die Stadt von Franken und Spaniern besetzt war, trug sie den Namen *Salona*. Ebenfalls aus jener Epoche des frühen 13. Jh. stammt die Festungsanlage „Frourio" auf der Anhöhe oberhalb der Stadt. Man kann hinauffahren. Reste wie etwa der Wehrturm sind noch zu sehen.

In Amfissa trifft unsere Alternativroute aus Nafpaktos auf die Hauptroute.

➔ **Hauptroute:** 8 km weiter südöstlich, am Beginn eines unübersehbaren, silbrig-grünen Meeres von fast einer halben Million Olivenbäumen, das sich in einer topfebenen Talsenke bis nach Itea hinzieht, zweigen wir nach Osten ab auf die Straße 48 und erreichen über eine sehr gut ausgebaute Serpentinenstraße, von der sich herrliche Ausblicke auf den riesigen Olivenhain, die flankierenden Berge bis hin zur Bucht von Itea bieten, den 575 m hoch gelegenen Ort **Delphi.** ●

DELPHI – Das „moderne" Delphi, eine Ansammlung von Hotels, Restaurants, Geschäften und Souvenierläden an den beiden Einbahnstraßen Vassileos Pavlou und Fridirikis, wurde erst zu Beginn dieses Jahrhunderts erbaut. Damals hatten französische Archäologen nämlich festgestellt, daß unter dem „alten" Dorf Delphi unter bis zu 20 m dicken Erd- und Gesteinsmassen eine archäologische Sensation auf sie wartete, der antike Tempelbezirk des legendären Orakels von Delphi.

Zwar war bekannt, daß unter dem Dorf ein Heiligtum liegen mußte, auch wurden seit Mitte des 19. Jh. Grabungen durchgeführt. Aber erst nach einer kräftigen Finanzspritze der französischen Regierung, die es erlaubte, das Dorf zu verlegen und ca. 1 km weiter westlich neu aufzubauen, konnte 1892 unter der Leitung der Franzosen Homolle und Bourguet, Direktoren der Französischen Schule für Archäologie in Athen, mit umfassenden Ausgrabungen begonnen werden.

Im Ort Delphi selbst, in dem es in den Sommermonaten Tag und Nacht recht laut und turbulent zugehen kann, ist höchstens ein Besuch in einem der Restaurants mit Terrasse über dem herrlichen Pleistos-Tal von Interesse.

Praktische Hinweise – Delphi

Delphi Telefonvorwahl: 02 65

☎ **Touristen Information E.O.T.,** Vassileos Pavlou 12, 33054 Delphi, Tel. 8 29 00; tgl. a. sonn- und feiertags 8.00 – 14.30 Uhr.
Delphi ist eine Touristenhochburg ersten Ranges. Entsprechend hoch sind die Preise in den Hotels und Restaurants. Leider entsprechen nicht überall die geforderten Preise den gebotenen Leistungen. Und die nie versiegenden Besuchermassen haben den Service in manchen Einrichtungen zur Abfertigung verkommen lassen. Zimmerreservierungen sind im Sommer ratsam.

✖ Restaurants: **Topki Gefsi,** Friderikis 19, gute einheimische Küche, Fischgerichte, lokale Weine, moderate Preise, große Terrasse, schöne Aussicht. – Und andere Restaurants.

⌂ Delphi Hotels (Tel.-Vorw. 02 65): **Amalia** (A), 185 Zi., Apollonos 1, Tel. 8 21 01, Fax 8 22 90, größtes Haus am Platz, Schwimmbad, Restaurant.
Kastalia (B), 25 Zi., Vass. Pavlou u. Friderikis 13, Tel. 8 22 05, Fax 8 26 09, zentral an der Hauptstraße gelegenes Mittelklassehotel, Restaurant, Veranda mit Ausblick.
King Iniohos (B), 60 Zi., Pavlou & Friderikis 1, Tel. 8 27 01, Fax 8 24 44, www.one-world.net/hotels/iniohos; schön gelegenes Firstclasshotel, Restaurant, Terrasse. Parkplatz.

Delphi

Restaurants

Hotels

Delphi Hotels

Vouzas (A), 60 Zi., Pavlou und Friderikis 1, Tel. 8 22 32, Fax 8 20 33, der archäol. Stätte am nächsten gelegenes Hotel, von den meisten Zimmern schöner Ausblick ins Pleistos-Tal, Restaurant, Veranda, Dachgarten, Parkplatz.

Xenia (A), 44 Zi., Apollonos 69, Tel. 8 21 51, Faax 8 27 64, www.one-world.net//hotels/iniohos; Restaurant, Schwimmbad, Tennis, Fitnesseinrichtungen. – Und andere Hotels.

Jugendherberge

Jugendherberge, Apollonos 11, Tel 8 22 68.

Camping

▲ – **Camping Apollon**, Tel. 02 65/8 27 62, Anf. Jan. – Ende Dez.; ca. 1 km westl. Delphi an der Straße; Terrasse in ansprechender Hanglage mit Blick zur Bucht von Itea; Schatten durch Mattendächer, im Sommer bereits früh belegt; 1 ha – 60 Stpl.; Standardausstattung, Laden, Restaurant, Schwimmbad.

– **Camping Delphi**, Tel. 02 65/8 27 45, Fax 8 23 63; Anf. Apr. – Ende Okt.; ca. 4 km westl. Delphi Zufahrt von der 360-Grad-Schleife Richtung Chrisso; flache Terrassen in schöner Höhenlage, Bäume und Mattendächer; herrlicher Ausblick von den vorderen Stellplätzen; 2 ha – 150 Stpl.; Standardausstattung; Laden, Imbiß, Schwimmbad, Tennis.

– **Camping Chrissa**, Tel. 02 65/8 20 50; Anf. Jan. – Ende Dez.; ca. 7 km westl. Delphi bei Chrisso; mehrere Geländestufen in schöner, aussichtsreicher Höhenlage, Bäume und Mattendächer; 1,5 ha – 80 Stpl.; Komfortausstattung; Laden, Imbiß, Schwimmbad.

DAS ANTIKE DELPHI

☑ **Mein Tipp!** zur Besichtigung von Delphi: Die antiken Stätten zählen zu den meistbesuchten Griechenlands. Entsprechend groß ist vor allem in der Sommerzeit der Andrang. Die Hanglage erfordert leichtes bergangehen, was in der Sommerhitze mehr als anderswo recht schweißtreibend sein kann. Dem Gedränge, dem babylonischen Stimmengewirr der Reisegruppen aus aller Herren Länder und der Hitze kann man etwas entkommen, wenn man gleich morgens zur Besichtigung aufbricht, in der heißeren Tageszeit vielleicht den Museumsbesuch einlegt und in den Abendstunden die in aller Regel bis Sonnenuntergang geöffneten Anlagen des Gymnasions und der Marmaria besichtigt.

Mindestens einen ganzen Tag sollte man für einen Delphi-Besuch einplanen. Auch hier gilt, daß ein Rundgang durch die antiken Stätten im Frühjahr und im Herbst um einiges erholsamer ist, gegenüber einem Besuch im Sommer.

Delphi *** archäologische Stätte
Mo. – Fr. 8 – 17.30 Uhr, Sommer bis 19.30, Sa. + So. 8.30 – 15 Uhr. Eintritt.

Das antike Delphi liegt etwa 1 km östlich des Ortes beiderseits der Straße 48 nach Livadia.

Zunächst erreicht man das linkerhand gelegene **Museum**, ca. 400 m weiter folgt der Eingang zum **Apollo-Heiligtum**. Parkplätze gibt es entlang der Straße.

Nach weiteren 400 m macht die Straße einen scharfen Knick. Dort liegt unterhalb der steilen Felsen Phaidriades im dämmrigen Baumschatten die sagenumwobene **Kastalische Quelle**. Weiter geht man vorbei an der rechterhand gelegenen Taverne die Straße entlang, oberhalb des Gymnasions vorbei und kommt zu dem rechterhand gelegenen, unscheinbaren Zugang zur **Marmaria** mit dem fotogenen Tholos.

Ein Fußweg führt durch Olivenhaine zurück zum **Gymnasion** und erreicht direkt an der Taverne wieder die Hauptstraße.

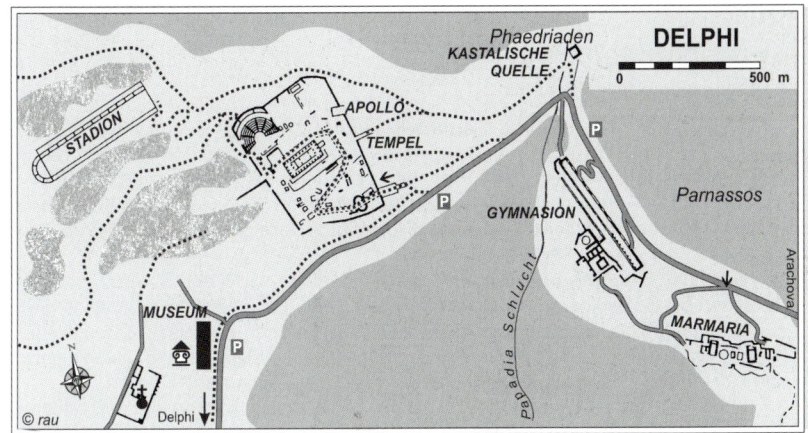

Neben der archäologischen und kunsthistorischen Bedeutung kommen bei Delphi noch **die herrliche Lage** unterhalb der bizarren Berge der Westflanke des Parnaß-Gebirges und der weite Blick über das Pleistos-Tal (z.B. vom Theater aus) hinzu, die den besonderen Reiz dieser antiken Kultstätte ausmachen.

Die Pilger und Ratsuchenden der Antike hatten sich, bevor sie das Heiligtum betraten, erst an der Kastalischen Quelle zu reinigen, Spenden und Opfer darzubringen, um dann die „Heilige Straße" hinauf zum Tempel zu gehen.

Diesen Weg geht der Besucher heute noch. Über die von den Römern umgebaute **Agora (1)** mit Anzeichen einer frühchristlichen Kirche gelangt man über Stufen zum Eingang (2) in den etwa 200 auf 130 m großen Tempelbezirk und zum Beginn der „Heiligen Straße". Rechts und links des Weges sieht man Grundmauern, Sockel und Stufen, die einst die Weihegeschenke, Votivgaben und Schatzhäuser von Königen, Stadtstaaten oder Privatpersonen aufnahmen. Gleich am Anfang rechts z.B. stand der „Stier von Kerkyra" (3). Etwas weiter ist durch die halbrunde Form noch gut der Platz der Weihegeschenke der Argiver (9) zu erkennen.

Der Weg macht einen Knick bergwärts und man sieht das **Schatzhaus der Athener (17)**. Der dorische Tempel wurde zwischen 490 und 480 v. Chr. aus Dankbarkeit über die unter Miltiades gewonnene Schlacht bei Marathon gegen die Perser, gebaut. Das Schatzhaus war aus Marmorquadern errichtet, mit Skulpturen (im Museum) geschmückt und am Fundament mit Inschriften versehen, die man noch gut erkennen kann. Das Schatzhaus wurde aus den wiedergefundenen Stücken rekonstruiert, fehlende Teile durch absichtlich erkennbares Material ersetzt.

Neben dem Schatzhaus der Athener liegt das **Bouleuterion (18)**, der Versammlungsort des Senats von Delphi. Schräg dahinter erkennt man die **„Felsen der Sibylle" (19)**, das Heiligtum der Erdgöttin Gäa und Sitz des ersten Orakels. Dahinter stand auf einer ionischen Marmorsäule (20) die **„Sphinx von Naxos"** (jetzt im Museum).

Delphis herrliche
Lage

125

DAS ORAKEL VON DELPHI

Mythologie und Geschichte

Delphi, das frühhellenistische **Apollo-Heiligtum** mit seinem bis nach Kleinasien berühmten **Orakel**, prägte den Glanz Hellas' ganz entscheidend mit. Schon sehr früh war der verschwiegene, von Erdbeben zerrissene Berghang der Phaidriades, von dessen Höhen in grauer Vorzeit die Bösewichte gestürzt wurden und aus dessen Felsspalten geheimnisvolle Dämpfe aus dem Erdinnern aufstiegen und Quellen hervorsprangen, ein Ort mystischer Kulte.

Gäa, die Erdgöttin und Erdmutter, und Poseidon, Gott des Meeres, waren zunächst die Götter, denen die Verehrung galt. Nach der griechischen Mythologie soll hier der „Nabel der Welt" gewesen sein. Um die Mitte der Welt festzustellen, hatte Zeus zwei Raben ausgesandt, die in entgegengesetzter Richtung davonflogen und sich hier wieder trafen, in der Mitte, dem Nabel der Welt also.

Schon zur Zeit des Gäa-Kults war hier ein Ort der Weissagungen, deren Deutung man dem Rauschen der Blätter im Wind und dem Murmeln der heiligen Quelle entnahm.

Von Gäa, die auch den Beinamen Sibylle hatte, ging das Orakel über auf deren Tochter Themis, Göttin der Gerechtigkeit. Homer schreibt von einem Ort Pytho, an dem der Drache Python das Orakel bewacht.

In der Ära der mykenischen Kulturepoche kam der auf Delos geborene Apollo, Sohn des Zeus, nach Delphi und tötete den orakelbewachenden Drachen Python. Nach einer Zeit der Reinigung im Tempe-Tal kam Apollo lorbeergeschmückt zurück nach Delphi und machte sich das Heiligtum untertan.

Pythios, ein Gott, der aus dem Kampf zwischen Apollo und dem Drachen Python hervorkam, war es, der den Priestern des Apolloheiligtums durch die Priesterin Pythia seine rätselhaften Ratschlüsse verkündete. Die in einer Art Ekstase oder Trance von der Pythia wirr gemurmelten Weissagungen bedurften allerdings der Interpretation durch Priester des Heiligtums, denn die Orakelworte waren zum einen kaum verständlich und zum anderen für den Ratsuchenden zunächst ohne viel Sinn.

Die Bedeutung des Orakels von Delphi gewann in der hellenistischen Welt bald so an Bedeutung, daß nichts mehr unternommen und begonnen wurde, weder im staatlichen, militärischen oder wirtschaftlichen Bereich, ohne das Orakel vorher zu befragen. Diese bedeutende Stellung brachte natürlich auch politischen Einfluß für die Priester des Heiligtums mit sich, aber auch einen nicht zu unterschätzenden Reichtum, der wiederum die Unabhängigkeit Delphis gewährleistete.

Nach Orakelsprüchen wurden z.B. Verträge geschlossen oder Heiraten arrangiert, Kriege geführt oder Städte gegründet. So soll Byzanz aufgrund eines Orakelspruchs gegründet worden sein.

Zwei berühmt gewordene Orakelsprüche zeigen deren Vieldeutigkeit, in der aber wahrscheinlich ihre Weisheit lag. Krösus z.B., der sprichwörtlich reiche König des Lyderreichs in Kleinasien, erfuhr vom Orakel, daß er „ein großes Reich zerstören werde", sobald er den Grenzfluß Halys überschreite. Krösus sah darin eine Ermunterung seine Nachbarn die Perser anzugreifen, verlor die Schlacht und zerstörte dadurch sein eigenes Reich.

Themistokles dagegen legte den für die Verteidigung Athens gegen die zur See vordringenden Perser erbetenen Orakelspruch richtig aus. Ihm war geweissagt worden, daß er Athen „hinter hölzernen Mauern" erfolgreich verteidigen könne. Themistokles deutete die hölzernen Mauern richtig als Schiffe und verteidigte Athen in der Schlacht von Salamis 480 v. Chr. siegreich zur See.

Schon im frühen 7. Jh. war Delphi zu einem Kultur- und Geisteszentrum der hellenistischen Welt geworden. Aus dem gesamten Mittelmeerraum brachten Städte und Königreiche Hekatomben (Weihegeschenke) nach Delphi, die entlang der „Heiligen Straße" zum Apollotempel im sog. „Perivolos" aufgestellt wurden. Ansehen und Reichtum ließen Delphi zu einem autonomen Stadtstaat werden. Adelsfamilien regierten und sorgten für die Unabhängigkeit ihres Reiches. Delphi wurde schließlich Mittelpunkt der „Amphiktyonie", einem aus 12 Nachbarstädten bestehenden religiösen Bund (590 v. Chr.).

Schatzhaus der Athener, Delphi

Die Amphiktyonie rief die Pythischen Spiele ins Leben, die 582 v. Chr. erstmals ausgetragen und im Intervall von vier Jahren jeweils im dritten Jahr der Olympiade zu Ehren des Python-Bezwingers Apollo bis ins 4. Jh. wiederholt wurden. Die Pythischen Spiele bestanden aber nicht nur aus sportlichen Wettkämpfen, sondern die Teilnehmer mußten auch auf den Gebieten der Musik, des Gesangs und der Dichtkunst bewandert sein.

Das Orakel von Delphi wurde selbst in der Zeit der römischen Kaiser noch befragt und gefördert. Auch wenn Nero hunderte von Statuen aus Delphi nach Rom schleppen und Konstantin der Große Konstantinopel mit Weihegeschenken aus Delphi schmücken ließ, sollen damals immerhin noch mehr als 3.000 Statuen, Skulpturen etc. im Heiligen Bezirk gestanden haben.

Das Aus für Delphi kam aber erst im 4. Jh. n. Chr., als der byzantinische Kaiser Theodosius I. um 380 das Heiligtum schließen ließ.

DELPHI,
Apolloheiligtum

1 Römische Agora
2 Haupteingang
3 „Stier von Kerkyra"
4 Weihegeschenk der Lakedämonier
5 Weihegeschenk der Athener
6 „Sieben gegen Theben" (Argiver)
7 „Trojanisches Pferd"
8 „Die Epigonen"
9 „Könige von Argos" (Argiver)
10 Weihegeschenk der Tarentiner
Schatzhäuser der:
11 Sikyonier
12 Siphnier
13 Thebaner
14 Megariten
15 Knidier
16 Potidatäer
17 Athener
18 Bouleuterion
19 Fels der Sibylle
20 Sphinx von Naxos
21 Schatzhaus der Korinther

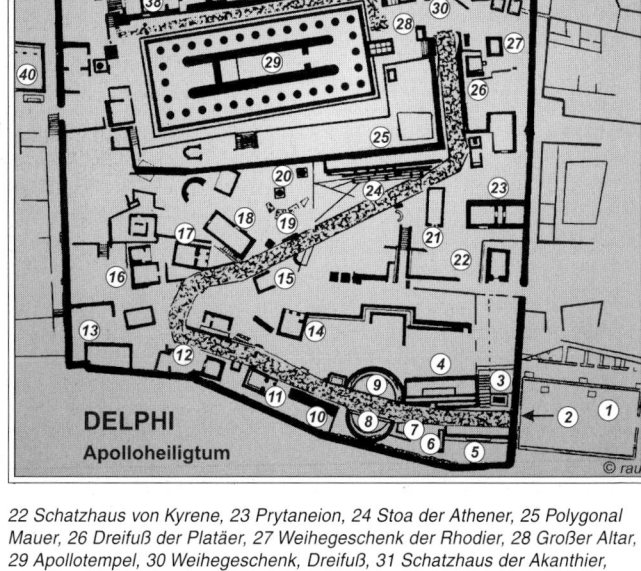

DELPHI
Apolloheiligtum

22 Schatzhaus von Kyrene, 23 Prytaneion, 24 Stoa der Athener, 25 Polygonal
Mauer, 26 Dreifuß der Platäer, 27 Weihegeschenk der Rhodier, 28 Großer Altar,
29 Apollotempel, 30 Weihegeschenk, Dreifuß, 31 Schatzhaus der Akanthier,
32 Stoa des Attalos, 33 Tempel, 34 Weihegeschenk des Daochos, 35 Weihe-
schenk der Knidier, 36 Kassotis Brunnen, 37 Mauer, 38 Weihegeschenk des
Kratores, 39 Theater, 40 Westliche Stoa

Etwas weiter rechts und bergwärts sieht man die mächtige, 83 m
lange Stützmauer der Tempelterrasse (25) aus kunstvoll bearbeiteten
vieleckigen Steinen. Sie stammt aus dem 6. Jh. v. Chr. und ist mit zahlreichen Inschriften versehen. Weiter rechts die „Stoa der Athener" (480
v. Chr.) mit Säulenresten (24). Auf der anderen Seite des Weges das
wunderschöne Kapitell einer ionischen Säule.

Schließlich erreicht man über flache Treppen die Ebene des Apollotempels. Etwas rechts davor stand auf einem runden Sockel der „Dreifuß von Platäa" (26). Er erinnerte die Griechen an die Schlacht von Platäa (479 v. Chr.), mit der die Persischen Kriege beendet wurden. Das
Denkmal war eine aus drei gewundenen Schlangenleibern geformte
Bronzesäule. Konstantin der Große nahm sie mit nach Konstantinopel. Ein Stumpf der Säule ist auf dem Hippodrom von Istanbul heute
noch zu sehen.

Der markante rechteckige Pfeiler rechts vom Tempel trug einst *der Apollotempel* die Statue von König Prusias, Herrscher im zweiten vorchristlichen *in Delphi* Jahrhundert über das kleinasiatische Reich der Bithyer.

Das dorische Bauwerk des **Apollotempels (29)** entstand erstmals im 6. Jh. v. Chr. mit finanzieller Hilfe von Krösus. Später fiel es einem Erdbeben zum Opfer und wurde im 4. Jh. v. Chr. neu errichtet. Von den insgesamt 38 12 m hohen Säulen, die einst auf dem 60,3 mal 23,8 m großen Tempelfundament standen, wurden sechs wieder aufgerichtet.

In der Vorhalle (Pronaós) konnte man an den Wänden die Erkenntnisse griechischer Philosophen lesen, wie „Erkenne dich selbst" (gnothi savton) oder „„Alles in Maßen" (pan metron ariston) u.a.

Im Tempelinneren (naos) standen Götterstatuen und Altäre. Unter dem Tempel befand sich eine Krypta, das Allerheiligste (adyton) des Tempels. Dort befand sich auch der „Nabel der Welt" (omphalos – ein konischer Stein, heute im Museum) und dort war auch der Ort des Orakels. Die weissagende Pythia, eine über 50jährige Frau mit gutem Ruf, trank zunächst von einem geweihten Brunnen, um die Gabe der Prophetie zu erlangen, setzte sich in ihrer Zeremonienkleidung auf einen Dreifuß über einer Erdspalte, der wahrscheinlich halluzinogene Gase entwichen (als die Gase vermutlich nach einem Erdbeben ausblieben, kaute das Orakel die berauschenden Blätter des Lorbeerbaums) und beantwortete dann in einer Art Dämmerzustand oder Trance die gestellten Fragen.

Wir gehen an der langen Mauer (Iskégaon – 37 –) hinter dem Tempel nach links, sehen an deren westlichen Ende die Weihestätte des Polyzalos, an der der berühmte „Wagenlenker" (jetzt im Museum) gefunden wurde und daneben die rechteckige Einbuchtung, die die Weihegaben des Krateros (38) enthielten, der Alexander dem Großen auf einer

Tholos

**Tholos,
Wahrzeichen von
Delphi ** **

**Delphi, Museum
***

Mo. 12.15 – 17.30,
Di. – Fr. 8 – 17.30
Uhr, Sommer bis
19.30 Uhr. Sa. +
So. 8.30 – 15 Uhr.
Eintritt.

Löwenjagd das Leben gerettet hatte.

Treppen führen hinauf zum **Theater (39)**, das im 4. Jh. v. Chr. angelegt worden war und auf 35 Rängen Platz für 5.000 Zuschauer bot. Man sollte auf jeden Fall zum oberen Rand des Theaters hinaufgehen. Der Blick von dort über das gesamte Ruinenfeld, zum Apollotempel, zu den Phaidriades-Felsen links und in das weite Tal ist herrlich.

Auf nun schattigerem Weg kann man noch weiter bergan gehen und kommt dann zum **Stadion**, das im 3. Jh. v. Chr. angelegt wurde und auf den 12 Rängen zwischen 6.500 und 7.000 Zuschauern entlang der fast 180 m langen Kampfbahn Platz bot. Am Ostende sieht man Reste römischer Triumphbögen, durch die die Athleten die Arena betraten. Sehr gut erkennbar sind dort noch die Rillen in den Startblöcken. Die hangseitigen Tribünenreihen sind größtenteils eingestürzt.

Der zweite Teil des Heiligtums von Delphi liegt unterhalb der Straße nach Livadia. Hier machten im Altertum die Pilger Halt, bevor sie zum Apollotempel weitergingen. Hier liegen der **Tempel Athena Pronaia** und der Rundbau **Tholos**. Diese Rotunde mit dorischen Marmorsäulen entstand im 4. Jh. v. Chr. Zerstört wurden die Tempel durch Felssturz und Steinschlag. „Marmaria" wird diese Stätte wegen der Ruinen aus Marmor auch genannt. Ein Fußweg führt westwärts zum **Gymnasion**, das als Trainingszentrum und Versammlungsort für die an den Pythischen Spielen teilnehmenden Athleten diente.

☑ *Mein Tipp!* Keinesfalls versäumen sollte man den Besuch des **Museums**! Am oberen Ende der Treppen, die in die Ausstellungsräume führen, sieht man den berühmten **Omphalos**, den „Nabel der Welt", einen runden Marmorblock mit Schmuckornamenten.

In der rechterhand gelegenen Halle der Siphnier ist vor allem die geflügelte **Sphinx von Naxos** auf einer ionischen Säule beachtenswert. An den Wänden u.a. **Friese** vom Schatzhaus der Siphnier.

Zurück zur zentralen Halle und rechts. Dort erkennt man die beiden überlebensgroßen **Kuroi** (Einzahl „Kouros", weibliche Form „Kore"). Auffallend und typisch ist die starre Armhaltung der archaischen Figuren. Diese beiden stellen die Brüder Kleobis und Bifon dar, Söhne einer Priesterin des Herakults, die der Überlieferung nach ihre Mutter einst meilenweit auf einem Wagen zum Tempel zogen.

Zurück zur Zentralhalle und rechts. Hier finden sich die Skulpturen der **Metopen** des Schatzhauses der Athener. In der Halle danach ist – neben den Figuren des Athleten Agias und eines bärtigen Philosophen

– die Gruppe von drei Frauengestalten bemerkenswert, die auf einer mit Akantusblättern geschmückten Marmorsäule stehen. Diese sog. **„Thyaden"** stellen Priesterinnen des Dionysoskults dar.

In der nächsten Halle steht das Prunkstück des Museums, der ganz ausgezeichnet erhaltene **„Wagenlenker" ***. Der nüchterne Raum läßt die Großartigkeit dieser Bronzeplastik gut zur Geltung kommen. Die etwa 1,8 m große Gestalt eines jungen Mannes, in ein sorgfältig gerafftes Faltengewand gekleidet, das Band des Siegers um die Stirn und Zügel in der rechten Hand, gehörte zu einem Vierer-Pferdegespann. Polyzalos, ein Prinz aus Sizilien griechischer Abstammung, stiftete einst die Figurengruppe, nachdem er 478 v. Chr. bei einem Wagenrennen anläßlich der Pythischen Spiele gewonnen hatte. Die Schönheit dieser Figur drückt sich auch in naturgetreuen Details aus. Der Kopf, die Haare, die Augen aus Emaille und farbigen Steinen, der Faltenwurf des Gewandes und nicht zuletzt die Füße fesseln den Blick des Betrachters.

der „Wagen-lenker" ***

Nicht übersehen sollte man in einer kleinen Wandvitrine an der Südwand die **Opferschale**. Das Motiv in der Mitte zeigt den lorbeerbekränzten Apollo sitzend, mit einer Leier in der Linken, wie er ein Trankopfer darbringt. Die Krähe links ist der heilige Vogel des Apollo.

11. DELPHI – ATHEN

O Entfernung: Rund 240 km.

→ Strecke: Über die Straße 48 und über **Arahova** bis **Livadia** – Abstecher zum **Kloster Ossios Loukas** – Abstecher nach **Orhomenos** – E75 über **Thiva** nach **Athen**.

⏱ Reisedauer: Mindestens ein Tag.

⌘ Höhepunkte: Das **Kloster Ossios Loukas ***** – das **antike Orhomenos**.

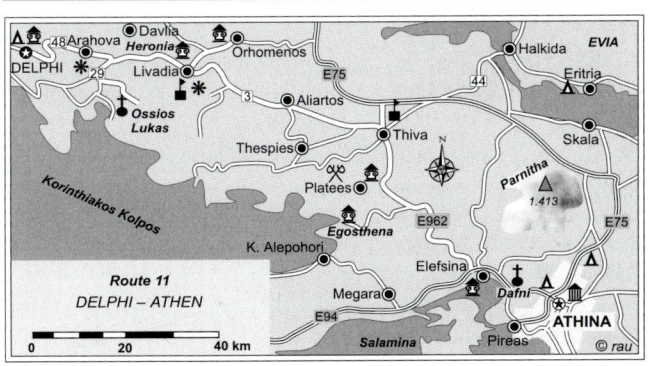

Route 11
DELPHI – ATHEN

→ Route: Von Delphi auf der Straße 48 ostwärts Richtung Livadia. Nach 12 km passiert man **Arahova**. ●

131

Fest in Arahova

Arahova ist ein kleiner, hübscher Ort, der in 950 m Höhe an der Südflanke des Parnassos-Gebirges liegt. Das Städtchen ist bekannt für seinen Rotwein, seinen Käse und nicht zuletzt für seine Wollarbeiten wie Teppiche oder Stoffe. Besonders interessant ist ein Besuch in Arahova zum **St. Georgs-Fest** um den 23. April. Eine selten gewordene Gelegenheit, Volkstänze und Trachten zu sehen. Das Fest dauert drei Tage.

Eine gute Straße führt von Arahova Richtung Lilea nordwärts und nach ca. 14 km ostwärts zum **Skigebiet von Fterolaka** (27 km) im Parnassos-Gebirge. Die Pisten liegen zwischen 1.650 und 2.250 m hoch. 12 Lifte und ein Restaurant stehen zur Verfügung. Im Sommer kann man das Gebiet gut als Ausgangspunkt für die Besteigung des 2.457 m hohen Parnassos-Gipfels „Liakoura" benutzen. Es soll Hütten des Griechischen Bergsteigerverbandes geben. Für Bergtouren im Parnassos-Massiv werden Bergführer empfohlen.

Parnassos, Sitz der Musen

In der griechischen Mythologie gilt der Parnassos als Sitz des Apollo und der neun Musen: **Calliope** (Muse der epischen Dichtung), **Clio** (Geschichte), **Erato** (Elegie, Klage), **Euterpe** (Musik), **Melpomene** (Tragödie), **Polyhmnia** (Lyrische Dichtung), **Terpsichore** (Tanz), **Thalia** (Kommödie) und **Urania** (Astronomie).

Ebenfalls von Arahova aus läßt sich die schon in der Antike bekannte **Höhle „Korykion Antron"** erreichen. Man fährt zunächst nordwärts Richtung Lilea, zweigt aber vor Kalivia westwärts ab und erreicht auf einem Feldweg nach rund 5 km die Höhle. Sie war einst dem Pan und den Nymphen geweiht. Im Altertum fand hier anläßlich rauschender Dionysosfeste der nächtliche Tanz der Thiaden statt.

Arahova Restaurants

Hotels

Praktische Hinweise – Arahova

✂ Restaurants: **I Tefira**, gemütliche Taverne im typischen Gebirgsstil. – Und andere Restaurants.

⌂ Arahova Hotels (Tel.-Vorw. 02 67): **Anemolia** (B), 64 Zi., Tel. 3 16 40, Fax 3 16 42, www.cybex.gr/anemolia.
Arachova Inn (C), 42 Zi., Tel. 3 13 53, Fax 3 11 34, Restaurant, Bar, **Xenia** (B), 43 Zi., Tel. 3 12 30, Fax 3 21 75, ca. 4 km außerhalb an der Straße Richtung Delphi gelegen, Cafeteria, Parkplatz. – Und andere Hotels.

➡ **Route:** Nach weiteren 12 km landschaftlich reizvoller Fahrt Richtung Livadia erreichen wir den Abzweig der Straße 29 nach Süden. Ihr folgen wir bis **Distomon** und nehmen dort die Landstraße über **Stiri** südostwärts bis zum sehr besuchenswerten **Kloster Ossios Loukas**. ●

**byzantinisches Kloster Ossios Loukas **
Mai – Sept. tgl. 8.00 – 14.00 + 16.00 – 19.00 Uhr. Übrige Zeit 8.00 – 17.00 Uhr. Eintritt.

Am Westhang eines weiten Talkessels im Helikon-Gebirge liegt die **Klosteranlage Ossios Loukas** idyllisch in der Abgeschiedenheit der böotischen Landschaft. Hier lebte im 10. Jh. der Mönch Loukas Stiriotis, dem eine prophetische Ader nachgesagt wurde und der hier im Jahre 953 nach einem frommen und asketischen Leben starb. Die Stätte genoß schon bald einen solchen Ruf als Wallfahrtsort, dass sich Kaiser

Romanos I. und seine Gemahlin Theophano veranlaßt sahen, das Kloster zum Gedächtnis an den später heilig gesprochenen Mönch Loukas auszubauen. Es heißt auch, dass das Kaiserpaar zum Dank für eine prophetische Voraussage des heiligen Loukas die größere der beiden Klosterkirchen stiftete. 941 hatte der Asket nämlich geweissagt, dass Romanos die Insel Kreta von den Arabern zurückerobern würde, was zwanzig Jahre später auch tatsächlich geschah.

Fresko in der Krypta des Klosters Ossios Loukas

Besonders sehenswert sind die beiden **Klosterkirchen**, die zu den schönsten Baudenkmälern byzantinischer Kunst zählen. Die kleinere, ältere der beiden Kirchen ist der Heiligen Jungfrau (Panagia) geweiht. Sehenswert sind dort die Kapitelle der vier Säulen, die die Kuppel tragen (Vier-Säulen-Kreuzform).

Die größere, oktogonale Kirche ist dem Heiligen Loukas geweiht, stammt aus dem 11. Jh. und entstand über der Krypta des Heiligen, dessen sterbliche Reste später nach Rom überführt wurden. Durch die beispielhafte Architektur wurde die Kirche zum Vorbild vieler bedeutender Oktogon-Kirchen, wie die in Dafni oder Mistras. Vor allem aber machen sie die **Mosaiken**, die **Altarikonen** des kretischen Malers Michael Damaskinos aus dem 16. Jh. und die **Fresken** in der Krypta aus dem 11. Jh. zu einem Kleinod aus der byzantinischen Blütezeit.

Auf dem Rückweg zur Hauptstraße 48 kann man in Distomon zu den Fischerdörfern **Aspra Spitia** und **Andikira** (Hotels) abzweigen.

Von der Hauptstraße 48 (Delphi – Livadia) zweigt kurz darauf links eine Straße nach **Davlia**, dem antiken *Daulis* ab. Dort soll sich einst die Frau des thrakischen Königs Tereus an ihrem Gemahl für dessen Schändung ihrer Schwester dadurch gerächt haben, dass sie ihm ihren eigenen Sohn zum Mahl vorsetzte.

Diese Ecke Griechenlands scheint in der Antike ein besonderer Schauplatz von tragischen Ereignissen gewesen sein. Denn hier, an der Straße etwa auf halbem Wege zwischen Delphi und Livadia, läßt Sophokles in seinem Drama „König Ödipus" Ödipus seinen Vater, König Laios von Theben, „an der Scheide dreier Wagenwege" (aus Delphi, Daulis und Theben) ermorden. Vater und Sohn kannten sich ja nicht. Ödipus war gleich nach seiner Geburt ausgesetzt worden, denn seinen Eltern war geweissagt worden, dass Ödipus seinen Vater ermorden und

Tragödie des Ödipus

133

danach seine eigene Mutter Iokaste, die er ja ebenfalls nicht kannte, als junger König von Theben heiraten würde.

➡ **Route:** 9 km nordöstlich von **Davlia** stoßen wir auf die Hauptstraße 3 aus Lamia, der wir in östlicher Richtung folgen. Nach ca. 6 km passiert man **Heronia** (Cheronia, Chaironéia). ●

Philipp von Makedonien und die „Phalanx"

Bei **Heronia,** der Geburtsstadt Plutarchs, bezwang im Jahre 338 v. Chr. Philipp von Makedonien in einer für die griechischen Stadtstaaten schicksalhaften Schlacht die Armeen von Athen und Theben und setzte die Herrschaft seines Königreichs durch. Philipp benutzte die strategisch bessere und modernere Aufmarschformation der sog. „Phalanx", der geschlossenen Schlachtenreihe, deren Grundkonzept zwar von den Thebanern erfunden, von Philipp aber verbessert worden war. Am Ortseingang steht auf dem Grabhügel, unter dem die Gefallenen der Schlacht bestattet sind, der „Löwe von Chaironéia", eine große Steinplastik, Symbol für Mut und Tapferkeit.

➡ **Route:** Ca. 7 km östlich von **Heronia** zweigt von der Straße 3 nordostwärts die Straße nach **Orhomenos** ab. ●

byzantinische Kirche und antike Ruinen von Orhomenos

Orhomenos war in der mykenischen Epoche eine mächtige Stadt, später ein ernster Rivale des benachbarten Theben. Die antike Stadt lag am Rande eines ausgedehnten Sees, der erst im vergangenen Jahrhundert trockengelegt wurde. Im frühen 14. Jh. waren die sumpfigen Ufer des Sees der fränkischen Kavallerie zum Verhängnis geworden, die dort ein leichtes Opfer für die angreifenden spanischen Truppen wurden.

In Orhomenos folgen wir dem Schild „Ancient Ruins" und treffen am östlichen Ortsrand auf die rechts der Straße gelegene **byzantinische Kirche**. Sie ist der Heiligen Jungfrau geweiht, entstand ausgangs des 9. Jh., war Teil eines Klosters und gilt als ein gelungenes Beispiel für das Bemühen, eine Kuppelbasilika mit einem Kirchenbau in Kreuzform zu verbinden.

Bei der Kirche liegen links an der Straße nach Dionisos die Reste eines kleinen antiken Theaters. Geht man den Weg daneben, am Friedhof vorbei bergan, stößt man auf die Überreste von **Grabbauten** aus mykenischer Zeit.

➡ **Route:** Man kann nun ostwärts bis **Kastro** und ab dort auf der mautpflichtigen Schnellstraße 1/E75 Richtung Athen fahren, oder man fährt 15 km zurück bis **Livadia** und von dort auf der Straße 3 über **Thiva** (Theben) zur Schnellstraße 1/E75.. ●

Livadia, Verwaltungshauptstadt des Bezirks Böotien, liegt am Ausgang einer herrlichen **Schlucht,** über der die Ruinen eines **Kastells** aus dem Mittelalter aufragen. Lohnend ist ein Spaziergang von der Stadtmitte zum Ausgang der Schlucht, die der Fluß Hercyna bildet.

THIVA (Thivai, Theben) in der Böotischen Ebene gelegen, war im Altertum eine mächtige Stadt. Gegründet von König Cadmus, später von den Labdaciden-Königen Laios und Ödipus regiert, war es später mit dem Erzfeind von Athen, den Persern verbündet und stürzte mit den Persern nach der Schlacht von Platäa 479 v. Chr. Für kurze Zeit in der 2. Hälfte des vierten vorchristlichen Jahrhunderts herrschte Theben dank seiner Phalanx-Schlachtenordnung und den genialen Feldherren Epaminondas und Pelopidas über weite Teile Griechenlands und wurde erst von den Makedoniern seiner Macht wieder beraubt. Im Jahre 336 v. Chr. schleifte Alexander der Große das mächtige Theben.

Aus fränkischer Zeit sind Befestigungsanlagen erhalten. Von den Palästen, in denen sich die Tragödien des Königs Ödipus und seiner Gemahlin und Mutter Iokaste und das Drama Antigones, Ödipus' Tochter, die verbotenerweise ihren Bruder Polyneikes begrub und dafür lebendig eingemauert worden war, abspielten, ist heute nichts mehr zu sehen.

Interessant für den Besucher ist das **Archäologische Museum** von Thiva/Theben. Neben Kouros-Statuen und bemalten Urnengefäße werden Grabreliefs und Terrakotta-Miniaturen ausgestellt.

Museum
tgl. a. Mo. 8.30 – 15.00 Uhr. Eintritt.

AUSFLÜGE AB THIVA

Südlich von Thiva, in der Nähe der Straße 3/E962 über die Kitheron-Berge nach Mandra, liegt ca. 5 km westlich von **Erithres** die archäologische Stätte von **Platäa (Platees)**. Platäa war im Jahre 479 v. Chr. Schauplatz der entscheidenden Schlacht der Griechen gegen die Perser.

Leuktra (Lefktra) liegt weiter nordwestlich. Dort siegten 371 v. Chr. die Thebaner mit ihrer legendären „Phalanx" gegen die Spartaner. In den Kitheron-Bergen soll Ödipus der Überlieferung nach von seinen Eltern König Laios und Iokaste als Kleinkind ausgesetzt worden sein, nachdem bei seiner Geburt prophezeit worden war, er werde seinen Vater ermorden und seine Mutter heiraten. Ödipus wurde aber gefunden, wuchs in Korinth auf und erfüllte sein vorausgesagtes Schicksal.

ABSTECHER ZUR INSEL EUBÖA

HALKIDA (Chalkída, Chalkis) liegt rund 38 km nordöstlich von Thiva. Es ist der Hauptort der 175 km langen und bis zu 55 km breiten **Insel Euböa** oder Evia. Sie ist nach Kreta die zweitgrößte Insel Griechenlands.

Euböa ist durch die bis 40 m schmale Meerenge von Euripos vom böotischen Festland getrennt und trägt den Namen einer Gespielin des Poseidon, der Nymphe Evia.

In Halkida verbindet eine moderne Hängebrücke die Insel mit dem Festland. An dieser Stelle ist eine sich im 4-Stunden-Intervall ändernde, äußerst starke Wasserströmung zu beobachten, deren Ursachen rätselhaft sind. Aristoteles soll hier ertrunken sein.

Chalkis, oder besser die südliche **Bucht von Aulis**, ist der legendäre Ort in Homers Ilias, an dem Agamemnons Flotte lange auf guten

Wind für den Zug nach Troja warten mußte. Schließlich opferte Agamemnon (beinahe) seine Tochter Iphigenie, um von den Göttern guten Wind zu erbitten.

Museum in Halkida
tgl. a. Mo. 8.30 – 13.00 Uhr. Eintritt.

Chalkis war immer ein wichtiger Handelsplatz, der besonders im 14. Jh. unter den Venezianern und im 15. Jh. unter den Osmanen eine Blütezeit erlebte. Sehenswert sind das **Archäologische Museum** in der Venizelou Straße 13 und die byzantinische **Basilika Agía Paraskevi** aus dem 14. Jh. Sie liegt in der Altstadt innerhalb der alten Festungsmauern.

Ungeachtet der Zementwerke weiter südlich, die der Stadt zumindest ansatzweise beginnen, Kopfzerbrechen in Sachen Luftverschmutzung zu machen, läßt es sich in den Tavernen an der Uferpromenade gut und relativ preiswert speisen. Und das auch noch ziemlich abgasfrei. Die Uferpromenade ist Fußgängerzone.

Landschaftlich reizvoll sind Fahrten in den Norden der Insel oder zu den **Stränden** bei Eretria, Amarinthos, Nea Stira oder Karistos. In all jenen Orten findet man Hotelunterkünfte.

Halkida (Chalkida, Chalkis) Hotels

Camping bei Halkida

Praktische Hinweise – Halkida

⌂ Halkida Hotels (Tel.-Vorw. 02 21): **Lucy** (A), 92 Zi., Voudouri 10, Tel. 2 38 31; Fax 2 20 51, www.lucyhotel.gr; Haus der gehobenen Mittelklasse, zentral am Ufer der Meerenge von Euripos gelegen, Restaurant, Konferenzeinrichtungen, Garage.
Paliria (B), 110 Zi., Ecke Voudouri u. El. Venizelou Ave., Tel. 2 80 01, Fax 8 19 59, zentral an der Uferpromenade an der Meerenge von Euripos gelegen, Snackbar, Cafeteria. – Und andere Hotels.

▲ – **Camping Milos**, Tel. 02 29/6 04 20, Fax 6 03 60; Anf. Apr. – Ende Sept.; ca. 19 km östl. von Halkida bei **Eretria**; ebenes Sandgelände dem Meer, schöner Ausblick zum Festland, Mattendächer, ca. 2 ha – 100 Stpl.; Kiesstrand. – Und andere Campingplätze.

---

antikes Erétria und sein archäologisches Museum *
tgl. a. Mo. 8.30 – 15.00 Uhr. Eintritt.

Während vom antiken Chalkis nichts mehr zu finden ist, kann im benachbarten **Erétria** ein sehenswertes Ausgrabungsgelände und Museum besichtigt werden. Das **Museum** liegt direkt gegenüber des Ausgrabungsgeländes an der Hauptstraße. Hier ist besonders die knapp 40 cm große Terrakotta-Figur des Kentaur von Lefkandi aus dem 9. Jh.v.Chr. erwähnenswert.

Ein Rundgang auf dem Ausgrabungsgelände führt zum sog. **Mosaikenhaus**. Allerdings ist der Zugang nur mit dem Museumswärter möglich. Sehenswert sind hier die vier farbigen Kieselsteinmosaiken aus dem 3. Jh. v.Chr. mit Darstellungen von Vögeln, Raumtieren und Sphingen. Weiter geht man, und dies ist ohne Wärter möglich, entlang der gut erhaltenen, über 200 m langen **Stadtmauer** zum antiken **Theater**.

Fähren nach Euböa

Fährverbindungen zur Insel Euböa bestehen zwischen Glifa und Agiokambos ganz im Nordwesten der Insel, dann zwischen Arkitsa und Loutra Edipsou, Skala Oropou und Eretria, Ag. Marina und Panagia bzw. Nea Stira, Rafina und Marmari sowie zwischen Rafina und Karistos.

Athen ist von Thiva (bzw. von Halkida) noch etwa 85 km entfernt.

12. ATHEN

🕐 **Reisedauer:** Mindestens zwei, besser drei Tage.

⌘ **Höhepunkte:** Die **Akropolis** *** – das **Archäologische Nationalmuseum** *** – das **Theseion** *** – das **Historische Nationalmuseum** *** – das **Byzantinische Museum** *** – Bummel durch die **Plaka** * – **Blick vom Filopapou Hügel** zur Akropolis **.

Athen, ca. 775.000 Einwohner (mit allen Außenbezirken 3,7 Mio.), Hauptstadt Griechenlands und unumstrittenes wirtschaftliches und kulturelles Zentrum des Landes liegt an der Südwestküste der Attischen Halbinsel. Die historische Stadt, „Wiege der Demokratie", ja unserer westlichen Zivilisation schlechthin, erstreckt sich heute zwischen den Ausläufern des Parnis (Parnitha) im Norden und den Höhen des Pendelikon (Pendeli) und des Imitos im Osten und reicht im Süden bis an die Bucht von Faliro mit dem Hafen von Piräus (Pireas), dem wichtigsten Hafen des Landes.

Zwei markante Felsstöcke überragen die Stadt, der Akropolis-Hügel und weiter im Osten der Stadt der Likavitos-Hügel.

Allerdings bereitet die zunehmende Konzentration von Industrie und Handel im Großraum von Athen fast unlösbare Probleme. Die Küste zwischen Piräus und Elefsis (Elefsina) etwa ist eine einzige Ansammlung von Industriebetrieben, Raffinerien, Werften, Zementwerken etc. Fast jeder zweite Arbeitnehmer Griechenlands ist im Großraum Athen beschäftigt. Versuche einer Dezentralisierung der Wirtschaftsbetriebe blieben bislang ohne großen Erfolg.

Diese ausufernde, laute Stadt ist wahrlich keine Ausgeburt an Schönheit. Und wenn man an einem der immer häufiger werdenden Tage, an denen die gelbliche Smogdunstglocke über der Stadt wabert und die breiten Hauptstraßen hoffnungslos verstopft sind, könnte man geneigt sein, um Athen einen großen Bogen zu machen, wenn die Stadt nicht mit so vielen Sehenswürdigkeiten und Kunstschätzen aufwarten könnte, die ihresgleichen suchen.

Die Geschichte Athens beginnt, wen erstaunt es, in der nebelhaften Vergangenheit hellenistischer Legenden. Kreops, ein Pelasgerfürst, soll in mykenischer Zeit auf die attische Halbinsel gekommen sein und eine Stadt gegründet haben, deren Schutzpatrone Poseidon, Gott der Meere, und **Athene**, Göttin der Weisheit, waren. Nach einem Wettstreit zwischen Poseidon und Athene, in dem beide Gottheiten ihre Vormacht über die Stadt demonstrieren sollten, wurde vom Rat der Götter Athene der Sieg zugesprochen. Sie hatte einen Ölbaum auf dem Akropolis-Hügel aus dem Boden sprießen lassen, Symbol für Frieden und Wohlstand. Nach dieser Göttin hieß die Stadt nun Athen.

Auch das Auftreten des Erechtheus, eine Gestalt halb Mensch, halb Schlange, der die Stadt vergrößerte und der auf dem Akropolis-Hügel beim Erechtheion begraben worden sein soll und die Tat Theseus', der

Athens Geschichte

Athen zur Hauptstadt von Attika machte, gehören noch in den Bereich der Mythologie.

Verläßlicheres weiß man über Athen etwa ab dem 7. Jh. v. Chr. Damals regierte der Adel, die „Aristokratie", der die von **Drakon** geschriebenen, überaus strengen Gesetze durchsetzte.

In jener Zeit der Unterdrückung wirkt das Auftreten des Weisen **Solon** um 594 v. Chr. geradezu als Erlösung. Sein Wahlspruch „Alles in Maßen" leitet den weitsichtigen Staatsmann bei seinen Reformen. Er befreit Bürger, die durch Verschuldung versklavt worden waren, gibt im Exil Lebenden ihr Land zurück, legt Großgrundbesitzer Beschränkungen im Landbesitz auf, führt einen sog. „Lastenausgleich" durch und verfaßt ein allgemein gültiges Gesetz, das die Rechte und Pflichten der Bürger Athens regelt, die in vier Klassen eingeteilt sind. Volksgericht und Volksversammlung werden eingesetzt.

561 entreißt **Peisistratos** dem gerechten Solon die Macht und übernimmt als „Tyrann" die Alleinherrschaft über Athen. 50 Jahre später vertreibt **Kleisthenes** mit Hilfe der Spartaner die despotischen Nachfolger des Peisistratos und wagt mit der Einführung des „Scherbengerichts" den Schritt zur Demokratie. Auf Tonscherben ritzen die Wähler den Namen des Abzuwählenden. Damit „herrscht" erstmals das „Volk" – „demos kratein".

Um 500 v. Chr. schwächen die Aufstände der Ionier in Kleinasien die Macht Athens. Der Perserkönig Darius macht sich mit seiner Flotte auf, das geschwächte Athen zu erobern. Allerdings scheitern und zerschellen seine Schiffe im Sturm am gefährlichen Kap des Berges Athos. Ein zweiter Angriff der Perser wird unter Miltiades 490 v. Chr. bei Marathon zurückgeschlagen.

Eine neue Ära beginnt in Athen mit **Themistokles.** Er läßt den Hafen von Piräus bauen und beginnt mit der Errichtung von Festungsmauern am Hafen und in der Stadt („Lange Mauer"). Zudem läßt er eine stattliche Kriegsflotte aufstellen, die die Perser 480 v. Chr. bei Salamis endgültig schlägt.

Goldene Jahre kommen für Athen während der Herrschaft des **Perikles** um 440 v. Chr. Auf der Akropolis entstehen der Parthenon, das Erechtheion und die Propyläen und die Mauer zum Hafen von Piräus wird fertiggestellt.

Der Niedergang Athens als Staatsmacht beginnt nach dem verlorenen Peloponnesischen Krieg gegen Sparta im Jahre 404 v. Chr. Das Klassische Zeitalter, das so große Männer wie die Dramatiker Aeschylos, Euripides oder Sophokles, Historiker wie Herodot und Philosophen wie Sokrates, der 399 zum Tode durch Gift verurteilt wurde, Platon und Aristoteles hervorbrachte, von deren Erkenntnissen die westliche Welt noch heute zehrt, neigt sich dem Ende zu.

Zwistigkeiten und Rivalitäten zwischen Athen und Sparta führen schließlich zur Kapitulation Athens. Die feurigen Reden des Demosthenes, der Athen mit Nachbarstädten wie Theben verbündet, reißen die Athener mit.

Man entschließt sich, gegen die drohende Gefahr aus dem Norden, gegen das Heer des Philipp von Makedonien anzutreten. Aber die Macht Athens und seiner verbündeten griechischen Städte wird von Philipps

Truppen in der Schlacht von Charonea 338 v. Chr. endgültig gebrochen. *Blick zur* Während der Zeit Alexanders des Großen (356 – 323 v. Chr.) spielt Athen *Akropolis, Athen* nur noch eine Nebenrolle auf der Bühne der damals bekannten Welt.

Rom dehnt seinen Machtbereich nach Osten aus und 86 v. Chr. wird Athen vom römischen Konsul Cornelius Sulla eingenommen. Nun war Athen zwar keine politische Macht mehr. Kulturell aber war es immer noch führend. Künstler kamen aus Rom nach Athen, um sich zu bilden. Zahlreiche öffentliche Bauten wurden errichtet wie der Augustustempel auf der Akropolis, das römische Forum oder der „Turm der Winde"

Der Apostel Paulus predigt um 52 n. Chr. in Athen, allerdings mit wenig Erfolg. Die Stadt muß damals in einem desolaten Zustand gewesen sein. Erst der römische Kaiser Hadrian führt sie im 2. Jh. zu neuer Blüte. Hadrian hatte eine Vorliebe für griechische Kunst, Kultur und Wissenschaft. Das Olympieion wird fertiggestellt, neue Stadtteile östlich der Akropolis angelegt, ein Gymnasion und eine Bibliothek erbaut, Agora und Teile der Akropolis restauriert. Herodes Atticus, ein reicher Athener Kunstmäzen tut ein übriges und erbaut unterhalb der Akropolis ein weiteres großes Theater, das seinen Namen trägt.

Ausgangs des 4. Jh. wird Athen dem Oströmischen Reich unter der Herrschaft von Byzanz zugeschlagen. Christliche Gemeinden entstehen und Bauten wie der Parthenon werden in Basiliken verwandelt.

Kaiser Justinian läßt im 6. Jh. Athen vieler Kunstschätze berauben, um sie in Konstantinopel (Istanbul) aufzustellen. Darunter ist eine herrliche Bronze-Quadriga, die für das dortige Hippodrom bestimmt ist. Beim 4. Kreuzzug 1204 brachten Venezianer eben jenes Viergespann aus Konstantinopel nach Venedig, wo es heute noch die Markuskirche ziert. In der Zeit zwischen dem 9. und 11. Jh. entstehen in Athen die meisten byzantinischen Kirchen.

das Parlaments-gebäude in Athen

Um 1204 bemächtigen sich aus Konstantinopel zurückkehrende fränkische Ritter aus Frankreich, Flandern und Burgund griechischer Städte. Athen fällt an die burgundischen Ritter de la Roche, die dort über einhundert Jahre lang als Grafen regieren. Abgelöst werden sie 1386 vom florentinischen Herzo-gengeschlecht der Acciajuolis.

1456 müssen die Florentiner den mächtig nach Westen drängenden Truppen des Osmanensultans Mohammet Fatih, dem Eroberer Konstantinopels, weichen. Die Akropolis wird Magazin, Kaserne, Moschee und Harem. Athen verkommt zur Provinzstadt und der Angriff venezianischer und hannoveranischer Truppen unter dem Dogen Morosini und dem Grafen Königsmark im Jahre 1687 verwandelt die Akropolis in einen jämmerlichen Trümmerhaufen. Vieles was an Kunstgegenständen in der Stadt noch vorhanden ist, wird nach Venedig geschafft.

1821 erheben sich die Athener gegen die osmanische Herrschaft, können sich später für vier Jahre der Akropolis bemächtigen, müssen aber 1827 vor der osmanischen Übermacht kapitulieren. Belagerungen und Gefechte ruinieren das einst so blühende Athen vollends. Die Befreiungskämpfe enden 1829.

1832 wird der Wittelsbacher Otto von Bayern, Sohn König Ludwigs I. von Bayern, zum König von Griechenland erwählt. Er verlegt die Hauptstadt von Nauplia/Nafplio wieder nach Athen und zieht dort am ersten Weihnachtstag des Jahres 1833 feierlich ein. 1896 finden in Athen die ersten Olympischen Spiele der Neuzeit statt.

Die Stadt wird u.a. mit Hilfe deutscher Architekten wie Leo von Klenze oder Friedrich Gärtner neu angelegt. Rasch entwickelt sich Athen und wird bald wieder zur politischen, wirtschaftlichen und kulturellen Metropole des Landes. Heute ist Athen ein Großstadtmoloch mit annähernd 3 Mio. Einwohnern inklusive der Außenbezirke und leidet immer mehr unter den negativen Begleiterscheinungen seiner rasanten Expansion, wie Autoverkehr, Abgasbelastungen und Luftverschmutzung durch umliegende Industrien.

1998 sollte der Ausbau des U-Bahnnetzes endlich vollendet werden, um auch am Sindagma Platz und am Omonia Platz Stationen zur Verfügung zu haben. Aber das Vorhaben und die Bauarbeiten wurden durch bürokratische Einwände immer wieder verzögert und aufgehalten. Meist waren archäologische Funde, auf die man bei den Tunnelarbeiten reihenweise stieß, Grund der behördlichen Einwände.

Im Jahre 2004 wird Athen wieder Austragungsort Olympischer Sommerspiele sein.

Die angenehmste Zeit für einen Athenbesuch ist das späte Frühjahr, die Zeit etwa zwischen Ende April und Ende Mai. Im Juni kann es schon recht heiß werden. Klimatisch angenehm ist auch der Oktober. Allerdings sind dann zum Ende des Monats hin die Tage schon recht kurz. Im Juli, August und auch noch im September sieht sich Athen einer Invasion von Touristen aus aller Welt gegenüber. Kreuzfahrten, Pauschalreisen, Bustouren etc., alle haben natürlich auch Athen auf dem Programm. Die Sommerhitze, verbunden mit der abgasverunreinigten Luft können dann einen Aufenthalt zusätzlich belasten.

angenehmste Reisezeit

STADTBESICHTIGUNG

Die zurecht berüchtigten chaotischen Verkehrsverhältnisse und die noch schlimmeren Parkplatzprobleme (trotz Tiefgarage am Klafthmonos Platz) machen es ratsam, das eigene Auto beim Hotel oder auf dem Campingplatz stehenzulassen und zu Fuß, mit Bus und Taxi zur Stadtbesichtigung aufzubrechen.

Tipps zur Stadtbesichtigung

Aber Umsicht ist geboten. Die Gelegenheit, übers Ohr gehauen zu werden, ist kaum irgendwo größer als in einem Taxi in Athen. Da werden Umwege gefahren, ob aus Orientierungslosigkeit oder wegen Verkehrsproblemen sei einmal dahingestellt, auch mal Fahrten abgelehnt, wenn sie nicht ins Konzept des Fahrers passen und – man muß es leider sagen – mitunter Preise verlangt, die manchmal ein vielfaches des wirklichen Tarifs betragen. Ein wenig kann da helfen, wenn man versucht, den Circafahrpreis für eine gewisse Strecke an der Hotel- oder Campingplatzrezeption zu erfragen und sich vom Fahrer dann, vor Antritt der Fahrt, dessen Preis sagen zu lassen. Und erwarten Sie nicht zuviel Hilfsbereitschaft oder Höflichkeit oder gar ein schnelles Taxi in der Hauptverkehrszeit. Sie sollten sich auch nicht wundern, wenn Ihr endlich ergattertes Taxi unterwegs anhält und noch andere Gäste aufnimmt. Das ist durchaus üblich.

Die öffentlichen Verkehrsmittel wiederum sind in den Hauptverkehrszeiten vor und nach Geschäftsschluß so überfüllt, dass man darüber nachdenkt, ob man sich ihnen anvertrauen soll. Auch möchte ich Autotouristen und Campern empfehlen, sich in ein Hotel mit Garage oder Parkplatz einzumieten, um sich die, wenn auch nicht unbedingt langen, dafür aber um so zeitraubenderen An- und Abfahrten zu ersparen (s. Hotels und Campingplätze am Ende der Stadtbesichtigung). Eine Lösung ist eventuell auch, sich einen Campingplatz oder ein Hotel in Kifissia (Vorort nördlich des Zentrums) auszusuchen und die U-Bahn Kifissia – Piräus bis in die Stadtmitte zu nehmen (Haltestellen: *Victoria* nördlich des Nationalmuseums), *Omonia* (Zentrum) oder *Monastiraki* (am Nordrand der Plaka).

Seit Januar 2000 ist der Ausbau der Athener U-Bahn ‚Attiko Metro' abgeschlossen. Es ist empfehlenswert, sich dieses öffentlichen Verkehrsmittels zu bedienen, ausgedehnte Stadtbesichtigungen zu unternehmen. Allgemeine Informationen über Athen mit Angaben zu Info-Büros, Stadt-

141

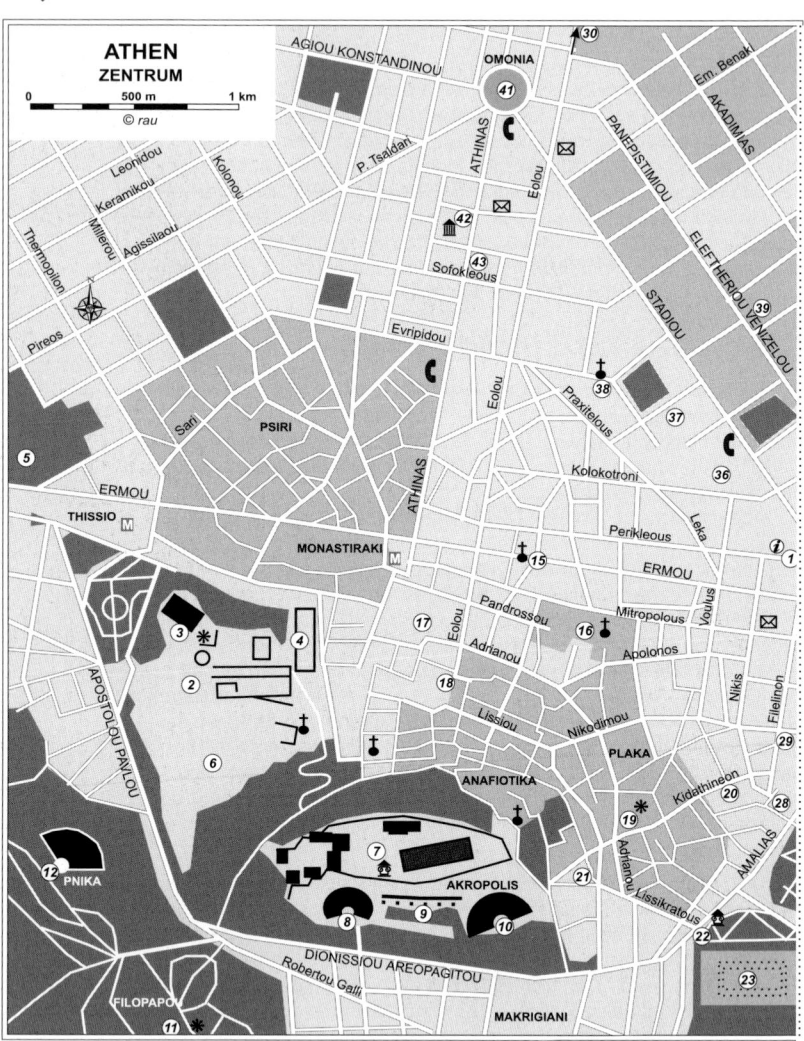

ATHEN, ZENTRUM – 1 Information, 2 Agora, 3 Hephaistos-Tempel, „Theseion", 4 Stoa des Attalos, Agora Museum, 5 Kerameikos Friedhof, 6 Areopag, 7 Akropolis, 8 Odeon des Herodes Attikus, 9 Stoa des Eumenes, 10 Dionysos Theater, 11 Filopapou Hügel, 12 Pnika (Pnyx), 13 Sindagma Platz, 14 Parlament, 15 Kapnikarea Kirche, 16 Mitropolis u. Panagia Georgeopikoos (Alte Metropolis), 17 Hadriansbibliothek, 18 Turm der Winde, 19 Plaka, 20 Volkskunstmuseum, 21 Lysikrates Denkmal, 22 Hadrianstor, 23 Olympieion, 24 Zappeion, 25 Nationalgarten, 26 Stadion, 27 Residenz des Staatspräsidenten, 28 Ag. Pavlos, 29 Agía Triada, 30 zum Archäologisches Nationalmuseum, 31 Likavitos-Hügel, 32 Kriegsmuseum, 33 Byzantinisches Museum, 34 Nationalgalerie, 35 Benaki Museum, 36 Historisches Nationalmuseum, 37 Stadtmuseum, 38 Agii Theodori, 39 Akademie der Künste, Universität, Nationalbibliothek, 40 Haus Ilion Melathron (Schliemann-Haus), 41 Omonia Platz, 42 Altes Rathaus, 43 Markthallen

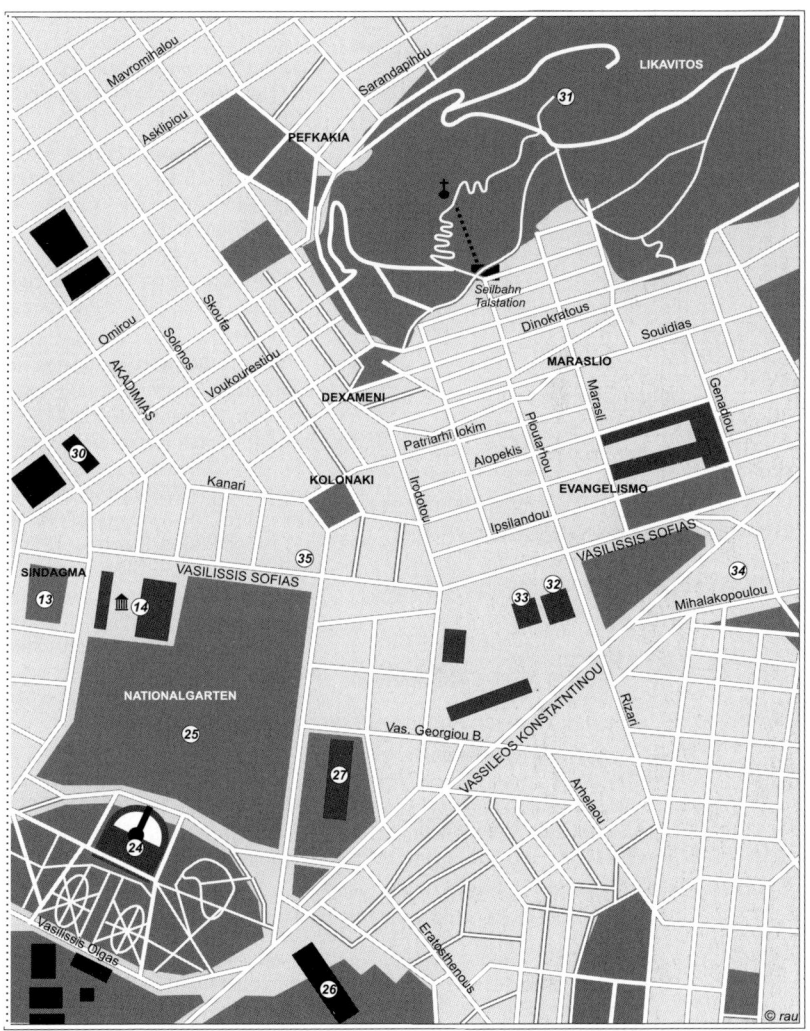

rundfahrten, Nahverkehr, Restaurants, Hotels, Campingplätze etc. finden Sie weiter hinten am Ende der Stadtbeschreibung.

WAS BESICHTIGT MAN?

Als Anhaltspunkt hier **Besichtigungsvorschläge**, die in drei Tagen bewältigt werden können, wobei die beiden ersten Tage die größten Sehenswürdigkeiten beinhalten. Steht noch weniger Zeit zur Verfügung, sollten die Akropolis und das Archäologische Nationalmuseum unbedingt mit auf dem Programm stehen. Bei etwas intensiverem Studium

143

die rekonstruierte Säulenhalle der Stoa, Agora, Athen

der einzelnen Sehenswürdigkeiten, häufigeren Museumsbesuchen und Ausflügen in die Umgebung, kann leicht ein einwöchiger Aufenthalt ausgefüllt werden.

1. Tag – Agora (2) und Akropolis (7): Taxi bis Agora („Theseion" – 2) – evtl. Abstecher zum Kerameikos-Friedhof (5) – Spaziergang von der Agora hinauf zur Akropolis (7) – Spaziergang hinauf zum Filopapou Hügel (11) und Blick zur Akropolis.

2. Tag – Stadtspaziergang und Archäologisches Nationalmuseum (30): Sindagma Platz (13) – über Ermou bis Kapnikarea Kirche (15), evtl. weiter bis Kerameikos-Friedhof (5) – Metropolis Kirchen (16) – Turm der Winde (18) – Plaka (19) – Lysikrates Denkmal (21) – Hadrianstor (22) – Olympieion (23) – Pavlos Kirche (28) – Sindagma Platz (13). Nachmittags mit Taxi oder O-Bus zum Archäologischen Nationalmuseum (30). Besser sieht man für den Museumsbesuch einen separaten Tag vor. Abends evtl. Besuch einer Plaka-Taverne.

3. Tag – Stadtspaziergang und div. Museen: Likavitos Hügel (31) am Morgen – Byzantinisches Museum (33) – Sindagma Platz (evtl. Wachablösung vor dem Parlament) – Athener Stadtmuseum (37) – Historisches Nationalmuseum (36). Gegen Abend Pnyx (12) und evtl. Licht- und Ton-Schau an der Akropolis.

Die im Folgenden näher beschriebenen Sehenswürdigkeiten sind in der Reihenfolge aufgelistet, die obigen Vorschlägen entspricht.

Natürlich werden auch eine ganze Reihe von **Stadtrundfahrten mit Bussen**, begleitet von mehrsprachigen Fremdenführern, angeboten. Die klassischen Stadtrundfahrten dauern einen halben Tag und schließen alle großen Sehenswürdigkeiten der Stadt ein. Außerdem werden abendliche Touren zu Folklore Theatern und zur Ton- und Lichtschau an der Akropolis durchgeführt.

Auch alle antiken Stätten in der näheren und weiteren Umgebung von Athen wie Kap Sounio, Delphi, Epidavros, Korinthos und Mikines können auf ganztägigen Bustouren besucht werden.

Anschriften von Veranstaltern siehe im Info-Teil am Ende der Athen-Beschreibung.

144

1. STADTBESICHTIGUNG
AGORA – AKROPOLIS – FILOPAPOU HÜGEL

Wir beginnen unsere Stadtbesichtigung an der **Agora (2)**, am Eingang an der Adrianou Straße, unweit östlich des **Thissio-Bahnhofs.**

Das Viertel **Thissio** südlich des Bahnhofs und der Ermou Straße und westlich der Agora entwickelt sich zusehends in ein Kunst- und Kulturviertel. Es haben sich Restaurants und Tavernen angesiedelt, die als In-Kneipen gelten und u.a. gerne von Künstlern aufgesucht werden. In einem ehemaligen Fabrikgebäude wurde das Melina-Mercouri-Kulturzentrum eingerichtet, ein anderes Industriegebäude wird in ein Industriemuseum umgewandelt.

Unweit nördlich des Eingangs zur Agora an der Adrianou gelangt man über die Kinetou zum **Avissinias Platz**. Hier findet man jede Menge von Antiquitätengeschäfte und bis vor einigen Jahren konnte man hier tatsächlich noch ein Schnäppchen machen. Heute bieten Straßenhändler allen möglichen Trödel an. Und nach alten Stücken muß man suchen. Lebhaft geht es hier besonders am Sonntag Vormittag zu, wenn der *Yusurum*, ein Flohmarkt, der seit 1910 Tradition hat, abgehalten wird.

sonntags zum Flohmarkt auf der Plateia Avissinias

Die **Agora (2)** war im antiken Athen der lebhafte Mittelpunkt der Stadt und Zentrum des öffentlichen Lebens schlechthin.

*Agora, antikes Zentrum Athens ** (2) tgl. a. Mo. 8.00 – 15.00 Uhr. Eintritt.*

Linkerhand erkennt man einen etwas erhöht gelegenen, wunderbar erhaltenen dorischen Tempel, der **Hephaistos-Tempel** oder **Hephaisteion**. Der um 440 v. Chr. entstandene Bau mit 74 dorischen Säulen auf einer 31,8 m mal 13,8 m großen Grundfläche, kann wohl als der besterhaltene antike Tempel Griechenlands bezeichnet werden. Er war Hephaistos, dem Gott der Schmiede, geweiht und verdankt seinen häu-

*der Hephaistos-Tempel ** , Griechenlands besterhaltener antiker Tempel*

Stadtbesichtigung
Agora

fig gebrauchten, aber eigentlich falschen Namen „Theseion" den Metopen, die Heldentaten des Theseus und des Herakles darstellten. Zeitweise diente der Tempel als christliche Kirche, nach dem Befreiungskrieg einige Jahre als Nationalmuseum.

Von den Stufen der Ostseite hat man einen guten Überblick über die Agora. Das gut 2 ha große Areal ist übersät mit den Trümmern antiker Bauten. Nur noch schwer kann man sich eine Vorstellung über Lage und Form der einstigen Gebäude und Tempel machen.

Rechts unterhalb vom „Theseion" (Hephaistos-Tempel) liegt der runde **Tholos**, ein Versammlungsort der Senatoren, daneben das **Bouleuterion** (Sitz des Senats), weiter das **Metroon** (Tempel der Göttermutter) sowie der **Apollo- und Zeus-Tempel (3 + 4)**.

In der Mitte des Platzes erhob sich einst das **Odeon des Agrippa** und an der Südflanke eine **Stoa**. Die **Stoa des Attalos** schließt die Agora nach Osten hin ab. Sie entstand zwischen 159 und 138 v. Chr. unter dem König von Pergamon, Attalos. Der zweigeschossige, 116 m lange Bau mit einer Säulenreihe diente einst als Kaufhaus und beherbergt heute, nachdem er nach alten Plänen rekonstruiert wurde, Funde, die bei Grabungsarbeiten auf der Agora gemacht wurden. Besonders interessant sind eine Wahlurne, alte Maße und Gewichte, eine Wasseruhr aus Ton und ein von den Spartanern erbeuteter Bronzeschild.

Vor der Stoa des Attalos verlief die **Panathenaenstraße**. Südlich der Stoa des Attalos liegt die **Apostelkirche** (Agii Apostoli). Die kleine byzantinische Kirche stammt aus dem 11. Jh.

antiker Friedhof
und Museum (5)
tgl. a. Mo. 8.30 –
15.00 Uhr. Eintritt.

Bevor man vom Ostausgang der Agora über eine alte Treppenstraße hinauf zur Akropolis weitergeht, kann man einen Abstecher zum ein gutes Stück westlich der Agora gelegenen **Kerameikos Friedhof (5)** machen. Man kann die Besichtigung aber genau so gut in einen späteren Stadtrundgang einbeziehen.

Das in der Antike bis etwa ins vierte vorchristliche Jahrhundert benutzte Gräberfeld erhielt seinen Namen nach den tönernen Urnen oder nach den in der Nähe ansässigen Töpfern (keramos = Tonerde). Am Eingang zeigt ein Museum Funde vom Gräberfeld. Geht man geradeaus, kommt man zur sog. „Heiligen Straße". Von dort führt ein Weg nach links in den eigentlichen Gräberbezirk. Hier standen Familienmausoleen und Grabmäler bedeutender Persönlichkeiten des antiken Athen. Geht man die „Heilige Straße" nach Süden, kommt man zum Heiligen Tor aus der Zeit des Themistokles und zum Pompeion, einem ehemaligen Gymnasion. Durch das Heilige Tor verließen einst Prozessionen den Platz, die sich auf den Weg zu den Mysterien von Eleusis machten. An der Ostseite des Pompeion liegt das Doppeltor „Dipylon", der einstige Zugang zum Kerameikos-Bezirk.

Vom Osteingang der Agora gehen wir über eine antiken Treppenstraße hinauf zur Akropolis. Auf dem Weg, der an der Nordwestseite unterhalb des Akropolishügels zum Eingang der Akropolis führt, läßt man rechterhand den **Areopag (6)** liegen, einen abgeflachten Felshügel der in der Antike Sitz des Athener Gerichts war. Hier soll u. a. Orestes wegen dem Mord an seiner Mutter Klytemnestra angeklagt gewesen sein. Der Name „Areopag" lebt in der Bezeichnung des Obersten Gerichtshofs von Griechenland weiter.

Die **Akropolis (7)**, den 270 m langen, bis gut 155 m breiten und rund 80 m hohen Burgfelsen, Griechenlands bekannteste, und alljährlich von fast 5 Mio. Besuchern aus aller Welt überschwemmte Sehenswürdigkeit, betreten wir von Westen her durch den bis heute einzigen Zugang, das **Beulé Tor .**

Akropolis *** (7)
tgl. 8.00 – 18.30
Uhr. Eintritt.

Der Felsen der Akropolis war schon in der Frühgeschichte bewohnt. In mykenischer Zeit wurde er durch eine Zyklopenmauer befestigt. Es entstanden die ersten Tempel zu Ehren Poseidons, dem Gott des Meeres und Athenes, Göttin der Weisheit, der Künste und der siegreichen Helden. Im 6. Jh. v. Chr. verschönerte Peisistratos die nach zweimaliger Zerstörung wiederaufgebauten Heiligtümer.

Kaum hundert Jahre später ruinierten die Perser während der Schlacht von Salamis nicht nur die Stadt Athen, sondern auch die Akropolis vollständig. Noch zu Zeiten des Themistokles, vor allem aber während der Regentschaft des Perikles um 440 v. Chr., entstand dann, unter maßgeblicher Mitwirkung des genialen Phidias, jene Akropolis, deren Reste wir heute noch bestaunen.

Etwa ab dem 4. Jh. n. Chr. machte man aus der Akropolis mehr und mehr eine Festung, was für den Erhalt der Stätte nicht gerade förderlich war. Im Jahre 630 funktionierte die christliche Gemeinde Athens den Parthenon in eine Kirche um, die der hl. Sophia, später der Jungfrau Maria geweiht war. Auch das Erechtheion diente damals als Kirche. Sogar zum Bischofsitz wurde die Akropolis ernannt.

Dann, 1387, wurden die Propyläen in einen Königspalast verwandelt. Die Franken errichteten einen Wehrturm. 1456 besetzten die Türken die Akropolis. Ab 1460 nutzten sie den Parthenon als Moschee und fügten ein Minarett an. Das Erechtheion beherbergte damals den Harem des türkischen Kommandanten. Die Propyläen machte man zur

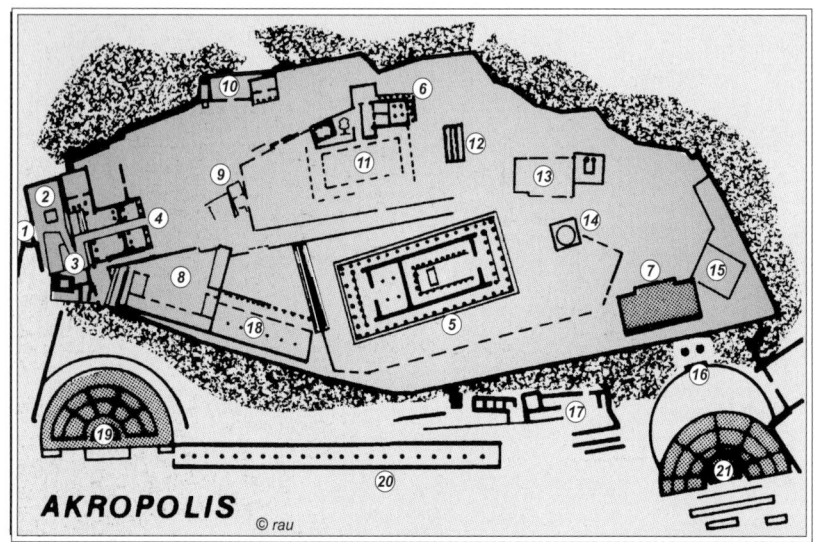

AKROPOLIS – 1 Beulé-Tor, 2 Quadriga des Agrippa, 3 Nike-Tempel, 4 Propyläen, 5 Parthenon, 6 Erechtheion, 7 Akropolis-Museum, 8 Artemis-Heiligtum, 9 Athena Promachos, 10 Quellenhaus, 11 Alter Athena Tempel, 12 Altar der Athena, 13 Zeus-Heiligtum, 14 Roma Tempel, 15 Heroon d. Pandion, 16 Thrasyllos Monument, 17 Asklepieion, 18 Chalkotheke, 19 Odeon d. Herodes Attikus, 20 Stoa des Eumenes, 21 Dionysos Theater

Pulverkammer. 1640 fuhr ein Blitz in die Pulvervorräte und der größte Teil der Propyläen stürzte ein.

Auch der Parthenon diente zeitweise als Pulverarsenal, das bei Kämpfen prompt einen Kanonanvolltreffer bekam. Das Ergebnis war katastrophal. Die Bescherung präsentiert sich uns noch heute. Selbst der Nike-Tempel wurde von den Kriegshandlungen nicht verschont. Türkische Soldaten trugen ihn ab und verwendeten die Steine für Schanzanlagen.

Zu Beginn des 19. Jh. wurde die Zerstörung der Akropolis mit einfacheren und sogar legalen Mitteln fortgesetzt. Der Engländer Thomas Bruce, Lord of Elgin und britischer Botschafter in Konstantinopel, gewappnet mit der allerhöchsten Erlaubnis des Sultans, tat, was man damals unter Archäologie verstand. Er schleppte die schönsten Stücke nach London. Darunter war z. B. eine der Karyatiden der Korenhalle, eine Säule vom Erechtheion, verschiedene Skulpturen etc. Viel Freude hatte der Lord allerdings nicht an seinen Kunstschätzen. Finanznöte veranlaßten ihn zum Verkauf an das Britische Museum in London. Zwischenzeitlich bemüht sich die Melina Mercouri Stiftung in Zusammenarbeit mit der UNESCO, die Marmorskulpturen des Parthenon, die im Britischen Museum lagern, wieder nach Athen zurückzuholen. Das Europäische Parlament übrigens hat mit Mehrheit dem Vorhaben zugestimmt.

Nach der Befreiung Griechenlands von der Türkenherrschaft begann Mitte des 19. Jh. die Erforschung und Restaurierung der Akropolis.

der Nike-Tempel,
Akropolis

In unseren Tagen wird mit Unterstützung der UNESCO in einer riesigen Konservierungs- und Restaurierungsaktion versucht, dieses einzigartige Monument der Nachwelt zu erhalten. Denn es scheint, daß, was die Jahrtausende und die Zeitwirren der letzten Jahrhunderten nicht völlig zerstören konnten, die Umwelteinflüsse unserer Zeit in wenigen Jahrzehnten schaffen. Aber wenn auch die Reste der Akropolis wegen der Restaurierungsmaßnahmen wohl auch noch für die nächsten Jahre ihre zahllosen Besucher in einem Gerüstekorsett empfangen werden, bieten sie nach wie vor einen imposanten Anblick.

☑ **Mein Tipp!** Vermeiden Sie es, wenn möglich, im Sommer in der Mittagshitze die Akropolis zu besichtigen. Die Temperaturen auf dem schattenlosen Felsplateau sind dann oft höllisch. Früh morgens oder am Spätnachmittag ist es angenehmer und vielleicht auch leerer.

**Akropolis
Rundgang**

Nach dem **Beulé Tor (1)**, benannt nach dem französischen Archäologen Ernest Beulé, das von zwei Türmen flankiert wird, führen Treppen aufwärts.

Links fällt ein hoher, viereckiger Sockel oder Pfeiler auf, der einst zur Römerzeit die **Quadriga des Agrippa (2)** trug. Rechts steht oberhalb auf einer Bastion der kleine, aber äußerst harmonische ionische **Tempel der Athena Nike (3)**, der „Siegbringenden Athena". Kallikrates errichtete den Bau 432 – 420 v. Chr. Die Skulpturenfriese wurden teils von Lord Elgin nach London gebracht, teils sind sie über dem Eingang noch erhalten, teils sind sie durch Kopien ersetzt. Die verbliebenen, mit Reliefs geschmückten Marmorteile der Tempelbalustrade sind im Akropolismuseum untergebracht.

Nike-Tempel *** (3)

Von hier soll sich König Aigeus der Legende nach in die nach ihm

Akropolis
Rundgang

benannte Ägäis gestürzt haben. Die Legende läßt dabei unbeachtet, daß das Meer fast 10 km entfernt ist. König Aigeus sah von hier aus das heimkehrende Schiff seines Sohnes Theseus, der auf Kreta mit Hilfe der Ariadne den Minotaurus getötet hatte. Allerdings hatte Theseus vergessen, wie für den Fall seines Sieges mit dem Vater vereinbart, statt schwarzer, weiße Segel zu hissen, um schon von weitem den siegreichen Ausgang seiner Mission anzukündigen. König Aigeus glaubte so also fälschlicherweise, sein Sohn hätte den Tod gefunden und stürzte sich aus Gram in die Tiefe.

Die Türken trugen den nur acht mal fünfeinhalb Meter großen Tempel ausgangs des 17. Jh. ab. Mitte des 19. Jh. wurde er rekonstruiert. Der Nike-Tempel wird während der laufenden Restaurierungsarbeiten noch einige Zeit nicht zu betreten sein.

Auch wenn durch Industrieanlagen beeinträchtigt, ist der Blick von der Bastion des Nike-Tempels nach Westen und bis zum Saronischen Golf nach wie vor sehr eindrucksvoll.

Durch die **Propyläen (4)**, die Säulenhalle des Eingangsbezirks, betreten wir das eigentliche Plateau des Akropolis-Hügels. Mnesikles zeichnete für den um 430 v. Chr. entstandenen Marmorbau verantwortlich. Der Nordflügel der Propyläen beherbergte die „Pinakothek", eine Galerie und Ausstellungshalle.

Von den Propyläen führte der „Heilige Weg" zur Ostseite des Akropolis-Hügels.

Im Altertum sah der Besucher gleich links voraus die ca. 10 m hohe Statue der Athena Promachos (9). Das Standbild der „Kriegerischen Athena", dargestellt mit Lanze, Helm und Schild, war ein Werk des Phidias. Nach der siegreichen Beendigung der Perserkriege war die Monumentalskulptur hier aufgestellt worden. Die vergoldete Lanzenspitze soll in der Sonne gefunkelt haben und selbst vom Meer aus schon von weitem zu sehen gewesen sein. Von der Statue und von den zahlreichen Weihegeschenken, die um sie aufgestellt waren, ist nichts mehr erhalten.

Über die mit Denkmalsfragmenten, Marmorquadern und Säulenresten übersäte Freifläche gehen wir auf den eindrucksvoll aufragenden **Parthenon (5)** zu. Der dorische Tempel war Athena Parthenos, der jungfräulichen Athene geweiht und entstand zwischen 447 und 438 v. Chr. Auch wenn viele der einst 92 Metopen des rund 160 m langen Frieses und die 44 Statuen an den Giebeln, alles Werke des Phidias und seiner Schule, entweder von Lord Elgin in seiner „Rettungsaktion" nach London oder in unseren Tagen zum Schutz vor Umwelteinflüssen in das Akropolis-Museum gebracht wurden, vermittelt das Parthenon ungeschmälert den Eindruck eines äußerst harmonischen Bauwerks. Es ist zweifellos der vollkommensten Tempel in Griechenland als dessen Architekt der Baumeister Iknitos in die Analen der Geschichte eingegangen ist.

Parthenon * (5)**

Beim Wiederaufbau der Akropolis unter Perikles entstand das Parthenon als erstes Bauwerk. Danach wurden die Propyläen, der Nike-Tempel und als letztes das Erechtheion errichtet.

Der Bau gelang zu einem Meisterwerk. Trotz seiner gewaltigen Ausmaße, das Parthenon ist mit einer Seitenlänge von 72,5 m und einer

der Parthenon,
Akropolis, Athen

Breite von 34 m der größte Tempel in Griechenland, wirkt er keineswegs plump. Um ein Aussehen ohne den Eindruck der Schwere zu erreichen, ließen sich die Erbauer ein paar Kunstkniffe einfallen. So sind die drei marmornen Stufen des Unterbaus ganz leicht nach oben gewölbt und die 46, fast 11 m hohen dorischen Säulen neigen sich ganz leicht nach innen.

Die Giebel waren geschmückt, am Ostgiebel mit Darstellungen der Geburt der Athene aus dem Haupt des Zeus und am Westgiebel mit dem Wettstreit zwischen Poseidon und Athene um den Besitz Attikas.

Das Innere des prachtvollen Tempels zierte die 12 m hohe Statue der „Athena Parthenos", eine gigantische Holzplastik, überzogen mit Gold (angeblich eine Tonne, die als nationaler Schatz und als Teil der staatlichen Finanzreserve angesehen wurde) und mit Elfenbein verziert. Die Statue, ein Meisterwerk des Phidias, kam im Jahre 426 auf Geheiß Kaiser Theodosius' II. nach Konstantinopel, wo sie wahrscheinlich einem Brand zum Opfer fiel. Das Innere des Parthenon ist bis auf weiteres nicht zugänglich.

Nördlich des Parthenon steht das **Erechtheion (6)**. Der aus mehreren Hallen bestehende überwiegend ionische Tempel wurde um 406 v. Chr. fertiggestellt. Davor befand sich an dieser Stelle der alte Poseidon- und Athena-Tempel (11).

Erechtheion und Korenhalle *** (6)

Dem Erechtheion schließt sich an der Südwand die **Korenhalle** an. Die Decke dieser Halle wird von sechs marmornen Jungfrauengestalten, den Koren oder Karyatiden, getragen. Die arg mitgenommenen Originalfiguren, denen man die Zerstörung durch Umwelteinflüsse ansah, wurden ins Akropolismuseum gebracht und durch Kopien ersetzt. Übrigens wird gesagt, daß die zweite Kore von links als Modell für die New Yorker Freiheitsstatue gedient haben soll.

151

die Korenhalle, Akropolis

An der Nordseite des Erechtheions steht ein ionischer Tempel. In seinem Fußboden ist eine Öffnung, durch die man hinunter auf eine Vertiefung im Felsen sieht. Hier soll beim Streit um den Besitz Attikas zwischen Athena und Poseidon, letzterer seinen Dreizack in die Erde gerammt haben, worauf eine salzige Quelle entsprang. Athena wiederum ließ einen Olivenbaum aus der Erde wachsen, was dem göttlichen Schiedsgericht wohl besser gefiel, denn Athena erhielt die Landschaft Attika zugesprochen und die Stadt erhielt ihren Namen. Das Ölbäumchen an der Westseite soll an die Legende erinnern.

großartiger Stadtblick

Wir gehen weiter bis an die Ostseite des Burgberges. Der **Blick** von dort auf die Stadt ist herrlich.

Akropolis-Museum *** (7)
tgl. 8.00 – 18.30 Uhr. Eintritt.

Eine große Bereicherung der Akropolisbesichtigung ist der Besuch im **Akropolis-Museum (7)**, im Südostteil des Plateaus, zumal immer mehr der Originalskulpturen der Tempel hierher gebracht werden mußten, um sie vor der Zerstörung durch Umwelteinflüsse zu bewahren. Neben Weihegeschenken an die Göttin Athena, sind vor allem bemerkenswert die Frauengestalten der Koren, die Figurengruppen von Giebelskulpturen verschiedener Tempel, mit Szenen wie der Kampf des Herakles mit Triton oder mit der Lernäischen Schlange, die Giebel- und Friesfragmente des Parthenons, des Erechtheions und des Nike-Tempels, sowie die Reste der Balustrade des Nike-Tempels mit der „sandalenlösenden Nike".

Entlang der Südmauer der Akropolis, von der man einen sehr guten Überblick über das unterhalb liegende Theater des Dionysos (21), die Stoa des Eumenes (20) und das Odeon des Herodes Attikus (19) hat, zurück zu den Propyläen und zum Ausgang.

Premierentheater der Antike (21)
Mo. Sa. 8.00 – 18.30 Uhr. Eintritt.

Unterhalb der Akropolismauer erkennt man linkerhand das weite Rund des **Dionysos Theaters (21)**. Bereits im 6. Jh. v. Chr. fanden

hier in Verbindung mit dem Dionysoskult Satyrspiele mit Chorbegleitung, einem wichtigen Bestandteil antiker Theaterdarbietungen, statt. Später wurden hier viele Dramen der großen griechischen Dichter uraufgeführt. Sophokles' „König Ödipus" (ca. 425 v. Chr.) oder Aeschylos' „Die Perser" u.a. hatten hier Premiere.

Blick von der Akropolis zum Olympieion und zum Stadion im Hintergrund

Die Struktur der heute noch erkennbaren Theateranlage entstand im 4. Jh. v. Chr. Die Sitzreihen, die ca. 17.000 Zuschauern Platz boten, reichten hinauf bis zum Denkmal des Thrasyllos, das die Ränge nach oben abschloß. Dahinter liegt eine Grotte, die einst dem Dionysoskult, später der Marienverehrung, geweiht war. Darüber sieht man noch zwei korinthische Säulen aus römischer Zeit, die Siegesdreifüße von Sängern trugen.

Das Bühnenrund der Orchestra war zur Südseite hin mit einem Bühnenhaus (skene) abgeschlossen. Es war vor allem in der Römerzeit mit Figuren, Szenen und Attributen des Dionysoskults geschmückt. Vor dem Bühnenhaus befinden sich noch Teile des Dionysosheiligtums, das dem Gott des Weinbaus und der Trunkenheit geweiht war.

Westlich des Dionysos Theaters erkennt man die Bogenreihe der **Stoa des Eumenes (20)**. Die 163 m lange Wandelhalle wurde im 2. Jh. v. Chr. von Eumenes II., König von Pergamon, gestiftet. Sie diente als Promenade für die Theaterbesucher.

Darüber lag einst ein Asklepios Heiligtum mit Tempel, heiliger Quelle und Schlafhalle für die Patienten, die dort im Schlaf auf den Heilbringenden Asklepios (lat. Äskulap), den Gott des Heilens, warteten.

Westlich, an die Stoa anschließend, liegt das **Odeon des Herodes Attikus (19)**. Das von dem römischen Gönner Attikus zu Ehren seiner Frau errichtete Odeon entstand im 2. Jh. v. Chr. und war einstmals mit

Attikus Odeon (19) und Athens Sommerfestival

Blick von der Akropolis zur Plaka mit dem „Turm der Winde", rechts

einer Zedernholzdecke überdacht. Das Innere wurde restauriert und dient heute als Schauplatz für Vorstellungen während des Athener Sommerfestivals. Das Theater bietet rund 5.000 Personen Platz und ist nur bei Aufführungen zugänglich. Die dann dargebotenen Konzerte, Ballette und antiken Dramen sind nicht zuletzt wegen der vorzüglichen Akustik des Theaters ein besonderer Genuß.

Nicht nur abends, sondern an einem schönen, klaren Tag auch tagsüber lohnt die Fahrt oder ein Spaziergang zum **Filopapouhügel** im Südwesten gegenüber der Akropolis. Man fährt bis zum Parkplatz in der Nähe des „Dionysos Restaurants" und geht dann durch den Pinienhain hinauf bis zum Philopappou Denkmal. Unterwegs zweigt der Zugang zum Gefängnis des Sokrates ab. Hier soll der Philosoph eingesperrt gewesen sein, bevor er zum Tod durch den Schirlingsbecher verurteilt wurde.

prächtiger Stadtblick **

Das Philopappou Denkmal wurde im 2. Jh. n. Chr. zu Ehren eines Römischen Konsuls und Gönners Athens errichtet. Der Blick von dort zur Akropolis und über die Stadt ist prächtig.

Westlich des Hügels liegt das **Philopappos Theater**. Hier werden im Sommer jeden Abend traditionelle griechische Tänze dargeboten. Will man das Theater per Auto erreichen, muß der Filopapou Hügel im Südosten umrundet werden.

2. STADTBESICHTIGUNG

Unsere zweite Stadtbesichtigung startet am **Sindagma Platz (13)**, dem Zentrum der Stadt schlechthin. An der Nordwestecke des Platzes findet man das **Informationsbüro der E.O.T. (1),** der Griechischen Zentrale für Tourismus. Der Tag und Nacht von pulsierendem Leben erfüllte Platz ist umgeben von Hotels, Cafés, Postamt sowie Reise- und Airline-Büros.

Parlament (14) und Wachablösung

An der Ostseite des Sindagma Platzes (Platz der Verfassung) liegt das **Parlamentsgebäude (14).** Der ehemalige Königspalast wurde im 19. Jh. vom Architekten Gärtner für König Otto von Bayern erbaut. Von der Freitreppe des Gebäudes verkündete König Otto 1843 die neue Verfassung des jungen Königreichs Griechenland.

Auf der Grünfläche vor dem Parlamentsgebäude steht das Denkmal des Unbekannten Soldaten, an dem zwei Soldaten der Ehrengarde (évzoni) in traditionellen Uniformen (kilt-ähnlicher Faltenrock „foustanella", Schuhen mit Pompoms, runde Quastenkappe, weitärmeliges Hemd und Bolerojäckchen) Ehrenwache stehen. Die Wachablösung ist besonders sonntags um 11 Uhr eine längere Zeremonie mit Musik. Man sagt, dass die Röcke der Évzoni angeblich 400 Falten haben sollen, eine Falte für jedes Jahr osmanischer Herrschaft in Griechenland.

Vom Sindagma Platz gehen wir die breite, verkehrsreiche Geschäftsstraße Ermou nach Westen, bis die byzantinische **Kirche Kapnikarea (15)** auftaucht, die sich unübersehbar mitten auf der Straße erhebt, umgeben von gesichtslosen Neubauten. Die Kirche stammt aus dem 11. Jh., die angebaute Kuppelkapelle sowie der Narthex hingegen entstanden erst 200 Jahre später. Die Wandmalereien im Inneren sind zwar in byzantinischer Manier gehalten, stammen aber aus unserer Zeit.

Von der Kirche über die Kapnikareas Straße südwärts bis zur Straße Mitropoleos. In der Mitropoleos sind einige Lokale zu finden, in denen recht gute Souvlaki serviert werden wie das „Akropolis", das „Savvas" oder das „Thanassis", in dem nicht nur Touristen zu finden sind.

Kuppel der byzantinischen Kapnikarea Kirche

Wenige Gehminuten östlich findet man an einem kleinen Platz die orthodoxe Kathedrale **Mitropolis (16)**. An ihrer Südseite liegt die vergleichsweise klein wirkende byzantinische Kirche Panagía Georgoepikoos oder „**Alte Mitropolis**". Sie stammt aus dem 12. Jh. Ihr Grundriß ähnelt der Form eines griechischen Kreuzes. Bemerkenswert an der wohl wertvollsten byzantinischen Kirche in Athen sind die Marmorreliefs, die von alten Gebäuden (teils aus dem 4. Jh.) stammen, darunter ein Fries über dem Portal an der Westfassade.

byzantinische Kirche ** (16)

An der Westseite des Mitropolis Platzes folgen wir der Pandrossou westwärts bis zur Straße Eolou. Geht man die Pandrossou noch ein Stück weiter westwärts, über die Eolou hinaus bis zur Platia Monastiraki, kommt man zur alten **Tzistarakis Moschee** von 1759, deren Minarett abgetragen ist. Heute ist hier das **Museum für Volkstümliche Keramik** untergebracht, das aber in letzter Zeit nicht regelmäßig zugänglich war.

Das geschäftige Treiben und die vielen kleinen Geschäfte in der engen Pandrossou Straße, die an der Nordseite des Museums vorbeiführt, erinnert noch ein wenig daran, dass die Platia Monastiraki einst das Zentrum des Türkenviertels war.

2. Stadtbesichtigung

Wir biegen in die Straße Eolou ein und folgen ihr südwärts Richtung Akropolis. Gleich rechts (Westseite) passiert man die **Hadriansbibliothek (17)**, die 132 v. Chr. unter Kaiser Hadrian entstand. Die Fassade des prächtigen, einst nahezu 125 m langen Säulenbaus ist teilweise noch erhalten.

der „Turm der Winde" (18)

Der Eolou weiter südwärts folgend kommt man kurz darauf zum **„Turm der Winde" (18)** an der Ostseite des ehemaligen **Römischen Forums**. Der achteckige weiße Marmorturm, der auch als „Horologion des Andronikos von Kyrrhos" bekannt ist, ist fast 13 m hoch und wurde im letzten vorchristlichen Jahrhundert während der Zeit Julius Cäsars errichtet.

Ursprünglich gedacht war der Bau für die Aufnahme einer „Wasseruhr" (Horologion), die sich der wahrscheinlich aus Makedonien stammende Andronikos von Kyrrhos ausgedacht hatte. Die Zeit sollte am Pegel einer Wassersäule, die in einem Zylinder in der Mitte des Raumes zu sehen war, abgelesen werden können. Seinen Namen hat der Turm von den geflügelten Gestalten am oberen Rand der acht Außenflächen. Sie symbolisieren Winde, die zu verschiedenen Jahreszeiten in Athen wehen können.

Man kann durch eine der Seitenstraße wie der Kiristou ostwärts hinein in die **Plaka (19)** gehen, oder vom „Turm der Winde" ein kurzes Stück auf der Eolou zurückgehen und rechts (ostwärts) in die **Adrianou** einbiegen, die in einem weiten Bogen durch die gesamte Plaka führt.

Ein Umweg durch die Gassen und Treppenwege im südwestlichen Teil der Plaka führt an weiteren Kirchenbauten vorbei.

Geht man z.B. über die Erehteos Straße auf die Akropolis zu, erreicht man bald die linkerhand (östlich) gelegene **Kapelle Ágios Ioannis Theologos** (Johannes des Evangelisten), die aus dem 12. Jh. stammt.

Geht man von dort die Pritaniou nach Westen, passiert man die Anargiri Kirche (rechts) und etwas weiter die **„Alte Universität"**, die nach 1837 die ersten Fakultäten des jungen Griechischen Staates aufnahm.

Zurück bis zur Adrianou. In der östlichen Parallelstraße Thoukididi findet man das **Katina Paxou Museum** und weiter südlich in der Hatzimihali das **Volkskunde- und Traditions-Zentrum**. Ausgestellt sind hier vor allem Kostüme und Trachten, Spitzen und Stickereien, Familienportraits u.ä.

Am südlichen Ende der Adrianou kann man rechts (westwärts) einer Straße Richtung Akropolis folgen, die zu einem kleinen Platz

(Restaurants) führt. Auf dem Platz erhebt sich das **Lysikrates Denk-** antikes Sänger-
mal (21). Der kleine korinthische Rundbau wurde in der Mitte des 4. denkmal (21)
Jh. v. Chr. errichtet und trug damals den Siegesdreifuß, den Lysikrates in einem Sängerwettstreit errungen hatte. Bedeutung erhält das
Denkmal auch deswegen, weil es das einzige verbliebene einer ganzen Reihe von Dreifußdenkmälern ist,
die in der Antike die Tripodon-Straße
weiter nördlich säumten.

Gleich beim Lysikrates Denkmals
findet man das einladende Restaurant
„Diogenes". Und in der Nähe, in der The-
spidos Straße liegt das Restaurant
„Thespis".

Zurück zur Adrianou und weiter über
die Lissikratous. Dort verdient die nördlich (links) der Straße gelegene **Agía
Ekaterini** (Katherinen-Kirche) aus dem
13. Jh. Beachtung. Ihren heutigen Namen erhielt die Kirche übrigens erst 1927
als die Kirche von Katherinenkloster auf
der Halbinsel Sinai erworben wurde.

Dort wo die Lissikratous auf die verkehrsreiche Hauptstraße Amalias stößt,
liegt linkerhand die erste griechisch-
evangelische Kirche Athens.

Auf der anderen Straßenseite sieht
man das **Hadrianstor (22)**. Es markiert
die Stelle, an der im Altertum „Theseus'
Stadt" endete, und das von Kaiser Hadrian im 2. Jh. gegründete *Hadrianopo-*
lis begann. Die Inschriften auf dem Bogen besagen es. die verbliebene

Östlich davon erkennt man eine Gruppe hoher, schlanker *Säulengruppe*
korinthischer Marmorsäulen, Reste des im Jahre 132 n. Chr. unter Kaiser *läßt noch heute*
Hadrian fertiggestellten Tempels des Olympischen Zeus, das **Olympieion** *das einstmals*
(23). Begonnen war mit dem Bau des Zeusheiligtums schon zur Zeit *sicher sehr*
des Peisistratos im 6. Jh. v. Chr. worden. Viele Herrscher und Könige *beeindruckende*
bauten daran weiter, aber erst unter Hadrian wurde der Tempel vollendet *Erscheinungsbild*
und sollte glanzvoller Mittelpunkt von Hadrianopolis sein. Selbst die *des Olympieion*
verbliebenen 15 aufrechten Säulen lassen heute noch ermessen, *erahnen*
welchen prächtigen Anblick die 104 über 17 m hohen Säulen, die sich in **Olympieion ** (23)**
zwei Reihen, an der Eingangsseite sogar in drei Reihen, auf dem 108 m tgl. a. Mo. 8.30 –
langen und 41 m breiten Fundament erhoben, einst hervorgerufen haben 15.00 Uhr. Eintritt.
müssen. Im Inneren des Tempels, der zu den größten in der griechischen
Welt zählte, stand eine Zeusstatue und eine Statue Kaiser Hadrian's.

Östlich des Olympieion und des Zappeion liegen ein Tennisclub und
ein öffentliches Freibad und noch ein Stück weiter das nach alten Plänen
in der Form einer antiken Wettkampfstätte ausgangs des 19. Jh. wieder **erstes Olympia-**
aufgebaute **Stadion (26)**. 1896 wurden hier die ersten Olympischen Spie- **stadion der**
le der Neuzeit abgehalten. Das Stadion faßt 70.000 Zuschauer. **Neuzeit (26)**

2. Stadtbesichtigung

schattige
Stadtparks

**Volkskunst
Museum * (20)**
tgl. a. Mo. 10.00 –
14.00 Uhr. Eintritt.

Vom **13.-29. August 2004** werden in Athen die 28. Olympischen Spiele stattfinden, an denen 11.000 Athleten mit 5.000 Funktionären aus fast 200 Länder teilnehmen werden.

Über die von tosendem Verkehr erfüllte Amalias gehen wir nordwärts Richtung Sindagma.

An der Ostseite der Amalias erstreckt sich die Grünanlagen um das sog. **Zappeion (24)** oder Zapio. Dieser neo-klassizistische Bau entstand um 1880 auf dem von den Gebrüdern Zapio gestifteten Gelände. Das Gebäude dient als Ausstellungshalle und war in der Vergangenheit Schauplatz eines europäischen Gipfeltreffens. Cafés in der Nachbarschaft.

Nördlich schließt sich der **Nationalgarten (25)** an, ein ausgedehnter öffentlicher Park, mit Brunnen, Statuen, einem kümmerlichen Minizoo und einem Labyrinth von schattigen Wegen, der bis zum Parlament reicht.

An der Ostseite des Nationalgartens, in der Irodou Atikou, befindet sich die **Residenz des Staatspräsidenten (27)**. Und südlich davon, am Beginn der Vassileos Konstandinou das **Stadion (26)**.

An der Westseite der Amalias, gegenüber der Parkanlage des Zapio, findet man das **Jüdisches Museum.** Kurz darauf kommt man zur anglikanischen **Kirche Ágios Pavlos** (St. Paulskirche – 28 –). Die in der Mitte des 19. Jh. fertiggestellte Kirche enthält diverse Gedächtnisstätten britischer Generäle und Persönlichkeiten, die Griechenland im Kampf gegen die türkischen Truppen im 19. Jh. unterstützten.

Einen Straßenzug weiter westlich findet man in der Kidathineion Nr. 17 das besuchenswerte **Volkskunst Museum (20)**. Das vom Kulturministerium betreute Museum zeigt volkstümliche Kunst von der Mitte des 17. Jh. bis heute. Man sieht Steinmetzarbeiten und Schnitzarbeiten vom Peloponnes und von den Kykladen, kunstvolle Stickereien und Spitzen z.B. aus Thrakien und aus Ioanina, Karnevalskostüme und Schattenspielfiguren (Karaghiozis), Keramik u.a. aus Rhodos, Silberschmuck aus dem Epirus und vom Peloponnes u.v.a. Ein Raum ist dem Maler und Volkskundler Theophilos Hatzimihalis gewidmet.

Dem Museum gegenüber liegt die **Kirche Metamorfossi.**

Der weitere Verlauf dieses Rundgangs führt über die Filelinon Richtung Sindagma. Man passiert die rechterhand vor einer kleinen Grünanlage gelegene russisch-orthodoxe **Kirche Agía Triada (29)** und erreicht bald darauf den Sindagma Platz.

Unser nächstes Ziel ist das Nationalmuseum für Archäologie (30). Da es weiter im Norden der Stadt liegt, wird man evtl. öffentliche Verkehrsmittel für die nicht unerhebliche Distanz benutzen. Das Museum liegt ziemlich genau zwischen den beiden Stadtbahn-Haltestellen Omonia Platz und Victoria Platz an der Straße 28 Oktovriou, besser bekannt als „Odos Patission". Man kann aber auch ab Sindagma Platz die gelben Oberleitungs-Busse Nr. 2, 7 oder 9 nehmen, die über Omonia Platz zum Archäologischen Nationalmuseum fahren.

Archäologisches Nationalmuseum (30) – Für den Besuch dieses Museums, das Schätze birgt, die auf der Welt einmalig sind, sollte man viel Zeit mitbringen. Hier sind die Grabungsfunde aller archäologischen Stätten Griechenlands untergebracht, außer denen von Makedonien, denen von Delphi, Olympia und Kreta. Das Museum ist klimatisiert und kann am frühen Nachmittag eine kühle, relativ ruhige Oase im turbulenten Athen sein. Vor allem in den Stunden nach 13 Uhr, wenn die meisten Touristengruppen in Restaurants verfrachtet wurden, lassen sich die Ausstellungen mit etwas mehr Ruhe betrachten.

Da zur eingehenden Besichtigung der einzelnen Exponate im gesamten Museum Tage nötig wären, ist eine Museumsführung zur ersten Orientierung empfehlenswert. Hilfreich ist auch ein Museumskatalog.

Die einzelnen Ausstellungsräume, die sich um vier Innenhöfe gruppieren sind numeriert. Im Nachfolgenden sind nur die Ausstellungsschwerpunkte in den einzelnen Sälen aufgeführt.

Keinesfalls versäumen sollte man den zentralen **Saal 4**, den „Mykenischen Saal" direkt gegenüber vom Eingang. Dort sind u.a. die Ausgrabungsfunde Heinrich Schliemanns vornehmlich aus Mykene (Mikines) ausgestellt. Darunter befinden sich die berühmte goldene **„Totenmaske des Agamemnon"**, die prächtigen, mit Gold eingelegten Bronzedolche und die einmalig schönen goldenen Trinkgefäße von Vapheio.

Natürlich wird man im **Saal 15** eines der Prachtstücke des Museums besichtigen, die aus dem Jahre 460 v. Chr. stammende Bronzestatue des **„Poseidon von Artemision"**. Sie wurde 1928 zusammen mit dem kleinen **„Jockey"**, einer hellenistischen Bronzestatue (Saal 21) vor dem Kap Artemision aus dem Meer geborgen .

Die Ausstellungssäle und die wichtigsten Exponate dort:
Säle 1 – 3: Vorraum, Nordhalle, Haupteingang.
Saal 4: „Mykenischer Saal" (s.o.) sowie Goldschmuck aus Tiryns.
Säle 5 + 6: Keramik- und Marmor-Figuren (Idole) aus dem Neolithikum (6000 – 5000 v. Chr.) und der Kykladen-Epoche (2800 – 2200 v.Chr.)
Säle 7 – 14: Gegenstände und Skulpturen aus der Geometrischen und Archaischen Kunstepoche (bis 6. Jh. v. Chr.) darunter diverse „Kuroi" und Grabstelen.
Saal 15: Kunst der Klassischen Periode (5. – 3. Jh. v. Chr.), darunter der „Poseidon von Artemision" oder das Relief von Eleusis (Elefsina).
Saal 21: Pferd und „Jockey von Artemision".
Saal 28: Klassische und hellenistische Kunst; u.a. die Bronze des „Jünglings von Antikythera", die vermutlich Paris darstellt.
Saal 30: Hellenistische Kunst des 3. bis 2. Jh. v. Chr.; u.a. der „Knabe von Marathon", eine Bronzestatue, oder die drei überaus ausdrucksvollen Bronzebüsten eines Philosophen, eines Faustkämpfers und eines Poeten.

Sehenswert ist außerdem die **Numismatische Sammlung** mit über 200.000 Münzen (einige davon zählen zu den ältesten die man überhaupt kennt) im ersten Stock des Südflügels. Äußerst interessant ist die ebenfalls im ersten Stock untergebrachte **Keramik- und Vasensammlung.**

Falls ausreichend Zeit zur Verfügung steht, lohnt ein abendlicher Besuch in der **Plaka (19)**, der eigentlichen Altstadt Athens unterhalb der

2. Stadtbesichtigung

Archäologisches Nationalmuseum * (30)**
So. + Mo. 12.30 –
19.00, Di. – Sa.
8.00 – 19.00 Uhr.
Eintritt.

Münzsammlung im Nationalmuseum

Plaka, Athens Altstadt (19)

*in der Plaka,
Athens Altstadt-
viertel*

Akropolis. Abend für Abend füllen sich die Gassen mit Touristenmassen und die Bouzoukiklänge, die gelegentlich noch aus den vielen netten Kneipen und Restaurants erklingen, gehen fast unter in dem babylonischen Stimmengewirr. Echte griechische Tavernenidylle darf man allerdings nicht mehr erwarten, eher eine Art Drosselgassenatmosphäre.

Einige **Plaka Tavernen**: *„O Platanos"*, Diogenous 4, traditionsreiche Taverne. Einladende Restaurants findet man auch in der Umgebung des Lysikrates Denkmals (21) wie z.B. das *„Diogenes"* oder das *„Thespis"*.

Mehr touristisch aufgezogen sind: *„Kalokermos"*, Kekropos 10; *„Mostrou"*, Mnisikleos 22, wird oft auf nächtlichen Stadtrundfahrten besucht; *„Palia Athena"*, Flessa 4, u.v.a. Siehe auch unter „Restaurants" weiter hinten im Info-Teil Athen.

**Blick vom
Likavitos–Hügel
*** (31)**

3. STADTBESICHTIGUNG

Ausgangspunkt für unsere dritte Stadtbesichtigung ist der **Likavitos–Hügel (31)**, auch Lykabettos-Hügel, im Nordosten der Stadt. Wie ein Fels in der Brandung des unübersehbaren Häusermeers ragt der rund 275 m hohe Bergkegel über die Stadt. Auf dem Gipfelplateau erhebt sich die **St. Georgs Kirche**, von deren Terrasse man einen einmaligen Rundblick über ganz Athen hat. Wenn die Abgasdunstglocke nicht zu dicht ist, kann man leicht bis zur Insel Salamis und zu den Höhenzügen des Peloponnes blicken. Vor allem morgens lohnt der Weg hierher. Dann ist der Blick zur im Morgenlicht liegenden Akropolis besonders attraktiv.

Nach Osten hin sieht man den 1.026 m hohen Hymettos, im Nordosten den 1.109 m hohen Pendeli und im Norden schließlich den 1.413 m hohen Parnis.

Am bequemsten erreicht man den Gipfel mit der Zahnradbahn, die von der Straße Ploutarhou an der Südostflanke hinauf bis zur Bergstation mit Restaurant führt.

der Likavitos-Hügel, von der Akropolis aus gesehen

Per Auto gelangt man um die Nordostflanke des Hügels hinauf bis zum Parkplatz in Gipfelnähe. Östlich des Parkplatzes liegt ein kleines Amphitheater, in dem an Sommerabenden griechische Nationaltänze aufgeführt werden. Den Rückweg kann man ggf. zu Fuß über einen Serpentinenweg am Südwesthang machen, der in der Nähe des Hotels St. George Lycabettos die Rongakou Straße erreicht.

Von der Talstation der Zahnradbahn folgen wir der Ploutarhou Straße nach Südosten bis zur Vasilissis Sofias.

An der Ecke Vasilissis Sofias und Rizari liegt das **Kriegs–Museum (32)**, das Kriegsgerät von der Antike bis zur Neuzeit zeigt.

Kriegs–Museum (32)
tgl. a. Mo. 9 – 14 Uhr. Eintritt.

Wir gehen die Vasilissis Sofias westwärts Richtung Sindagma. Gleich nach dem Kriegs–Museum liegt linkerhand das besuchenswerte **Byzantinische Museum (33)**, mit einer der bedeutendsten Sammlungen byzantinischer Kunstgegenstände in Europa. Unter den Exponaten aus der altchristlichen bis hin zur nachbyzantinischen Epoche sind hervorzuheben die reichsortierte Ikonensammlung, die Skulpturen und Fresken, die Handschriften, sakralen Geräte sowie die koptischen Handschriften.

Byzantinisches Museum ** (33)
tgl. a. Mo. 8.30 – 15.00 Uhr. Eintritt.

Für Kunstliebhaber wird ein Besuch in der **Nationalgalerie – Museum Alexandros Soutos (34)** ein Stück weiter ostwärts in der Vassileos Konstantinou 50 eine Bereicherung ihrer Athenvisite sein. Ausgestellt sind Werke ausländischer, vor allem aber griechischer Künstler des 19. Jh.

Nationalgalerie * (34)
Mo. – Mi. 9.00 – 15.00 + 18.00 – 21.00 Uhr. Do., Fr., Sa. 9.00 – 15.00 Uhr, So. 10.00 – 14.00 Uhr. Di. geschl. Eintritt.

Kunstmuseum der Goulandris Stiftung
tgl. a. Di. + So.
10.00 – 16.00 Uhr,
Sa. 10.00 – 15.00
Uhr. So. + So.
geschl. Eintritt.

Kunstsammlung Benaki (35)
tgl. a. Mo. 9.00 –
15.00 Uhr, Do.
9.00 – 24.00 Uhr,
So., 9.00 – 15.00
Uhr. Eintritt.

sehen und gesehen werden am Kolonaki Platz **

Historisches Nationalmuseum (36)
Di. – Fr. 9 – 14 Uhr.
Sa. + So. 9 – 13
Uhr. Mo. geschl.
Donnerstag Eintritt
frei.

Stadtmuseum (37)
tgl. a. Di. + Do. 9.00
– 13.30 Uhr. Eintritt.

Geht man die Vasilissis Sofias vom Byzantinischen Museum nur ein kurzes Stück weiter nach Westen Richtung Sindagma, findet man in der nach Norden führenden Straße Neof Douka das Museum für **Kykladische und Altgriechische Kunst**. Ausstellung hervorragender Kunstgegenstände (vor allem aus antiken Epochen) eines privaten Sammlers.

Zwei Querstraßen weiter Richtung Sindagma, in der Koumbari Straße rechts, liegt das **Benaki–Museum (35)**. Neben der Sammlung Anton Benakis werden andere Privatsammlungen gezeigt, die sich vor allem mit Kunstwerken aus prähistorischer bis hin zu neuerer Zeit befassen. Darunter befindet sich Goldschmuck, sakrale und byzantinische Kunst, Keramiken aus China und Kleinasien, Zeichnungen, Malereien, Lithographien und kunstvolle Arbeiten in Holz.

Unweit nördlich vom Benaki-Museum liegt der **Kolonaki Platz**. Hier und in den angrenzenden Straßen findet man viele elegante Cafés, Straßenbistros, schicke Geschäfte, Galerien und Modeboutiquen, die genauso exquisite wie teure Mode anbieten. Athens Yuppies treffen sich gerne hier, z.B. im „Da Capo" oder im „Peros", während die arrivierte Klientel lieber im „Lykovrissi" oder im „Kolonaki Tops" verkehrt.

Schließlich stößt man an der Nordseite des Parlamentsgebäudes wieder auf den Sindagma Platz.

Man kann nun der an der Nordseite des Sindagma Platzes nach Nordwesten abzweigenden **Odós Stadiou**, einer der großen Einkaufsstraßen in Athen, Richtung Omonia Platz folgen.

Schon nach wenigen Gehminuten kommt man zum linkerhand gelegenen Kolokotroni Platz. Dort ist im ehemaligen Parlamentsgebäude das **Historischen Nationalmuseum (36)** eingerichtet. Vor dem Museum steht das Denkmal für die Helden des Unabhängigkeitskrieges. Das Museum wurde 1882 von der Gesellschaft für Geschichte und Ethnologie Griechenlands gegründet. Die Exponate spiegeln vor allem Geschichtsepochen Griechenlands etwa seit der Mitte des 15. Jh. wider. Die Zeit der osmanischen und venezianischen Vorherrschaft wird im Saal A dokumentiert. Im Saal B sind Gemälde, Uniformen und Exponate aus der Zeit vor dem Unabhängigkeitskrieg zu sehen. Ein Themenschwerpunkt des Museums ist die Zeit des Unabhängigkeitskampfes von 1821 bis 1827 (Saal C).

Etwas weiter führt an der Südseite des Klathmonos Platzes die Parigopoulou Straße nach Westen (links). Dort findet man das **Museum der Stadt Athen (37)**. Das Museum dokumentiert die „neuere" Stadtgeschichte etwa ab dem 13. Jh. Da das Museum in den Räumlichkeiten der ehemaligen königlichen Residenz eingerichtet ist, wird auch Mobiliar aus der Zeit König Ottos gezeigt.

Etwa auf halbem Weg vom Sindagma Platz zum Omonia Platz passiert man den **Klathmonos Platz** (großes Parkhaus). An der Westseite des Platzes liegt die **Kirche des Hl. Theodori (38)**. Sie stammt aus dem 11. Jh. und zählt zu den ältesten in Athen bekannten Kirchenbauten.

Der noch ein gutes Stück weiter nordwestlich gelegene **Omonia Platz (41)** ist eines der wichtigen Zentren des heutigen Athen. An diesem lauten Verkehrsknotenpunkt zeigt sich am deutlichsten, wie die Stadt täglich aufs neue mit einem ständig zunehmenden Verkehrschaos fertig werden muß.

Östlich der Odós Stadiou verläuft parallel die **Avenue Eleftheriou Venizelou**, von den Einheimischen lieber Panepistimiou (Universitäts Avenue) genannt. Etwa auf halbem Wege zwischen Omonia Platz und Sindagma Platz liegen die römisch-katholische Kathedrale St. Denis, die Akademie der Künste, die Universität und die **Nationalbibliothek (39)**.

In der Nähe des Sindagma Platzes findet man an der Ostseite der Avenue Eleftheriou Venizelou das Haus **Ilion Melathron (40)**, das sich Heinrich Schliemann 1879 bauen ließ. Ansonsten findet man in der Eleftheriou Venizelou in erster Linie Hotels der gehobenen Preisklasse, Restaurants, große Kaffeehäuser und elegante Geschäfte.

Und westlich der Odós Stadiou findet man an der Athinas Straße südlich des Omonia Platzes die **Platia Ethnikis Andistasseos**. Der Platz war Athens Zentrum zu Zeiten König Ottos ausgangs des 19. Jh. Hier steht, zur Athinas Straße hin, noch der Bau des alten **Rathauses (42)**. Und an der Ostseite des Platzes erhebt sich der Mitte des 19. Jh. errichtete Bau der Nationalbank von Griechenland.

Weiter südlich kommt man nach der Querstraße Sofokleous zu den **Markthallen (43)** von Athen. Es lohnt, hier ein wenig herumzuschlendern. Oder kommen Sie hierher zurück, um eine ausgedehnte Tour durch Plakatavernen und Diskotheken in einem der rund um die Uhr geöffneten Restaurants in der Markhalle bei einem Teller *Patsá*, einer deftigen, sauren Kuttelsuppe, ausklingen zu lassen.

Athens wichtigstes Einkaufsviertel, das sich um die Markthalle ausdehnt, nimmt in den letzten Jahren immer mehr den Charakter eines orientalischen Bazars an. Zahllose Straßenhändler bieten so gut wie alles an, was sich irgendwie verkaufen läßt.

Lohnenswert ist ein abendlicher Besuch auf dem **Pnyx (Pnika – 12)**, dem traditionsreichen Versammlungs- und Redeplatz des antiken Athen, westlich der Akropolis. Hervorragender Blick zur Akropolis. Von hier kann auch das Spektakel der abendlichen Ton- und Lichtschau an der Akropolis miterlebt werden.

Licht- u. Ton-Schau Apr. – Okt. tgl.

Besonders abends – Romantiker schwärmten da früher von den hellen Vollmondnächten – wenn die Dunkelheit verschämt die ärgsten Blessuren verhüllt und die bunten Scheinwerfer der Licht- und Tonschau die Ruinen ins rechte Licht setzen, wird, mit etwas Phantasie, die Akropolis wieder zum vollständigen, stadtüberragenden Burgberg

AUSFLÜGE

Piräus, seit der Antike der Hafen von Athen am Saronischen Golf ist heute einer der wichtigsten Handelshäfen im Mittelmeerraum. Piräus ist aber auch der Knotenpunkt des umfangreichen Inselverkehrs. Vom westlichen Hafenbecken „Limani" z.B. verkehren die Linienschiffe nach Italien, dort ankern die Kreuzfahrtschiffe und legen die Fähren nach Kreta, Rhodos, Ägina, zu den Kykladen u.a. ab.

Am westlichen Hafenbecken endet auch die Stadtbahn aus Kifissia. Außerdem findet man dort Busterminal, Informationsbüro und Postamt.

An der Ostseite der einst vom bedeutendsten Stadtbaumeister der Antike, Hippodamos von Milet, in einem regelmäßigen Straßenraster angelegte Hafenstadt liegt das natürliche, fast runde Hafenbecken „Zea", der eigentliche Hafen in der Antike. Heute dient er als Jachthafen und zentrale Abfahrtsstelle der Tragflügelboote in den Saronischen Golf und nach dem Peloponnes.

Piräus, Archäologisches Museum tgl. a. Mo. 8.00 – 14.30 Uhr. Eintritt.

Schiffahrtsmuseum tgl. a. So. + Mo. 9.00 – 14.00 Uhr, im Aug. geschl. Eintritt.

An der Westseite des Hafens liegt das **Archäologische Museum** von Piräus und weiter südlich, an der Hafenausfahrt, das **Schiffahrtsmuseum,** das die Geschichte der langen griechischen Seefahrtstradition von der Antike bis in unser Jahrhundert anhand von Modellen, Dokumenten und Gemälden veranschaulicht.

Weiter östlich liegt unterhalb eines kleinen **Amphitheaters** am Kastela Hügel (im Sommer Aufführungen griechischer Tänze) der kleine Jacht- und Fischereihafen **Mikrolimano.** Von hier stachen zu Zeiten des Themistokles die berühmten „Triremen" der Griechen in See. Heute findet man um das Hafenbecken zahlreiche Fischlokale.

Athen Information

Praktische Hinweise – Athen

☎ Athen Telefonvorwahl: 01

Information: **Griechische Zentrale für Fremdenverkehr (E.O.T.)**
– **E.O.T. Touristen–Info** , 2 Amerikis, nahe des Sindagma Platzes, 10562 Athen, Tel. 3 31 05 61/2/5.
– **E.O.T. Touristen–Info**, Piräus, Marina Zea, E.O.T.-Gebäude, Tel. 4 13 57 16.
Griechischer Automobil- u. Touring-Club (ELPA) – Athen, Messogion Str. 2, Tel. 7 48 88 00. Touristische Beratung Tel. 174.

Notrufe

Notrufe: **Ambulanz, Erste Hilfe** Tel. 166.
Polizei Tel. 100.
Pannendienst (ELPA) Tel. 104.
Touristenpolizei Tel. 171.

Stadtrundfahrten, Bustouren

Stadtrundfahrten: American Express, 10563 Athen, Ermou Str. 2, Tel. 3 24 49 75. CHAT Tours, 10564 Athen, Stadiou Str. 4, Tel. 3 22 3137.
Key Tours, 4 Kallirrois, 11743 Athen, Tel. 9 23 31 66.
G. O. Tours, 10557 Athen, Voulis Str. 33, Tel. 3 22 59 51. Und viele andere.
Begleitete Bustouren durch ganz Griechenland bietet u.a. an: Tavlaridos Travel, Chalkokondili 31 und 3. September Straße, Omonia Platz, Tel. 5 22 10 48.

Busbahnhöfe, öffentl. Nahverkehr

Busbahnhöfe: Busterminal A, Kiffissou Straße 100, Tel. 5 12 49 10. Busse vor allem von und nach dem Peloponnes (Epidavros, Mikines, Korinthos), nach West– und Nordgriechenland (Epirus, Thessaloniki, Makedonien). Zu erreichen mit Bus (blau) Nr. 051 von Villara/Menandrou Straße, Nähe Omonia Platz.
Busterminal B, Liossion Straße 260, Tel. 8 31 71 53. Busse vor allem nach Zentralgriechenland (z.B. Larissa, Trikala, Chalkis etc.) Zu erreichen mit Bus Nr. 024 ab Sindagma Platz, Amalias Avenue.
Busse (orangefarben) an die Ostküste Attikas, z.B. nach Marathon, Nea Makri, Rafina oder zum Kap Sounio verkehren ab Mavromateon Straße 28, nördlich des Archäol. Nationalmuseums.

Busse zu den Badeorten am Saronischen Golf verkehren ab Leoforos Vas. Olgas, Ecke Zapio (Zappeion): Busse 121, 128, 129 nach Glifada und Busse 116, 117 nach Vouliagmeni und Varkiza.

Innerhalb der Stadt halten die **gelben Oberleitungsbusse** den städtischen Nahverkehr aufrecht. Bus Nr. 9 z.B. verkehrt zwischen Ano Kypseli im Norden quer durch das Zentrum, vorbei am Archäologischen Nationalmuseum, über Omonia und Sindagma Platz bis nach Petralona, südwestlich des Filopapou (Philopappos) Hügels.

Eine elektrifizierte U-Bahn ähnliche **Stadtbahn** verkehrt bislang zwischen Kifissia im Norden und Piräus. Die zentrumsnahen Stationen sind *Atiki* (Nähe Bahnhof), *Victoria* (Nähe Archäologisches Nationalmuseum), *Omonia, Monastiraki* (Nähe Plaka) und *Thissio* (Nähe Agora und Theseion). Die Bahnlinie stammt aus der Mitte des 19. Jh., wurde 1904 elektrifiziert und ist seitdem ein zuverlässiges, wenn auch betagtes Nahverkehrsmittel. Die Bahnen verkehren von 5 Uhr morgens bis Mitternacht. Eine neue Stadtbahnlinie mit einem Haltepunkt am Sindagma Platz und am Omonia Platz soll nun 1998 endlich fertiggestellt werden.

Bahn-Informationen: 1 – 3 Karolou Straße, Tel. 5 24 06 46, -47, -48: Bahnhöfe: **Stathmos Larissis** (Tel. 8 23 77 41), Zugverbindungen von und nach Nordgriechenland – Thiva, Livadia, Larissa, Edessa, Florina, Thessaloniki, Seres, Drama, Komotini, Alexandroupoli.
Stathmos Peloponnissou (Tel. 5 13 16 01), nostalgischer Jugendstilbahnhof, Zugverbindungen zum Peloponnes – Korinthos, Patra, Pirgos (Olympia), Kalamata, Megalopoli, Tripoli, Argos (Nauplia).

Der neue **Athens Eleftherios Venizelos International Airport** ist im März 2001 fertiggestellt worden. Er liegt ca. 30 km östlich von Athen bei **Spata**. Es entstand ein moderner Großflughafen, der für bis zu 65 Starts und Landungen pro Stunde ausgelegt wurde. Allerdings konnte der Zufahrtsweg nach Spata noch nicht auf denselben modernen Standard gebracht werden. Noch größtenteils auf Landstraßen ist der Flughafenzubringerverkehr unterwegs. Je nach Verkehrsdichte muss mit bis zu 2 Stunden Anfahrtszeit gerechnet werden. Flug Info: 1/35 30 000/35 31 000., www.athensairport-2001.gr.

Zubringerbusse in die Stadt verkehren zwischen 6 und 24 Uhr alle 30 Min (Bus: ‚Airport-Spata') zum Sindagma Platz und zum Omonia Platz. Eine Taxifahrt vom Flughafen zum Sindagma Platz kostet rund 3.500 Dra. Erkundigen Sie sich aber vorher nach dem aktuellen Circapreis für eine Taxifahrt in die Stadt. Denn es gibt nicht sehr viele Großstädte, in denen Taxifahrer sich so sehr versucht fühlen, ihren unkundigen Fahrgästen einen „übertariflichen" Fahrpreis abzuluchsen. Regulär allerdings sind Zuschläge für Fahrten vom Flughafen (auch von den Häfen) in die Stadt und Aufschläge pro Gepäckstück.

❖ Veranstaltungen, Folklore: **Dreikönigsfest „Theophanie"**, am 6. Januar in Piräus. Feierliche, religiöse Zeremonie zum Erscheinungsfest mit dem „Versenken des Kreuzes" im Meer.
Griechischer Nationalfeiertag, am 25. März, mit Militärparade.
Ton- und Licht-Schau an der Akropolis, auch in deutscher Sprache, April bis Oktober.
Philopappos-Theater, Vorführungen der **Volkstanzgruppe Dora Stratou**, Mai bis September
Odeon des Herodes Attikus, klassische Dramen, Opern, Konzerte und Ballett, Juni bis September.

Margin notes:
Athen Information

Bahnhöfe

Flughäfen

Veranstaltungen, Folklore

Athen
Restaurants

✖ Restaurants: Die meisten Restaurants, außer die in internationalen Hotels und in der Plaka, sind in den letzten beiden Augustwochen, wenn ganz Athen ans Meer drängt, geschlossen.

Bajazzo, Ploutarchou 35, Kolonaki, zählt zu den besten Restaurantadressen weit und breit, vorzügliche Küche, recht teuer. Nur abends, Sonntag geschlossen. Reservierung am Wochenende ratsam Tel. 7 29 14 20.

Bohemia, Dimou Tseliou 5, im Stadtteil Ambelokopi nördlich des Likavitos Hügels, serviert böhmische Küche zu erschwinglichen Preisen und original Pilsner Urquell, Budweiser und Budvar, nur abends geöffnet. Tischreservierung ratsam am Wochenende, Tel. 6 42 63 41.

Neon, eine moderne Athener Restaurantkette, bekannt für große Salatbars und Pastagerichte, relativ preiswert. Neons sind vermutlich die bislang einzigen Restaurants in ganz Athen mit Nichtraucherzone. Vor allem zur Mittagszeit stark frequentiert, bis 2 Uhr morgens geöffnet, Lokale u.a. am Sindagma Platz, am Omonia Platz, Kolonaki.

Ideal, Panepistimiou 46, Omonia, der moderne Nachfolger des vor einiger Zeit abgebrannten nostalgischen Ideal, ordentliche Küche, mittlere Preislage. Sonntag geschlossen.

Prunier, Ipsilantou 63, Kolonaki, hübsches, einladendes Lokal im Stil eines französischen Bistros, gute Küche, mittlere bis gehobene Preislage. Reservierung ratsam, Tel. 7 22 73 79. Sonntags und Juli und August geschlossen. Und viele andere Restaurants.

Ouzerí oder Mezodopolia – typische Lokale in denen man bei Ouzo oder Wein vornehmlich Mezédes genießt:

Athinaikon, Themistokleous 2, Omonia, traditionsreiches Haus. Sonntag geschlossen.

Kafenio, Loukianou 26, Kolonaki, gepflegtes Ambiente. Sonntags und im August geschlossen.

Apotsos, Panepistimiou 10, Sindagma, urige Kneipe, schließt schon im 17 Uhr. Sonntag und im August geschlossen.

Lokale in der Plaka:

Apanemia, typisch griechische Taverne.

Eden, Lysiou 12, bekanntes vegetarisches Restaurant, Dienstag Ruhetag.

Geranis, Tripodon 4, eine einladende, gemütliche Ouzeria.

Michiko, Kidathineion 27, bekanntes japanisches Restaurant in der Plaka, in einem alten Stadthaus mit schattigem Innenhof, teuer, Reservierung ratsam, Tel. 3 22 09 80. Sonntag Ruhetag.

O Damingos, Kidathineion, rustikale, gern besuchte Kellertaverne, Ende August geschlossen.

O Platanos, Diogenous 4, eine der ältesten Tavernen in der Plaka, schattiger Innenhof, Spezialitäten sind Lamm vom Grill und Retsina vom Faß, erschwingliche Preise. Sonntag Ruhetag.

Tsekoura, Tripodon 3, renommierte Adresse, alteingesessenes Lokal mit seinem bekannten Feigenbaum, Mittwoch Ruhetag.

Xinou, Angelou-Geronta 4, gute Küche, Samstag, Sonntag geschlossen.

Zahlreiche Touristenlokale mit Bouzoukiklang und viel griechischem Wein findet man an der Treppengasse Mnisikleous. – Und andere Restaurants.

Hotels

⌂ Hotels: Es gibt zahlreiche Hotels aller Kategorien und Preisklassen. Nur einige Häuser an den wichtigsten Plätzen im Stadtzentrum können hier erwähnt werden. Mit einem hohen Verkehrslärmpegel ist auch in den Nachtstunden zu rechnen. Lassen Sie sich in Häusern der einfacheren Kategorie besser erst das Zimmer zeigen, bevor Sie zusagen.

Hotels Nähe Sindagma Platz:

Astor (A), 133 Zi., Karageorgi Servias, Tel. 3 35 10 00, Fax 3 25 51 15, www.astorhotel.gr; gutes, einfaches Mittelklassehotel Nähe Sindagma Platz, fragen Sie nach einem Zimmer im 5. Stock wegen des Akropolisblicks, Restaurant..

Athen Hotels

Electra Palace (A), 110 Zi., Nikodimou 18, Tel. 3 37 00 00, Fax 3 24 18 75; am Ostrand der Plaka, angenehmes, günstig gelegenes Mittelklassehotel, von den Zimmern in den oberen Stockwerken Blick zur Akropolis, Restaurant, Bar, Dachschwimmbad, Dachgarten.

Grande Bretagne (L), 394 Zimmer, Vasileos Gergiou A 1, Tel. 3 33 00 00, Fax 3 22 80 34, sehr zentral am verkehrsreichen Sindagma Platz gelegenes, traditionsreiches und renommiertes Haus der Luxuskategorie. Das Haus, 1842 erbaut, 1992 letztmals renoviert, wartet mit namhaften Restaurants und Bars auf. Die Zimmer zur Platzseite hin haben zwar vielfach Blick zur Akropolis, sind aber lauter.

☑ Mein Tipp! Hotel St. George Lycabettos (L), 162 Zi., Kleomenous 2, Kolonaki, Tel. 7 29 07 11, Fax 7 24 76 10, www.sglycabettus.gr; gutes Firstclass Hotel (teuer), das sich neben renovierten Zimmern und seinem Dachrestaurant „Le Grand Balcon" (gute Küche, Panoramablick) durch seine schöne, erhöhte Lage am Fuße des Likavitos Hügel auszeichnet. Restaurant und Bistro, Schwimmbad, Dachgarten. In Gehnähe zum Sindagma Platz und zum Eterias Platz, Kolonaki. Nahe Talstation der Zahnradbahn auf den Likavitos Hügel.

Hotels Nähe Omonia Platz:

Claridge (C), 48 Zi., Douru 4, Omonia Platz, Tel. 5 22 30 13, Fax 5 22 40 38; kleines, einfaches, aber relativ preiswertes Haus, zentral, aber etwas laut gelegen.

Omonia Grand Hotel (A), 115 Zi., Pireos 2, Omonia Platz, Tel. 5 23 04 24, Fax 5 23 49 55; gutes Mittelklassehotel. Parkmöglichkeit. Restaurant.

Stanley (B), 395 Zi., Odisseos 1, Tel. 5 24 16 11, Fax 5 24 46 11; gutes Mittelklassehotel am Karaiskaki Platz, Nähe Larissis Bahnhof, ein gutes Stück westlich des Omonia Platzes gelegen, Taverne, Bar Cafeteria, Schwimmbad, Dachgarten. Garage.

Hotels Nähe Plaka-Viertel:

Hotels in der Plaka sind für Autotouristen wegen der Parkplatzprobleme meist nicht die erste Wahl.

Athens Gate Best Western (B), 104 Zi., Singrou 10, Tel. 9 23 83 02, Fax 9 23 74 93; etwas östlich der Plaka, gegenüber Hadrianstor und Tempel des Olympischen Zeus, an der geräuschvollen Einfallstraße gelegen, in Gehnähe zur Plaka, zur Akropolis, zum Sindagma Platz; ordentliches Mittelklassehotel mit Zimmern zu erschwinglichen Preisen und überwiegend renovierter Ausstattung, fragen Sie nach einem Zimmer in den oberen Etagen, zwei Restaurants, Dachterrasse.

Acropolis House (B), 23 Zi., 3 davon ohne Bad; Kodrou 6 – 8, Tel. 3 22 23 44, Fax 3 22 62 41; kleines Familienhotel, am Ostrand der Plaka, in der Nähe des Volkskunstmuseums; in ehemaligen Villa eingerichtet, schlichte, einfache, dafür relativ preisgünstige Zimmer, von Budget Travellern und Studenten gerne frequentiert.

Aphrodite (C), 84 Zi., Apollonos 21, Tel. 3 23 43 57, Fax 3 22 60 47; schlichtes, einfaches Haus, aber ordentlich, preiswert und zentral zwischen Sindagma und Plaka gelegen.

Hermes (C), 45 Zi., Apollonos 19, Tel. 3 23 55 14, Fax 3 23 20 73; einfaches, kleineres Haus, relativ preiswert und mitten in der Plaka.

Hotels an der Odós Andrea Singrou:

Die Hotels haben u.a. den Vorzug, dass sie bereits südlich der Innenstadt an der Ausfallstraße (auch Richtung Flughafen, Glifada, Kap Sounio u.ä.) liegen. Bei dem mitunter haarsträubenden Verkehrschaos in der Athener Innenstadt für Flugreisende ein nicht zu unterschätzender Faktor.

Hotels

Athenaeum Inter-Continental (L), 559 Zi., Singrou 89 – 93, Neos Kosmos, Tel. 9 20 60 00, Fax 9 20 65 00, www.interconti.com; modernes Luxushotel mit allen Annehmlichkeiten, teuer, vier Restaurants, zwei Bars, Fitnesscenter, Schwimmbad, Konferenzeinrichtungen, Flughafenzubringer und Pendelbus zum Sindagma Platz.

Ledra Marriott (L), 258 Zi., Singrou 115, Neos Kosmos, Tel. 9 30 00 00, Fax 9 35 86 03; modernes Luxushotel mit allen Annehmlichkeiten, teuer, vier Restaurants, Geschäfte, Bar, Schwimmbad, Konferenzeinrichtungen. Vom Dachschwimmbad Blick zur Akropolis. – Und viele andere Hotels.

Jugendherbergen

Jugendherbergen: X.A.N. (Christl. Verein Junger Männer) Athen, Omirou Straße 28, Tel. 3 62 69 70.

X.E.N. (Christl. Verein Junger Mädchen), 30 Zi., Athen, Amerikis Str. 11, Sindagma, Tel. 3 62 61 80. Cafeteria.

Camping bei Athen

▲ – **Camping Athens**, Tel. 5 81 41 13, Fax 8 26 39; Anf. Jan. – Ende Dez.; 198 Leoforos Athinon, ca. 7 km westl. des Omonia Platzes an der Schnellstraße E94 Richtung Korinth, im Vorort **Peristeri**; stadtnächster Platz; die kleine Anlage mit kaum 80 Stpl. ist vor allem in der Hauptreisezeit oft hoffnungslos überbelegt. Einfache Sanitärausstattung. Im Sommer Laden, Imbiß.

Nea Kifissia
– **Camping Nea Kifissia**, Tel. 8 07 55 79, Fax 6 20 56 46; Anf. Jan. – Ende Dez.; bei km 16 der Schnellstraße 1/E75 Athen – Lamia Abzweig ostwärts, beschildert; großflächig gestuftes Gelände mit lichtem Baumbestand und Mattendächern; 2,5 ha – 100 Stpl., teils kleine Parzellen; einfache Standardausstattung; Taverne mit gelegentl. Folkloredarbietungen. Schwimmbad.

Varkiza
– **Camping Varkiza Beach**, Tel. 8 97 36 14, Fax 8 97 00 12; Anf. Jan. – Ende Dez.; ca. 27 km südl. Athen zwischen Küstenstraße Richtung Vouliagmeni/Sounio und Saronischem Golf; zum Meer leicht geneigtes, teils steiniges Gelände, wenig Schattenbäume; dafür schöner Blick aufs Meer; 4 ha – 200 Stpl.; einfache Standardausstattung; Felsstrand mit eingelagerten Kiesbuchten

das Odeon des Herodes Attikus unterhalb der Akropolis, Athen

ATTIKA HALBINSEL

ATTIKA HALBINSEL

0   5   10   20 km

© rau

AUSFLUGSZIELE AUF DER ATTIKA HALBINSEL

Imitos Hügel (auch Hymettos): Die bis 1.026 m hoch aufragende Bergkette liegt knapp 10 km östlich von Athen. Busverbindung ab Archäologischem Nationalmuseum oder Vassilissis Sofias.

Auf der Fahrt passiert man den Vorort Kessariani und erreicht nach kurzer Bergfahrt das **Kloster Kessariani** in schöner Parklandschaft. Das Kloster wurde im 11. Jh. gegründet und ist Besuchern zwischen 9.15 und 15 Uhr zugänglich.

Der Fahrweg führt in Serpentinen weiter aufwärts, dabei passiert man das Asteri Kloster. Sehr schön sind die Ausblicke zurück nach Athen. Die Hügelkuppe des Imitos ist militärisches Sperrgebiet.

**Parnitha,
Hotels und Kasino**

Parnitha Berg (auch Parnes): Der 1.413 m hohe Berg, im Sommer ein beliebtes Ausflugsziel der hitzegeplagten Athener, liegt rund 30 km nördlich von Athen. Man kann mit dem Auto bis zur Ringstraße unterhalb des Gipfels fahren (der Gipfel ist militärisches Sperrgebiet) und weiter bis zum mondänen Mont Parnes Hotel-Casino (Kat. A, 54 Zi., Tel. 2 46 91 11) fahren. Das Hotel-Casino mit bewirtschafteter Aussichtsterrasse kann auch mit einer Seilbahn erreicht werden.

Entlang der Straßenauffahrt liegen ein Restaurant und die Dreifaltigkeitskirche Agía Triada.

Die bewaldeten **Höhen von Fili** liegen rund 30 km nordwestlich von Athen. Neben den Ruinen des **antiken Phyle** auf dem 680 m hohen Gipfel ist vor allem die Lage des Nonnenklosters Kliston oberhalb einer Klamm interessant.

Pendeli Berg: Die 1.109 m hohe Erhebung liegt ca. 18 km nordöstlich von Athen und östlich des Vororts Kifissia. Man kann bis zu einer Freiterrasse (mit Bewirtschaftung) fahren. Dort ist auch der Zugang zum **Pendeli Kloster**. Es entstand im 15. Jh., erfuhr aber im letzten Jahrhundert eingreifende Umbauten. Das Kloster kann besichtigt werden.

Der Öffentlichkeit nicht zugänglich ist dagegen das etwa einen Kilometer weiter gelegene „Rhododaphne Palais", das sich die Herzogin von Plaisance Mitte des 19. Jh. hatte erbauen lassen.

Marathonas/Marathon: Man verläßt Athen über die Schnellstraße 1/E75 in nördlicher Richtung, zweigt aber schon nach ca. 15 km bei **Ag. Stefanos** auf die Straße 83 nach Osten ab. Nach wenigen Kilometern erreicht man den linkerhand gelegenen **Stausee Limni Marathonas**, der zur Trinkwasserversorgung der Stadt Athen dient. Die ansprechende Umgebung des Sees ist parkähnlich angelegt und zugänglich.

Wenig später erreicht man den Ort **Marathonas** (**Marathonlauf** siehe etwas weiter unten).

Knapp 2 km südlich von Marathonas zweigt ostwärts die Straße zum Hafenort **Ag. Marina** (Fähren nach Euböa) ab. Eine Seitenstraße führt nordwärts zur archäologischen Stätte von **Ramnous**. Dort gibt es die Reste von zwei dorischen Tempeln (Tempel der Göttin der Gerechtigkeit Themis und Tempel der Göttin der Rache Nemesis) und etwas unterhalb Mauerfragmente der einstigen Akropolis zu sehen.

antikes Ramnous
tgl. a. Mo. 8.00 –
17.30 Uhr, So. bis
17.00 Uhr.

Ein Seitenarm der Zufahrtsstraße nach Ag. Marina führt südwärts nach **Schinias** mit schönen **Stränden**.

Die Hauptstraße 83 führt von Marathonas südwärts Richtung Rafina. Nach rund 2 km zweigt nach Westen die Zufahrt zum **Grabhügel der Platäer** (Timbos Plateeon) ab. Hier sind die gefallenen Kämpfer aus Platäa beigesetzt, die in der Schlacht von Marathon gefallen sind. Auf dem Weg zu dem Grabhügel passiert man ein Grabmal aus mykenischer Zeit. Es enthält gut erhaltene menschliche Skelette, die rund 4.000 Jahre alt sind.

Der griechischen Mythologie zufolge tötete in dieser Gegend Theseus den wilden Stier aus Kreta, der lange die Gegend in Angst und Schrecken versetzt hatte. Ein Museum zeigt Objekte aus der mykenischen Epoche.

Folgt man der Hauptstraße weiter südwärts, erreicht man kurz darauf den zwischen Straße und Küste gelegenen **Grabhügel von Marathon** (Timbos Marathona). Es ist die Grabstätte der Athener Soldaten, die hier in der berühmt berüchtigten Schlacht von Marathon im Jahre 490 v. Chr. gefallen sind.

Schlachtfeld von Marathon

Die Geschichte berichtet vom heldenhaften Kampf des zahlenmäßig weit unterlegenen Heeres der Athener, verstärkt nur durch eine Einheit aus Platäa, das unter dem Kommando des legendären Miltiades die angreifende persische Übermacht in die Flucht schlugen. Die Nachricht über diesen glänzenden und für die Athener überaus wichtigen Sieg wurde von einem Läufer in kürzester Zeit ins rund 42 km entfernte Athen gebracht. Dort soll er mit den Worten „Wir haben gesiegt" auf der Agora tot zusammengebrochen sein. In Erinnerung an diesen heroischen Lauf wurde für die Olympischen Sommerspiel der Neuzeit der **„Marathonlauf"** (42,195 km) als olympische Leichtathletikdisziplin aufgenommen. Erstmals wurde der Langstreckenlauf anläßlich der Olympischen Spiele in Athen 1896 von Athen nach Marathon ausgetragen.

Ursprung des Marathonlaufes

Auf dem Wege über **Nea Makri** nach Rafina passiert man einige Badestrände und Campingplätze (siehe im anschließenden Info-Teil).

Rafina (Ραφίνα) ist eine Hafen- und Fischereistadt. Von hier verkehren Fähren nach Euböa und zu den Kykladen.

Praktische Hinweise – Marathonas

Marathonas
☒ Hotels: **Golden Coast Hotel und Bungalows** (A), Apr. – Okt., 240 Zi. + 300 Bungalows; Tel. 02 94/5 71 00, Fax 5 73 00; weitläufige, Hotelanlage, am relativ schmalen Felsstrand von Marathon, mehrere Restaurants, Tavernen, Snackbars, 3 Schwimmbäder, Fitnesseinrichtungen, 4 Tennisplätze, Wassersport, Konferenzeinrichtungen.

Marathonas, Nea Makri Hotels

Nea Makri
Marathon Beach (B), 166 Zi., Mar. – Okt., Tel. 02 94/9 13 01, Fax 9 53 07; ansprechendes Haus der oberen Mittelklasse, Restaurant, Taverne, Poolbar, Meerwasserschwimmbad, Tennis, Disco. – Und andere Hotels.

Marathonas
▲ – **Camping Ramnous**, Tel. 02 94/5 58 55, Fax 5 52 44; Anf. Jan. – Ende Dez., ca. 6 km südöstl. des Ortes Richtung Schinias; ebenes Gelände mit Laubbäumen und Mattendächern, ansprechend und relativ ruhig gelegen; 1,5 ha – 170 Stpl.; Standardausstattung; Laden, Restaurant; Sandstrand. Stark mit Dauercampern belegt!

Camping zwischen Marathonas und Rafina

Rafina
– **Camping Kokkino Limanaki**, Tel. 02 94/3 16 03, Fax 3 16 03; Anf. Apr. – Ende Okt.; ca. 29 km östl. Athen, nördl. Rafina; zum Meer geneigtes, terrassiertes Gelände, Bäume und Schattendächer, teils recht kleine Stellplätze; ca. 1,5 ha – 130 Stpl.; gute Standardausstattung; Laden, Imbiß; Strand am Steilufer.

➡ **Route Attika Ausflug:** Von Rafina kann man über die Straße 54 nach Athen zurückkehren (ca. 30 km) oder über Markopoulo

(Näheres siehe weiter unten) und Kap Sounio in die Hauptstadt gelangen (ca. 130 km; siehe auch Ausflug zum Kap Sounio).●

AUSFLUG ZUM KAP SOUNIO UND AN DIE SÜDOSTKÜSTE ATTIKAS

Kap Sounio: Wir verlassen Athen zunächst in südwestlicher Richtung über die Ausfallstraße Singrou, wenden uns an der Küste nach Südosten und folgen der Straße 91, die am Saronischen Golf entlang und vorbei am ehemaligen Athener Flughafen zunächst nach Glifada führt.

Badeorte an der „Apollokűste"

Glifada zählt zu den noblen Vororten von Athen und weist neben Badestrand und Jachthafen einen **Golfplatz** (18 Loch, 6160 m, PAR 72), 47 Hotels der Kat. L bis D, Nachtclubs und diverse Restaurants auf.

Auf dem weiteren Weg entlang der sog. „Apollokűste", die sich bis zum Kap Sounio hinzieht, passiert man die folgenden Orte. Allerdings beeinflussen die nahe Großstadt und eine manchmal recht unüberlegt wirkende Entfaltung der Infrastruktur und des Bauwesens die Strände und Badeorte nicht unbedingt vorteilhaft.

Vouliagmeni, ein Seebad mit 3 Luxushotels und 12 Hotels der Kat. A bis C, Stränden und Jachthafen.

Varkiza mit seinem Strandbad, mit 7 Hotels der Kat. A bis C und Campingplatz (siehe Athen Info-Teil).

Lagonissi, ein Ferienort mit 3 Hotels der Kat. L, B + C und viel besuchtem Sandstrand und schließlich

Anavissos, ein Badeort mit 7 Hotels der Kat. A bis C.

Kap Sounio, Poseidontempel und Meerblick ★★
tgl. 8.00 – Sonnenuntergang. Eintritt.

Am Südostende der Attica-Halbinsel ragt das felsige **Kap Sounio** ins Ägäische Meer. Auf dem rund 60 m hohen Kap, der „Heiligen Spitze" der alten Griechen, leuchten 15 schneeweiße dorische Marmorsäulen eines antiken **Poseidontempels**. Der Tempel wurde 444 v. Chr. errichtet. Von den marmornen Friesplatten sind 13 erhalten geblieben. Sie zeigen Szenen aus dem Kampf der Kentauren und Taten des Theseus. Die Lage des Heiligtums hoch über dem tiefblauen Meer und der Blick besonders nach Westen ist einmalig schön und zieht natürlich die Besucher aus aller Welt in Scharen an. Viel gerühmt wird das Erlebnis, die Sonne vom Kap Sounio aus untergehen zu sehen.

Kap Sounio Hotels

Praktische Hinweise – Kap Sounio

⌂ Kap Sounio Hotels: **Cape Sounion Beach**, (A), 188 Zi., Plakes bei Km 67, Tel. 02 92/3 93 91, Fax 01 86/1 64 73, Apr. – Okt.; Zimmer im Bungalowstil, kleiner Strand unterhalb der Straße, Halbpension obligatorisch! 2 Restaurants, Taverne, Disco, Schwimmbad, 5 Tennisplätze, Fitnesseinrichtungen, Wassersport, Strand. – Und andere Hotels.

Camping

▲ – Mehrere kleine, relativ einfache Campinggelegenheiten in Strandnähe.

Entlang der Ostküste der Halbinsel Attika folgen wir der Straße bis **Lavrio**. In den Hügeln westlich des Hafenstädtchens wird seit der Anti-

ke nach Silbererz ge-
schürft. Die Bodenschätze
werden über Lavrio ver-
schifft. Einige Kilometer
nördlich der Stadt kann das
Theater des **antiken
Thorikos** besichtigt werden.

➔ **Route Attika
Ausflug:** Der weitere
Verlauf unseres Ausflugs
durch den südlichen Teil
der Halbinsel Attika folgt
ab Lavrio der Haupt-
straße 89 Richtung Athen
bis **Markopoulo** und
zweigen dort nach
Nordosten Richtung **Vra-
vrona/Brauron** ab. ●

Das **Vravrona Heilig-
tum** war in der Antike Kult-
ort der „Artemis Brauronia",
der „Bärengöttin Artemis".
Iphigenie, die Tochter Agamemnons, die geopfert
werden sollte, um günstige
Winde für die Troja-Flotte
der Griechen zu erbitten,
entkam und soll hier die
restlichen Jahre ihres Le-

*der Poseidon-
tempel, Kap
Sounio*

bens verbracht haben und in der Nähe des **Artemistempels** begraben sein. Im Heiligtum dienten junge Priesterinnen, die „Bären" genannt wurden.

Gegenüber dem Artemistempel liegt der einst von Säulenhallen
umgebene Innenhof, zu dem hin sich früher die Wohnzellen der Priesterinnen öffneten.

Ebenfalls auf dem Gelände sind eine frühchristliche **Basilika** aus
dem 6. Jh. und die **St. Georgs Kirche** aus dem 15. Jh. mit Freskenres-
ten zu besichtigen. Im angegliederten **Museum** sind u.a. Statuen der
sog. „Bären"-Priesterinnen zu sehen.

**Artemisheiligtum
von Vravrona**
Ausgrabungen: Do.
– So. 8.30 – 14.30
Uhr. Eintritt.
Museum: tgl. a. Mo.
8.30 – 14.30 Uhr.
Eintritt.

➔ **Route Attika Ausflug:** Den Weg zurück nach Markopoulo
nehmen wir südwärts über **Porto Rafti** (Hotels), einem kleinen
Badeort in einer Bucht am Golf von Petalion. ●

Auf dem weiteren Weg nach Athen kann man in **Peania** von der
Straße 89 nach Westen bergwärts zu den **Koutouki-Tropfsteinhöhlen**

Tropfsteinhöhlen
tgl. 10 – 18 Uhr. Eintritt.

173

abzweigen. In den Höhlen an den Osthängen des Imitos sind schöne Stalagmiten- und Stalagtiten-Formationen zu sehen.

AUSFLUG ZUR INSEL EGINA

Insel Egina/Ägina: Die rund 85 qkm große, im Saronischen Golf vorgelagerte Insel ist ab Piräus mit regelmäßig verkehrenden Schiffen (Tragflügelboote, Autofähren) in rund 1 1/4 Stunden Fahrzeit zu erreichen. Angelaufen wird der Hauptort der Insel, Egina, an der Westküste. Im Sommer bestehen zusätzlich Verbindungen nach Agía Marina an der Ostküste.

In der griechischen Mythologie ist Egina das Königreich Aiakos (Aeakos). Der Hauptort Egina ist an der Stelle eines in der Antike mächtigen Seehafens erbaut, der lange mit Athen konkurrierte.

Nördlich von Egina Stadt sind noch Reste eines dorischen **Apollotempels** aus dem 6. Jh. v. Chr., die Gräber der Stadtgründer *Aeakos* und *Phokos*, Theaterruinen und ein Stadion zu sehen.

In der jüngeren Geschichte Griechenlands spielte Egina eine wichtige Rolle. Es war die erste Hauptstadt des jungen griechischen Staates. *Kapodistrias*, der erste Gouverneur Griechenlands, residierte hier und im **Markelos Turm** trat erstmals die griechische Regierung zusammen. Interessantes archäologisches **Museum**.

Egina Stadt
Restaurants

Egina (Ägina)
Hotels

Praktische Hinweise – Egina

✗ Restaurants: **To Maridaki,** viel besuchte Taverne am Meer, in der Nähe der Kathedrale, gute Fisch- und Grillgerichte zu moderaten Preisen. – Und andere Restaurants.

⌂ Egina Hotels (Tel.-Vorw. 02 97): **Danae** (B), 52 Zi., Apr. – Okt., Kazantzaki 43, Tel. 2 24 24, Fax 2 65 09, Restaurant, Bar, Snackbar, Schwimmbad.
Eginitiko Archontiko (A), 12 Zi., Ag. Nikolaou u. Thomaidou 1, Tel. 2 49 68, Fax 2 67 16; traditionsreiche, gut geführte Pension, in der schon Ioannis Kapodistrias, Griechenlands erster Gouverneur, genächtigt haben soll, eingerichtet in einem schönen alten Herrenhaus im Zentrum von Egina Stadt, neben dem historischen Markelos Turm.

Agía Marina
Apollo (B), 107 Zi., Apr. – Okt., Tel. 3 22 81, Fax 3 26 88, www.saronic.com; recht ansprechend am Meer unterhalb des Tempels von Aphaia gelegenes, einfaches, etwas nüchtern wirkendes, aber relativ preiswertes Hotel, Restaurant, Bar, Meerwasserschwimmbad, Tennis, Wassersport, Felsküste.

Perdika
Moondy Bay (B), 78 Zi., Ostern – Okt., Tel. 6 16 22, Fax 6 11 47, Profitis Ilias, ca. 6 km südlich von Egina Stadt, Restaurant, Tennis, Meerwasserschwimmbad. – Und andere Hotels.

SEHENSWERTES AUF EGINA

Fahrradtour zur
Ostküste

Die Hauptstraße der Insel führt von Egina Stadt ins 14 km entfernte **Agía Marina** an der Ostküste (zahlreiche Hotels). Dort findet man auch den größten **Strand** der Insel.

der Aphaia Tempel auf Egina

Auf dem Weg nach Agía Marina (Möglichkeit zum Ausflug per Mietfahrrad) liegt nach ca. 7 km das Wallfahrtskloster **Ágios Nektarios**. In der Nähe findet man auf einem Hügel Ruinen und Burgreste der ehemaligen Stadt **Paliohora**. Sie war im 17. und 18. Jh. Hauptstadt der Insel und Fluchtstätte bei Piratenüberfällen. Sehenswert sind die Fresken in der ehemaligen Kathedrale und in den verbliebenen 28 von einst weit über 100 Kirchen.

alte Inselhauptstadt

Von Ágios Nektarios führt eine Straße über **Vathi** nordwärts nach **Souvala**, einem hübschen kleinen Hafenort mit schönem Strand und sehenswerter Kapelle im Chryssoleontissa Kloster aus dem frühen 17. Jh.

Die größte Sehenswürdigkeit aber ist der **Aphaia Tempel** (auch Afea Tempel) der auf einem Hügel hoch über dem Meer nördlich von Agía Marina steht. Der recht gut erhaltene dorische Tempel aus dem 5. Jh. v. Chr. gilt als eines der besten Beispiele frühklassischer Baukunst. Gut zu erkennen sind die Cella (Naos), der Opferaltar, die Propyläen und die Priesterwohnungen an der Südseite.

sehenswerter Aphaia Tempel *
tgl. 8.45 – 15 Uhr. Eintritt.

Eine andere Straße führt von Egina südwärts zum etwa 9 km entfernten Fischerhafen **Perdika** (Hotels). Von hier kann man per Boot zur nahen **Insel Moni** gelangen

Insel Moni
▲ – **Camping Nissos Moni**, Tel. 02 97/16 12 42; Anf. März – Ende Okt.; Mietbungalows. Sand-, Kies- und Felsstrand

Insel Moni Camping

PELOPONNES
13. ATHEN – NAFPLIO

⊙ **Entfernung:** Rund 145 km, ohne Abstecher. Argolis-Rundfahrt ca. 225 km.

➔ **Strecke:** Über 8A/E94 über **Elefsina** bis **Korinth** – Straße 7 über **Mykene** und **Argos** bis **Nafplio**.

◔ **Reisedauer:** Mindestens ein Tag. Mindestens ein weiterer Tag für Epidavros-Besuch und Argolis-Rundfahrt.

⌘ **Höhepunkte:** Das **Kloster Dafni ** – das antike **Elefsis *** – der **Kanal von Korinth ***** – das antike **Korinth *** – Mykene ** – **Argos ** – **Tirins ** – das Theater von **Epidauros *****.

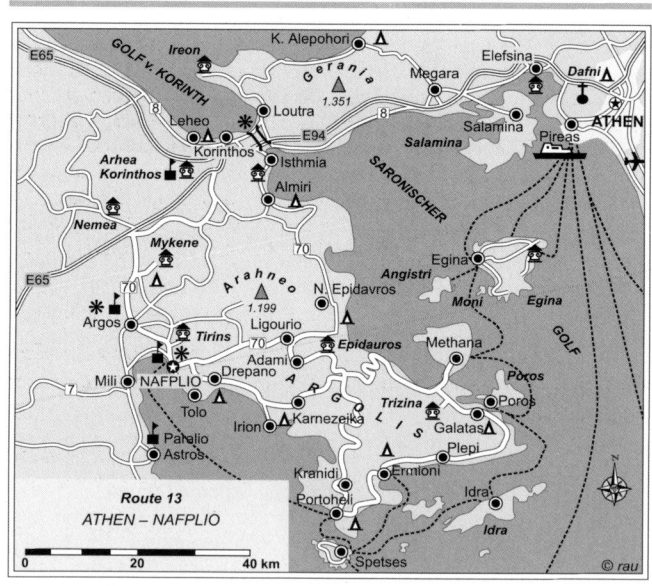

Route 13
ATHEN – NAFPLIO

➔ **Route:** Knapp 10 km westlich von Athen, über die Schnellstraße 8A/E94 Richtung Korinth oder mit Bussen der Linien 864, 853 ab Eleftherias Platz zu erreichen, liegt südlich der Schnellstraße das **Kloster Dafni**. ●

Kloster Dafni **
tgl. a. Mo. 8.30 –
15.00 Uhr. Eintritt.

Das **Zisterzienser-Kloster Dafni** entstand an der Stelle eines antiken Apollo-Heiligtums, in dem der lorbeertragende Apollo „Apollon Daphneios" verehrt wurde. Im Altertum führte hier die „Heilige Straße" von Athen nach Elefsis vorbei.

Die erste Klosterkirche entstand im 5. oder 6. Jh. und war damals schon mit einer zinnenbewehrten Mauer umgeben. Die alte Klosterkir-

176

che wurde im 11. Jh. durch die jetzige Kreuzkuppelkirche mit Narthex ersetzt.

Wie viele andere Stätten in Griechenland, so blieb auch das Kloster Dafni weder von den Kreuzfahrern noch von den Türken verschont und konnte erst im 16. Jh. in den Schoß der Orthodoxen Kirche zurückkehren. In der Zeit nach den Kreuzzügen war die Klosterkirche Grabkirche der aus Frankreich stammenden Herzöge von Athen.

Die große Sehenswürdigkeit des Klosters sind prächtige **Gold-mosaiken**, die zum Besten zählen, was byzantinische Kunst hervorbrachte.

die Mosaiken von Dafni **

Man betritt die Anlage von Osten her und kommt zunächst in den Kreuzgang, eine kleine Oase der Ruhe. An der gegenüberliegenden Westseite stehen Steinsarkophage früherer Herzöge.

Das Kircheninnere betreten wir von der Westseite her und befinden uns zunächst im Narthex. Beachtenswert die Mosaiken. Links des Eingangs in die Kuppelkirche das „Letzte Abendmahl", rechts des Eingangs Szenen aus dem Leben der Jungfrau Maria. Überaus beeihdruckend im eigentlichen Kirchenraum ist das Mosaik in der Zentralkuppel, „Christus Pantocrator", den Allbeherrscher, darstellend. In der Apsis sieht man die Jungfrau Maria mit den Erzengeln Gabriel rechts und Michael links.

Des weiteren sind dargestellt: Im nördlichen Querschiff der „Einzug Jesu nach Jerusalem" (links) und die „Kreuzigung" (rechts). Im südlichen Querschiff die „Auferstehung" und der „Ungläubige Thomas".

Nach Erdbebenschäden war das Kloster um 1982/83 lange Zeit wegen Restaurierungsarbeiten geschlossen und bis in jüngste Zeit gelegentlich kurzzeitig nicht zugänglich.

➔ **Route:** Nach weiteren 10 km biegen wir von der Schnellstraße 8A/E94 noch vor der MautzahIstelle ab nach **Elefsina** (Elefsis, Eleusis) und folgen der Beschilderung zu den archäologischen Stätten. ●

Das antike Eleusis (tgl. a. Mo. 8.00 – 14.30 Uhr. Eintritt.) gehörte zu den zwölf Stadtstaaten auf Attika und war durch die alljährlich hier abgehaltenen Kultfeiern im ganzen Land berühmt.

525 v. Chr. wurde in Eleusis _Äschylos_ geboren, dessen Name durch seine Tragödiendichtungen unsterblich wurde. Heute ist Eleusis umgeben von häßlichen Industrieanlagen und Raffinerien. Der Blick irrt über alte Frachtschiffe und Hafenanlagen. Alles in allem eine Ecke, die sich wirklich nur antun sollte, wer sich stark für die des antiken Eleusis interessiert.

Zu den „**Eleusinischen Mysterien**", einem Fruchtbarkeitskult zu Ehren der Göttin Demeter, trafen sich Wallfahrer aus ganz Griechenland. Sie zogen von Athen aus über die „Heilige Straße" nach Eleusis. Aber nur Eingeweihte, die „Mystei" hatten Zutritt zum eigentlichen Heiligtum. Durch die strikte Geheimhaltung der Riten ist wenig über sie überliefert. Bekannt ist, dass die Hauptfeierlichkeiten im Herbst stattfanden, mehrere Tage dauerten, Opfer und ein zeremonielles Bad beinhalteten, sowie Zeremonien im Allerheiligsten des Telesterion, die mit dem Werden und Vergehen des Lebens zu tun hatten.

Mysterienkult von Eleusis

Demeter überreicht Tripolemos das Weizenkorn

Eleusis Museum
tgl. a. Di. 8.00 –
14.30 Uhr. Eintritt.

Der mehrere Jahrtausende alte Kult wurde bis ins 4. Jh., also noch zur Römerzeit, gefeiert und geht zurück auf mythologische Überlieferungen. Demeter, Göttin der Fruchtbarkeit, hatte der Erde jede Fruchtbarkeit genommen, aus Rache dafür, dass Hades, der Gott der Finsternis, ihre Tochter Persephone geraubt hatte. Auf der Suche nach ihrer Tochter kam Demeter an den Hof des Königs Keleos. Dort wurde die in anderer Gestalt reisende Demeter so herzlich aufgenommen, dass sie aus Dank Triptolemos, dem Sohn des Königs, ein Weizenkorn schenkte und ihn lehrte, wie man es pflanzt.

Man betritt das Heiligtum von Eleusis über den Großen Vorhof. Treppenreste und Säulenbasen lassen die Lage des Eingangsportals der **Großen Propyläen** erkennen. Links (östlich) an den Treppen soll einst der Kallichoron Brunnen gewesen sein, an dem sich Demeter auf der Suche nach ihrer Tochter niederließ.

Unterhalb eines Hügels (Akropolis) geht man nach Norden über den „Heiligen Weg" und kommt zum **Telesterion**, dem kultischen Mittelpunkt des Heiligtums, an dessen Ostseite sich eine kunstvoll abgestufte Steinterrasse erstreckt. Der einstige, überdachte Säulenbau soll Platz für annähernd 3.000 Personen geboten haben.

Über Treppen erreicht man das höher gelegene **Museum** am Rande des Ruinenfeldes. Neben Grabungsfunden und einem Modell des Heiligtums ist die Kopie eines großen Wandreliefs zu sehen, das die Szene darstellt, wie Demeter dem Königssohn Triptolemos das Weizenkorn überreicht. Das Original des Reliefs befindet sich im Athener Nationalmuseum.

➜ **Route:** Wir verlassen das von Industrie- und Raffinerieanlagen umgebene Städtchen **Elefsina**, vor dessen Küste ganze Pulks von stillgelegten Frachtern und Tankschiffen ankern und erreichen, wieder über die Schnellstraße A8/E94 (mautpflichtig), nach rund 55 km den **Kanal von Korinth/Korinthos** am Isthmus von Korinth. ●

Unterwegs kann man in **Megara** zu einem Campingplatz an der Ostküste des Golfs von Korinth abzweigen.

INTERESSANTER UMWEG

Wer gerne abseits eingefahrener Touristenrouten reist und unbefestigte, teils auch schmälere Nebenstraßen nicht scheut, sollte von **Alepohori** am Korinthischen Golf entlang nach Westen fahren. Die Straße führt dann hinauf nach **Pissia** und **Perahora** auf den Höhen des Gerania (Jerania) mit schönem Blick auf den Golf. 12 km weiter westlich liegt **Kap Ireon/Hereion** mit Resten eines Hera-Heiligtums. **Badestrände**.

Schließlich erreicht man über das Kur- und Seebad **Loutraki** (zahlreiche Hotels aller Kategorien) die Hauptstraße 8A/E94 am Kanal von Korinth.

der Kanal von Korinth

Der Kanal von Korinth – Die Idee, die einzige Landbrücke, die das Festland Zentralgriechenlands mit dem Peloponnes verbindet zu durchstechen, hatte man schon in der Antike. Allerdings fehlten damals noch die technischen Mittel dazu, das Vorhaben zu verwirklichen.

Die Möglichkeit aber, den Fracht- und Kriegsschiffen den gut 300 km langen Umweg um den ganzen Peloponnes zu ersparen, um vom Korinthischen in den Saronischen Golf zu gelangen, war so verlockend, dass man bereits Jahrhunderte vor unserer Zeitrechnung darauf verfiel, die Schiffe auf dem Landwege über den Isthmus zu transportieren. 1956 wurde am Westende des Kanals eine Pflasterstraße freigelegt, die noch deutliche Rad- und Schleifspuren aufweist. Auf ihr wurden die zuvor entladenen Schiffe auf „Diolkos" genannten Karren oder auf Holzrollen von einem Golf zum anderen gezogen. Weit über tausend Jahre lang bediente man sich dieser Praktik.

Erst 1882 wurde mit dem Bau des Kanals begonnen, der nach einigen finanziellen Schwierigkeiten 1893 fertiggestellt werden konnte. Der Wasserweg ist 6,3 km lang, oben 25 m, unten 21 m breit. Die nahezu senkrechten Wände des schnurgeraden Kanals ragen an der höchsten Stelle knapp 80 m aus dem Wasser, das etwa 8 m tief ist. Von der Straßenbrücke hat man einen guten Blick auf Kanal und Eisenbahnbrücke.

179

Isthmia Heiligtum und Museum
tgl. a. Mo. 8.00 – 15.00 Uhr. Eintritt frei.

Am Ostende des Kanals, über die Straße 70 Richtung Epidavros zu erreichen, liegt **Isthmia**. Knapp einen Kilometer westlich des Ortes trifft man auf die archäologische Stätte des antiken **Heiligtums von Isthmia**. Bislang wurden ein Poseidontempel aus dem 5. Jh. v. Chr. und Reste eines Theaters freigelegt. Im angeschlossenen **Museum** werden Grabungsfunde aus Isthmia und dem weiter südlich gelegenen Kehries (Kechreai) ausgestellt. Außerdem sind auf dem Gelände Reste eines frühen Kirchenbaus aus dem 4./5. Jh. zu sehen.

Über die Küstenstraße 70, die hier entlang des Saronischen Golfs nach Süden führt, erreicht man nach knapp 6 km **Kehries**. Kehries war im Altertum der saronische Hafen der Stadt Korinth. Der Apostel Paulus soll hier im Jahre 51 gelandet sein. Römische Hafenanlagen sind am Ufer unter dem Wasserspiegel noch zu erkennen.

Almiri Camping

▲ – **Camping Biarritz**, Tel. 07 41/3 34 41; Anf. Jan. – Ende Dez.; ebenes, teils schattiges Gelände jenseits des Strandweges; 1 ha – 70 Stpl.; Laden, Imbiß; naher Kiesstrand.

Das **Korinth/Korinthos** unserer Tage, das westlich des legendären Kanals liegt, ist eine Stadt mit annähernd 24.000 Einwohnern. Sie wurde erst 1858 hier erbaut, nachdem die frühere, weiter landeinwärts gelegene Stadt von einem Erdbeben zerstört worden war.

Korinth Restaurants

Hotels

Camping bei Korinth

Praktische Hinweise – Korinth

✗ Restaurants: **Tassos**, urige Taverne mit Folkloremusik.

⌂ Korinth Hotels (Tel.-Vorw. 07 41): **Korinthos** (C), 34 Zi., Damaskinou 26, Tel. 2 67 01, Fax 2 36 93.
Ephira (C), 45 Zi., am Isthmus, Kanal von Korinth, Tel. 2 24 34, Fax 2 45 14. – Und andere Hotels.

Leheo/Lecháon
▲ – **Camping Blue Dolphin**, Tel. 07 41/2 57 66, Fax 8 59 59; Anf. Apr. – Ende Okt.; ca. 6 km westl. Korinthos, bei **Leheo** (Lecháon), zwischen Küstenstraße und Meer; ebenes Gelände mit teils dichtem Bewuchs, Mattendächer; bis an den Sand- und Kiesstrand reichend; 2 ha – 190 Stpl.; Standardausstattung; Laden, Imbiß.

Isthmia
– **Camping Isthmia Beach**, Tel. 07 41/3 74 47, Fax 3 77 10; Anf. Apr. – Ende Okt.; ca. 8 km östlich von Korinth; fast ebenes Gelände mit Bäumen und Mattendächern, bis an den Strand am Saronischen Golf reichend, in ansprechender Lage; ca. 3 ha – 150 Stpl.; Standardausstattung; Laden, Imbiß.

➜ **Route:** Wenige Kilometer nach Korinth zweigen wir von der Schnellstraße 8A/E65 nach Süden auf die Straße 7 ab und erreichen nach ca. 4 km das Ruinenfeld von **Arhea Korinthos/Alt-Korinth**. Dahinter erhebt sich im Süden der mächtige Burgberg **Akro-korinth**. ●

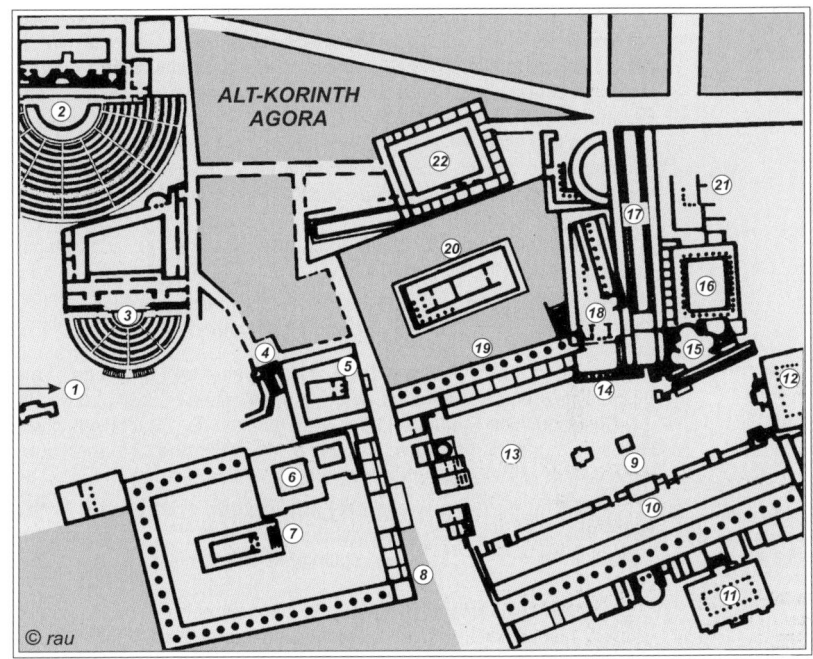

ALT-KORINTH, AGORA – *1 Eingang, 2 Theater, 3 Odeon, 4 Glaukebrunnen, 5 Heratempel, 6 Museum, 7 Tempel der Octavia, 8 Westläden, 9 Bema, 10 Süd-Stoa, 11 Süd-Basilika, 12 Basilika Julia, 13 Agora, 14 Propyläen, 15 Peirene-Quelle, 16 Apolloheiligtum, 17 Lechaion Straße, 18 Basilika, 19 Nordwest-Stoa, 20 Apollotempel, 21 Eurykles-Bäder, 22 Nordmarkt*

ALT-KORINTH

Das **archaische Korinth** war eine der mächtigsten und reichsten Städte des antiken Griechenland. Der Mythologie zufolge wurde Korinth von Sisyphus gegründet. Sisyphus, ein Sohn des Äolos, hatte allerdings die Götter betrügen wollen und war dafür bestraft worden. In der Unterwelt mußte er fürderhin einen riesigen Stein bergauf wälzen. Endlich oben, rollte der Felsen jedesmal wieder nach unten.

Sisyphus' Nachfolger war sein Sohn Glaukos, dessen Sohn Bellerophontes wiederum auf dem geflügelten Roß Pegasus reitend, das Ungeheuer Chimära im kleinasiatischen Königreich Lykien tötete.

Ein anderer legendärer König von Korinthos war Kreon. An seinem Hofe lebte Jason nach seiner Argonautenfahrt mit seiner Frau Medea. Medea endete in wahnsinniger Verblendung und tötete schließlich aus Eifersucht ihre drei Kinder in der Nähe des Kap Ireon (Hereion).

Korinth nutzte seine handelspolitisch und strategisch wichtige Lage zwischen den beiden Golfen. Durch seine beiden Häfen, Lechaeon am Golf von Korinth und Kenchreai am Saronischen Golf, kam es zu Reichtum und Ansehen. Waren aus dem ganzen damals bekannten Mittelmeerraum wurden in Korinth umgeschlagen.

181

Im 8. Jh. v. Chr. wurde Korinth selbständiges Königreich und führte um das 5. Jh. v. Chr. die Liga der griechischen Stadtstaaten an. In die Zeit des 8. Jh. fällt auch die Gründung der Stadt Syrakus durch Korinth. Die Ausbreitung der Einflußsphäre Korinths war einer der Auslöser des Peloponnesischen Krieges 431 v. Chr.

In der Blütezeit der Stadt war Korinth bekannt für seinen Luxus, aber auch für seine laszive Lebensweise vieler seiner Bürger. Die Kurtisanen von Korinth, die im Dienste eines illustren Aphroditekults standen, waren in der antiken Welt wohlbekannt.

Mit der Zerstörung der Stadt durch den römischen Konsul Mummis im Jahre 146 v. Chr. ging die glanzvolle Zeit zu Ende. Aber schon hundert Jahre später war Korinth, nun als *Colonia Julia Corinthiensis* bekannt, wieder eine blühende Stadt und die Metropole der römischen Kolonie.

Mitte des 1. Jh. predigte der Apostel Paulus hier und redete den Bürgern mit seinen „Korintherbriefen" ins Gewissen.

Der endgültige Niedergang der Stadt ging mit dem Machtverlust des Römischen Imperiums einher. Byzantiner, Venezier und Osmanen nutzten nur noch die strategisch wichtige Lage des Burgbergs.

archäologische Stätte Alt-Korinth
*
Jul. – Okt. 8.00 – 19.00 Uhr. Eintritt.

Vom Eingang (1) in die **archäologische Stätte von Arhea Korinthos** führt der Weg zunächst zum **Museum (6)**, das Funde aus Alt-Korinth wie Vasen, Münzen, Skulpturen und römische Statuen ausstellt.

Nördlich des Museums liegt der **Glaukebrunnen (4)**, benannt nach Glauke, Jasons zweiter Frau. Diese Liaison veranlaßte Medea (s.o.) zu ihrer Bluttat.

Weiter ostwärts liegt linkerhand etwas erhöht der **Apollotempel (20)**. Sieben der einst 38 dorischen Säulen an der Ostseite des aus dem 6. Jh. v. Chr. stammenden Baus stehen noch aufrecht.

Südlich davon liegt die **Große Agora (13)**, die vor allem zur Römerzeit von kleineren Tempeln und Geschäften umgeben und an der Südseite durch eine Stoa (10) abgeschlossen gewesen sein soll. An der Ostseite der Agora die Julia Basilika (12), in römischer Zeit ein Versammlungsplatz.

An der Nordostecke der Agora liegt das **Brunnenhaus der Peirene (15)** neben den Propyläen (14). Das Brunnenhaus mit seinen Bögen und Nischen stammt aus dem 6. Jh. und ist eines der eindrucksvollsten Baudenkmäler von Alt-Korinth.

Akrokorinthos herrlicher Blick vom Burgberg

Vom Ruinenfeld führt eine Fahrstraße durch den Ort und dann nach Süden in Kurven hinauf auf den **Burgberg Akrokorinthos** (knapp 4 km). Man sollte den Abstecher nicht auslassen, denn der **Blick** von der 575 m hochgelegenen Burg ist überaus eindrucksvoll. Die heute sichtbaren, gewaltigen Mauern der Festung stammen aus byzantinischer Zeit. Venezianer, Franken und Türken erweiterten die Anlage.

➜ **Route:** Von Alt-Korinth zur Straße 7 und weiter südwärts. Nach ca. 38 km erreichen wir den Abzweig nach **Mykene/Mykenae/Mikines.** ●

Etwa 11 km südwestlich von Alt-Korinth kann man in das unweit nördlich der Schnellstraße E65 gelegene **Nemea** abzweigen. Dort findet man am Ortsrand das **antike Nemea,** das vor allem seines recht gut erhaltenen Stadions und seines kleinen Museums wegen einen Abstecher lohnt.

korinthische Säulen in Arhea Korinthos

Praktische Hinweise – Mykene (Mikines)

✂ Restaurants: **Café-Bar Ellinas,** in der Hauptstraße, einladende Taverne mit einfacher Küche. – Und andere Restaurants.

▢ Mykene Hotels (Tel.-Vorw. 07 51): **La Petite Planete** (B), 29 Zi., Ch. Tsounta, Tel. 6 62 40, Fax 7 66 10. Restaurant. – Und andere Hotels.

▲ – **Camping Atreus**, Tel. 07 51/7 62 21, Fax 7 67 60; Anf. Jan. – Ende Dez.; am westl. Ortsrand nördl. der Straße; ebenes, erdiges Gelände; 1 ha – 60 Stpl., gute Standardausstattung, Laden, Imbiß, Schwimmbad.
– **Camping Mykenae**, Tel. 07 51/7 61 21, Fax 7 68 50; Anf. Jan. – Ende Dez.; zentrumsnah im Ort; kleiner, ebener Platz, Mattendächer; 0,5 ha – 50 Stpl.; einfache Standardausstattung; Laden, Imbiß.

Mykene (Mikines)
Restaurants

Hotels

Camping

MYKENE

Etwa 2 km nach dem Ort Mykene (Mikines) liegt das **antike Mykene.** Auf einem flachen Hügel, der strategisch klug gewählt ist und die ganze Argolis-Ebene beherrscht, erhebt sich die von der fast vollständig erhaltenen **Zyklopenmauer** umgebene **Akropolis.** Nur noch Grundmauern und Reste sind von der einst so glanzvollen, eine ganze Epoche prägenden Stadt übrig geblieben.

das epochema-chende Mykene
tgl. 8.00 – 19.00 Uhr, feiertags geschl. Eintritt.
mächtige Stadtmauer *

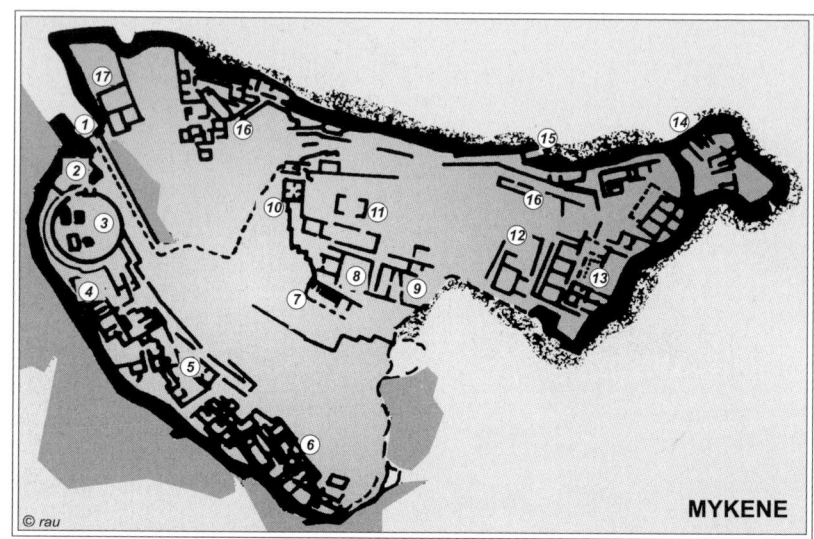

MYKENE

© rau

MYKENE – 1 Löwentor, Eingang, 2 Getreidespeicher, 3 Gräberrund A, 4 Haus der Kriegervase, 5 Tempel, 6 Wohnhaus der Priester, 7 Große Treppe, 8 Großer Palasthof, 9 Megaron, 10 Propyläen, 11 Palast, 12 Werkstatt der Künstler, 13 Haus der Säulen, 14 Pforte, Zisterne, 15 Nordtor, 16 Magazine, 17 Wachhaus

das Löwentor ** (1)

Durch das mächtige und prachtvolle **Löwentor (1)** betreten wir das „goldreiche Mykene", das „im Winkel der rossenährenden Argos" (Homer) liegt. Das Löwentor, benannt nach den beiden Löwenskulpturen, die an einem Säulensockel stehend symbolisch die Stadt bewachen, wurde 1.250 Jahre vor unserer Zeitrechnung errichtet. Es zählt zu den ältesten Monumentalskulpturen ganz Europas. Zur gleichen Zeit entstand auch der westliche und südliche Teil der Mauer. Die Nordmauer, mit einem bescheideneren Tor, ist noch älter.

Hinter dem Löwentor liegen rechts die Reste eines Getreidespeichers (2), danach kommen wir zu dem markanten **Gräberrund A (3).**

1874 grub hier Heinrich Schliemann fünf Gräber aus. Schliemann war ein glühender Verehrer der griechischen Antike und felsenfest davon überzeugt, dass Homers Ilias keineswegs eine Sammlung erfundener Geschichten ist, sondern handfeste Tatsachen beschreibt. Nach seiner sensationellen Entdeckung Trojas (was ihm lange niemand glauben wollte) machte Schliemann hier die einmalig schönen Funde: Die Goldmaske, Goldgefäße, Schmuckstücke und Bronzedolche mit filigranen Einlegearbeiten aus Gold. Die Gegenstände sind im Archäologischen Nationalmuseum in Athen zu bewundern.

Neben dem Gräberrund führen Treppen und eine Rampe hinauf zum Plateau, auf dem einst der **Palast (11)** stand. Das ganze Plateau ist übrigens wie die ganze Stätte völlig schattenlos. Eine Besichtigung in der Mittagszeit heißer Sommertage kann deshalb ziemlich anstrengend sein.

Außerhalb der Akropolis liegt zwischen Löwentor und Parkplatz, südlich des Zugangs, das sog. **„Gräberrund B"**, das 1951 ausgegraben wurde. Dort sind die „Grabkammer der Klytämnestra", ein Kuppelgrab aus dem 14. Jh. v. Chr. und die „Grabkammer des Ägisthos" zu besichtigen (Taschenlampe nützlich!).

Eingang zur „Grabkammer des Agamemnon"

Auf dem Weg zurück zum Ort Mykene liegt rechts der Straße das sog. **„Schatzhaus des Agamemnon"**, auch „Grabkammer des Agamemnon" genannt. Dieses bislang größte entdeckte Kuppelgrab stammt aus dem 13. Jh. v. Chr. Ein 36 m langer gemauerter Schachtgang führt zum über 5 m hohen Portal, über dem eine ähnliche dreieckige Öffnung liegt, wie die über dem „Löwentor". Die runde innere Kuppelhalle ist knapp 13,5 m hoch und hat einen Durchmesser von gut 14,5 m. Ein Durchgang führt in eine kleinere Seitenkammer, die möglicherweise zur Aufnahme der Grabbeigaben diente.

➔ **Route:** Der weitere Verlauf unserer Route führt zunächst zurück zur Hauptstraße 7 und südwärts nach **Argos**. ●

ARGOS ist eine der ältesten Städte in Griechenland. Schon von weitem erkennt man die Festungsmauern auf dem 290 m hohen **Larissa-Berg** und auf halber Höhe an dessen östlicher Flanke die weißen Mauern der Kirche *Panagía tou Vrachou* (Jungfrau zum Felsen). Beide Stätten kann man besichtigen. Zur Kirche führt von der Phoroneus Straße am nordwestlichen Stadtrand ein Treppenweg hinauf.

Auf den Larissa-Hügel gelangt man auf einem Fußweg, der an der Straße nach Tripoli bei den Ausgrabungsstätten beginnt. Gehzeit ca. 45 Min. Oder man benützt den Fahrweg, der beim Aufgang zur „Felskirche" beginnt und im Norden um den Hügel in Serpentinen zu dessen Westseite führt.

Argos Blick vom Festungshügel

TRAGÖDIEN IM ANTIKEN MYKENE

Im Palast von Mykene spielten sich Dramen und Tragödien ab, die Dichtern der Antike reichen Stoff boten. Skandale in Königshäusern sind also beileibe keine Mode unserer Mediengesellschaft. Schon die alten Griechen .... Und wenn man erfährt, wie die adeligen Damen und Herren in der Antike ihre „Beziehungskisten" regelten, kommen einem die in der Yellow Press unserer Tage durchgehechelten Mitglieder der High Society vor wie tumbe Mauerblümchen.

Einer der ersten Könige im Süden Griechenlands war Pelops. Er gründete Mykene und der Peloponnes erhielt von ihm seinen Namen. Pelops hatte zwei Söhne, Atreus und Thyestes. Atreus wurde Nachfolger auf dem Thron. Thyestes war darüber aber so neidisch, dass er zuerst Atreus' Gemahlin verführte und dann auch noch eine Palastrevolte versuchte. Atreus verbannte daraufhin seinen Bruder vom Hofe. Nach einem Jahr kam Thyestes reumütig zurück und bat um Vergebung. Der rachsüchtige Atreus heuchelte aber nur Verzeihung und lud seinen Bruder zu einem Versöhnungsmahl. Atreus hatte jedoch hinterrücks die Söhne des Thyestes ermorden lassen und setzte sie diesem nun vor.

Agamemnon, Sohn des Atreus, wurde später der Nachfolger seines Vaters und kam auf den Thron von Mykene. Menelaos, der Bruder von Agamemnon, wurde König von Sparta. Die Brüder heirateten die Töchter König Tyndareos' und dessen Frau Leda. Diese Töchter waren keine geringeren als Klytämnestra und Helena. Die Damen sorgten für turbulente Zeiten in Griechenlands früher Geschichte.

Die mit Schönheit überreich gesegnete Helena wurde von Paris, Sohn des Königs von Troja, nach Troja entführt. Daraufhin entbrannte der Trojanische Krieg, der zehn Jahre dauerte und erst durch die List mit dem hölzernen Pferd des klugen Odysseus ein Ende fand.

Während nun Agamemnon siegreich vor den Mauern Trojas kämpfte, wurden seiner Frau Klytämnestra in Mykene die zehn Jahre wohl etwas lang und so tröstete sie sich in den Armen des Ägisthos, dem einzigen noch lebenden Nachkommen des Thyestes.

Als Agamemnon endlich ruhmreich nach Hause kam, beugte seine Frau den zu erwartenden Problemen vor und tötete Agamemnon gleich nach dessen Rückkehr mit Hilfe ihres Geliebten Ägisthos. Diese frevelhafte Tat rächten nun wieder die Kinder des Agamemnon, Orestes und Elektra. Orestes wurde König von Mykene. Unter seinem Sohn Tisamenos begann ausgangs des 12. Jh. v. Chr. der Niedergang der glanzvollen Zeit Mykenes.

Die Burg entstand um das Jahr 1000 auf antiken Mauerresten und wurde von den Franken, später von Venezianern und Türken weiter befestigt. Schöner Blick auf die Stadt und die Argolis.

antikes Argos
tgl. 8.30 – 15.00 Uhr. Eintritt frei.

Noch im südwestlichen Stadtbereich liegen beiderseits der Straße 7 nach Tripoli Reste des **antiken Argos**. An der östlichen Straßenseite erstreckt sich der Platz der Agora, den einst 18 Tempel schmückten. Die Agora stammt aus dem 5. Jh. v. Chr. Der Gotenkönig Alarich und seine Mannen zerstörten in den letzten Jahren des 4. Jh. n. Chr. den Platz gründlich.

An der westlichen Straßenseite wurden ein Theater, ein römisches Odeon, Thermen und ein Aphrodite-Heiligtum ausgegraben.

Das **Archäologische Museum** (Odos Olga/Odos Nikitara) im Stadt-zentrum stellt Funde aus Argos aus; darunter sind Vasen aus verschie-denen Epochen, eine bronzene Rüstung eines archaischen Kriegers, Statuen, Büsten und Mosaiken aus spätrömischer Zeit.

Archäologisches Museum Argos tgl. a. Mo. 8.30 – 15.00 Uhr. Eintritt.

Wer sich eingehender mit der Zeit der Antike beschäftigt, wird über Chonikas und über nicht sehr guten Straßen noch 8 km nach Nordosten zum **Hera Heiligtum Ireon (Hereion)** fahren, das seine Blütezeit im 5. Jh. v. Chr. hatte.

Abstecher zum Hera Heiligtum

⬙ Argos Hotels (Tel.-Vorw. 07 51): **Mycenae** (C), 24 Zi., Aghious Petrou Platz 12, Tel. 2 87 54, Fax 6 83 32.
Telessila (C), 32 Zi., Danaou 2 u. Vas. Olgas, Tel. 2 83 17, Fax 6 83 17. – Und andere Hotels.

Argos Hotels

➔ **Route:** Von Argos führt unser Weg über die Straße 70 südostwärts nach **Nafplio**. ●

TIRINS

5 km vor Nafplio liegt links der Straße die archäologische Stätte von **Tirins (Tiryns)**. Nur noch die fast 4.000 Jahre alte, mächtige **Zyklopenmauer** (ca. 1800 v. Chr.) und einige Fundamentsreste sind erhalten. Das einst so wehrhafte Tirins soll noch älter als Mykene und bereits 3000 Jahre vor unserer Zeitrechnung gegründet worden sein.

Der Sage nach wurde **Herakles** (Herkules) in Tirins geboren. Dieser bedeutende Held und Halbgott in der griechischen Mythologie war ein Sohn des Zeus und der Alkmene (Gattin des Amphitryon, König von Tirins). Seinen Ruf begründete Herakles durch zwölf Heldentaten, die ihm von König Eurystheus aus Argos als Sühne für Herakles' Mord an seinen Kindern aufgetragen wurden.

Zu den Taten zählten: Das Erlegen des Nemeischen Löwen, Töten der neunköpfigen Hydra,

TIRINS
— Karte mit Beschriftungen: UNTERBURG, OBERBURG, N
① ⑪ ② ③ ⑩ ⑨ ④ ⑪ ⑧ ⑦ ⑤ ⑥
© rau

*die Zyklopen-mauer von Tirins ***
tgl. 8.00 – 19.00 Uhr. Eintritt.

BURG VON TIRINS

1 Nordpforte
2 Rampe
3 Haupttor
4 Treppenweg
5 Magazine
6 südliche Kase-matten
7 große Propy-läen
8 innerer Palast-hof
9 Megoron
10 Turm
11 Kyklopen-mauern

die zwölf Hel-dentaten des Herakles

Einfangen der Hirschkuh Kerynitis, Jagen des erymanthischen Ebers, Ausmisten der Ställe des Augias, Verjagen der Raubvögel Stympaliden, Bändigen des Minos-Stiers, Einfangen der menschenfressenden Pfer-

187

de des Königs Diomedes, den Gürtel der Amazonenkönigin Hippolyta rauben, Stehlen der Herden des Riesen Geryones, Entwenden der goldenen Äpfel der Hesperiden und schließlich das Entfernen des Höllenhundes Zerberus aus der Unterwelt.

1876 begann Heinrich Schliemann mit Grabungen, die er 1884 zusammen mit Dörpfeld fortführte.

NAFPLIO (NAUPLIA)

erste Hauptstadt des Staates Griechenland

Nafplio/Nauplia liegt sehr hübsch auf einem felsigen Landvorsprung am Argolischen Golf. Überragt wird die Stadt von zwei gewaltigen Festungsanlagen, der Zitadelle „Akronafplio" und dem „Palamidi Fort" südlich der Stadt.

Nafplio, angeblich von Palamidis, einem Sohn des Meeresgottes Poseidon, gegründet, war im Altertum nicht viel mehr als die Anlegestelle der Schiffe, die Fracht für Argos hatten. Erst im 12. Jh. bauten Byzantiner das Kastell Akronafplio auf vorchristlichen Mauerresten auf. Später waren Franken, Venezianer und Türken in Nafplio die Herren.

Nach den siegreichen Freiheitskämpfen wurde Nafplio 1828 die erste Hauptstadt des neugegründeten Staates Griechenland. Der erste Gouverneur des jungen Staates, Kapodistrias, wurde in Nafplio in der **Kathedrale Ágios Georgios (9)** vereidigt. Der aus Bayern gebetene Wittelsbacher Otto leistete hier seinen Treueid als erster griechischer König der Neuzeit. Und in Nafplio war es auch, wo die erste griechische Nationalversammlung nach der Befreiung gegründet wurde, die noch 1822 in einer ehemaligen Moschee südlich des zentralen Sindagma-Platzes (Platz der Verfassung) erstmals zusammentrat. An dem Platz findet man Lokale wie z.B. das renommierte Restaurant Hellas.

König Otto verlegte die Hauptstadt 1934 nach Athen. Nafplio ist seitdem nicht viel mehr als ein Provinzstädtchen, das weniger große antike Schätze präsentiert, als vielmehr auf seine jüngere Vergangenheit stolz ist.

Nafplio Museen (4, 6)
tgl. a. Mo. 8.30 – 15.00 Uhr, feiertags geschlossen. Eintritt.

Neben einem Besuch des **Archäologischen Museums (6)** am Sindagma-Platz (7) und dem **Regionalmuseum (4)** mit Trachten, folkloristischen und volkskundlichen Ausstellungen nördlich der Amalias Straße, ist ein Bummel von der Altstadt hinauf zum **Kastell Akronafplio** zu empfehlen.

schöner Blick vom Palamidi Fort *
8.00 – 18.45. Eintritt.

Auch das **Palamidi Fort** kann über einen endlos langen, steil ansteigenden Treppenweg (angeblich 999 Stufen) erreicht werden. Einfacher ist es, wenn man mit dem Auto von Südosten her bis zum Osttor der Festung fährt. Von der Nordwestbastion hat man einen herrlichen Blick auf die Stadt, zur Burg Akronafplio und zum Festungsinselchen **Bourzi**. Vom Hafen verkehren Boote zur Insel Bourzi.

Lohnend ist auch ein Spaziergang vom Hafen südwärts um die Landspitze (Lokale, Cafés) bis zur **Arvanitia Bucht** an der Südseite der Stadt, mit Strand.

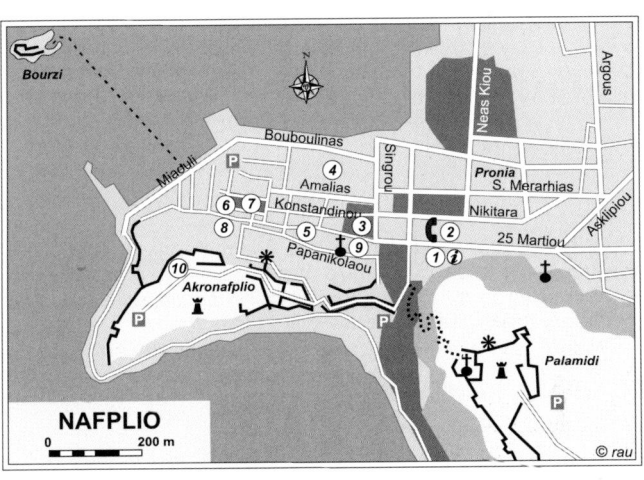

NAFPLIO

1 Information
2 alter Bahnhof
3 Postamt
4 Regionalmu-
  seum
5 Ág. Spyridonos
6 Archäologi-
  sches Museum
7 Sindagma Platz
8 sog. Parlament,
  ehem. Vouleftiko
  Moschee
9 Ágios Georgios
  Kathedrale
10 Xenia Palace
  Hotel

Praktische Hinweise – Nafplio

Nafplio Telefonvorwahl: 07 52

☎ **Touristen Information,** Martiou 25, Platía latrou, 21100 Nafplio, Tel. 2 44 44.

Nafplio

✕ Restaurants: **O Arapakos**, an der Uferstraße Bouboulinas 81, gute griechische Küche, erschwingliche Preise.

Hellas, Vas. Konstantinou 1, beim Archäolog. Museum am Syntagma Platz, hier ißt man gut und preiswert.

Savouras, einfache Taverne an der Uferstraße Bouboulinas 79, gute Fischgerichte, moderate Preise.

Ta Fanaria, im Zentrum, Staikopoulos 13, zählt zu den besten Restaurantadressen in Nafplio, moderate Preise, Spezialitäten sind u.a. gegrillte Lammrippchen, oder gefüllte Auberginen, oder verlassen Sie sich einfach auf die Empfehlungen des Obers. – Und andere Restaurants.

Restaurants

⌂ Nafplio Hotels (Tel.-Vorw. 07 52): **Amalia** (A), 173 Zi., Argous 93, Tel. 2 44 01, Fax 2 44 40, www.amalia.gr; rund 3 km außerhalb Richtung Tirins, einladendes Haus der oberen Mittelklasse, Schwimmbad, Strand in der Nähe, drei Restaurants, Cafeteria, Hotelgarten.

Dioscouri (C), 51 Zi., Zigomala u. Vyronos 7, Tel. 2 85 50, Fax 2 12 02; gut geführtes, familiäres Mittelklassehotel, einfach, aber relativ preiswert, von den meisten Zimmerbalkonen Blick zum Hafen, Restaurant.

Victoria (C), 37 Zi., Spiliadou 3, Tel. 2 74 20, Fax 2 75 17, relativ einfaches Haus im Stadtzentrum, moderate Preise, für Autofahrer etwas problematisch wegen der Parkplatzfrage.

Hotels

☑ *Mein Tipp!* **Xenia Palace** und Bungalows (L), 54 Zi., Tel. 2 89 81, Fax 2 89 87, gutes Firstclass Hotel, gehobene Preisklasse, in der Stadt in den Mauern der alten Frankenfestung Akronafplio, von vielen Zimmern schöner Blick vom Hafen und zur Insel Bourzi, vom Hotel führt ein Fahrstuhl durch den Felsen zu einem Fußgängertunnel, durch den man direkt in die Stadt gelangt, Restaurant, Snackbar, Disco, Schwimmbad, Konferenzeinrichtungen, Parkplatz. – Und andere Hotels.

189

Nafplio
Jugendherberge

Jugendherberge, Argonaufton 15, nahe der Bushaltestelle Fanasina, Tel. 2 77 54.

Die Nordostküste des Argolischen Golfs ist zwischen Nafplio und Irion reich bestückt mit **Stränden**, Hotelanlagen und Campingplätzen.

Hotels zwischen Tolo und Irion

Praktische Hinweise

Tolo

⌂ Tolo Hotels (Tel.-Vorw. 07 52): **Aris** (C), 30 Zi., März – Okt., Aktis 28, Tel. 5 92 31, Fax 5 95 10, www.skai.gr; die Zimmer mit Meerblick sind die bessere Wahl, Restaurant.
Minoa (C), 44 Zi., Aktis 46, Tel. 5 92 07, Fax 5 97 07, www.georgidakis-minoa.com; einfaches, ordentliches Haus am Meer, Restaurant.
Solon (B), 28 Zi., Apr. – Okt., Bouboulinas 5, Tel. 5 92 04, 5 91 54, Restaurant, Cafeteria, eigener Strand, Parkplatz.
Tolo (C), 39 Zi., März – Nov., Bouboulinas 15, Tel. 5 92 48, Fax 5 96 89, www.hoteltolo.gr; Restaurant. – Und zahlreiche andere Hotels, auch im benachbarten **Drepano**.

Camping zwischen Tolo und Irion

Tolo

▲ – **Camping Lido II**, Tel. 07 52/5 93 96; von Assini Richtung Tolo; Anf. Mai – Ende Okt.; terrassierter Olivenhain, Mattendächer; 3 ha – 250 Stpl.; Standardausstattung; Laden, Imbiß; zum Strand über die Straße.

Assini

– **Camping Assini Beach**; Tel. 07 52/9 23 96; Mitte Apr. – Mitte Okt.; östl. Assini Abzweig meerwärts; ebenes Gelände bis fast an den Strand reichend, Schatten durch Bäume und Mattendächer; 1,5 ha – 120 Stpl.; Dauercamper; gute Standardausstattung; Laden, Imbiß, naher Strand.
– **Camping Kastraki**, Tel. 07 52/5 93 86, Fax 5 95 72; Mitte Apr. – Mitte Okt.; östl. Assini meerwärts; überwiegend eben, mit Baumbestand, Mattendächer, ansprechend und relativ ruhig gelegen, bis an den Strand reichend; 2,5 ha – 150 Stpl.; Komfortausstattung; Laden, Imbiß; Tennis; Sand- und Kiesstrand.

Drepano

– **Camping Argolic Strand**, Tel. 07 52/9 23 76, Fax 9 27 48; Mitte Jan. – Ende Dez.; am Plaka Strand; langgestreckter Platz mit Bäumen und Sträuchern, Mattendächer, teils recht kleine Stellplätze; 1,5 ha – 140 Stpl.; gute Standardausstattung; Dauercamper; Laden, Imbiß, Sand- und Kiesstrand.
– **Camping Plaka Beach**, Tel. 07 52/9 21 94; Anf. Apr. – Ende Okt.; am Plaka Strand; eben mit Laubbäumen und Mattendächern; 2 ha – 150 Stpl.; Standardausstattung; Laden, Imbiß; Schwimmbad, Tennis, Sand- und Kiesstrand.
– **Camping Triton**, Tel. 07 52/9 22 28, Fax 9 25 10; Mitte März – Mitte Okt.; am Plaka Strand, eben, mit Schattenbäumen und Mattendächern; 1,5 ha – 100 Stpl.; gute Standardausstattung; Dauercamper; Laden, Restaurant; Sand- und Kiesstrand.

Irion/Iria

– **Camping Poseidon**, Tel. 07 52/9 43 41; Anf. Apr. – Ende Okt.; westl. des Ortes zwischen Straße und Strand; eben, teils sandig, Baumschatten, Mattendächer; 1,5 ha – 100 Stpl.; Dauercamper; Standardausstattung; Laden, Taverne; Sand- und Kiesstrand.
– **Camping Iria Beach**, Tel. 07 52/9 42 53, Fax 9 42 53; Ende Apr. – Anf. Okt.; westl. des Ortes, jenseits der Straße; eben, Baumbestand, Mattendächer; 1 ha – 50 Stpl.; Standardausstattung; Laden, Imbiß; zum Strand über die Straße.
– Und andere Campingplätze.

ARGOLIS-RUNDFAHRT

➜ **Route: Epidauros/Epidavros** liegt ca. 28 km östlich von Nafplio und ist über die kurvenreiche Hauptstraße 70 relativ rasch zu erreichen. Hält man sich bereits östlich von Nafplio an der Küste auf, kann man sich einer teils unbefestigten Querverbindung über Karnezeika nach Trahia bedienen, um nach Epidauros zu gelangen. ●

EPIDAUROS

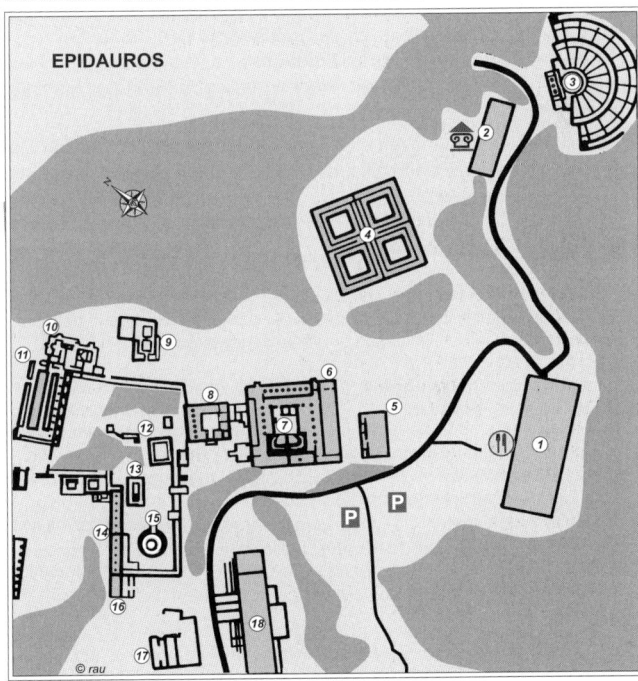

EPIDAUROS

EPIDAUROS

1 Xenia Hotel und Restaurant
2 Museum
3 Theater
4 Katagogion (Gästehaus)
5 Bad
6 Gymnasion
7 Odeon
8 Palästra, Kotis-Halle
9 Asklepios und Apollotempel
10 Römische Thermen
11 Säulenhalle
12 Priesterhaus
13 Asklepiostempel
14 Abaton (Schlafhalle)
15 Tholos
16 Brunnenhaus
17 Palästra (Athletenräume)
18 Stadion

In Epidauros befand sich im Altertum das **Heiligtum des Asklepios**. Der griechischen Mythologie zufolge war Asklepios ein Sohn des Apollon und der Koronis. Sein Erzieher, ein Kentauer, unterwies ihn im Umgang mit heilenden Kräutern und Pflanzen. Asklepios vollbrachte bald wunderbare Heilungen. Sogar Tote soll er wiedererweckt haben. Das allerdings erzürnte die Götter. Schließlich setzte Zeus dem Dasein des Asklepios durch einen Blitzstrahl ein Ende.

Schon im 6. Jh. v. Chr. begann sich am Fuße des Hügels Arachnaion eine Kultstätte zu etablieren, die 100 Jahre später schon weit über Epidauros hinaus bekannt war. Bald wurde die Stätte zu einem Wallfahrtsort, der mit prachtvollen Bauten ausgestattet war. Die Asklepieia-

Epidauros ***
Di. – So. 8.00 – 19.00 Uhr, So. 12.00 – 19.00 Uhr. Nachsaison bis 17.00 Uhr geöffnet. Eintritt.
Asklepioskult und Heiligtum

191

Feiern wurden eingeführt, die mit Wettkämpfen und Theateraufführungen alle vier Jahre begangen wurden.

Die Heilung suchenden Wallfahrer begaben sich nach einer rituellen Reinigung in den **Abaton (14)**, die Schlafhalle, und erwarteten im Traum das Erscheinen des Heiligen, der ihnen den Weg zur Genesung zeigte. Der Erfolg muß groß gewesen sein, besonders auf dem Gebiet neurotischer und seelischer Erkrankungen. Aber nicht nur mit der Methode des Heilschlafs wurde gearbeitet, sondern es wurden auch Operationen vorgenommen und mit Medikamenten und Heilkräutern experimentiert.

Theater * und
Epidauros-
Festspiele**

Weltbekannt ist das ausgezeichnet erhaltene **Theater (3)** von Epidauros vor allem wegen seiner ganz hervorragenden Akustik. Das Theater liegt im Eingangsbereich der archäologischen Stätte. Seit 1954 finden hier alljährlich anläßlich der **Epidauros-Festspiele** zwischen Mitte Juni und Anfang September an Wochenenden Aufführungen antiker Dramen statt.

Museum **

Ebenfalls im Eingangsbereich liegt das **Museum (2)**, dessen Besuch man nicht versäumen sollte, denn alle Grabungsfunde, Skulpturen etc. sind hier ausgestellt.

**Epidauros
Hotels**

Camping

Praktische Hinweise – Epidauros

⌂ Epidauros Hotels (Tel.-Vorw. 07 53): **Xenia II** (B), 48 Zi. in Bungalows, Tel. 2 20 03, Fax 2 22 19; in der Nähe des Eingangs zur archäologischen Stätte von Epidauros. Restaurant. – Und andere Hotels.

▲ – **Camping Bekas Beach**, Tel. 07 53/4 15 24, Fax 4 13 94; Anf. Apr. – Ende Okt.; gut 2 km südlich von Palea Epidauros, leicht ansteigendes, teils terrassiertes Gelände, lichter Baumbestand, ansprechend und relativ ruhig am Meer gelegen, bis an den Strand reichend; ca. 2,5 ha – 180 Stpl.; Standardausstattung; Laden, Restaurant, Sand- u. Kiesstrand.
– **Camping Verdelis Beach**, Tel. 07 53/4 14 25, Fax 4 16 33; Anf. Apr. – Ende Okt.; rund 3 km südlich von Palea Epidauros; ebenes, teils gekiestes Gelände, zwischen Straße und Meer, Schattenbäume; 1 ha – 100 Stpl.; Standardausstattung; Laden, Imbiß, Schwimmbad, Strand. – Und andere Campingplätze.

➜ **Route:** Von Epidauros zurück zur Straße 70 und auf der Straße nach Trizina über **Adami** ostwärts. Nach rund 17 km halten wir uns an der Straßengabelung links. Die Straße führt hinauf nach **Ano Fanaria**, dann entlang der steilen Felshänge hoch über dem Golf von Epidauros und schließlich hinab nach **Driopi** und **Kaloni**. Ca. 10 km weiter erreichen wir **Trizina/Troizen**. ●

Zwischen Kaloni und Trizina bietet sich Gelegenheit, nach Nordosten zur **Halbinsel Methanon** abzuzweigen. Der Hauptort **Mathana** an der Ostküste ist ein See- und Kurbad mit warmen Schwefelquellen, Stränden und zahlreichen Hotels.

das Theater in Epidauros

Die Fahrt an die Ostküste der Argolis lohnt weniger des antiken Troizen wegen. Vielmehr ist es die landschaftlich sehr schöne Strecke, die diesen Abstecher so reizvoll macht.

In **Trizina/Troizen** weisen Schilder zu den Resten des **antiken Trizina**, das über eine schmale Straße zu erreichen ist. Versteckt in einem Zitrushain liegt die Turmruine des „Theseus Palasts", Teil einer fast verschwundenen Festungsanlage aus dem 2. Jh. v. Chr.

antikes Trizina

In Trizina soll Theseus geboren worden sein, der Held aus der griechischen Sagenwelt, der mit Hilfe von Ariadne den Minotaurus, der den Palast von Knossos auf Kreta unsicher machte, erlegte. Den Weg aus dem Labyrinth des Palastes fand Theseus nur, weil ihm Ariadne geraten hatte, auf dem Weg nach Innen einen Faden abzuspulen, der ihm den Rückweg zeigen würde. Später wurde Theseus König von Athen und heiratete die Amazone Hippolyte, die ihm den Sohn Hippolytos gebar. Hippolyte fiel im Kampf des Theseus gegen die Amazonen. Theseus ehelichte danach Phädra, Ariadnes Schwester.

Geburtsort des Theseus

Rund 5 km weiter östlich liegt **Galatas** in einem weiten Anbaugebiet für Zitrusfrüchte. Dem Ort vorgelagert ist die kleine Insel Poros.

⌂ Galatas Hotels (Tel.-Vorw. 02 98): **Stella Maris Nautic Center** (B), 54 Zi., 38 Bungalows, Tel. 2 21 72, Fax 2 25 62.
Galatia (C), 30 Zi., Tel. 2 22 27.
Papassotiriou (C), 33 Zi., 25. Mariou 41, Tel. 2 28 41. – Und andere Hotels.

Galatas Hotels

Von Galatas verkehren Boote zur **Insel Poros** (ca. 15 Min.). Poros ist auch mit Fährschiffen und Tragflügelbooten ab Piräus (ca. 2 1/2 Stunden) zu erreichen.

193

hübsches Poros

Das Inselstädtchen **Poros** ist ein hübscher kleiner Fischerort. Nette Kneipen am östlichen Hafen. Eine Ringstraße führt durch das Innere der kleinen Insel, über die Höhen des Kalavria Bergkamms und zum Poseidon-Tempel im Norden.

Weiterfahrt um das Ostkap **Spathi** und über die Küstenstraße bis **Ermioni**. Unterwegs hat man einen guten Blick auf die vorgelagerten Inseln Dokos und Idra (Hydra) und man passiert den aufstrebenden

Ferienort Porto Hydra

Ferienort **Porto Hydra** bei **Plepi** mit zwei großen Ferienhotels und Bungalowanlagen der Kategorie A *(Hydra Beach - Helio Club* und *Porto Hydra)* und Yachthafen. Ermioni, ein Fischereihafen und Ferienort, bietet Bootsverbindungen zur **Insel Idra**.

Thermissia Camping

▲ – **Camping Idra's Wave**, Tel 07 54/4 10 95, Fax 4 10 55; Anf. Mai – Ende Sept.; westlich von Thermissia Richtung Ermioni; ebenes Gelände ganz in der Nähe des Meeres, kaum Baumschatten, Mattendächer; ca. 1 ha – 110 Stpl.; Standardausstattung; Laden, Taverne, naher Strand.

Portoheli liegt ca. 20 km weiter südwestlich an einer schönen Bucht am Südende der Argolis-Halbinsel. Aus dem sehr geschützt gelegenen Fischerstädtchen wird mehr und mehr ein Yachthafen und Seebad. Schiffsverbindung nach Piräus und zur vorgelagerten **Insel Spetses**.

Portoheli Hotels

Praktische Hinweise – Portoheli

🏠 Portoheli Hotels (Tel.-Vorw. 07 54): **Alcyon** (B), 89 Zi., Apr. – Okt., Tel. 5 11 61, Fax 5 19 02.
Cosmos (A), 150 Zi., Tel. 5 13 29, Fax 5 17 86.
AKS Porto Heli (A), 218 Zi., Tel. 5 34 00, Fax 5 15 49, www.aksportotel.gr; Bars, Restaurants darunter ein China Restaurant, Meerwasserschwimmbad, Tennis, Konferenzeinrichtungen, Sandstrand, div. Wassersportangebote, Animation. – Und andere Hotels.

Camping

▲ – **Camping Costa**, Tel. 07 54/5 75 71; Mitte Apr. – Ende Okt.; gut 5 km südl. Portoheli beim Hafenort **Kosta**; von Hügeln umgebenes Hanggelände mit Olivenbäumen und Mattendächern, bis an den Strand reichend; 2,5 ha – 150 Stpl.; Laden, Imbiß. Strand.

➔ **Route:** Von Portoheli über **Kranidi**, **Adami** und **Ligourio** zurück nach **Nafplio**. 32 km nördlich Kranidi und ca. 1 km vor der Gabelung nach Trizina, zweigt nach Südwesten die teils unbefestigte Straße nach **Karnezeika** ab, die den Weg zur Küste bei Drepano erheblich abkürzt. ●

14. NAFPLIO – GITHIO

○ **Entfernung:** Rund 200 km, ohne Abstecher.

➔ **Strecke:** Über Straße 7 bis **Tripoli** – Straße 39/E961 über **Sparta** bis **Githio**.

◔ **Reisedauer:** Mindestens ein Tag.

⌘ **Höhepunkte:** Die Kirchen von **Mistras **** – der **Strand** bei **Githio**.

➔ **Route:** Von Nafplio entweder über die Küstenstraße und über Nea Kios oder über Argos zur Straße 7 Richtung **Tripoli.** ●

Am Westufer des Argolischen Golfs liegen **Mili/ Myli** (interessanter alter Bahnhof an der angeblich ältesten Bahnlinie Griechenlands) und ganz in der Nähe das antike **Lerna** (Campingmöglichkeit). Herakles soll hier die neunköpfige Hydra erschlagen haben.

Die Straße 7 verläßt hinter Mili die Küste, zieht in langen, weiten Serpentinenschleifen hinauf in die karstigen Höhen von Arkadien und bietet von dort herrliche **Ausblicke** hinunter zum Argolischen Golf.

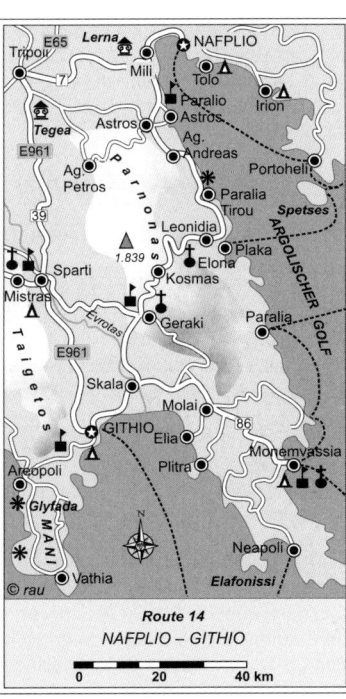

Route 14
NAFPLIO – GITHIO

0   20   40 km

schöner Blick zum Argolischen Golf

ROUTENALTERNATIVE ENTLANG DES ARGOLISCHEN GOLFS

Alternativ zu unserer Hauptroute die über Sparta führt, kann man entlang der Ostküste des Peloponnes und über nicht besonders gute Straßen, die das Parnon Gebirge zwischen Kosmas und Geraki queren, auch nach Githio gelangen. Die Fahrt ist auf weite Strecken sehr reizvoll und führt abseits der üblichen Touristenrouten ans Ziel. Dazu zweigt man südlich von Mili südwärts ab und kommt über **Kiveri** nach **Astros** (Hotels). 4 km östlich liegt **Paralio Astros** mit schönen Stränden. Knapp 10 km weiter südlich kommt man nach **Ágios Andreas**.

Routenalternative Hotels und Strände von Paralia Tirou

Peloponnes Ost-küste

hübsches Leonidio mit Hotels

Zu den schönsten **Stränden** an diesem Küstenstrich zählen die von **Paralia Tirou** ca. 6 km weiter südlich. Es gibt zahlreiche kleine Hotels der Kategorien C + D.

17 km weiter liegt landeinwärts **Leonidio**, ein charmantes altes Städtchen am Flüßchen Dafnon. Ein Bummel durch die Gassen mit teils schön restaurierten alten Häusern lohnt. Es gibt Hotels der einfacheren Kategorien.

Fährverbindungen bestehen vom südlich gelegenen Hafenort **Plaka** nach Portoheli auf der Argolis-Halbinsel.

Die Straße führt nun landeinwärts kurvenreich hinauf ins Parnon Gebirge und erreicht nach einer Fahrt durch ein herrliches Gebirgstal das **Kloster Elona**. 14 km weiter sind wir in **Kosmas**. Die 17 folgenden Kilometer bis **Geraki** (byzantinische Kirchen, Frankenkastell) sind ziemlich miserabel und eigentlich nur dem zu raten, der etwas „abenteuerliche" Wegstrecken nicht scheut. Ab Geraki sind es noch 21 km bis zur Hauptstraße bei **Skala**.

HAUPTROUTE ÜBER SPARTA NACH GITHIO

➔ **Route:** Unsere **Hauptroute** führt von **Mili** auf der Straße 7 westwärts. Unversehens breitet sich ein Hochtal aus. Wenige Kilometer weiter sind wir in **Tripoli**. •

Tripoli, die Hauptstadt der Landschaft Arkadien, liegt mitten im Peloponnes. Sie wurde am Ende der Türkenherrschaft gründlich zerstört und bietet dem Besucher nichts Nennenswertes.

Tripoli Hotels

⌂ Tripoli Hotels (Tel.-Vorw. 0 71): **Arcadia** (B), 45 Zi., Kolokotroni Platz 1, Tel. 22 55 51, Fax 22 24 64.
Artemis (C), 70 Zi., Dimitrakopoulou 1, Tel. 22 52 21, 23 36 29. – Und andere Hotels.

alternative Routenabkürzung direkt nach Olympia

Ab Tripoli kann man, unter Auslassung der ganzen südlichen Peloponnes-Halbinsel, den **direkten Weg nach Olympia** nehmen. Man fährt dann über die Straße 74 nordwärts nach **Levidi/Levidon**. Die Straße führt weise über die bewaldeten Höhen Arkadiens und erreicht nach rund 35 km den über 1.000 m hoch gelegenen Ort **Karkalou**.

schön gelegenes Bergdorf, Hotel

8 km südwestlich von Karkalou liegt das uralte Bergdorf **Dimitsana** (Hotel Dimitsana, (C), 26 Zi. Tel. 07 95/3 15 18) eindrucksvoll in der Abgeschiedenheit der Berglandschaft.

Unternehmungslustige können den streckenweise etwas haarsträubenden Weg weiter südwärts über **Stemnitsa** nach **Karitena** nehmen und dort unserer Hauptroute über Basses (Bassä) nach Olympia folgen.

Die Hauptstraße 74 führt von Karkalou westwärts zum hübschen Bergdorf **Langadia** (Hotels). Später geht es durch das Tal des Ladon-Flusses nach **Olympia**. Unterwegs kommt man durch **Tropea**. Nordöstlich des Ortes liegt landschaftlich sehr reizvoll der **Stausee Limni Ladonos**.

➔ **Route:** Auf unserer **Hauptroute über Sparta** nach Githio zweigen wir 6 km südlich von Tripoli von der Straße 39/E961 ostwärts ab in Richtung **Episkopi**. Nach 2 km halten wir uns rechts und fahren an der sehenswerten Kirche Episkopi vorbei zu den Ruinenresten von **Tegea** im Dorf **Alea**. ●

Tegea, einst eine glanzvolle Metropole, war in der Antike die mächtigste Stadt des Arkadischen Bundes. Ihre Krieger vollbrachten Heldentaten auf dem „Zug der Argonauten", im Trojanischen Krieg und in den Feldzügen gegen die Perser. Im 4. Jh. wurde die Stadt von den Horden Alarichs zerstört und im 13. Jh. verwüstete sie der Despot von Mistras vollends. Ihm war die aufwendige Verteidigung der recht schutzlos in der Ebene gelegenen Stadt zuviel.

antike Metropole Tegea

➔ **Route:** Zurück zur Hauptstraße 39/E961. Nach 54 km erreichen wir **Sparta/Sparti**. ●

Von der alten dorischen Stadt **Sparta/Sparti**, dem mächtigen Gegenspieler Athens, ist nichts mehr übrig. Die Gräber der Helden Menelaos und Leonidas sind verschwunden. Nur ein stattliches Denkmal erinnert an den legendären spartanischen Helden aus Sparta, Leonidas, der 480 v. Chr. zusammen mit einer Handvoll Mitstreitern den Thermopylen-Pass gegen die übermächtigen Perser erfolgreich verteidigte. Und das sog. Leonidas-Grabmal ist nicht die wirkliche Grabstätte des großen Spartaners, sondern eine erst später errichtete Gedenkstätte.

Nur im **Archäologischen Museum,** das in einem stattlichen klassizistischen Bau untergebracht ist, kann man noch der großen Vergangenheit Spartas nachspüren. Zu den Exponaten zählt die Marmorfigur eines spartanischen Kriegers zu Zeiten der Perserkriege um 480 v.Chr. sowie ein interessantes Schiffsmodell aus Ton, das eine römische Kriegsgaleere des 1. Jh. v.Chr. darstellt. Weiter sind Bodenmosaiken aus römischer Zeit und Bronzefiguren aus dem 8. Jh.v.Chr. ausgestellt.

Museum
tgl. a. Mo. 8.00 – 14.00 Uhr. Eintritt.

Das antike Sparta, das den Höhepunkt seiner Macht zwischen dem 9. und 4. vorchristlichen Jahrhundert erlebte, war ein ausgesprochener Militärstaat, der von zwei Königen regiert wurde, die gleichzeitig die obersten Befehlshaber der Armee waren. Neben den Aristokraten genossen nur die mit äußerster Härte erzogenen Soldaten Ansehen. Das gemeine Volk war eingeteilt in Perioikoi (Händler, Bauern) und rechtlose Leibeigene (Heloten)

Praktische Hinweise – Sparta

Sparta
Restaurants

✂ Restaurants: **Diethnes**, Paleologou 105, alteingesessenes Restaurant, das von vielen Einheimischen als beste Adresse in der Stadt angesehen wird, gute Küche, Spezialitäten aus der Region, erschwingliche Preise.

Dionyssos, an der Straße nach Mistras, einladende Taverne, gute Küche, Faßwein, erschwingliche Preise.

Menelaion, Paleologou 91, beliebtes Restaurant mit angenehmem Patio und Swimmingpool. – Und andere Restaurants.

197

Sparta Hotels

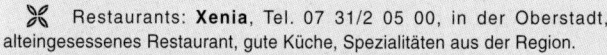 Sparta Hotels (Tel.-Vorw. 07 31): **Lida** (A), 40 Zi., Atridon 1, Tel. 2 36 01, Fax 2 44 93, Restaurant, Parkplatz.
Menelaion (B), 48 Zi., K. Paleologou 91, Tel. 2 21 61, Fax 2 63 32, sehr gutes Restaurant, Parkplatz.
Maniatis (C), 80 Zi., C. Paleologou 72 - 76 u. Lycourgou Straßen, Tel. 2 26 65, Fax 2 99 94, gutes Restaurant „Dias".
Sparti Inn (C), 147 Zi., Thermopilon 109, Tel. 2 04 21, 2 10 21, Fax 2 48 55, Restaurant, Cafeteria, Dachgarten, Schwimmbäder. – Und andere Hotels.

MISTRAS

Mistras/Mystras liegt ca. 8 km westlich von Sparta an der Straße 82 Richtung Kalamata. Etwas außerhalb von Mistras erstreckt sich die byzantinische **Ruinenstadt Mistras**, die sehr besuchenswert ist.

Mistras Restaurants

Praktische Hinweise – Mistras

✂ Restaurants: **Xenia**, Tel. 07 31/2 05 00, in der Oberstadt, alteingesessenes Restaurant, gute Küche, Spezialitäten aus der Region.

Hotels

Mistras Hotels: **Vyzantion** (B), 22 Zi., Vassilissis Sophias, Tel. 07 31/8 33 09, Fax 2 00 19, im Ortszentrum gelegen, renoviertes, angenehmes Mittelklassehotel. Parkplatz.

Camping

▲ – **Camping Mistras**, Tel. 07 31/2 27 24, Fax 2 52 56; Anf. Jan. – Ende Dez.; im Ortsbereich hinter der Tankstelle; kleiner, ebener Platz mit einigen Obstbäumen, Mattendächer; 1 ha – 70 Stpl.; einfache Standardausstattung; Laden, Restaurant, Schwimmbad.
– **Camping Castle View**, Tel. 07 31/8 33 03, Fax 2 00 28; Anf. Mar. – Mitte Okt.; knapp 2 km außerhalb Mistras, beschildert; überwiegend ebener Platz, weitgehend schattenlos; ca. 1,5 ha – 100 Stpl.; einfache Standardausstattung; Laden, Restaurant, Schwimmbad.

☒ *Mein Tipp!*: Der schattenlose Osthang, an dem das alte Mistras liegt, ist der glühenden Sonneneinstrahlung frei ausgesetzt. Vor allem in den heißen Sommermonaten ist es ratsam, schon gleich nach Öffnung um 8.00 Uhr mit der Besichtigung zu beginnen, denn der Rundgang, für den man allemal drei Stunden benötigt, wird mit steigender Tagestemperatur von Stunde zu Stunde beschwerlicher. Außerdem wirkt sich das noch nicht zu grelle Licht der Morgenstunden vorteilhaft auf die Ergebnisse des Fotografierens aus. Andererseits liegt aber die höher gelegene Festung nur nachmittags gut im Licht. Wer also intensive Besichtigungen vorhat, wird in Mistras oder Sparta übernachten, um beide Tageszeiten nützen zu können.

Mistras, Festung und Unterstadt ***
tgl. 8.00 – 19.00 Uhr. Eintritt.

Das alte Mistras, das auch „die letzte Ruhmesstätte von Byzanz" genannt wird, liegt an der Ostflanke eines Ausläufers des Taigetos-Gebirges und wird überragt von den mächtigen Mauern einer Burg (15).
Eine Fahrstraße führt, vorbei am Eingang zur Unterstadt (Kato Hora), hinauf zum mit „Fortress Gate" beschilderten Burgtor. Auf dem Weg bieten sich herrliche **Ausblicke** auf die gesamte Unterstadt, auf die Burgruine, die mächtige Palastruine und in die Ebene bis nach Sparta.

198

Die uneinnehmbare **Festung** wurde 1249 von Guillaume de Villehardouin erbaut, aber schon kurz darauf Besitz des byzantinischen Kaisers Michael VIII. Paleiologos, der den Frankenherzog de Villehardouin in Nordgriechenland gefangennehmen ließ. Unter der byzantinischen Herrschaft über Mistras entwickelte sich die Unterstadt.

Agía Sofia Kirche, Mistras

Die **Unterstadt** (Kato Hora) betreten wir durch das Haupttor (1) (Parkplatz unterhalb), gehen einige Stufen hinauf und wenden uns nach links. Nach etwa 200 m liegt rechts die **Christophoros Kirche (3)** und nach einer ähnlichen Distanz und abermals rechts, das dem Heiligen Georg geweihtes **Kirchlein Ágios Georgios (4).**

Rundgang durch das alte Mistras ***

Am Ende des Weges erhebt sich am Felsen das ehemalige **Perivleptos Kloster (5)** aus dem 14. Jh. Erhalten sind noch Klosterkirche und Frankenturm. Durch das nur spärlich eindringende Tageslicht (Taschenlampe nützlich) ist das Innere der Kirche mystisch erhellt und man erkennt nur schwer die Wand- und Deckenmalereien, von denen einige Szenen aber, z.B. im Altarraum, zu den schönsten der byzantinischen Kunst gezählt werden.

Wir gehen nun bergan, vorbei am linkerhand gelegenen „**Herrenhaus des Frangopoulos**" **(7).** Dieser Familie wird die Erbauung des **Pandanassa-Klosters (8)** zugeschrieben, das wir weiter oben erreichen. Es ist das letzte in Mistras errichtete Kloster, stammt aus dem 15. Jh. und ist noch heute von Nonnen bewohnt. Die Klosterkirche (14./15. Jh.) kann besichtigt werden (Wandmalereien).

Durch den Nordausgang verlassen wir den blumengeschmückten Klosterhof, gehen bergauf und betreten die **Oberstadt** (Ano Hora) durch das **Monemvassia-Tor (9).** Ursprünglich war die ganze Ober- und Unterstadt durch Mauern geschützt.

199

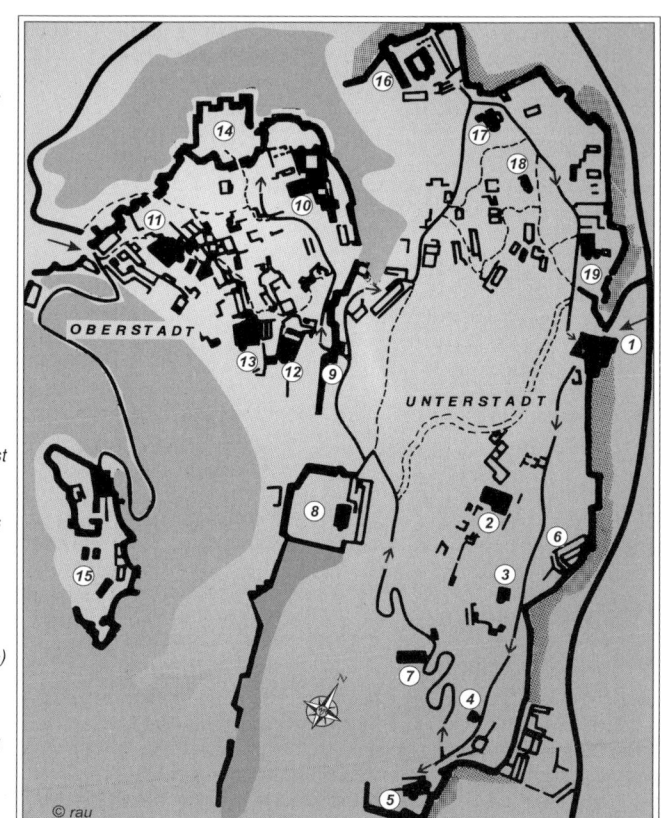

MISTRAS

1 Haupttor, Eingang
2 Herrenhaus des Laskaris
3 Christophoros Kirche
4 Ágios Georgios Kirche
5 Perivleptos Kloster
6 Marmarabrunnen
7 Frangopoulos Haus
8 Pandanassa Kloster
9 Monemvassia-Tor
10 Despotenpalast
11 Agía Sophia Kirche
12 Ágios Nikolaos Kirche
13 Herrenhaus
14 Anapolis-Tor
15 Festung, Burg
16 Panagia Odigitria (Afentiko)
17 Agii Theodori
18 Evangelistria Kirche
19 Metropolis und Museum

© rau

Geht man geradeaus weiter, trifft man auf die Reste des **Despoten-Palastes (10)**, der sogar als Ruine noch den Eindruck von Macht und Stärke vermittelt und in seiner Art ein seltenes Beispiel für byzantinische Architektur des 13. bis 15. Jh. ist. Der wunderbare Ausblick in die Ebene von Sparta lohnt die Mühe des Aufstiegs.

Ganz in der Nähe, etwas oberhalb des Palastes, befinden sich zwei Kirchen, die der **Hl. Sophia** (11, östlich) und die des **Hl. Nikolaos** (12, südlich), sowie die mächtige Ruine eines der einst wohl schönsten **Herrenhäuser (13)** von Mistras, das „Palataki" (östl. der Nikolaos-Kirche).

Zurück zum Monemvassia-Tor und scharf links (nordwärts) bergab. In der Nähe der unteren Stadtmauer sollte man unbedingt nach links gehen und einen Blick in die Kirche **Panagia Odigitria (16)**, auch Afentiko genannt, des ehemaligen Klosters Vrontohi, werfen. Bemerkenswerte Wandmalereien.

An der Wegbiegung Richtung Ausgang liegt die Kirche **Agii Theodori (17)** aus dem 13. Jh., das älteste Gotteshaus von Mistras.

Kurz vor dem Ausgang liegt linkerhand die **Metropolis (19)**. Die dem Hl. Demetrios geweihte Kirche stammt aus dem 13. Jh. Trotz vieler

Umbauten, die nicht immer gekonnt ausfielen, ist sie doch ein bedeutendes Denkmal in Mistras. Hier wurde wahrscheinlich 1449 der letzte byzantinische Kaiser und zwölfte der Paleiologen, Konstantin, gekrönt. Die Zeremonie soll bei dem Doppeladler, der im Boden der Kirche eingelassen ist, stattgefunden haben.

Gegenüber der Kirche befindet sich im ehemaligen Bischofspalast das kleine **Museum** mit Ikonen aus der nach byzantinischen Epoche, Schmuck, Münzen und Resten von Fresken.

Alternativ zu unserer Hauptroute, die über Githio bis zur Halbinsel Mani führt, kann man abkürzend die Straße 82 westwärts nach Kalamata nehmen. Es ist eine herrliche Fahrt, die mit landschaftlichen Reizen nicht spart und somit zu einer der schönsten Routen auf dem Peloponnes gezählt werden kann.

schöne Alternativroute

➔ **Route:** Der weitere Verlauf unserer **Hauptroute** führt von Mistras zurück nach Sparta und zur Hauptstraße 39/E961, auf der wir das 46 km weiter südlich gelegene **Githio** erreichen. ●

GITHIO/Gython, in der Landschaft Lakonia gelegen, gruppiert sich wie ein Amphitheater malerisch an seinem Hafen. Von hier verkehren Fähren nach Piräus und über die Inseln Kythira und Antikythira nach Kissamos (Kasteli) auf Kreta. Die Fahrzeit von Githio nach Kreta dauert rund 7 Stunden, etwa die Hälfte der Zeit, die von Piräus aus benötigt wird.

In der Antike war Githio der Hafen von Sparta. Und glaubt man der Überlieferung, dann hat Paris, als er dem Menelaos die schöne Helena aus Sparta entführte, auf der kleinen vorgelagerten Insel Kranai (heute Marathonissi) mit Helena genächtigt, bevor sie über Kythira nach Troja

am Hafen in Githio

weiterflohen. Der Raub der Helena war Anlaß zum Trojanischen Krieg.

Oberhalb der Stadt sind vom alten Githio noch Maurreste der Akropolis, ein kleines Theater und Ruinenfragmente aus römischer Zeit zu sehen.

Auf der vorgelagerten **Insel Marathonissi** liegt einer dieser für die Halbinsel Mani so charakteristischen befestigten Wohntürme, die **Burg Grigoraki**, die in ein Volkskundemuseum umgebaut wird.

Sehr ansprechend ist auch die Hafenpromenade mit Tavernen und Geschäften.

Schöne Strände findet man vor allem südwestlich der Stadt.

Githio
Restaurants

Hotels

Camping

Praktische Hinweise – Githio

✕ Restaurants: **To Nissi**, am Straßendam zum Inselchen Kranai, eines der besten der Stadt, Spezialitäten aus der Region.

⌂ Githio Hotels (Tel.-Vorw. 07 33): **Laconis Bungalows** (A), 100 Zi., Apr. – Okt., Skala Straße 3, Tel. 2 26 66, Fax 2 36 68; Bungalowanlage außerhalb der Stadt, an einem Steilhang oberhalb des Strandes.

Aktaeon (B), Tel. 2 35 00, Fax 2 22 94; an der Hafenpromenade, hübsche Zimmer mit Blick auf die Hafenbucht.

Gythion, (B), 7 Zi., Pavlou 33, Tel. 2 34 52, Fax 2 35 23, traditionelles, kleines Hotel, in schönem Palais aus dem 19. Jh. untergebracht.

Pantheon (C), 57 Zi., Vassileos Pavlou 33, an der Uferstraße Tel. 2 21 66, Fax 2 22 84. – Und andere Hotels.

▲ – **Camping Meltemi**, Tel. 07 33/2 32 60 Fax 2 38 33; Ende Apr. – Mitte Okt.; ca. 3 km südwestl. Githio, zwischen Straße und Strand; ausgedehnter Olivenhain, eben; 3,5 ha – 250 Stpl.; gute Standardausstattung; Laden, Restaurant; Schwimmbad, Tennis, 3 Mietbungalows; langer, breiter Sandstrand.

– **Camping Gythion Bay**; Tel. 07 33/2 25 22, Fax 2 35 23; Anf. Jan. – Ende Dez.; knapp 5 km südwestl. Githio zwischen Straße und Strand; ebenes Gelände mit Baumbestand, am Strand schattenlos; 4,5 ha – 200 Stpl.; Standardausstattung, Laden, Imbiß, Restaurant; langer, breiter Sandstrand.

Glykovrissi

– **Camping Lykourgos**, Tel. 07 35/9 15 80, Fax 9 15 82; Anf. Jan. – Ende Dez.; gut 30 km östlich von Githio, Abzweig von der Straße 86 nach Monemvassia zum Meer; fast vollständig ebenes Gelände am Lakonischen Golf, Schatten durch Mattendächer; ca. 5 ha – 250 Stpl.; gute Standardausstattung; Laden, Restaurant, langer Sandstrand.

SÜDPELOPONNES UND HALBINSEL MANI

Ein sehr lohnender Abstecher führt von Githio auf die **Halbinsel Mani**, die im Westen vom Messinischen Golf und im Osten vom Lakonischen Golf begrenzt wird.

➔ **Route:** Wir verlassen **Githio** auf der an mehreren Campingplätzen vorbeiführenden Straße in südwestlicher Richtung, passieren nach ca. 12 km die nördlich oberhalb der Straße gelegene **Frankenfeste Passava** und erreichen nach einer Fahrt durch eine landschaftlich sehr reizvolle Gegend bei **Areopoli** die Küste am Messinischen Golf. ●

Areopoli

  Areopoli Hotels (Tel.-Vorw. 07 33): **Limeni Village** (B), 32 Zi., Tel. 5 11 11, Fax 5 11 82; Restaurant, Parkplatz.
Pyrgos Kapetanakou (A), 6 Zi., Tel. 5 12 33, im traditionellen Stil erbautes Hotel, Restaurant, Parkplatz. – Und andere Hotels.

Areopoli Hotels

➔ **Route:** In Areopoli wenden wir uns nach Süden und biegen nach gut 6 km in **Pirgos Dirou** meerwärts ab zu den **Tropfsteinhöhlen Glyfada.** ●

Die **Tropfsteinhöhlen von Pirgos Dirou** zählen zu den größten Natursehenswürdigkeiten des ganzen Landes. Besonders die **Glyfada-Höhle** lohnen eine Besichtigung. Die mit Stalagmiten und Stalaktiten in verschiedenen Farben überreich geschmückte Seehöhle zählt zu den schönsten der Welt. Das Höhlensystem wurde 1949 durch das Ehepaar Anna und Johann Petrochilos erforscht und umfaßt eine Länge von 4.100 m. Zu besichtigen ist die Höhle auf einer dreiviertelstündigen Bootsfahrt.

Seehöhle Glyfada ** Jun. – Sept. tgl. 9.00 – 16.00 Uhr. Okt. – Mai 8.00 – 14.00 Uhr. Eintritt. Führungen.

Über einen breiten Treppenabgang erreicht man in der ersten Höhle die Anlegestelle der Nachen, denen man sich anvertrauen muß, um dann von einem Bootsmann lautlos durch die Pracht dieser Jahrtausende alten Wunderwelt bugsiert zu werden. Es ist ein Erlebnis, geräuschlos auf dem glasklaren, teils 15 m tiefen Wasser durch die beleuchteten Steinkulissen zu gleiten. Am Ende der Höhle kann man trockenen Fußes durch die Unterwelt streifen und wird dann mit dem Kahn wieder zum Ausgang gebracht. Am Eingang zur Höhle gibt es eine Cafeteria.

Nur ein kurzes Stück weiter liegt die **Höhle Alepotripa** (Fuchshöhle). In ihr wurden erstaunliche Umweltfunde gemacht. Die Höhle wird noch erforscht und soll anschließend Besuchern zugänglich gemacht werden.

➔ **Route:** Auf der Weiterfahrt nach Süden ins Innere der **Halbinsel Mani** lernen wir ein ganz anderes, noch ziemlich ursprüngliches Griechenland kennen. ●

MANI galt lange als eine der entlegensten und rückständigsten Gegenden des Landes. Die karge, steinige Landschaft, die lediglich ein paar Ölbäume hervorbringt, wird geprägt von den trutzigen, Ablehnung und Isolation signalisierenden Wehrtürme der Gehöfte und Dörfer. In diesen Wohntürmen verbrachten die Bewohner, denen die Unabhängigkeit und Freiheit von alters her über alles geht, oft ihr ganzes Leben. Es wird von einem frühen Reisenden erzählt, der auf seine Frage nach dem Weg keine richtige Antwort bekam, weil der befragte Bauer nie weit über die Felder seines Anwesens hinausgekommen war und selbst die nähere Umgebung kaum kannte.

Ihren unbeugsamen und kämpferischen Willen, der weder von den Franken, noch von Venezianern oder Türken gebrochen werden konnte, behielten die Leute von Mani auch nach den Unabhängigkeitskämpfen. Mani gliederte sich nur zögernd in die Gemeinschaft des neuen Griechenland ein.

203

typischer alter Wohnturm in Vathia

Drialos oder **Kita**, östlich der Straße in den Olivenhainen an den nach Westen auslaufenden Berghängen versteckt, sind typische Mani-Dörfer. Recht ansprechend liegt das kleine Fischerdorf **Gerolimenas** in einer Bucht am Messinischen Golf.

Der Höhepunkt dieser Fahrt aber ist ein Rundgang durch das verlassene, halb verfallene **Vathia**. Hier endet die normale Straße. Man hat von dem hochgelegenen Dorf mit den aufragenden Wohntürmen einen herrlichen Blick ins Land.

Mit Hilfe des staatlichen Verkehrsamts konnten einige der Häuser restauriert werden. So kommt zumindest in der Sommerzeit wieder Leben nach Vathia, dem Dorf am Ende der Welt.

Vathia

⊠ Vathia Hotels (Tel.-Vorw. 07 33): **Pyrgos Exarhakou**, 4 Zi., Tel. 5 52 44; kleines Hotel im traditionellen Stil.
Pyrgos Keramida, 3 Zi., Tel. 5 52 44; Haus im traditionellen Stil.

Man kann den gleichen Weg nach Githio zurückfahren oder in **Alika** (zwischen Vathia und Gerolimenas) über eine kurvenreiche Bergstraße an die Ostküste und über **Kokala** und **Drimos** nach Areopolis zurückkehren und dort den schon bekannten Weg nach Githio nehmen.

➜ **Route:** Ein zweiter, sehr lohnender Abstecher, führt von Githio über **Skala** (Hotels der Kat. D + E) und die Straße 86 ostwärts und endet nach 95 km in **Monemvassia**. ●

MONEMVASSIA

sehenswertes Monemvassia **, das „Gibraltar Griechenlands"

Monemvassia ist ein netter Fischerort, der auch *Jefira* genannt wird. Durch einen Fahrdamm, der in byzantinischer Zeit durchstochen und mit einer Brücke versehen wurde, ist das Städtchen mit dem mächtigen, steil aus dem Meer ragenden Felsen des **Burgbergs**, dem „Gibraltar Griechenlands", verbunden.

Mit dem Auto kann man über den Fahrdamm bis an das Haupttor der trutzigen Stadtmauer fahren und durchstreift dann auf Schusters Rappen die grob gepflasterten, engen, winkeligen, äußerst malerischen

204

und romantischen Gäßchen der mittelalterlichen **Unterstadt**. Immer wieder entdeckt man neue idyllische Winkel, z.b. um den zentralen **Kirchplatz Dzamiou** (eigentlich Moscheenplatz) mit der im 12. Jh. im byzantinischen Stil erbauten Christuskirche.

Ist man müde geworden auf den steinigen und holprigen Wegen, kann man in einer der urigen Tavernen neue Kräfte sammeln.

Auf einem grob gepflasterten Serpentinenpfad gelangt man hinauf zur befestigten **Oberstadt**. Der Weg ist etwas mühsam, besonders in der Sommerhitze. Die Anstrengung wird aber belohnt mit wunderschönen Ausblicken.

herrlicher Blick von der Oberstadt

Hier oben ist besonders die an der steilen nördlichen Felskante hoch über dem Meer gelegene **Kirche Agía Sophia** besuchenswert. Sie zählt mit zu den schönsten Kirchen aus byzantinischer Zeit, stammt aus dem 13. Jh. und hat im Inneren noch einige erhaltene Fresken.

Die exponierte und dennoch uneinnehmbare Lage des Felsens machte Monemvassia von jeher zu einem äußerst begehrten Objekt aller Herrscher. Das Kastell war für die Beherrschung des Peloponnes von größter Bedeutung. Der Name des Felsens „Monemvassia", eine Verkürzung der Bedeutung von „monem embasia – einziger Zugang", drückt den Vorzug des Burgbergs deutlich aus.

Monemvassia nahm seit seiner Gründung immer eine selbstbewußte Stellung ein, bestärkt einmal durch seine wichtige Lage und seine uneinnehmbaren Mauern, zum andern durch die Privilegien, die Kaiser und Könige der Stadt einräumten.

Araber und Normannen rannten vergeblich gegen die Mauern an. Im 13. Jh. zerstörten die Heere des vierten Kreuzzugs, den der Doge von Venedig mit initiiert hatte, das byzantinische Reich. Monemvassia hatte nun zwar den Schutz Konstantinopels verloren, verweigerte aber dennoch die Übergabe an die Franken, die Kreuzritter also. Erst nach dreijähriger Belagerung (1246 – 1249) mußte sich die Stadt ergeben. Gottfried von Villehardouin, einem maßgeblichen Franken aus der Champagne, war es damit gelungen, nun fast ganz *Morea*, so wurde der Peloponnes bis ins letzte Jahrhundert genannt, zu beherrschen.

Die Frankenherrschaft indes dauerte nicht lange. Ein weiterer Sproß der Villehardouins, Wilhelm (Guillaume), geriet bei einem Kampf um Konstantinopel in Gefangenschaft und erkaufte sich nach drei Jahren Kerker 1260 die Freiheit. Der Preis: Monemvassia, Mistras und eine weitere Festung. Die nun folgenden 200 Jahre unter dem Zepter von Byzanz brachten der Stadt ihre höchste Blütezeit. Die darauffolgende Herrschaft Venedigs ließ Monemvassia bis 1540 seine Stärke als Handelsstadt weiter ausbauen.

Wieder einmal wechselten die Herren. Von 1540 hatten die Türken 150 Jahre lang den Daumen auf Monemvassia, das jetzt „Menefsche – Stadt der Veilchen" hieß.

Eine mehr als einjährige Belagerung durch die Venezianer brachte 1690 die Stadt wieder in deren Hände. Neuerlicher Aufstieg. Es entstanden viele der Kirchen und Herrenhäuser und es formte sich das Stadtbild, wie wir es heute sehen.

Ab 1715 erneut unter türkischer Herrschaft, sank Monemvassia bis zur Befreiung Griechenlands 1821 zur Bedeutungslosigkeit herab. Es

Monemvassia

blieb ein verschlafenes, romantisches Nest, das am Rande der Welt, nahezu entvölkert, dahinschlummerte. Erst seit den letzten Jahren „stören" in den Sommermonaten Touristenschwärme die Ruhe der engen Gassen in der alten Stadt.

Monemvassia Restaurants

Praktische Hinweise – Monemvassia

✳ Restaurants: **Marianthi**, in der Altstadt, gemütliches, einladendes Lokal, Ambiente wie in Omas guter Stube, gute Küche, moderate Preise.

Matoula, an der Hauptstraße in der Altstadt, man kocht besser als es das Aussehen des Lokals vermuten ließe, man kann auch im kleinen Garten sitzen.

To Kanoni, am Hauptplatz der Altstadt, Terrasse, gute Weinkarte. – Und andere Restaurants.

Hotels

▢ Monemvassia Hotels (Tel.-Vorw. 07 32): **Kellia** (A), 12 Zi., Tel. 6 15 20, Fax 6 17 67, recht einfache Pension, mit erschwinglichen Preisen, vom staatlichen Fremdenverkehrsamt in einem alten Kloster (Kellia = Kloster) in der unteren Altstadt eingerichtet, am Platz gegenüber der Kirche Panagía Chrissafitissa.

Malvasia (B), 8 Zi., Tel. 6 13 23, Fax 6 17 22, auf drei alte, schön restaurierte Gebäude in der Altstadt verteilt, recht ansprechende Zimmer, teils mit Meerblick, teils mit Kamin.

Vyzantino (A), 13 Zi., Tel. 6 15 24, Fax 6 13 31; ein recht rustikales, fast romantisches Haus in einem historischen Gebäude in der Altstadt, erschwingliche Preise. – Und andere Hotels.

Camping

▲ – **Camping Paradise Kapsis**; Tel. 07 32/6 11 23, Fax 6 16 80; Mitte Mai – Ende Sept.; gut 3 km südl. Monemvassia etwa auf halbem Wege nach Nomia; Terrassen in ansprechender, relativ ruhiger Lage oberhalb des Meeres; ca. 3 ha – 150 Stpl.; einfache Standardausstattung; Laden, Restaurant; Strand.

15. GITHIO – KIPARISSIA

O Entfernung: Rund 220 km, ohne Abstecher.

→ Strecke: Von Githio nach **Areopoli** und über die Küstenstraße bis **Kalamata** – Straße 82 bis **Pilos** – Straße 9/ E55 bis **Kiparissia.**

⏱ Reisedauer: Mindestens ein Tag.

⌘ Höhepunkte: Das antike **Messini** – **Strand** und **Küste** bei Koroni und Pilos.

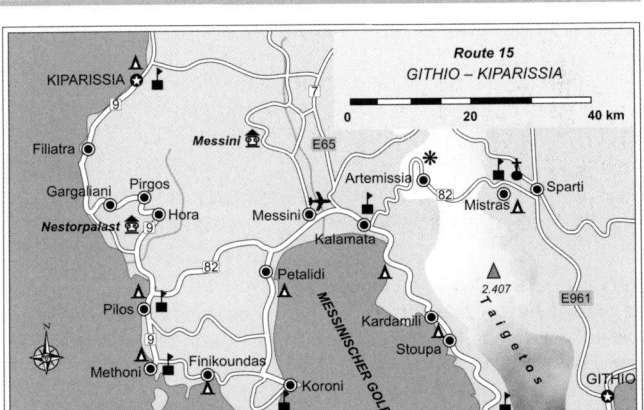

Der direktere, schnellere Weg von Githio nach Kiparissia (ca. 170 km) führt über Sparta, Kalamata und nordwärts über die Straßen 7/E65 und 9A. Diese Route hat den Vorteil, dass man die herrliche **Strecke zwischen Sparta und Kalamata** miterlebt.

Unsere Hauptroute aber folgt der buchtenreichen Küste. Geschickt verbinden kann man beides, wenn man ab Githio über Sparta, Kalamata und Pilos nach Kiparissia fährt.

→ Route: Zunächst führt unser Weg von Githio südwestwärts nach **Areopoli** (s. Halbinsel Mani). Kurz vor Areopoli wenden wir uns auf die nordwärts abzweigende Straße und fahren über **Limeni, Itilo, Stoupa** und **Kardamili** nach **Kalamata.** ●

Auf dem Weg sieht man oberhalb von **Eleohori (Eleohori)** die **Festung Kelefa**. Die folgenden knapp 80 km nach Kalamata führen größtenteils durch überaus reizvolle Küstenlandschaft. Es bieten sich phantastische Ausblicke auf den Messinischen Golf. Reizvolle Fischerorte säumen die Strecke. Die byzantinischen Kirchen der Dörfer bergen

Interessantes für den, der byzantinischer Kirchenarchitektur nachspürt. Andererseits sind die schattigen Dorfplätze mit ihren Tavernen immer eine willkommene Unterbrechung. Und in den vielen Buchten der felsigen Küste sind oft Sandstrände eingelagert..

Ab **Langada** lohnt ein Abstecher zur nahen Küste bei **Trahila**. Später passiert man **Ágios Nicolaos** und kommt wenige Kilometer weiter nach **Stoupa**.

Stoupa Hotels

Camping

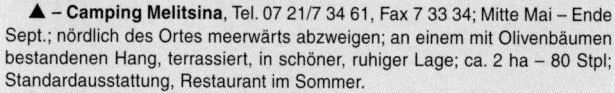

Praktische Hinweise

Stoupa

◻ Stoupa Hotels (Tel.-Vorw. 07 21): **Lefktron** (C), 32 Zi., Tel. 7 73 22, Fax 7 77 00, www.lefktron-hotel.gr; ansprechend in Strandnähe gelegenes Haus. – Und andere Hotels.

Kardamili
Kalamitsi, (B), 26 Zi., Tel. 7 31 31, Fax 7 31 35; Restaurant, Parkplatz.
Kardamyli Beach, (C), 29 Zi., Tel. 7 31 80, Fax 7 31 84, Hotel- und Bungalowanlage, Restaurant, Parkplatz.

Kardamili

▲ – **Camping Melitsina**, Tel. 07 21/7 34 61, Fax 7 33 34; Mitte Mai – Ende Sept.; nördlich des Ortes meerwärts abzweigen; an einem mit Olivenbäumen bestandenen Hang, terrassiert, in schöner, ruhiger Lage; ca. 2 ha – 80 Stpl; Standardausstattung, Restaurant im Sommer.

Das nahe **Kardamili** ist ein kleiner Fischer- und Badeort. Das nach Osten ansteigende Bergland bietet schöne, kaum berührte Landschaften. Zum Anhalten veranlaßt der nördlich Kardamili gelegene Taleinschnitt und die ihn überspannende Straßenbrücke.

➔ Route: Auf rund 25 km führt die Straße nun kurvenreich weiter landeinwärts nach Norden, um bei den Badeorten **Avia/ Mikra Mantinia** und **Almiro** wieder die Küste zu erreichen. ●

Wenig später passiert man die östlichen Vororte von Kalamata mit **Stränden**, Tavernen, Unterkünften und Campinganlagen.

KALAMATA, Hauptstadt der Landschaft Missinia, ist gleichzeitig Umschlagplatz für die landwirtschaftlichen Produkte der Region.

Kalamata wurde anfangs des 12. Jh. von Franken gegründet. Sie errichteten hier ein Kastell, unterhalb dem sich dann die Stadt entwickelte. In Kalamata wurde 1218 Wilhelm de Villehardouin (s. Mistras und Monemvassia) geboren.

Kalamata war 1986 von einem schweren Erdbeben heimgesucht worden, dessen ärgste Blessuren aber längst wieder beseitigt sind.

Die **Burg von Kalamata** zählt heute zu den wenigen, bescheidenen Sehenswürdigkeiten der Stadt. Das Gelände wurde in einen Park mit Touristenpavillon umgestaltet. Blick auf die Stadt. In der Stadt selbst ist die Apostelkirche **Agii Apostoli** sehenswert. Der byzantinische Bau stammt aus dem frühen 14. Jh. In einem alten Patrizierhaus ist das **Stadt- und Regionalmuseum** eingerichtet.

Praktische Hinweise – Kalamata

Kalamata
Hotels

⌂ Kalamata Hotels (Tel.-Vorw. 07 21): **Pharae Palace** (A), 76 Zi., Navarinou u. R. Feraiou, Tel. 9 44 20, Fax 9 39 69; Haus der oberen Mittelklasse an der Uferstraße, 2 Restaurants, Cafeteria, Dachgarten, Garage.

Filoxenia (B), 194 Zi., Navarinou Straße, Tel. 2 31 66, Fax 2 33 43, www.grecotel.gr; Restaurants, Schwimmbad, Piano-Bar, Parkplatz. – Und andere Hotels.

Verga

Camping bei
Kalamata

▲ – Camping Elite, Tel. 07 21/2 73 68; Anf. Apr. – Mitte Okt.; südwestl. Kalamata, bei **Verga**; ebenes Gelände beim gleichnamigen Hotel; ca. 1,5 ha – 120 Stpl; Standardausstattung; Restaurant im Hotel; zum Strand über die Straße.

– Camping Sea and Sun, Tel. 07 21/4 10 60, Fax 4 12 51; Anf. Jan.– Ende Dez.; südwestl. Kalamata, bei **Verga**; ebenes Gelände mit Bäumen und Sträuchern; bis an den Strand reichend; 2 ha – 150 Stpl.; Standardausstattung; Laden, Imbiß; Sand- und Kiesstrand.

– Camping Patista, Tel. 2 9525, Jan. – Dez.; südöstlich von Kalamata, zum Strand über die Straße; 1,5 ha – 120 Stpl.; Mindestausstattung.

➔ **Route:** Von Kalamata auf der Straße 82 westwärts nach **Messini**. ●

Die Reste des **antiken Messini**, der alten Hauptstadt der Landschaft Messinia, liegt ca. 25 km nordwestlich beim Ort **Mavromati** unterhalb des 800 m hohen Ithomi. Die im 4. Jh. v. Chr. entstandene Stadt war im Altertum stark befestigt. Die recht gut erhaltene Schutzmauer im Norden mit dem **Arkadia-Tor** (Dipylon) ist noch heute sehr eindrucksvoll. In der Nähe (längerer Fußweg) wurden Reste eines Theaters, eines Stadions und eines Asklepios-Heiligtums freigelegt.

Bei Mavromati liegt auf der Anhöhe des Ithomi das **Kloster Voulkanos**. Es stammt aus dem 16. Jh. In seine Fundamente sind Reste eines dorischen Zeustempels eingearbeitet.

➔ **Route:** Auf der Weiterfahrt nach Westen passiert man den Strand von **Paralia Velika** und kommt gleich darauf nach **Rizomylos**. Die hier nach Süden abzweigende Straße endet nach 30 km in **Koroni** und **Vassilitsi**. Auf dem Weg dahin liegen Badeorte mit **Stränden** und Campinganlagen. ●

Praktische Hinweise

Camping
zwischen Petalidi
und Koroni

Petalidi

▲ – Camping Petalidi Beach, Tel. 07 22/3 11 54, Fax 3 16 90; Anf. Apr. – Ende Sept.; knapp 3 km nördl. Petalidi meerwärts abzweigen; ebenes Gelände am Meer, Schatten durch Pappeln und Mattendächer; 1 ha – 80 Stpl.; gute Standardausstattung; Mietbungalows; Laden, Taverne. Strand.

Koroni

– Camping Koroni, Tel. 07 25/2 21 19, Fax 2 21 19; Anf. Apr. – Ende Sept.; zum Meer abfallender Olivenhain; Zufahrt beim Ort beschildert; ca. 1,5 ha – 100 Stpl.; Standardausstattung, Laden, Restaurant. Naher Strand.

Camping
zwischen Petalidi
und Koroni

Finikoundas
– **Camping Loutsa**, Tel. 07 23/7 11 69, Fax 7 14 45; Anf. Apr. – Mitte Okt.;
ebener, durch Bewuchs unterteilter Platz am Meer, ansprechend und relativ
ruhig gelegen; ca. 1 ha – 70 Stpl.; Standardausstattung; Laden, Imbiß, Strand.
– **Camping Anemomilos**, Tel. 7 13 60, Fax 7 11 21, Anf. Apr. – Ende Nov.;
zum Meer geneigtes Terrassengelände mit jungem Baumbestand,
Mattendächer; 1,5 ha – 100 Stpl.; Standardausstattung, Laden, Sandstrand.
– **Camping Ammos**, Tel. 712 62, Fax 711 24; Anf. Apr. – Ende Okt.; ebenes
Sandgelände bis zum Meer reichend, Schatten durch Mattendächer; 3,5 ha –
200 Stpl.; Standardausstattung, Laden, Imbiss, Sandstrand. – Und andere
Campingplätze.

Koroni, eine Frankengründung, ab dem 13. Jh. von den Venezianern ausgebaut und mit ausgedehnten Festungsanlagen versehen, diente bis ins 17. Jh. als Kontrollposten des Schiffsverkehrs um den südlichen Peloponnes. Nicht umsonst nannte man Koroni und Methoni (an
der Westküste) die „Augen Venedigs".

➔ **Route:** Die Abkürzung von Koroni über Finikoundas
(Camping) nach Methoni ist wegen der auf weite Teile schlechten
Wegstrecke nicht sehr empfehlenswert. ●

Pilos, das
ehemalige
Navarino

PILOS/Pylos, ein hübscher, einladender Fischerort an einer herrlichen Bucht an der Westküste bietet neben Hotels auch die Möglichkeit,
Bootsausflüge zu unternehmen, z.B. in die Bucht oder zur vorgelager-
ten, langgestreckten Insel Sfaktiria, die die Bucht nach Westen abschirmt.
Pilos, das bis ins letzte Jahrhundert *Navarino* hieß, hat eine
schicksalhafte Vergangenheit. Zweimal tobten in der Bucht
Seeschlachten um die Freiheit des Landes – einmal während des
Peloponnesischen Krieges zu Beginn des 5. vorchristlichen Jahrhunderts
und dann wieder 1827 während des griechischen Freiheitskampfes.
Damals lagen sich in der historischen „Schlacht von Navarino" die
Flottenverbände der Türken und der angreifenden Engländer, Franzosen
und Russen gegenüber. Die türkischen Verbände wurden geschlagen.
Die schwere Niederlage war einer der Gründe für das Einlenken des
Sultans in Sachen griechische Unabhängigkeit.
Oberhalb der Stadt liegt ein aus der Zeit der Venezianer stammendes
Kastell, dessen Besuch lohnt.

Pilos
Hotels

Praktische Hinweise – Pilos

⌂ Pilos Hotels (Tel.-Vorw. 07 23): **Karalis Beach** (B), 14 Zi., Paralia, Tel.
2 30 21, Fax 2 29 70, verkehrsgünstig und relativ zentral am Meer gelegen.
Miramare (B), 16 Zi., Tel. 2 27 51, Fax 2 22 26; Restaurant, Parkplatz.
Nilefs (C), 12 Zi., Tel . 2 25 18, Fax 2 25 7. – Und andere Hotels.

Camping

▲ – **Camping Navarino Beach**; Tel. 07 23/2 27 61, Fax 2 35 12; Anf. Jan.
– Ende Dez.; 6 km nördl. Pilos, bei **Gialova**, an der Bucht von Navarino; ebenes
Gelände, Schatten durch Bäume und Mattendächer; ca. 2,5 ha – 220 Stpl.;
Standardausstattung; Laden, Taverne; Mietbungalows, Sandstrand.

Methonis
Festungsanlagen

Methoni liegt knapp 11 km südlich von Pilos. Bis ins letzte
Jahrhundert war die Lage der Stadt von strategischer Bedeutung für die

Überwachung der Seewege. So sind es auch die Reste der umfangreichen Befestigungsanlagen mit ihren Mauern, Türmen, Toren und Bastionen, die zu den Sehenswürdigkeiten hier zählen.

Praktische Hinweise – Methoni

Methoni
Restaurants

✕ Restaurants: **Eleni**, hübsche Taverne, am Meer gelegen, Fischspezialitäten.

◪ Methoni Hotels (Tel.-Vorw. 07 23): **Amalia** (B), 34 Zi., Tel. 3 11 93, Fax 3 11 95, Zimmer und Bungalows mit Meerblick, 250 m vom Strand entfernt, Restaurant, Parkplatz.
Alex (C), 20 Zi., Paralia, Tel. 3 12 19. – Und andere Hotels.

Hotels

▲ – **Camping Methoni**, Tel. 0723/3 12 28; Anf. Mai – Ende Okt.; südwestl. von Methoni; ebenes Gelände der Gemeinde, Mattendächer; 2 ha – 150 Stpl.; Standardausstattung; Laden, Imbiß; Sand- und Kiesstrand jenseits der Straße. – Und andere Campingplätze.

Camping

Etwa 17 km nördlich von Pilos kommen wir auf schmaler, kurvenreicher Straße zum **Palast** des legendären **Königs Nestor**. König Nestor war eine sagenhafte und weise Gestalt der Antike. Sein Ruhm gründete sich auf der Fähigkeit, Streit und Zwist unter den Achäern, die er auf ihrem Feldzug gegen Troja begleitete, durch weise Ratschläge zu schlichten. Die heute überdachten Ruinen sind die Reste des aus der Mykene-Epoche stammenden Königspalasts.

Palast des Nestor
tgl. a. Mo. 8.30 –
15.00 Uhr. Eintritt.

Via **Hora/Chora**, mit einem interessanten **archäologischen Museum**, das Grabungsfunde und Fresken aus Nestor's Palast zeigt, und über **Pirgos,** ein ländliches Marktstädtchen, geht es durch nicht enden wollende Olivenhaine nach **Filiatra**.

archäolog.
Museum von Hora
tgl. a. Mo. 8.30 –
15.00 Uhr. Eintritt.

16 km weiter kommen wir nach **Kiparissia**, ein nicht gerade lebhaftes Küstenstädtchen, das nach der Zerstörung 1825 durch türkische Truppen wieder aufgebaut wurde. Auf einer Anhöhe über der Stadt Reste einer **Frankenburg**.

Praktische Hinweise – Kiparissia

Kiparissia
Hotels

◪ Kiparissia Hotels (Tel.-Vorw. 07 61): **Kyparissia Beach** (B), 26 Zi., Tel. 2 44 92, Fax 2 44 95; am Meer gelegen, Schwimmbad, Parkplatz.
Ionion (C), 33 Zi., Tel. 2 25 11, Fax 2 25 12.
Vassilikon (C), 24 Zi., Kalantzakou 7, Tel. 2 26 55, Fax 2 44 13. – Und andere Hotels.

▲ – **Camping Kyparissia**, Tel. 07 61/2 34 91, Fax 2 45 19; Anf. Apr. – Ende Okt.; ca. 1 km nördl. des Ortes; flache, zum Meer leicht geneigte Geländestufen mit einzelnen Bäumen, Mattendächer; 2 ha – 110 Stpl.; gute Standardausstattung; Laden, Imbiß, Taverne; breiter Sandstrand.

Camping

16. KIPARISSIA – RIO (PATRA)

○ **Entfernung:** Rund 300 km, ohne Abstecher nach Kalavrita.

→ **Strecke:** Über Straße 9/E55 bis **Kalo Nero** – Straße 9A bis **Filia** – Straße 7/E65 bis **Megalopoli** – Straße 76 bis **Olympia** – Straße 74 bis **Pirgos** – Straße 9/E55 bis **Patra** – Straße 8 bis **Rio**.

◔ **Reisedauer:** Mindestens zwei Tage. Separater Tag für Abstecher nach Kalavrita.

⌘ **Höhepunkte:** Das antike **Olympia** *** – schöne **Strände** bei Loutra Kilinis und bei Kato Ahaia – Ausflug ins **Aroania-Gebirge** *.

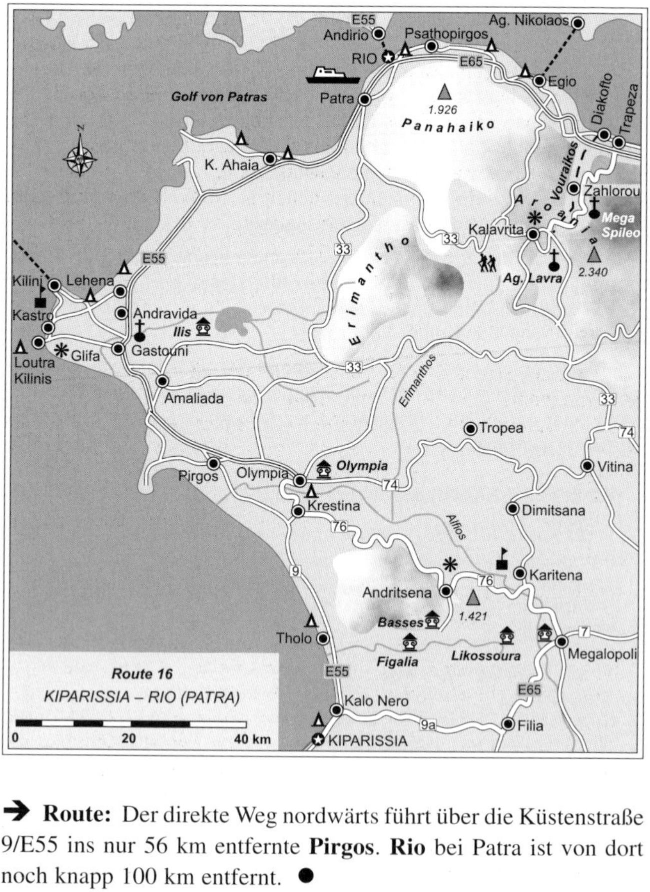

Route 16
KIPARISSIA – RIO (PATRA)

→ **Route:** Der direkte Weg nordwärts führt über die Küstenstraße 9/E55 ins nur 56 km entfernte **Pirgos**. **Rio** bei Patra ist von dort noch knapp 100 km entfernt. ●

Macht man den lohnenden, unserer Hauptroute entsprechenden Umweg über Andritsena, Basses (Bassä) und Olympia, verdoppelt sich die Wegstrecke auf rund 300 km. Bei Berücksichtigung der notwendigen Besichtigungszeiten, zumindest in Basses und Olympia, ist es im Interesse des Reiseerlebnisses ratsam, die Reise zu unterbrechen, z.B. in Olympia.

➔ **Route:** Der Verlauf unserer Hauptroute führt von Kiparissia über die 9/E55 6 km nordwärts bis **Kalo Nero**. Dort wenden wir uns ostwärts auf die Straße 9A. Nach 32 km treffen wir bei **Filia** auf die 7/E65, der wir nordwärts bis **Megalopoli** folgen, um dort nordwestwärts auf die Straße 76 nach **Andritsena** abzuzweigen. ●

Kurz nach Megalopoli und noch vor der Brücke über den Fluß Elisson geht westwärts der Zufahrtsweg zum **antiken Megalopolis** ab. In einiger Entfernung hinter der Ruinenstätte sieht man die Kulisse eines riesigen Kohlekraftwerks, das mit seinen Rauchschwaden den Himmel verdunkelt. Antike und Moderne als Nachbarn.

antikes Megalopolis

Das alte Megalopolis wurde im 4. Jh. v. Chr. von Epaminondas als Gegengewicht zum mächtigen Sparta erbaut. Lange war es eine der führenden Städte im „Arkadischen Bund". Von den stark zerstörten Resten geben die Fragmente des gewaltigen Halbrunds des **Theaters** noch einen schwachen Eindruck von der einstigen Größe Megalopolis'. Das Theater gilt als das größte in Griechenland, es faßte einmal 20.000 Zuschauer. Die unteren Sitzreihen sind noch recht gut erkennbar.

➔ **Route:** 16 km weiter nordwestlich passieren wir den Abzweig zum nahen **Karitena**. ●

Das Städtchen **Karitena** liegt sehr schön unterhalb einer mächtigen **Frankenburg** am Hang eines Bergstocks, den der Alfios-Fluß und eine tiefe **Schlucht** an der Westseite vom Umland trennt. Der Blick vom 580 m hohen Burgberg mit den Resten des anfangs des 13. Jh. von der Familie de Bruyère erbauten Kastells ist sehr eindrucksvoll.

Blick von der Frankenburg in Karitena

➔ **Route:** Nach 30 km recht kurvenreicher Fahrt erreichen wir **Andritsena**. ●

Andritsena (Hotel Theoxenia (B), 28 Zi., März – Okt., Tel. 06 26/2 22 19). Der Ort liegt schön in der luftigen Höhe der Berge von Minthi und lädt mit seinen malerischen Gassen zum Verweilen ein. Hübscher Dorfplatz mit riesigem Schattenbaum und Brunnen und dem Kafenion Apollon. Berühmte **Bibliothek** mit alten Handschriften.

hübsch gelegenes Andritsena Hotels

Am Ortsausgang von Andritsena weist ein Schild auf den Abzweig zum rund 14 weiter südlich gelegenen Tempel von **Basses/Vassae/Bassai** hin. Die aufwärts führende Straße dorthin bietet schöne Ausblicke auf Andritsena und führt bis auf eine Höhe von 1.130 m in die wilden Berge der Provinz Elis. Interessant ist hier die Kultivierung des kargen Bodens durch Anlegen von Feldterrassen, auf denen Getreide angebaut wird. Allenthalben sieht man noch runde Dreschplätze auf den Feldern.

Apollotempel von Basses **
tgl. 9.00 – 19.00 Uhr. Eintritt

Der **Apollotempel von Basses/Bassai** ist der am zweitbesten erhaltene Tempel in Griechenland, nach dem Hephaistos Tempel (Theseion) in Athen. Erbaut wurde er um 420 v. Chr. von den Bewohnern Phigalias aus Dankbarkeit für eine glimpflich überstandene Choleraepidemie. Der Architekt Iktinos verwendete für den dorischen Tempel, dessen Basis 38,25 m x 14,6 m mißt, als Baustoff den Kalkstein der Umgebung.

Der dem Apollon Epikourios geweihte Tempel wurde erst 1765 wiederentdeckt. Eine Besonderheit des Tempels ist, dass der Innenraum interessanterweise mit ionischen Halbsäulen geschmückt ist, die an den Wänden Nischen für die Aufnahme von Weihegeschenken bildeten. Sogar eine einzelne, freistehende korinthische Säule schmückt den Innenraum, in dem einst das Kultbild des Apollo stand.

Drohende Einsturzgefahr während der letzten Jahre veranlaßte zu einer umfassenden Restaurierung der 42 dorischen, etwa 6 m hohen Säulen und des Tempelinnenraums, der Cella. Aber alle Bemühungen verhinderten nicht, dass die Archäologen zur Erhaltung des Tempels ungewöhnliche Maßnahmen ergreifen mußten. Um das angegriffenen Gestein fürderhin vor den zerstörerischen Umwelteinflüssen zu schützen, wurde der ganze Tempel in ein riesiges Zelt gehüllt. Die Fahrt hierher ist deshalb nur noch für sehr Interessierte lohnend. Alle anderen haben vielleicht ihren Spaß an dem „Verpackungskunstwerk". Christo läßt grüßen.

➔ **Route:** Über Andritsena fahren wir weiter nach Westen. In weiten Kurven führt die Straße 76 hinunter nach **Kalithea**, **Grillos** und **Krestena**, das man nach 45 km erreicht. Von Krestena führt ein direkter Weg nordwärts über **Makrissia** nach **Olympia**. ●

archäologische Stätte von Olympia
Mo. – Fr. 8.00 – 19.00 Uhr, Sa., So., feiertags 8.30 – 15.00 Uhr. Eintritt.

OLYMPIA

Olympia, einer der bestbekannten und meistbesuchten Orte in Griechenland, liegt zwischen sanften Hügeln am Alfios-Fluß. Die antiken Stätten befinden sich am östlichen Ortsrand, an der Straße 74 Richtung Tripolis.

Für die Besichtigung des antiken Olympia und des Museums sollten Sie *mindestens* zwei bis drei Stunden vorsehen. Der Eingang (2) zur **archäologischen Stätte von Olympia** befindet sich an der Südseite der Straße, schräg gegenüber den Parkplätzen am **Museum (1)**. Zunächst erkennt man das langgestreckte **Gymnasion (3)** und südlich davon das Rechteck der **Palästra (4)**. Eine doppelte Säulenreihe umgab einstmals den Innenhof mit einer Seitenlänge von ca. 65 m. In den umliegenden Räumen bereiteten sich die Athleten auf die Wettkämpfe vor.

Am südlichen Rand des Ruinenfeldes liegt das **Leonidion (7)**. Es entstand im 4. Jh. v. Chr. und diente als Herberge für die Athleten während der Spiele.

Über den sog. „**Prozessionsweg**" (8) gehen wir ostwärts. Links davon erstreckt sich der „Heilige Bezirk". Hier findet man die Fundamentsreste des berühmten **Tempel des Zeus (15)**. Der im 5. Jh. v. Chr. von

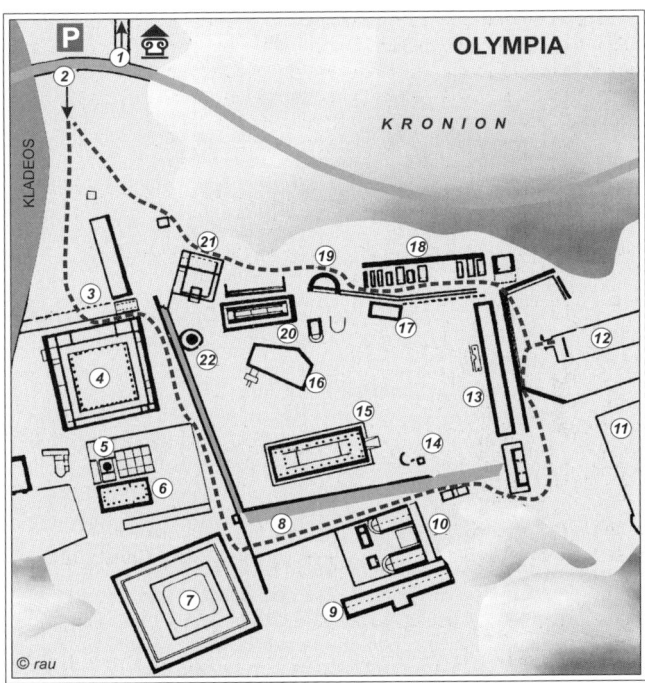

OLYMPIA

1 Museum
2 Eingang
3 Gymnasion
4 Palästra
5 Heroon
6 Werkstatt des Phidias
7 Leonidion
8 Prozessionsweg
9 Südstoa
10 Bouleuterion
11 Hippodrom
12 Stadion
13 Stoa Echous
14 Nike des Päonis (Sockel)
15 Zeustempel
16 Pelopion
17 Metroon
18 Terrasse der Schatzhäuser
19 Nymphäon
20 Heratempel
21 Prytanion
22 Philippeion

© rau

Libon erbaute Tempel zählte wegen seiner gigantischen Zeusstatue zu den sieben Weltwundern der Antike. Der geniale Phidias hatte die Monumentalstatue geschaffen, die den Göttervater Zeus auf einem mit Gold und Elfenbein geschmückten Thron sitzend darstellte. Von der Statue ist nichts mehr erhalten.

Am Ostrand, schon außerhalb des Heiligtums, kommt man durch ein Gewölbe zum **Stadion (12)**, der Austragungsstätte der olympischen Wettkämpfe. Einst konnte es um die 20.000 Zuschauer aufnehmen. Südlich davon befand sich das **Hippodrom (11)**, die Arena für die Wagen- und Pferderennen.

Wir gehen zurück Richtung Ausgang. Unterhalb des Kronion-Hügels erstreckt sich die Terrasse der **Schatzhäuser (18)** von zwölf griechischen Städten, die im Westen durch das Halbrund des von Herodes Attikus um 160 n. Chr. gestifteten **Nymphäon (19)**, ein Brunnenhaus, abgeschlossen wird.

Gleich südwestlich davon liegt der **Heratempel (20)**. In diesem dorischen Tempel aus dem 6. Jh. v. Chr., von dem einige Säulen wieder aufgerichtet wurden, stand die herrliche Marmorfigur des Hermes von Praxiteles (im Museum).

Zwischen Heratempel und Gymnasion lag der Rundbau des **Philippeion (22)**, das Philipp von Makedonien nach seinem Sieg bei Chaironeia 338 v. Chr. stiftete.

215

OLYMPIA

Legenden und Geschichte

In der Altis, einem dem Göttervater Zeus geweihten heiligen Hain unterhalb des Kronion-Hügels, der schon in vorgeschichtlicher Zeit als Kultstätte der Erdgöttin Gäa und des Gottes der Zeit, Kronos, diente, begannen nach einem Orakelspruch Wettkämpfe zu Ehren des Zeus. Dieser Orakelspruch lautete, dass derjenige, welcher den Pissaer-König Oinomaos im Wettstreit eines Wagenrennens besiegt (die schnellen Pferde des Oinomaos hatten einen legendären Ruf), dessen Tochter Hippodamia zur Frau erhält. König Pelops, dem Namensspender des Peloponnes, gelang dies in einem dramatischen Rennen.

Im Jahre 776 v. Chr. war es König Iphitos von Elis, der die **Olympischen Spiele** so organisierte, dass sie regelmäßig alle vier Jahre in den Sommermonaten Juli oder August stattfanden. Die „heilige Zeit" der Olympiade dauerte einen Monat, die eigentlichen sportlichen Wettkämpfe aber lediglich fünf Tage.

Während der Olympiade hatte Waffenruhe zwischen allen griechischen Stadtstaaten zu herrschen, um allen Kriegern die Teilnahme oder den Besuch der Spiele zu ermöglichen. Frauen war der Zutritt zu den olympischen Wettkämpfen nicht erlaubt. Die ausgeübten Sportarten waren Ringen, Diskuswerfen, Laufen, Boxen, Pangration (Kombination aus Ringen und Boxen), Weitsprung, Pferde- und Wagenrennen.

Annähernd tausend Jahre lang fanden die Spiele ohne Unterbrechung statt. Etwa um das 5. Jh. v. Chr. erreichten die Bedeutung und das Ansehen der Spiel ihren Höhepunkt. Die Olympiade war zu einem nationalen Großereignis geworden und eine Demonstration der Einheit aller Griechen (die ja selten genug wurde). Bis zu 20.000 Besucher kamen damals zu den Spielen. Die mit dem heiligen Lorbeer bekränzten Sieger waren die strahlenden Helden der Nation und wurden von Dichtern besungen.

Obwohl Kaiser Hadrian und Herodes Attikus durch zahlreiche Weihegeschenke das Ansehen des Heiligtums betonten, begann für Olympia in der Römerzeit der Abstieg. Kaiser Theodosius I. schließlich befahl unter dem Einfluß des Christentums 393 n. Chr. das Ende der Olympischen Spiele. Sein Nachfolger ließ das Heiligtum zerstören. Erdbeben und Überschwemmungen taten ein übriges, um Olympia in Vergessenheit geraten zu lassen. Erst im 18. Jh. entdeckte man das Ruinenfeld wieder und ab 1875 wurde mit der systematischen Erforschung durch deutsche Archäologen begonnen. 1500 Jahre nach dem Verbot der Spiele wurde die „Olympische Idee" durch den Baron de Coubertin mit den „Ersten Olympischen Spielen der Neuzeit" 1896 in Athen wieder ins Leben gerufen.

Olympia archäol. Museum
***
Di.– So. 8.00 –
19.00; Mo. 12.00 –
19.00 Uhr. Eintritt.

Keinesfalls versäumen sollte man einen Besuch im **archäologischen Museum (1)**. Es liegt nördlich der Straße. In den neuzeitlichen Museumsräumen werden die Exponate sehr schön präsentiert. Ein eigener Raum ist den Giebeln des **Zeustempels** gewidmet. Die Skulpturen des Ostgiebels zeigen Szenen der Vorbereitung zum Wagenrennen Pelops gegen Oinomaos, in der Mitte steht Zeus. Am Westgiebel wird der Kampf der Kentauren mit den Lapithen dargestellt, in der Mitte Apollo. Weiter sieht man Metopen des Tempels mit Szenen der Taten des Herakles.

Neben Weihegeschenken, Gefäßen, Rüstungen, Büsten und anderen Grabungsfunden zählt zu den Prunkstücken des Museums die **Statue des Hermes** aus dem Heratempel, die Praxiteles im 4. Jh. v. Chr. schuf. Hermes, der Götterbote, stützt sich mit seinem linken Arm auf einen Baumstamm. Auf dem Arm sitzt das Götterkind Dionysos. Ein weiteres Kleinod des Museum ist ein Bronzehelm, der Miltiades zugeschrieben wird, dem großen Athener Generals und Feldherrn, der die Perser bei Marathon geschlagen hatte.

Zugang ins Stadion des antiken Olympia

Im Ort Olympia findet man das **Museum der Olympischen Spiele.** Dort werden Dokumente, Briefmarken, Literatur u.ä. gezeigt, die zu den ersten Spielen der Neuzeit 1896 in Athen und zu den Olympischen Spielen bis 1908 erschienen sind.

Olympiade Museum ***
tgl. 8 – 15.30, So. + feiertags 9.00 – 16.30 Uhr. Eintritt.

Praktische Hinweise – Olympia

Olympia

Olympia Telefonvorwahl: 06 24

☎ **Information: E.O.T.-Büro,** Praxitelous Kondili 75 (Hauptstraße), 27065 Olympia, Tel. 2 31 00, Fax 2 31 25.

✘ Restaurants: **Ambrosia**, Spiliopoulou Straße in Bahnhofsnähe, gute Küche, aber stark vom Gruppentourismus frequentiert, erschwingliche Preise.
Pete's Den, Stephanopoulou Straße nahe der National Bank, renommiertes Lokal mit vorzüglicher Küche, mittlere Preislage. Gewöhnlich erst abends geöffnet, November bis Februar geschlossen.
Taverna Praxitelous, Spiliopoulou Straße 7, gut geführtes, einladendes Lokal, gute Küche, große Mezédes Auswahl, moderate Preise, 6 Zimmer Kat. D. – Und andere Restaurants.

Restaurants

⌂ Olympia Hotels: Neben Delphi, dürfte Olympia der vom Individual- und Pauschaltourismus am meisten heimgesuchte Ort auf dem griechischen

Hotels

217

Olympia Hotels

Festland außerhalb von Athen sein. Entsprechend groß, vielfältig und unterschiedlich ist das Angebot an Restaurants, Tavernen, Unterkünften u.ä. Rechtzeitige Zimmerreservierungen sind ratsam.

Amalia (A), 147 Zi., Tel. 2 21 90, Fax 2 24 44, www.amalia.gr; gut geführtes Hotel, Restaurant, Parkplatz.

Antonios (A), 65 Zi., Praxitelous Kondilis, Tel. 2 23 48, Fax 2 21 12, moderner Bau am Ortsrand an einem bewaldeten Hang; Restaurant, Schwimmbad,

Apollon (B), 96 Zi., Douma 13, Tel. 2 25 22, Fax 2 30 68; relativ einfaches, aber zentral gelegenes Haus nahe Busterminal und Bahnhof, Restaurant, Dachschwimmbad. Geschlossen von November bis Februar.

Europa (A), 42 Zi., Drouba 1, Tel. 2 26 50, Fax 2 31 66, zählt mit zu den besten Adressen am Ort, Restaurant, Taverne, Schwimmbad, Tennis, obere Preisklasse.

Kronion (C), 23 Zi., Tsoureka 1, Tel. 2 21 88, Fax 2 25 02, einfach, zweckmäßig, moderate Preise, Bahnhofsnähe, Restaurant. – Und andere Hotels.

Jugendherberge

Jugendherberge, Praxitelous Kondili 18, Tel. 2 25 80.

Camping

▲ – **Camping Alphios**, Tel. 2 29 51, Fax 2 29 50; Anf. Apr. – Ende Okt.; gut 1 km außerhalb, im Ort beschildert; fast ebenes Gelände und kleine Terrassen, schön auf einer Anhöhe gelegen, Schatten durch Mattendächer; ca. 2,5 ha – 100 Stpl.; gute Standardausstattung; Laden, Taverne, Schwimmbad, Tennis.

– **Camping Diana**, Tel. 2 23 14, Fax 2 24 25; Anf. Jan. – Ende Dez.; im Ort unterhalb der Straße nach Krestena, sehr kleiner Terrassenplatz am Hang, etwas beengt für große Wohnmobile; unweit der archäol. Stätten; 0,5 ha – 50 Stpl.; Standardausstattung; Laden, Imbiß, Schwimmbad.

➔ **Route:** Unsere Route führt von Olympia auf der Straße 74 westwärts nach **Pirgos** (Hotels) und weiter über die Straße 9/E55 nach **Patra** und **Rio**. ●

Auf dem Wege nach Patra findet man bei **Loutra Kilinis** und bei **Kato Ahaia** schöne **Strände** (Näheres siehe weiter unten).

Rund 10 km landeinwärts von **Gastouni** führt die Zufahrt ostwärts durch die Ebene von Elis zur Ruinenstätte des **antiken Ilis** (Elis, Ilida). Österreichische Wissenschaftler versuchen, der Stadt, der „Beschützerin" der Olympischen Spiele in der Antike, auf die Spur zu kommen.

Die Strecke nach Patra und Rio bietet nichts Außergewöhnliches. Für einen Badeaufenthalt können einzelne Küstenstriche interessant sein. Nachstehend einige Strandregionen mit Unterkünften.

Hotels und Camping zwischen Pirgos und Patra

Praktische Hinweise

Palouki

▲ – **Camping Paradise**, Tel. 06 22/2 27 21, Fax 2 40 92; Anf. Apr. – Ende Sept., ca. 2 km südlich von Amalias zum Meer abzweigen; zweigeteiltes, ebenes Gelände mit Buschwerk und Bäumen, zusätzliche Schatten durch Mattendächer; 2,5 ha – 200 Stpl.; Standardausstattung, Laden und Restaurant im Sommer; Sandstrand.

– **Camping Palouki**, Tel. 2 49 42; Anf. Mar. – Ende Nov.; ca. 1,5 km südlich von Amalias meerwärts abzweigen; parzelliertes, ebenes Gelände mit Bäumen am Sandstrand; ca. 1 ha – 80 Stpl.; Standardausstattung; Laden und Restaraunt.

das antike Olympia

Loutra Kilinis (Kyllini), Seebad und Kurort mit Thermalquellen, Anwendung bei Erkrankung der Atmungsorgane. Ausgedehnte **Strände**.

☒ Loutra Kilinis Hotels (Tel.-Vorw. 06 23): **Ionion** (C), 22 Zi., Tel. 9 23 18, Fax 9 23 18.
Xenia (A), 80 Zi., IV – X, Tel. 9 62 70. – Und andere Hotels.

Loutra Kilinis
▲ – **Camping Aginara Beach**, Tel. 06 23/9 62 11, Fax 9 61 57; Anf. Apr. – Ende Okt.; in Gastouni westwärts und vor Loutra Kilinis südwärts nach **Glifa**; teils ebenes, teils gestuftes Gelände, Mattendächer; 4 ha – 200 Stpl.; Komfortausstattung; Laden, Imbiß; Restaurant; Sand- und Kiesstrand. Mietbungalows.
– **Camping Ionion Beach**, Tel. 06 23/9 63 95, Fax 9 64 25; Anf. Jan. – Ende Dez.; in Gastouni westwärts nach **Glifa**; fast ebenes, teils sandiges Gelände, Baumbestand, Mattendächer; 4 ha – 250 Stpl.; Komfortausstattung; Laden, Imbiß; Restaurant, Schwimmbad; Sand- und Kiesstrand .
Kourouta
– **Camping Kourouta**, Tel. 06 22/2 29 01, Fax 2 49 21; Anf. Apr. – Ende Okt.; ebenes , zweigeteiltes Wiesengelände mit hohen Bäumen; 2 ha – 100 Stpl.; Standardausstattung; Laden, Imbiß; Sandstrand. – Weitere Campinganlagen finden sich bei **Lehena (Lechäna)**.

Der Landvorsprung westlich von Gastouni war eines der ersten Refugien am Westpeloponnes, das von den Franken im 15. Jh. besetzt worden war. Hauptstadt des damals gegründeten *Fürstentums Morias* war **Andravida**. Zu den Sehenswürdigkeiten dort zählt die ehemalige **Kathedrale Agía Sophia**. Die gotische Kirche stammt aus dem 15. Jh.

Eine der stärksten Frankenfestungen aus jener Zeit ist an der Küste wenige Kilometer nördlich von **Kastro** noch zu sehen. Die **Festung von Chlemoutsi** war von Gottfried von Villehardouin errichtet worden.

Wenige Kilometer nördlich der Frankenfestung liegt das Hafenstädtchen **Kilini**. Von dort verkehren regelmäßig Fähren zu den **Inseln Zakinthos/Sakynthos** und **Kefalonia (Kefalonia)**.

Kato Ahaia, an der Küste rund 22 km südwestlich von Patra gelegen, hat schöne Strandabschnitte bei **Kounoupeli**, Ionian Beach und **Kalogria**.

Hotels und Camping bei Kato Ahaia

Praktische Hinweise

Kato Ahaia

☒ Kato Ahaia Hotels (Tel.-Vorw. 06 93): **Ahaia** (C), 16 Zi., Tel. 2 26 78; Restaurant, Parkplatz.

Lakopetra
Lakopetra Beach (A), 107 Zi. + 83 Bungalows, Apr. – Okt., Tel. 5 17 13, Fax 5 10 45; Strandhotel, Restaurant, Taverne, Schwimmbad, Fitnesseinrichtungen, Disco, Animation, Tennis.
Ionian Beach Bungalows (B), 79 Zi., Apr. – Okt., Tel. 5 13 00, 5 11 84; Restaurant, Parkplatz, Golf, Tennis, Wassersportmöglichkeiten.
Hotel Tarantella (C), 32 Zi., Tel. 7 12 05, Fax 7 11 23, in **Ano Alissos**; Restaurant, Parkplatz. – Und andere Hotels.

Camping bei Kato Alissos

▲ – **Camping Kato Alissos**, Tel. 06 93/7 12 49, Fax 7 11 50; Anf. Apr. – Mitte Okt.; östl. Kato Ahaia bei Kato Alissos meerwärts; eben, mit Laubbäumen, oberhalb des Strands; 1 ha – 70 Stpl.; einfache Standardausstattung; Restaurant; über Treppen zum Strand unterhalb der Steilküste.
– **Camping Golden Sunset**, Tel. 06 93/7 12 76, Fax 7 15 56; Anf. Apr. – Mitte Okt.; östl. Kato Ahaia bei Kato Alissos meerwärts; eben, mit jungem Baumbestand, oberhalb des Meeres, Mattendächer; 2 ha – 250 Stpl.; Standardausstattung; Laden, Imbiß; Mietbungalows; naher Strand unterhalb der Steilküste. – Und andere Campingplätze.

Patra/Patras, das wichtigste Verkehrs- und Wirtschaftszentrum in Westgriechenland, ist die drittgrößte Stadt des Landes (ca. 142.000 Einw.). Der bedeutende Fährhafen ist ein viel frequentierter Anlaufpunkt des Schiffsverkehrs mit Italien.

Der Apostel Andreas soll hier das junge Christentum durch seine Predigten verbreitet haben, worauf er den Märtyrertod am Kreuze erleiden mußte. Nach einer langen Irrfahrt kamen sterblichen Überreste des Heiligen, die als wundertätige Reliquien hochverehrt werden, wieder nach Patra. Hier konnten sie 1979 in der neuen **Wallfahrtskirche Ágios Andreas** feierlich beigesetzt wurden.

Östlich oberhalb der Stadt liegt ein **Fort**, das byzantinische Herrscher im 9. Jh. anlegen ließen und das später von Franken, Venezianern und Türken erweitert wurde. 1821 zerstörten die Türken Patra, das später nach einem rasterartigen, regelmäßigen Straßenplan wieder aufgebaut wurde. Erwähnenswerte Sehenswürdigkeiten hat die lebhafte, laute Hafenstadt leider nicht zu bieten.

In der Nähe von Patra liegt die Weingroßkellerei Ahaia Clauss. Eine kulinarische Spezialität der Region ist der schmackhafte *Tsipoures-Fisch*.

Praktische Hinweise – Patra

Patra

Patra Telefonvorwahl: 061

☎ Information: **E.O.T.-Büro**, Iroon Politechniou 100, Glyfada, 26001 Patra, Tel. 42 03 03, Fax 42 38 66.

🏠 Patra Hotels: Hotels in der Stadt werden von dem Tag und Nacht herrschenden Verkehrslärm in Mitleidenschaft gezogen.

Hotels

Adonis (C), 56 Zi., Zaimi u. Kapsali Straßen, Tel. 22 67 56, Fax 22 69 71, nahe Hafen und Busstation.
Astir (A), 120 Zi., Aghiou Andreou 16, Tel. 27 63 11, Fax 27 16 44; zählt zu den besten Adressen der Stadt, teuer; Restaurant, Schwimmbad, Sauna, Dachgarten, Garage, Parkplatz.
Galaxy (B), 53 Zi., Aghiou Nicolaou 9, Tel. 27 88 15, Fax 27 88 15, mittlere Preislage, etwas ruhiger gelegen.
Mediterranee (C), 96 Zi., Aghiou Nicolaou 18, Tel. 27 96 02, Fax 22 33 27, möglichst ein Zimmer zur Seeseite mieten; Restaurant. – Und andere Hotels.

Jugendherberge, Iroon Polytechniou 62, Tel. 42 72 78, 65 31 52.

Jugendherberge

▲ – **Campingplätze** findet man weiter nordöstlich bei Rio.

Camping

Rio/Rion, dessen nahe Strände im Sommer gerne als Naherholungsziel angefahren werden, ist eine wichtige Fährstation mit laufenden Fährverbindungen nach **Andirio/Antirion** auf der nördlichen Festlandseite. Die schmale Einfahrt in den Golf von Korinth wurde früher von der venezianischen Festung Morias und von der nördlicher gelegenen **Burg von Roumeli** aus überwacht.

Praktische Hinweise – Rio

Rio
Hotels

🏠 Rio Hotels (Tel.-Vorw. 0 61): **Porto Rio** (A), 240 Zi. + 48 Bungalows, Tel. 99 22 12, Fax 99 21 15; großzügige Hotelanlage, Zimmer mit unterschiedlichem Standard von mittlerer bis gehobener Preiskategorie; Restaurant, Snackbar, Schwimmbäder, Tennis, Konferenzeinrichtungen, Spielkasino.
Rio Beach (C), 86 Zi., Akti Possidonos, Tel. 99 14 21, Fax 99 13 90. – Und andere Hotels.

▲ – **Camping Rion Beach**, Tel. 0 61/99 15 85; Mitte Jan. – Ende Dez.; Nähe Fährhafen und Kastell; kleiner, ebener Platz mit Baumbestand, ca. 40 Stpl.; Laden, Restaurant. – Und andere, kleinere Campingplätze.

Camping

AUSFLUG INS AROANIA-GEBIRGE

Lohnend ist ein Abstecher von Rio an der Südküste des Golfs von Korinth entlang zunächst ostwärts (Straße 8), um dann bei **Trapeza** nach Süden und hinein in die **Berglandschaft von Ahaia** abzuzweigen.
Zunächst aber passiert man hinter Rio **Psathopirgos** (Strände, Motel) und **Lambiri** (Strände, Hotels) und erreicht nach ca. 40 km **Egio/Ägion**, eine Handels und Hafenstadt mit ca. 17.000 Einwohnern. Zu den Sehenswürdigkeiten zählt die **Kirche Panagía Trypiti**, mit einer wundertätigen Marienikone.

Camping
zwischen Rio und
Diakofto

Praktische Hinweise

Lambiri

▲ – **Camping Tsolis**, Tel. 06 91/3 14 69, Fax 3 16 21; Mitte Apr. – Ende Sept.; eben, etwas Baumschatten, Mattendächer, zwischen Küstenstraße und felsigem Strand; ca. 2 ha – 150 Stpl.; Dauercamper, Standardausstattung; Laden, Restaurant.

Egeon

– **Camping Acoli Beach**, Tel. 06 91/7 13 17; Anf. Mai – Ende Okt.; ca. 3 km östl. Egeon, bei **Rododafni**; recht kleiner Platz; eben, zum Strand über die Strandstraße.

Eleon

– **Camping Eleon Beach**, Tel. 06 91/4 15 39, Fax 4 221 12; Anf. Apr. – Anf. Okt.; ebenes Gelände am Meer, teils Baumschatten; ca. 1,5 ha – 100 Stpl.; gute Standardausstattung; Laden, Restaurant, Kiesstrand. – Und andere Campingplätze.

Mit der Zahnrad-
bahn durch die
Vuraikos-Schlucht
*

Knapp 20 km weiter östlich liegt **Diakofto**.

☑ *Mein Tipp!* Ab **Diakofto** verkehrt eine Schmalspur-Zahnradbahn nach **Kalavrita**. Die Bahn führt durch die herrliche **Vuraikos-Schlucht** durch Tunnels, Galerien und über Brücken zwischen Felswänden des Gebirgsbaches hinein ins Aroania-Gebirge und endet nach 22 km in Kalavrita.

Etwa auf halbem Weg hält der Zug in **Zahlorou** (Hotel Romantzo, D, 8 Zi., Tel. 06 92/2 27 58). Hier kann man aussteigen und in einer knapp einstündigen Wanderung (im Sommer kann man auch Esel mie-

Kloster in impo-
santer Lage *
tgl. 8.00 – 13.00
Uhr + 15.00 Uhr bis
Sonnenuntergang.
Eintritt frei.

ten) zum **Kloster Mega Spileo** (Kloster der Großen Grotte) aufsteigen. Mega Spileo, ein im Mittelalter reiches und einflußreiches Kloster, liegt in abgeschiedener Landschaft recht imposant in der gewaltigen Aushöhlung einer steilen Felswand. Schon 342 n. Chr. soll hier von den Einsiedlern Theodoros und Simeon eine Klostergemeinschaft gegründet worden sein, nachdem von einem Bauernmädchen namens Euphrosine in der großen Grotte hinter dem Kloster eine wundertätige Marienikone gefunden wurde. Es heißt, der Hl. Lukas habe das Bildnis selbst gefertigt.

Das Kloster fiel verschiedentlich Feuern zum Opfer. Einer der Brände vernichtete u. a. Teile der kostbaren Bibliothek und der Handschriftensammlung. 1934 entstand nach einem neuerlichen Brand das jetzige Kloster. Sehenswert ist vor allem die **Klosterkirche** in der großen Grotte mit reicher Reliquiensammlung. Besuchern werden auf Führungen auch andere Teile des Klosters gezeigt. Im Kloster gibt es eine Herberge. Beim Klosterbesuch sind die üblichen Kleidervorschriften zu beachten (keine Shorts, keine bloßen Schultern, Damen mit Rock) .

Man kann das Kloster auch mit dem Auto auf ordentlicher Fahrstraße von **Trapeza** an der Küste aus erreichen.

schön gelegener
Sommerferienort

Die Straße führt weiter bis ins 735 m hoch gelegene **Kalavrita**. Hier ist Endstation der Zahnrad-Schmalspurbahn. Dank seiner herrlichen Lage und seines angenehmen Sommerklimas wird Kalavrita gerne als Sommerfrische aufgesucht. Im zweiten Weltkrieg hatten Ort und Bevölkerung unter deutschen Truppen schwer zu leiden (Denkmal). Auf einem der den Ort umgebenden Berge findet man Reste einer Frankenburg.

☑ *Tipp eines Lesers!* Will man mit der Zahnrad-Schmalspurbahn fahren ist es sehr ratsam, für die Rückfahrt eine Platzreservierung vorzunehmen. In der Hochsaison sind viele Touristenbusse unterwegs. Und die Busunternehmen bieten Ihren Gästen die Rückfahrt per Zahnradbahn an. Und Reisegruppen gehen in Griechenland offenbar vor Individualreisenden.

Etwa 7 km südwestlich liegt das **Kloster Agía Lavra**, Keimzelle des Widerstands im Befreiungskampf gegen die Türken. Hier erhob der Erzbischof von Patra, Germanos, am 25. März 1821 das Banner des Befreiungskampfes. Das Kloster wurde 1821 von türkischen Truppen und 1943 von deutschen Truppen niedergebrannt. Im Kloster gibt es eine Herberge und ein Museum mit Handschriften, Reliquien und Exponaten zum Befreiungskampf.

Ausdauernde und geübte Wanderer können von Kalavrita aus einen Ausflug zu den Wasserfällen das Styx-Flusses unternehmen. Der Styx galt im Altertum als der Fluß der Unterwelt.

Kalavrita

🏠 Kalavrita Hotels (Tel.-Vorw. 06 92): **Filoxenia** (B), 26 Zi., Tel. 2 24 22, Fax 2 30 09, www.hotelfiloxenia.gr.
Maria (C) Tel. 2 22 96, Fax 2 26 86. – Und andere Hotels.

**Kalavrita
Hotels**

---

17. RIO – IGOUMENITSA

○ **Entfernung:** Rund 300 km, ohne Abstecher.
➜ **Strecke:** Fähre nach **Andirio** – Straße 5/E55 bis **Messolongi** – Küstenstraße und Fähre nach **Preveza** oder 5/E55 über **Arta** bis Preveza – E55 bis **Igoumenitsa**.
🕐 **Reisedauer:** Mindestens ein Tag.
⌘ **Höhepunkte:** Die **Küste bei Astakos** – die **Brücke von Arta** – die **Bucht von Preveza** **.

Weiterreise von Rio mit den **Autofähren nach Andirio/Antirion**. **Andirio/Antirion**, das gegenüber an der Nordküste des Golfs von Korinth liegt. Die Fähren verkehren zwischen 7 Uhr und 23 Uhr alle 15 Minuten und zwischen 23 Uhr und 7 Uhr alle 30 Minuten. Fahrtdauer 15 Minuten. Der Bau einer Brücke über den Golf bei Rio ist geplant.

➜ **Route:** Von Andirio für unsere Route auf der Straße 5/E55 westwärts nach **Messolongi**. ●

Die Fahrt geht quer durch die Region Akarnani, an steilen Bergflanken am Golf von Patras entlang und hinunter in das breite, fruchtbare Tal des Evinos, dessen ausladendes Kiesbett die Landschaft beherrscht.

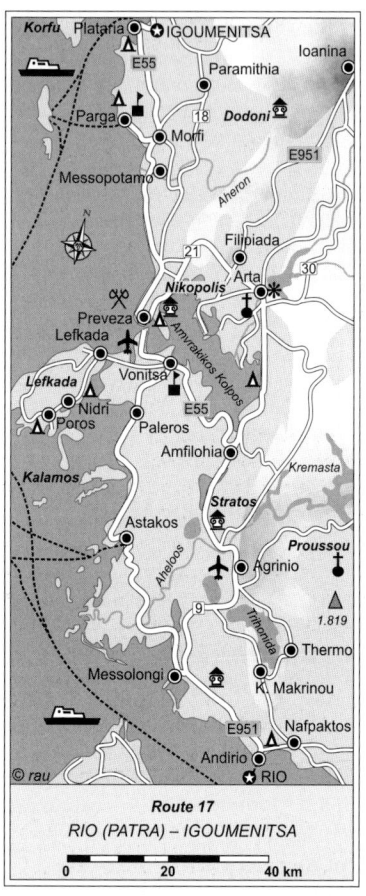

Route 17
RIO (PATRA) – IGOUMENITSA

0   20   40 km

Etwa 2 km nach dem Fluß zweigt nordwärts die leicht zu übersehende Zufahrt zu den Resten des **antiken Kalydon** ab, die von dem einstigen Glanz der Stadt des Oineus allerdings nichts mehr erkennen lassen. In der Antike wurde hier der Jagdgöttin Artemis geopfert.

Wir kommen in die Ebene von Messolongi mit weiten Salinenfeldern. Von der Umgehungsstraße kann man nach **Messolongi** abzweigen, das an einer sumpfigen, von zahllosen Inselchen durchsetzten Lagune liegt.

Messolongi ist durch sein trauriges Schicksal während der Befreiungskämpfe in die Analen der Geschichte Griechenlands eingegangen. Nach verschiedenen Angriffen türkischer Truppen, die aber unter Markos Botzaris abgewehrt werden konnten, begann während des Befreiungskrieges im Frühjahr 1825 die Belagerung der Stadt durch das Türkenheer unter Reshid Pasha. Nach einem Jahr waren die Vorräte der eingeschlossenen Bevölkerung aufgebraucht. Man entschloß sich zu einem Massenausbruch aus der belagerten Stadt, der allerdings in einem Massaker endete. Beinahe alle der rund 10.000 Stadtbewohner fanden den Tod. Die letzten Verteidiger sprengten sich zusammen mit dem Pulverarsenal in die Luft.

Vor dem „Helden-Tor" in der Stadtmauer, durch das der legendäre Massenausbruch in der Nacht vom 22. zum 23. April 1826 erfolgte, ist **Gedenkpark an Messolongis Freiheitskampf** ein **Gedenkpark** angelegt worden, mit Denkmälern der Helden der Belagerung und des Befreiungskampfes. Auch ein Denkmal an den poetischen Grafen aus England, Lord Byron, ist hier zu finden. Der für die Befreiung der Griechen entflammte Lord kam 1824 mit einer stattlichen Summe Geldes (Spenden aus England) nach Messolongi, in der Absicht, die Sache der Griechen zu unterstützen. Aber schon drei Monate später, im April 1824, erlag Lord Byron einem Fieber.

Das **Stadtmuseum** im Rathaus zeigt u. a. Dokumentationen zur Stadtbelagerung und zum Befreiungskampf.

Strände und zahlreiche Fischlokale (Spezialität Fischrogengelee „Avgotaraho) findet man im 5 km südlich gelegenen Dorf **Tourlis/ Tourlida**.

> Messolongi Hotels (Tel.-Vorw. 06 31): **Liberty** (B), 128 Zi., Iroon Polytehniou 41, Tel. 2 80 50, Fax 2 48 32, zentral gelegenes Mittelklassehotel, Parkplatz.
> **Theoxenia** (B), 107 Zi., Tourlidos 2, Tel. 2 26 83, Fax 2 23 30; am Strand, Restaurant, Parkplatz. – Und andere Hotels.

Messolongi Hotels

➔ **Routenalternativen:** Auf der Weiterreise kann man sich knapp 10 km nördlich von Messolongi entscheiden, ob man über die küstennahe Straße oder lieber über Agrinio und Amfilohia nach **Preveza** gelangen will. Noch etwas schneller ist der Weg über **Arta** (unter Auslassung von Preveza) und Morfi nach Igoumenitsa. ●

Routenvarianten

Auf der westlichen, küstennahen Route ist nur der Abschnitt von **Astakos** (Fähren nach Ithaki, Hotels) bis etwa **Paleros** landschaftlich wirklich reizvoll. Schöne Küste mit winzigen, einsamen Badebuchten und im Nordosten das stattliche Massiv der Akarnanika Berge.

schöner Streckenabschnitt zwischen Astakos und Paleros

Der andere Weg führt auf der Straße 5/E55, die Messolongi umgeht, landeinwärts, durchzieht eine steilwandige Schlucht und erreicht schließlich den Lissimahia-See. Man passiert **Agrinio** (Hotels), 10 km weiter den Aheloos-Fluß und wenig später den Ort **Stratos**. Das in der Nähe gelegene **antike Stratos** war im Altertum die Hauptstadt von Akarnanien.

Bald führt die Straße 5/E951 am recht hübsch gelegenen See Amvrakia vorbei und erreicht das einladend am Südzipfel des Golfs von Amvrakikos gelegene **Amfilohia** (Hotels). **Badestrände** finden sich in der Nähe bei Sparto, Bouka und Katafourko.

> ▲ – **Camping Stratis Beach**, Tel. 06 42/5 11 23, Fax 5 11 65; Mitte Apr. – Anf. Okt.; ca. 17 km nördl. Amfilohia, zwischen Straße und tiefer gelegenem Meer; teils eben, teils Terrassen am Hang, Baumschatten und Mattendächer; 2,5 ha – 150 Stpl.; Standardausstattung; Laden, Imbiß; Sandstrand.

Camping bei Amfilohia

➔ **Route:** Um nach Preveza zu gelangen, kann man ab Amfilohia auf der Straße 42/E55 entlang der Südküste des Golfs von Amvrakikos nach Westen fahren, trifft nach 37 km in **Vonitsa** (stattlicher **Burgberg** mit Venezianerkastell. Hotels) auf die Straße aus Astakos und erreicht 16 km weiter westl. bei **Aktion** die **Fähre nach Preveza** (Abfahrten rund um die Uhr, tagsüber etwa alle 30 Minuten, nachts alle 60 Minuten).

Fähre nach Preveza

Bleibt man auf der Straße 5/E951 und fährt ab Amfilohia am Ostufer des Amvrakikos Golfs nordwärts, passiert man **Menidi** und kommt nach 26 km nach **Arta**. ●

ARTA liegt in der fruchtbaren Kambos-Ebene nahe der Mündung des Arahthos-Flusses. Der korinthische Handelsplatz Arta wurde unter Philipp II. von Makedonien Hauptstadt des Epirus und konnte sich vor allem im 3. Jh. v. Chr. unter König Pyrrhus entfalten. Während der Römerherrschaft verwaiste Arta und wurde erst unter den byzantinischen Despoten wieder zu einer mit Leben erfüllten Stadt.

In der byzantinischen Epoche des 13. und 14. Jh., als Arta Hauptsitz der Despoten aus dem Comnenos-Geschlecht war, entstanden viele der heute noch sehenswerten Baudenkmäler, wie z.b. die **Zitadelle** über der Stadt sowie Kirchen und Klöster. Zu den Sehenswürdigkeiten zählt vor allem die nach dem zweiten Weltkrieg restaurierte **Kirche Panagía Parigoritissa**. Die kuppelreiche byzantinische Kirche entstand im 13. Jh., hat eine ungewöhnliche Aufteilung und weist schöne Mosaiken auf. Die Kirche ist geöffnet wie Museen. Des weiteren wird sich der Interessierte die **Kirchen Agía Theodora** (der Sarkophag der Kirchengründerin Theodora steht neben dem Portal) und **Ágios Vassilios** ansehen. Argos hat ein archäologisches **Museum** mit einer Sammlung alter Münzen und Ikonen u.a.

Die Straße 5/E951 umfährt die Altstadt von Arta mit ihrer gut erhaltenen, zinnenbewehrten **Stadtmauer** und überquert am Westrand der Stadt den Arahthos-Fluß. Von der neuen Straßenbrücke aus kann man gut die alte **Türkenbrücke** aus dem 17. Jh. sehen. In Informationen über Arta taucht immer wieder eine Sage über diese Brücke auf. So heißt es da, dass der Baumeister seine Frau in das Brückenfundament einmauerte, um der Brücke mehr Stabilität zu verleihen.

die Brücke von Arta *

Arta Hotels

☒ Arta Hotels (Tel.-Vorw. 06 81): **Amvrakia** (C), 60 Zi., N. Priovolou 13, Tel. 2 83 11, Fax 3 15 44; Restaurant, Parkplatz.
Cronos (C), 55 Zi., Tel. 2 22 11, Fax 7 37 95. – Und andere Hotels.

➡ **Route:** 11 km westlich von **Arta** verlassen wir die Straße 5/ E951 (die direkt nach Ioanina führt, 70 km) und fahren auf der Straße 21 südwestwärts in Richtung **Preveza.** ●

wo Kaiser August Mark Anton und Kleopatra besiegte

Nimmt man nicht die abkürzende Querverbindung zur Küstenstraße und bleibt auf der Straße südwärts nach Preveza, passiert man das **antike Nikopolis**, die Siegesstadt. Im Jahre 31 v. Chr. besiegte Oktavian (Kaiser Augustus) in der Seeschlacht von Aktion Antonius (Mark Anton) und Kleopatra, Königin von Ägypten. Um diesen für Augustus so wichtigen Sieg zu verewigen, gründete er Nikopolis und besiedelte die Stadt vornehmlich mit Bewohnern aus Arta. Erhalten sind noch Reste der Stadtmauer, das Odeon des Augustus, das Theater und die Fundamente einer frühchristlichen Basilika aus dem 6. Jh. Der antiken Stätte ist ein kleines Museum (Mo. – Fr. 8.00 – 19.00 Uhr, Sa. + So. 8.00 – 14.30 Uhr) angeschlossen.

Preveza, die alte Wächterin am Amvrakikos Golf, wurde vom König von Epirus, Pyrrhus, im 3. vorchristlichen Jahrhundert gegründet und liegt genau gegenüber dem **Kap Aktion**, Schauplatz oben geschilderter Seeschlacht. Heute liegt hier eine große Luftwaffenbasis.

die Brücke von Arta

Südlich von Aktion führt eine Landverbindung auf die **Insel Lefkada** (Lefkas, Leukas). Die Insel bietet herrliche **Strände** z.B. an der Westküste bei Ágios Nikitas oder bei Lefkada, dem Hauptort der Insel. Besonders schön ist die Fahrt entlang der Ostküste zur herrlichen **Bucht von Nidri**, ein gerne besuchter Badeort.

Abstecher auf die Insel Lefkada

Auf der Insel gibt es fünf Campingplätze, die alle an der Ostküste liegen sowie Hotels der Kat. B, C und E in Lefkada, Nidri und in Vassiliki im Süden der Insel.

Östlich Nidri ist das **Inselchen Skorpios** vorgelagert, berühmtes Refugium der Onassis Familie.

Auch an der Küste nordwestlich von Preveza finden sich lange Strände mit Restaurants und Campinganlagen.

Praktische Hinweise – Preveza

Preveza Hotels

⌂ Preveza Hotels (Tel.-Vorw. 06 82): **Dioni** (C), 36 Zi., Th. Papageorgiou Platz, Tel. 2 73 81, Fax 2 73 84, zentral, aber laut, Cafeteria, Parkplatz.
Margarona (B), 117 Zi., Tel. 2 43 61, Fax 2 43 69, www.amalia.gr, bestes Haus am Platz, Restaurant, Parkplatz. – Und andere Hotels.

Camping

▲ – **Camping Indian Village**, Tel. 06 82/2 71 85; Anf. Mai – Ende Sept.; ca. 3 km nördl. Preveza; überwiegend ebenes Gelände mit Baumbestand, leicht erhöht; 1 ha – 50 Stpl.; Standardausstattung; Laden, Imbiß; Mietbungalows; Sand- und Felsstrand.
– **Camping Kalamitsi Beach**, Tel. 06 82/2 32 68; Anf. Jan. – Ende Dez.; ca. 4 km nördl. Preveza; eben, mit Baumbestand, 1,5 ha – 130 Stpl.; Standardausstattung; Laden, Imbiß; Mietbungalows; naher Sand- und Felsstrand. – Und andere Campingplätze.

*in der Bucht von
Parga*

➔ **Route:** Im weiteren Verlauf unserer Route folgen wir der Küste des Ionischen Meeres nordwärts. Dieser Straßenabschnitt wird gelegentlich von Erdrutschen in Mitleidenschaft gezogen. Die angelegten Umleitungen an den Stellen sind gut ausgebaut, so dass die gesamte Strecke recht gut zu befahren ist. Nach etwa 35 km kommen wir in das sumpfige Mündungsgebiet des sagenumwobenen Flusses Aheron. ●

In der Nähe des Ortes **Mesopotamo** liegt die wohl älteste Totenkultstätte der Welt, **Nekromanteion**. Die griechische Mythologie berichtet, dass an der Mündung des Aheron die Stelle war, an der Charon die Toten mit seiner Barke über den unterirdischen See Acherussia in die Unterwelt, das Totenreich des Hades und das Reich seiner Frau Persephone, ruderte. Der Eingang zur Unterwelt wurde vom Höllenhund Cerberus bewacht.

**hübsch
gelegener
Badeort Parga**

Ca. 9 km weiter zweigt nach Westen die Straße ins 11 km entfernte **Parga** ab. Der viel besuchte Badeort Parga liegt reizvoll unterhalb einer **Festung** aus der Zeit der Venezianer. Auf beiden Seiten des Burgberges erstrecken sich herrliche Sandstrände. Die geschützte Bucht, an der das hübsche Fischerdorf liegt, wird von dem Inselchen Panagía, auf dem zwei Kapellen zu sehen sind, abgeschlossen. An der Hafenpromenade gibt es zahlreiche Tavernen. Im Sommer werden Bootsausflüge zur Insel Paxi angeboten.

Praktische Hinweise – Parga

◪ Parga Hotels (Tel.-Vorw. 06 84): **Achilleas** (C), 23 Zi., Ag. Athanassiou 10, Krioneri, Tel. 3 16 00, Fax 3 18 79, zentrumsnah am Strand.
Bacoli (B), 40 Zi., Tel. 3 12 00, Fax 3 20 31.
Parga Beach (B), Bungalows, 160 Zi., Apr. – Okt., Tel. 3 12 93.
Rezi (C), 26 Zi., Tel. 3 16 27, Fax 3 16 27, www.hotel-rezi.gr; zentrumsnah am Strand. – Und andere Hotels.

▲ – **Camping Parga**, Tel. 06 84/3 11 61; Anf. Jan. – Ende Dez.; am Ostrand des Ortes; leicht geneigtes Gelände mit hochstämmigen, uralten Olivenbäumen; 3 ha –150 Stpl.; einfache Standardausstattung. Ca. 500 m zum Strand.
– **Camping Valtos**, Tel. 06 84/3 12 87; Anf. Apr. – Ende Sept.; durch Parga zum Valtos Strand gut 1 km; eben, mit Baumbestand; 1 ha – 100 Stpl.; Standardausstattung; naher Strand.
– **Camping Lichnos**, Tel. 06 84/3 13 71, Fax 3 20 76; Anf. Jan. – Ende Dez.; ca. 4 km vor Parga auf Serpentinenstraße zum Meer; mehrere Terrassen am Hang, Baumbestand, Mattendächer, 5 ha – 200 Stpl.; einfache Standardausstattung; Laden, Restaurant; in Strandnähe beim **Hotel Lichnos Beach**.

Die Straße nach Igoumenitsa verläuft nun weiter landeinwärts und erreicht bei **Plataria** wieder das Meer. Wer von Igoumenitsa aus nicht gleich weiterreisen will, nach Korfu etwa oder nach Ioanina, und einen Aufenthalt einlegt, kann das hier bei Plataria tun. Die Unterkunftsmöglichkeiten liegen ansprechend.

▲ – **Camping Kalami Beach**, Tel. 06 65/7 12 11, Fax 7 12 45; Anf. Apr. – Mitte Okt.; ca. 4 km nördl. Plataria; ansprechender Platz, mehrere Terrassen am Hang mit Baumbestand, unterhalb der Hauptstraße, Baumbestand; schöne Lage, von einigen Stellplätzen Meerblick; 3 ha – 150 Stpl.; Komfortausstattung; Laden, Imbiß, Restaurant; Kiesstrand. – Und andere Campingplätze.

Igoumenitsa ist der wichtigste Fährhafen an Griechenlands Westküste und Tor nach Griechenland für viele motorisierte Touristen, die auf dem Seewege von Italien oder Kroatien aus anreisen. Und Igoumenitsa ist das Sprungbrett nach Kerkira (Korfu), das nur etwa 18 Seemeilen vor der Küste liegt. Igoumenitsa wurde im zweiten Weltkrieg fast vollständig zerstört. Die heutige Stadt bietet touristisch nichts Interessantes. Alles in allem ein Ort für einen raschen Transit.

◪ Igoumenitsa Hotels (Tel.-Vorw. 06 65: **Jolly** (C), 27 Zi., Ethn. Antistasis 14, Tel. 2 39 70, Fax 2 30 07.
Oscar (C), 34 Zi., Ag. Apostolon 140, Tel. 2 33 38. – Und andere Hotels.

18. KORFU (KERKIRA)

○ Entfernung: Rund 180 km.

→ ⏱ Reisedauer: Mindestens zwei Tage.

⌘ Höhepunkte: Die **Klosterinsel Vlachernon** ** – die **Bucht von Paleokastritsa** **.

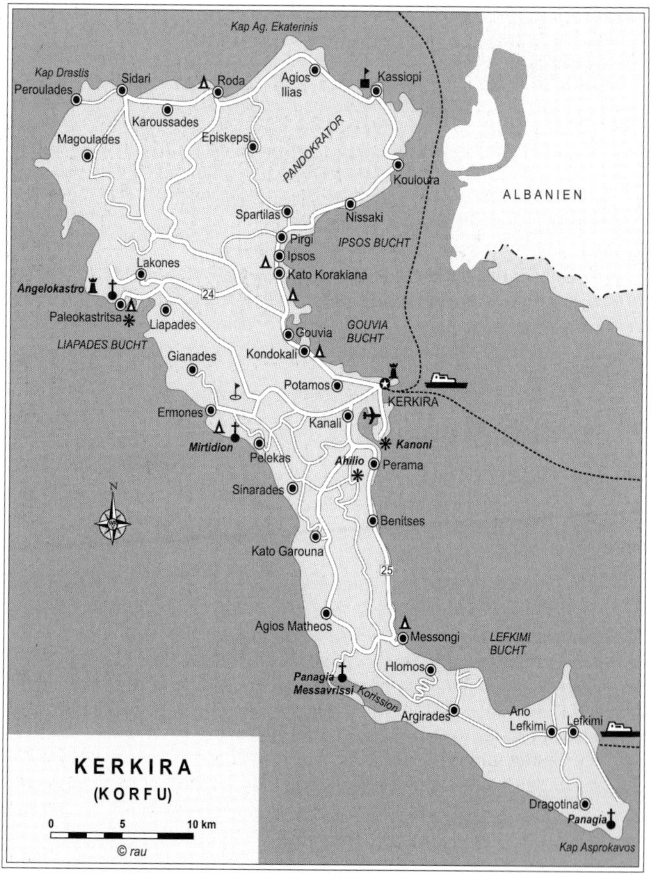

Kap Ag. Ekaterinis

Kap Drastis
Peroulades
Sidari
Roda
Agios Ilias
Kassiopi

Karoussades

Magoulades
Episkepsi

PANDOKRATOR

Kouloura

ALBANIEN

Spartilas
Nissaki

Pirgi
IPSOS BUCHT
Lakones
Ipsos
Kato Korakiana

Angelokastro
24

Paleokastritsa
Liapades
Gouvia
GOUVIA BUCHT

LIAPADES BUCHT
Gianades
Kondokali

Potamos
KERKIRA

Ermones
Kanali

Mirtidion
Pelekas
Ahilio
Kanoni

Sinarades
Perama

Benitses

Kato Garouna

25

Agios Matheos
Messongi
LEFKIMI BUCHT

Hlomos
Panagia Messavrissi Korission
Argirades
Ano Lefkimi
Lefkimi

KERKIRA
(KORFU)

0   5   10 km

© rau

Dragotina
Panagia

Kap Asprokavos

Fährverbindungen mit Autotransport von Igoumenitsa nach Korfu (Kerkira) bestehen stündlich zwischen 5.30 und 22 Uhr. Die Überfahrt dauert knapp zwei Stunden. Die Fähren aus Patra und Igoumenitsa legen im sog. Alten Hafen an, unterhalb des Neuen Venezianischen Forts (16. Jh.) an der Nordseite der Innenstadt.

Zudem bestehen ganzjährig regelmäßige Fährverbindungen nach Italien (Otranto, Bari, Brindisi, Ancona).

Korfu

Korfu/Kerkira/Kérkyra, die nördlichste der Ionischen Inseln, ist rund 60 km lang und zieht sich vom 906 m hohen Pandokrator-Gipfel sichelförmig nach Südosten. Die 592 qkm große, vor allem im Nordteil recht bergige Insel ist eines der bekanntesten und bedeutendsten Touristikzentren Griechenlands, das im Sommer ebenso wie im Frühjahr und Herbst eine lebhafte Saison hat. Jedes Jahr suchen weit mehr als ein Million Besucher die Insel heim. Und die Bewohner von Korfu leben profitlich vom Tourismus. Leider muß aber auch vermerkt werden, dass so manche Wirte und Ladenbesitzer offenbar längst vergessen haben, dass sie ihre Besucher und Gäste evtl. auch als Kunden betrachten könnten.

Das angenehme **Klima** mit milden Wintern und Temperaturen kaum unter 10°C dafür aber größeren Niederschlagsmengen und heißen, durch die kühlende Seebrise aber erträglichen Sommern und Temperaturen im Mittel um 26°C, macht die erstaunlich vegetationsreiche Insel. Auf Korfu gedeihen u.a. Feigen, Orangen, Zitronen und Trauben. Und durch die ergiebigen Niederschläge während der Wintermonate weist Korfu ein erstaunlich artenreiche Flora auf, die für viele Pflanzenliebhaber alleine schon ein Grund für eine Reise nach Korfu ist.

Klima

Seit jeher zählt Korfu mit seinen annähernd 100.000 Einwohnern zu einem der attraktivsten Ferienziele im Mittelmeerraum. U.a. scheinen vor allem Briten und Skandinavier ein Herz für die Insel entdeckt zu haben. Reisesaison ist die Zeit zwischen Mai und Ende Oktober, Anfang November.

Neben schönen **Stränden**, die besonders bei Ágios Georgios an der Westküste, bei Roda und Sidari im Norden oder im Süden bei Kavos einladend sind, findet der Besucher zahlreiche Hotels aller Kategorien,

Strände

Restaurants für jeden Geschmack, ein Spielkasino im Achilleion und sogar zwei Golfplätze. Letzteres ist vielleicht ein kleiner Hinweis darauf, dass im vergangenen Jahrhundert Briten Korfu verwalteten.

Geschichtliches

Korfu (Kerkira) wird von Homer als die „Glückliche Insel Scheria" der Phäaken beschrieben. Hier soll Odysseus auf seiner Irrfahrt nach dem Trojanischen Krieg von Nausikaa, der Tochter des Phäakenkönigs Alkimoos, aufgenommen worden sein. Homer ist in der lebendigen Beschreibung voll der Bewunderung über die demokratische Verwaltung des Phäakenvolkes. Und in der griechischen Mythologie wird auch das Rätsel über die Herkunft des Namens der Insel gelöst. Er soll von der Nymphe *Kerki* stammen, die von Poseidon entführt wurde und dann den Helden Phaiax zur Welt brachte.

In der realen Geschichte taucht Korfu als ein durch Handel zu Wohlstand gelangter Teil des römischen, später byzantinischen Herrschaftsgebiets auf. Danach hatten sich lange Zeit die Venezianer auf Korfu häuslich eingerichtet – ihr Einfluß war bis weit ins 18. Jh. spürbar, bis Napoleon in Europa den Ton angab und 1797 Korfu besetzte. 1814 schlossen sich alle Ionischen Inseln zusammen und traten 1864 in die griechische Staatsgemeinschaft ein. In den 50 Jahren zwischen 1814 und 1864 stand Korfu unter dem Protektorat eines Britischen Hohen Kommissars.

SEHENSWERTES IN KORFU STADT

Die liebenswerte Haupt- und Hafenstadt **Korfu** wirkt in ihrem Altstadtkern eher wie ein italienisches Städtchen mit engen, meist den Fußgängern vorbehaltenen Gassen. Im Sommer ist die Stadt überflutet von Touristen aus aller Herren Länder. Besonders schön ist das Stadtbild am zentralen **Spianada Platz** (Esplanade). Mit seinem repräsentativen Arkadenbau an der Westseite, dem sog. **Liston,** zählt er zu einem der schönsten Plätze in Griechenland. Unter den Arkaden findet man Geschäfte, Restaurants und Cafés. Man kann man sich einen Fiaker nehmen (vorher genauen Preis erfragen!) und auf Stadtrundfahrt gehen.

Am Südende der Esplanade steht die kleine **Maitland Rotunda**, ein Musikpavillon, von dem aus man hinüber zum Alten Fort sieht. Eine Statue hier erinnert an Ioannis Capodistrias, einem Sohn der Insel, der erster Gouverneur von Griechenland wurde.

Und an der Ostseite des Spianada Platzes, nahe der Brücke, die über einen Kanal zur Alten Zitadelle führt, steht das **Schulenburg Denkmal**. Es erinnert an den Grafen Schulenburg, der in der Belagerung der Stadt durch die Türken im Jahre 1716 als Held gefeiert wurde.

Zu den bedeutendsten Sehenswürdigkeiten der Stadt zählen die **Alte Zitadelle.** Die Burg aus der Zeit der Venezianer liegt auf einem Landvorsprung östlich der Stadt. Man hat von dort einen hübschen Blick auf die Stadt. Bemerkenswert die dem hl. Georg geweihte Garnisonskirche aus dem Jahre 1830 mit dorischem Portal. Im Sommer ist die alte Festung Schauplatz von Licht- und Ton-Darbietungen und Folkloreveranstaltungen.

Beachtenswert sind weiter das **Hl. Michaels und Hl. Georgs Palais** nördlich des Spianada Platzes. In dem schönen Kolonnadenbau residierte einst der Britische Hochkommissar. Im Juni 1994 war der Pa-

Zugang zur Alten Zitadelle

last Schauplatz der Gipfelkonferenz der Europäischen Union. Lange Zeit war in einem Teil des Palastes das „Museum für Asiatische Kunst" eingerichtet. Anläßlich der Gipfelkonferenz wurde das Museum ausgelagert. Es war bis zur Drucklegung nicht zu ermitteln, wann, wo und ob das Museum überhaupt wieder eröffnet wird.

Noch etwas weiter nördlich, am Rande der Altstadt an der Uferstraße Arseniou, liegt das **Byzantinische Museum**, eingerichtet in der Kirche Panagía Antivouniotissa.

Byzantinisches Museum tgl. 8.30 – 15 Uhr, im Winter tgl. a. Mo. 8.00 – 14.30 Uhr. Eintritt.

Am Solomou Platz östlich vom Neuen Fort befindet sich seit einigen Jahren das **Museum für Meeresmuscheln und Schalentiere**, tgl. 9 bis 19 Uhr.

Zu den bedeutendsten Kirchen der Stadt zählt die **St. Spyridonkirche** aus dem späten 16. Jh., die in einem Silberschrein die Reliquien des Schutzpatrons der Stadt beherbergt.

Ein paar Gassen weiter südlich trifft man auf den Theotoki Platz mit dem **Rathaus**, einen Loggienbau im venezianischen Stil aus dem 17. Jh.

Im südlichen Stadtbereich in Nähe der Uferstraße Dimokratias, vorbei am Luxushotel Corfu Palace, findet man das **Archäologische Museum**. Ausgestellt sind vor allem Grabungsfunde von der archäologischen Stätte von Paleopolis, weiter südlich. Imposant der Gorgon Giebel von einem Artemistempel aus dem 6. Jh. v. Chr.

Archäologisches Museum tgl. 8.30 – 15 Uhr, im Winter tgl. a. Mo. 9.00 – 14.30 Uhr. Eintritt.

Geht man noch weiter südwärts, kommt man in die Stadtteile **Garitsa** und an Südende der Garitsa Bucht **Anemomilos**, was soviel wie Windmühle bedeutet. Bemerkenswert sind die Ruinen der Paleopolis Kirche und die den **Heiligen Jason und Sosipatros** geweihte Byzantinische Kirche.

Südlich davon schließt sich der **Park Mon Repos** an. Die gleichnamige Villa dort hatte sich einst Sir Frederic Adam, Britischer Kochkommissar in Korfu, für seine Gemahlin, die wegen ihres kräftigen Bartwuchses immer wieder Gesprächsthema in den Salons der Gesellschaft von Korfu war, errichten lassen. In Mon Repos wurde Prinz Philip, Herzog von Edinburgh, geboren. Später war das Anwesen bis zur Enteignung im Besitz des ehemaligen griechischen Königs Konstantin. Das Haus ist nicht zu besichtigen, nur der Park ist zugänglich.

Der Park Mon Repos grenzt an einen schönen **Strand** mit zahlreichen Cafés und schattigen Platanen.

Korfu

Flughafen

Feste, Folklore

Restaurants

Hotels

Praktische Hinweise – Korfu

☎ Korfu Telefonvorwahl: 06 61. Information: **E.O.T.-Büro**, Rizospaston Voulefton, 49100 Kerkira, Tel. 3 75 20, 3 76 38, Fax 3 02 98.
Touristen Information, Kapodistriou 1, Esplanade, Tel. 2 85 09.
Touristenpolizei, Kapodistriou 1, Tel. 3 02 65.

Korfus Flughafen liegt unweit südlich von Korfu Stadt. Es bestehen tägliche Verbindungen nach Athen und zweimal wöchentlich Verbindungen nach Thessaloniki. Außerdem Charterflüge und Liniendienste ausländischer Gesellschaften.

❖ Feste, Folklore: **Feste zu Ehren des Hl. Spyridon**, in feierlichen Prozessionen werden die Reliquien des Heiligen, begleitet von Blasmusikklängen, durch die Straßen der Stadt geführt, findet statt am Palmsonntag, Ostersamstag, am 11. August und am ersten Sonntag im November.
Karnevalsumzug in Korfu Stadt.
Feierlichkeiten in der **Osterwoche**. Ein besonderer **Osterbrauch** ist das Zerschlagen von Tontöpfen am Morgen des Ostersamstag.
Volkstanzfest in Lefkommi, Anfang Juli.
Musikfestival, Ballett, Oper- und Theateraufführungen, im September.

✗ Restaurants: **Aegli**, Liston am Spianada Platz, renommiertes Haus, gute Küche, angenehmes Ambiente, teuer. Tischreservierung im Sommer ratsam, Tel. 3 19 49.
Rex Restaurant, Kapodistriou 66, unweit westlich Liston, einfache, einladende Taverne, Wein vom Faß, griechische Spezialitäten, mittlere Preislage.
O Yiannis, Sophia Kremona und Iassonos-Sossipatrou 30, in Anemomilos, nicht leicht zu findende urige Taverne, gute lokale Küche, Faßwein, moderate Preise. – Und andere Restaurants.

▢ Hotels: Große Auswahl von Hotels jeder Kategorie und Preisklasse. Die größeren Häuser sind gewöhnlich mit Reisegruppen und durch die von Reiseveranstaltern belegten Zimmerkontingente ausgebucht. Eine rechtzeitige Zimmerreservierung ist immer anzuraten.
Corfu Palace (L), 106 Zi., Leoforos Dimokratias 2, Tel. 3 94 85, Fax 3 17 49, www.corfupalace.com; elegantes Luxushotel vom Feinsten, sehr teuer, guter Service, ausgezeichnete Einrichtungen, hervorragende Restaurants „Albatros" und „Panorama Restaurant", Bars, 2 Schwimmbäder, Fitnesseinrichtungen, Konferenzeinrichtungen.
Cavalieri (A), 48 Zi., Kapodistriou 4, zentrale Lage, Tel. 3 90 41, Fax 3 92 83; hat schon bessere Zeiten gesehen, aber ordentlich, Restaurant, obere Preisklasse, Zimmer im vierten und fünften Stock mit Blick zum Alten Fort.

*im Park des
Achilleion, Korfu*

Kontokali Bay (L), 234 Zi., Tel., 9 90 00, Fax 9 19 01, rund 6 km nördlich der Stadt, gutes Firstclass Hotel, teuer, am Strand, Restaurant, Strandtaverne, Snackbar, Poolbar, Schwimmbad, Marina, Wassersport, Tennis, Strand. – Und andere Hotels.

**Korfu
Hotels**

Wenige Kilometer südlich von Korfu Stadt liegt der Vorort **Kanoni** auf einer Landzunge. Die enge Straße endet an einer alten Geschützbastion, von der man einen herrlichen Blick auf das Wahrzeichen von Korfu gewordene **Klosterinsel Vlachernon** und die dahinter liegende **Insel Pondikonissi** (Mäuseinsel) hat. Vom Aussichtspunkt kann man hinunter zum Ufer gehen und über einen Steg das Kloster auf der Insel erreichen. Die Insel Pondikonissi ist nur per Boot erreichbar, die vom Steg am Kloster abfahren.

**Blick auf Korfus
Wahrzeichen ***

In der Bucht nördlich liegt in unmittelbarer Nähe die Landebahn des Flughafens. In Kanoni findet man Hotels und Restaurants.

Folgt man der Ostküste weiter nach Süden kommt man zum **Achilleion,** einer Villa in einem wunderschönen Park, in der sich die österreichische Kaiserin Elisabeth (Sissi) zur Gesundung einst aufhielt. Für sie war Korfu die „Trauminsel". Später war die Villa Frühjahrsresidenz von Kaiser Wilhelm II. Von 1962 bis 1992 diente sie als Spielkasino. Heute ist die Villa mit ihren repräsentativen Salons und Zimmerfluchten zu besichtigen. Vieles erinnert an die Kaiserin Elisabeth, so z. B. ein Portrait des Sissi-Malers Winterhalter, Fotografien, Briefe, Nippsachen etc.

**Achilleion -
Traumvilla der
Kaiserin
Elisabeth von
Österreich**
tgl. 8.30 – 15.30
Uhr. Eintritt.

Ein Spaziergang durch den hübschen Garten mit seinen Statuen ist lohnenswert und ermöglicht einen wunderschönen Blick auf die Bucht.

abgelegene Küstenstriche gibt es auf Korfu immer noch

Fährt man noch weiter nach Süden, passiert man die Badeorte **Moraitika** (Hotels) und **Alikes** und endet schließlich am **Strand von Kavos**. Der bislang einzige Campingplatz im Süden der Insel liegt bei Messongi, wenige Kilometer südlich von **Moraitika**.

Messongi Camping

▲ – **Camping Sea Horse**, Tel. 06 61/5 53 64; Anf. Mai – Ende Okt.; Zufahrt an der Küstenstraße beschildert; Terrassen in einem Olivenhain in Strandnähe; ca. 2 ha – 180 Stpl.; einfache Standardausstattung; Laden, Restaurant, Schwimmbad. Mietbungalows.

KORFUS WEST- UND NORDKÜSTE

herrliche Bucht von Paleokastritsa **

Ein anderer lohnender Ausflug führt an die **Westküste**. Man verläßt **Kerkira** in nordwestlicher Richtung, fährt entlang der mit Hotelbauten vollgepflasterten Küste und zweigt hinter **Gouvia**, dem alten venzianischen Flottenhafen, ab ins Inselinnere nach **Paleokastritsa**. Das in herrlicher, buchtenreicher Küstenlandschaft gelegene Paleokastritsa, umgeben von einer wunderschönen Bergkulisse, gilt als der Ferien- und Badeort auf Kerkira schlechthin. Es gibt zahlreiche Hotels und eine kleinere Campinganlage.

Prächtiger Panoramablick ***

Lohnend ist der Abstecher kurz vor Paleokastritsa hinauf nach **Lakones**. In Serpentinen führt die schmale Straße durch Olivenhaine hinauf zum Ort (enge Ortsdurchfahrt) und weiter zum **Aussichtspunkt Belavista**. Von hier genießt man einen wunderbaren Blick hinunter auf die Küstenregion. Die Straße führt noch weiter bis Krini. Zu Fuß kann man von dort zum Kastell Angelokastro wandern und hat dann abermals einen prächtigen Blick auf die Küste.

Ein anderer lohnender Weg führt vorbei an den Badeorten **Dassia**, **Ipsos** (schöner Strand) und **Pirgi** nach **Nissaki** und über die schöne Küstenstraße nach **Kassiopi** (Hotels, Strände, Frankenburg). Besonders interessant ist die Nordküste bei **Sidari**. Die felsige Küste weist viele Grotten, Buchten und kleine eingelagerte Sandstrände auf. Es gibt Hotels und in der Nähe Campingplätze.

Praktische Hinweise

Korfu
Camping

Die größte Ansammlung von Campinganlagen findet man an der Ostküste zwischen Kondokali und Ipsos.

Dassia
▲ – **Camping Karda Beach**, Tel. 06 61/9 35 95; Anf. Apr. – Mitte Okt.; unweit südöstlich von Dassia; fast ebenes Gelände in Küstennähe, meist mit Grasbewuchs, lichter Baumbestand; ca. 3 ha – 120 Stpl.; Standardausstattung; Landen, Taverne, Schwimmbad, Mietbungalows.

Roda
– **Camping Roda Beach**, Tel. 06 61/6 31 20, Fax 6 30 81; Anf. Apr. – Ende Okt.; beschilderte Zufahrt; ebene, schüttere Wiesen, etwas Baumschatten; ca. 2 ha – 110 Stpl.; einfache Standardausstattung; Laden, Taverne; Schwimmbad; Mietbungalow. Strand in Gehnähe.

Paleokastritsa
– **Camping Paleokastritsa**, Tel. 06 61/4 12 04; Mitte Apr. – Mitte Okt.; ca. 3 km östlich; Terrassen in einem abfallenden Olivenhain; ca. 1,5 ha – 100 Stpl.; einfache Standardausstattung; Restaurant. Strand noch in Gehnähe.

Vatos
– **Camping Vatos**, Tel. 06 61/9 45 05, Fax 9 45 05; Mitte Apr. – Mitte Okt.; ca. 1 km südlich des Ortes; Großanlage, relativ ruhig gelegen; weitläufiges, leicht hügeliges Gelände, einige Terrassen; ca. 20 ha – 800 Stpl.; einfache Standardausstattung; Laden, Taverne, Schwimmbad, Mietbungalows; Strand noch in Gehnähe. – Und andere Campingplätze.

PRAKTISCHE UND NÜTZLICHE INFORMATIONEN VON A BIS Z

ANSCHRIFTEN

Fremdenverkehrsämter

Griechische Zentrale für Fremdenverkehr

– 60311 Frankfurt/M, Neue Mainzer Str. 22, Tel. 069/23 65 61, Fax 23 65 76.

– 80333 München, Pacellistr. 5, Tel. 089/22 20 35, Fax 29 70 58.

– 20149 Hamburg, Abteistr. 33, Tel. 040/45 44 98, Fax 45 44 04.

– 10789 Berlin, Wittenbergplatz 3a, Tel. 030/21 76 262, Fax 21 77 965.

Büros in Griechenland sind bei den jeweiligen Städten aufgeführt.

Konsularische Vertretungen

Botschaft der Republik Griechenland, Wittenbergplatz 3a, 10789 Berlin, Tel. 030/21 37 033/4, Fax 030/21 82 663, www.griechische-botschaft.de.

Konsulate in Düsseldorf, Hamburg, Hannover, Köln, Leipzig, Frankfurt, Stuttgart, München, Nürnberg.

Botschaft der Bundesrepublik Deutschland, Karaoli & Dimitriou 3, Postfach 1175, GR-10110 Athen, Tel. 0030/1/ 7 28 51 11, Fax 7 25 12 05.

Deutsches Generalkonsulat in 54100 Thessaloniki, Karolou Diehl 4a, POB 10515, Tel. 031/23 63 15, Fax 031/24 03 93.

Konsulate in Volos, Chania + Heraklion (Kreta), Korfu, Rhodos, Patras, Volos und Samos.

Goethe-Institute

Goethe-Institut in 10672 Athen, Omirou 15, Tel. 0030/1/3 60 81 11, Fax 3 64 35 18.

Goethe-Institute in Thessaloniki, Patras, Chania (Kreta).

Automobilclub

ELPA Automobil und Touring Club von Griechenland – GR - 15343 Athen, Odos Messogion 395, Tel. 01/6 06 88 00, Fax 01/6 06 89 81. Notruf: 104.

Buslinien

Deutsche Touring GmbH, Am Römerhof 17, 60486 Frankfurt/M, Tel. 069/79 03-288. Fax 069/7 07 49 04. Internet: http://www.deutsche-touring.com.

Allgemein

Griechischer Alpiner Bergsteigerverband (E.O.S.), Athen, Ermou 52, Tel. 01/3 21 25 55.

Griechischer Touring Club, Helleniki Perijitiki Leski, Athen, Politehniou 12, Tel. 01/5 24 08 54.

Deutsches Jugendherbergswerk DJH Service GmbH, Bismarckstr. 8, 32756 Detmold, Tel. 0 52 31/74 01 36, Fax 74 01 67.

Schiffahrtslinien

Anek Lines, c/o Ikon Reiseagentur GmbH, Schwanthaler Str. 31, 80336 München, Tel. 089/5 50 10 41, Fax 59 84 25.

Blue Star Ferries, Hermann Lange Str. 1, 23558 Lübeck, Tel. 0451/88 00 61 66, Fax 88 00 61 29.

Marlines, c/o Viamare Seetouristik, Apostelstr. 9, 50667 Köln, Tel. 0221/2 77 12 77, Fax 2 77 12 88.

Minoan Lines, c/o Seetours International, Seilerstr. 23, 60313 Frankfurt/M, Tel. 069/13 33-262, Fax 13 33-218.

Strinitzis Lines, c/o DER Traffic, Emil von Behring Str. 6, 60424 Frankfurt, Tel. 069/95 88 58 00, Fax 95 88 58 22.

Superfast Ferries, Hermann Lange Str. 1, 23558 Lübeck, Tel. 0451/88 00 61 66, Fax 88 00 61 29.

Ventouris Ferries, c/o Ikon Reiseagentur GmbH, Schwanthaler Str. 31, 80336 München, Tel. 089/5 50 10 41, Fax 59 84 25.

CAMPING

Das Campingplatznetz in Griechenland ist zumindest an den Küsten erfreulich dicht geworden. Mittlerweile findet man mehr als 200 Anlagen. Besonders in den touristischen Zentren, wie etwa auf der Halbinsel Chalkidike, an der Küste des Thermaikos Golfs bei Litohoro, bei Volos, auf der Attikahalbinsel bei Athen, auf dem Peloponnes bei Tolo am Argolischen Golf oder an der Küste des Messinischen Golfs bei Kalamata konzentrieren sich die Campinganlagen. Auch die Inseln Thassos, Korfu und Kreta warten mit zahlreichen Plätzen auf.

Leider ist die **Sanitärausstattung** noch nicht auf allen Plätzen zahlenmäßig so reichhaltig, daß auch in der Hochsaison Engpässe vermieden werden. Warmduschen, Stromanschlüsse für Caravans, ein Lebensmittelladen und/oder ein Imbißangebot (oft Restaurant), gehören zur Standardausstattung. Schon nicht mehr ganz so selbstverständlich sind im Sanitärbereich Warmwasser in allen Wasch-, Wäschewasch- oder Geschirrspülbecken, individuelle Waschkabinen, Waschmaschinen, Entsorgungseinrichtungen für Chemikaltoiletten. Und im sportlichen Bereich gehören Tennisplätze, Schwimmbäder oder Kinderspielplätze noch zu den Ausnahmen. Dafür wird vielfach durch Mattendächer Schatten für die Stellplätze geschaffen.

Die überwiegende Mehrzahl der Campinganlagen ist zwischen Anfang April und Ende Oktober geöffnet. Einige sind ganzjährig, einige nur von Mai bis September geöffnet.

Die Griechische Zentrale für Fremdenverkehr E.O.T. betreibt eine eigene Campingplatzkette. E.O.T.-Plätze sind aber weder von der Ausstattung noch von der Führung ein leuchtendes Beispiel für ein gästefreundliches Campingplatz-Management. Fehlende Investitionen und offensichtliche Interesselosigkeit der zuständigen Stellen machen sich auf vielen E.O.T.-Plätzen deutlich bemerkbar. E.O.T.-Anlagen schließen oft an öffentliche Strandbäder an, sind vielfach mit Mietbungalows ausgestattet und weisen Hartstandplätze für Caravans auf.

Ein **Internationales Camping Carnet** erleichtert auf vielen Plätzen die Anmeldeformalitäten und verschafft einem manchmal eine kleine Preisermäßigung. Geben Sie besonders in der Hochsaison (Juli, August) bei der Anmeldung in der Rezeption bei Anfragen des Personals nicht eine Aufenthaltsdauer an, von der Sie nicht genau wissen, daß Sie diese Zeit auch wirklich ganz auf dem Platz verbringen werden. Frühzeitigere Abreise als angegeben kann u.U. Gebühren verursachen.

☑ *Mein Tipp!* für Zeltler: Erdige Böden (im Gegensatz zu sandigen Böden) können in den regenlosen Sommermonaten knochentrocken und somit steinhart werden. Hier helfen nur Heringe aus Stahl und ein wirklich kräftiges Schlagwerkzeug weiter. Gummihämmerchen und alles was aus Aluminium, Plastik o.ä. ist, geben in kürzester Zeit den Geist auf.

Laut ADAC Reiseservice/ Länderinformationen (Stand 30.10.2001) ist **Freies Campen** außerhalb von Campingplätzen für eine Nacht auf Straßen und Parkplätzen nur erlaubt auf speziell dafür gekennzeichneten Flächen an der Nationalstraße Thessaloniki–Athen–Patras.

Auf Privatgrund ist Freies Campen für eine oder mehrere Nächte nicht erlaubt.

Nacktbaden ist offiziell verboten. Zumindest „oben ohne" scheint aber mehr und mehr toleriert zu werden.

HINWEISE ÜBER ANGABEN ZU CAMPINGPLÄTZEN

Bei den in diesem Reiseführer aufgelisteten Campingplätzen folgen dem Platznamen Telefonnummer, Öffnungszeit, Lage und/oder Zufahrt. Bei der Beschaffenheit des Geländes wird die Form angegeben, die überwiegt, z.B. ebenes Gelände, terrassiert etc. Die Größe des Platzgeländes wird in Hektar (ha), die Aufnahmekapazität in Stellplätzen (Stpl.) angegeben. Es wird versucht, die Platzeinrichtungen, so wie sie beim Besuch vorgefunden wurden in etwa zu charakterisieren, wobei der Zustand und die Pflege der Gebäude und Installationen auch von Bedeutung waren.

Die Übergänge zwischen den als grobe Anhaltspunkte **geschaffenen Kategorien Mindestausstattung, Standardausstattung** und **Komfortausstattung** sind fließend. Zu beachten ist, daß vor allem Einkaufsmöglichkeiten und Restaurants außerhalb der Hauptsaison oft nicht oder nur eingeschränkt betrieben werden.

Mindestausstattung: Einfacher Platz mit bescheidenen, veralteten oder vernachlässigten Einrichtungen, die außer WC's, Kaltwasserwaschbecken und evtl. einige Kaltduschen keine oder völlig unzureichende Einrichtungen für Hygiene und Körperpflege aufweisen.

Standardausstattung: Der Durchschnittscampingplatz mit WC's, Kaltwasserwaschbecken und Duschkabinen, evtl. einige davon mit Warmwasser. Ordentlicher Gesamteindruck. Einige Stromanschlüsse für Caravans.

Komfortausstattung: Außer ausreichend WC's, Waschbecken (möglichst überwiegend mit Warmwasser) und Warmduschen in zeitgemäßen, gepflegten Sanitäranlagen werden auch Geschirr- und/oder Wäschewaschbecken mit Warmwasser, oder Waschmaschine erwartet, ebenso Stromanschlüsse für Caravans in ausreichender Zahl. Das Terrain soll gut erschlossen und ansprechend gestaltet sein. Restaurant und Einkaufsmöglichkeit, Freizeiteinrichtungen und Unterhaltungsmöglichkeiten sollten vorhanden sein.

EINREISEBESTIMMUNGEN

Für einen Aufenthalt von bis zu drei Monaten benötigen Reisende aus der Bundesrepublik Deutschland, aus Österreich und der Schweiz lediglich einen gültigen **Personalausweis** (Idenditätskarte) oder **Reisepaß**. Kinder unter 16 Jahren ohne eigenen Kinderausweis können im Paß der Eltern eingetragen sein. Für den Transit durch Kroatien bei einem Aufenthalt von 90 Tagen genügt der Reisepass. Auch mit dem Personalausweis ist die Einreise möglich. Allerdings liegt es dann im Ermessen des Grenzbeamten, einen Passierschein (kostenfrei) auszustellen. Für den Transit durch die Bundesrepublik Jugoslawien ist der Reisepaß und ein Visum zwingend vorgeschrieben.

Für die **Einreise mit dem Kraftfahrzeug** sind Führerschein und Fahrzeugschein notwendig. Die International Grüne Versicherungskarte ist nicht zwingend vorgeschrieben, sollte aber unbedingt mitgeführt werden, da sie als Versicherungsnachweis dient und die Abwicklung bei einem etwaigen Unfall erleichtert.

Da die Mindestdeckungssummen stark unter dem deutsche Niveau liegen, ist der Abschluss einer Kurzkasko- und Insassenunfallversicherung anzuraten. Nationaler Führerschein und Fahrzeugschein sind ausreichend. Das Nationalitätskennzeichen „D" (A, CH etc.) muß am Auto angebracht sein. Wird mit einem geliehenen Fahrzeug (Mietauto etc.) eingereist, ist eine vom Griechischen Konsulat beglaubigte Vollmacht des Fahrzeuginhabers nötig.

Die **Einreise in die Mönchsrepublik Athos** ist nur männlichen Besuchern über 21 Jahren möglich. Der Aufenthalt ist auf höchstens 4 Tage, die Besucherzahl pro Tag auf 10 Personen beschränkt. Dezente Kleidung (keine Shorts) und dezentes Äußeres werden verlangt.

Besuchsanwärter müssen ein berechtigtes Interesse nachweisen können, das die Botschaft oder das Konsulat ihres Landes in Athen oder Thessaloniki, nach einem persönlichen Besuch des Anwärters, in einem Empfehlungsschreiben begründen muß. Mit diesem Empfehlungsschreiben ist nach vorheriger Terminvereinbarung entweder das *Außenministerium in Athen, Direktion für Kirchliche Angelegenheiten, Akadimias 3/ Zalokostastraße 2,* oder das *Ministerium für Nordgriechenland in Thessaloniki,*

Abtlg. *Politische Angelegenheiten, Agiou Dimitriou* aufzusuchen. Dort wird über die Genehmigung entschieden. Die endgültige Aufenthaltserlaubnis „Diamonitirio" wird erst in Karyes ausgehändigt und kostet ca. 1.000 Drachmen. Reisebüros in Thessaloniki und auf Sithonia veranstalten Tagesausflüge zum Berg Athos, für die keine Einzelerlaubnis notwendig ist.

Die **Zollbestimmungen** erlauben die zollfreie Ein- und Ausfuhr von Gegenständen des persönlichen Bedarfs. Reisende über 17 Jahre können außerdem zollfrei einführen: 800 Zigaretten, 400 Zigarillos, 200 Zigarren, 1 kg Rauchtabak, 90 l Wein, 10 l Spirituosen, u.a. (Auszug, vollständige Liste bei der G.Z.F. anfordern).

Bei der Mitnahme von **Haustieren** ist ein internationaler Impfpaß erforderlich, in dem die Tollwutimpfbescheinigung (mindestens 15 Tage und höchstens 12 Monate alt) und das amtstierärztliches Gesundheitszeugnis (höchstens 10 Tage alt) eingetragen sein mus.

Antike Kunstgegenstände und Antiquitäten dürfen grundsätzlich nicht ausgeführt werden.

ESSEN UND TRINKEN

Nur wegen des Essens nach Griechenland zu reisen, wie etwa nach Frankreich, wird kaum jemanden einfallen. Es gäbe auch nicht viele Gründe dafür. Positive Überraschungen sind deswegen aber keineswegs ausgeschlossen. Die lange Türkenherrschaft hat auf dem kulinarischen Sektor ihre prägenden Spuren hinterlassen, was nicht von Nachteil ist. Türkische Küche ist gut und schmackhaft.

Im nachstehenden ist wohlgemerkt von der „griechischen Küche" und nicht von der sog. „internationalen Küche" die Rede, die in vielen Ferienhotels (der Nachfrage entsprechend) angeboten wird.

Kleine, aber feine Unterschiede kann man aus den Bezeichnungen der Lokale ersehen. Während **Restaurants** vom Tagesgericht, übers komplette Menue bis zur griechischen Spezialität nur wenig Wünsche offen lassen, ist die griechische **Taverne** selten ein Ort an dem opulente Gerichte in ausgesprochen gemütlichen Ambiente serviert werden.

Tavernen sind in aller Regel schlichte Kneipen, mit Plastiktischdecke, unbequemen Stühlen und wackligen Tischen vor kahlen Wänden. Alles zweitrangige Kriterien. Der Hellene sitzt sowieso lieber draußen im schattigen Garten, auf der Terrasse unterm Weinlaub oder vor der Tür an Tischen auf dem Trottoir und genießt sein Glas Wein und seinen Ouzo im Kreise von Freunden.

Griechen lieben es, im Kreise von Freunden zu tafeln und zwar ausgiebig und lange. So eine Tischgemeinschaft zu stören, etwa wenn Sie sich zu ihr an den Tisch setzen würden, wäre eine grobe Unhöflichkeit und käme dem größtmöglichen Fettnäpfchen gleich, in das Sie in Griechenland treten können.

Das Angebot an Speisen in Tavernen kann ganz unterschiedlich sein. Einige servieren gerade mal ein Sandwich und einen Salat, andere auch Mezédes und ein Souvlaki, während manche Tavernen ein Speisenangebot haben, das dem eines Restaurants in nichts nachsteht.

Speisekarten werden außerhalb von Touristenorten dem Gast erst gar nicht präsentiert. Der Ober erzählt was es gibt oder man schaut am Tresen mit den Bainsmaries, den Warmhalteschalen, was es heute alles gibt. Und wenn's mit der Verständigung mal nicht so ganz klappt, darf man ruhig auch in die Küche schauen und dort sein Menü zusammenstellen.

Tavernen in den großen internationalen Hotels und in den Touristenzentren haben sich natürlich längst auf die Wünsche ihrer Gäste eingestellt, bieten ein sog. „internationales" Speisenangebot wie Hamburger, Pizza und Wiener Schnitzel auf mehrsprachigen Speisekarten.

Eine **Ouzerí** oder **Mezodopolia** sind typische Lokale in denen man bei Ouzo oder Wein vornehmlich Mezédes genießt.

Seinen Kaffee nach dem Essen oder tags zwischendurch nimmt der Grieche gewöhnlich nicht im Restaurant oder in der Taverne, in der er gegessen hat, sondern dazu geht man ins **Kafenion**, das bestimmt nicht allzu weit entfernt ist.

Die **Essenszeiten** sind gewöhnlich Frühstück bis 10 Uhr und Mittagessen zwischen 13 und 15 Uhr. Abendessen wird sehr spät serviert, 20 Uhr z.B. gilt als ziemlich frühe Abendessenszeit. Hotels in Touristenzentren haben sich allerdings den Gewohnheiten ihrer nord- und westeuropäischen Gäste angeglichen und servieren zu den uns geläufigeren Essenszeiten.

Wenn Sie gewohnt sind, im Urlaub ein opulentes Frühstück zu sich zu nehmen, werden Sie in Griechenland in aller Regel Enttäuschungen erleben. In vielen Fällen hat es sich mit einem Kännchen Pulverkaffee und einem Brötchen oder einem Stück Gebäck.

Auch das Mittagessen ist in aller Regel keine kulinarische Offenbarung. Mittagessen ist für die meisten Hellenen nicht mehr, als rasch einen Imbiß oder einen Salat zu sich zu nehmen.

Erst beim Abendessen, das man im Sommer erst gegen 22 Uhr einnimmt, läßt man sich's gutgehen, und tafelt bevorzugt im Kreise von Freunden und guten Bekannten.

Eine große Mahlzeit beginnt mit **Vorspeisenhäppchen**, den „mezédes" oder „mesédes", den griechischen hors d'oeuvres. Bei Mezédes und bei einem Gläschen Wein oder Ouzo kann man sich in einer entsprechenden Taverne herrlich die Zeit vertreiben, bis man in ein Restaurant zu einem späten Abendessen aufbricht.

Mezédes können Käsestückchen sein, Schafskäse in Öl und Kräutern, Oliven, Tomatenscheibchen oder gebratenen Auberginenscheiben. Aber auch ausgezeichnete, raffinierte Canapées mit Krabben (Garidhes), Tintenfisch (Kalamarakia) oder Fischragout (Taramosalata) werden aufgetischt. Eine erfrischende Vorspeisenspezialität ist „Dzadziki" aus Gurken, Knoblauch, Dill und Joghurt.

Und wenn es mal nur eine kleine Zwischenmahlzeit sein soll, ist ein Teller Bauernsalat „Chariatiki" mit Tomaten, Oliven und Schafskäsestücken selten eine schlechte Wahl. Dazu ein Stück frisches Weißbrot und ein Glas Rot- oder Weißwein und die Welt ist wieder im Lot.

Unter den **Suppen** kennt man zwei generelle Gruppen, die entweder auf Fisch oder Geflügel basieren. Bekannt ist die „Avgolémono", eine Hühnersuppe mit Reis, Ei und Zitrone.

Fischgerichte werden natürlich angeboten, allerdings oft zu horrenden Preisen. Fisch aus dem Mittelmeer wird immer mehr zur Mangelware, was sich in den Preisen drastisch ausdrückt. Und so manches Restaurant sieht sich gezwungen, auf tiefgekühlte Importware zurückzugreifen. Eine Spezialität sind auf dem Holzkohlegrill zubereiteter Fisch und fritierter oder gegrillter Tintenfisch (Kalamares).

Unter den **Fleischgerichten** sind Spieße, gefüllte Wickelspeisen sowie Lamm und Hammel beliebt. Unter den Fleischspießen kommt dem „Souvlakia" eine populäre Stellung zu. Auf vielen Speisekarten findet man „Dolmades", das sind mit Hackfleisch und Reis gefüllte Kohlblätter oder, eine Spezialität, gefüllte Weinblätter.

Auch „Mousakas", Auflauf aus Hackfleisch mit Gemüse (oft Auberginen), mit Reis (Reis-Pilaff) serviert, gehört zu den typisch griechischen Gerichten, ebenso wie „Bureki", gefüllter Blätterteig.

Herzhafte Gerichte sind Eintöpfe wie das „Stifado" aus Fleisch und Gemüse.

Ein leichtes Gericht ist z.B. „Limonadto", Kalbfleisch in Zitronensauce, das vor allem in Makedonien angeboten wird.

Im Frühjahr werden schmackhafte Gerichte aus Lammfleisch (Arnaki), z.B. Lammkoteletts, angeboten. In Athen kennt man besonders „Giuvetzi", Lamm vom

Rost. Ein bekanntes Hammelgericht ist „Patsás", ein Ragout.

Zum **Dessert** werden Früchte je nach Jahreszeit gereicht, wie Honigmelonen (Peponia), Erdbeeren (Fráoules), Pfirsiche (Harmades), Orangen (Portokalia), Trauben (Stafida) u.a.

Nicht zu verachten sind die lokalen **Käsesorten**, wie der weiche Féta aus Schafsmilch. In gebackener Form kennt man Féta auch als Käsetorte „Tryrópitta".

Bei den **Süßspeisen** (Glika) und Patisserien ist der osmanische Einfluß noch recht deutlich bemerkbar. Honig, Mandeln oder Nüsse sind wichtige Bestandteile der süßen Gebäckarten wie „Kataif", „Baklava" oder „Galaktoboureko". Beliebt sind auch extrem süße, kandierte Früchte. Eine interessante Nachtischvariante ist Joghurt aus Schafsmilch mit Honig.

Bei den **Tischgetränken** müssen natürlich die Weine erwähnt werden. Üblicherweise ist der Landwein geharzt und wird dann als „Retsina" bezeichnet. Geharzter Wein ist bekömmlich. An den Geschmack muß man sich aber gewöhnen. Flaschenweine sind in dieser Sparte

z.B. *Hymétos, Kourtakis* oder *Kokkineli Rosé.*

Es gibt eine ganze Reihe ungeharzter Weine, rot oder weiß. Und man sollte sich in Restaurants oder Tavernen ruhig den offenen Faßweinen anvertrauen. Einen guten Ruf haben die Weine von Chalkidike wie z.B. der *Porto Carras*, aus Makedonien der rote *Naoussa*, aus Kreta der rote *Aharnes* oder der *King Minos* (rot u. weiß), der weiße *St. Helena* vom Peloponnes. Bekannte Marken sind auch *Achaia Clauss, Demestica* (rot u. weiß), *Chevalierde Rhodes, Kambas* u.v.a. Bekannte Süßweine kommen aus Samos und Santorini.

Unter den griechischen Weinbränden ist *Metaxa* die führende Marke. Der weiche, etwas süßliche Geschmack unterscheidet ihn vom Cognac. *Ouzo*, ein Anisschnaps, den man mit Wasser verdünnt oft zu den Vorspeisen trinkt und der *Raki*, ebenfalls ein Anisschnaps, zählen zu den hochprozentigen Alkoholika. In nördlichen Regionen des Landes wird zum Kaffee gerne ein *„Tsipouro"* genommen, ein kräftiger Schnaps, der aus Treber gewonnen wird und mit Grappa vergleichbar ist.

Wer lieber Bier trinkt, findet Marken wie *Fix Hellas, Amstel* oder *Henninger* Lizenzprodukte, die unserem Biergeschmack entsprechen.

Natürlich wird auch eine große Auswahl **nicht alkoholischer Getränke** angeboten wie Limonaden, Fruchtsäfte (z.B. Portokalada – Orangensaft) und vor allem auch sehr gute Mineralwässer aus Loutraki, Saritsa u.a. Schließlich gehört noch zur schwarze, **Kaffee** oder **Mokka**, der in kleinen Tässchen samt Kaffeesatz serviert wird, zu den Besonderheiten griechischer Gastronomie. Man kann bei der Zubereitung eines „Cafe Hellenico" wünschen, ob man ihn stark und süß *(variglykos),* ungesüßt *(skéto)* oder leicht und süß *(elafriglykos)* wünscht. *Metrio* ist die Variante der goldenen Mitte an Stärke und Süßigkeit. Griechischer Kaffee wird immer mit einem Glas frischem Wasser serviert. Zum Frühstück wird man aber lieber einen Pulverkaffee verlangen, der unserem Kaffeegeschmack näherkommt.

FEIERTAGE

1. Januar – Neujahr;
6. Januar – Epiphanias, Dreikönigsfest, Wasserweihe;
Rosenmontag;
Ostern – Karfreitag, Ostersonntag, Ostermontag;
25. März – Nationalfeiertag;
1. Mai – Tag der Arbeit;
Pfingsten;
15. August – Mariä Himmelfahrt;
28. Oktober – Nationalfeiertag (Ochi-Tag);
25./26. Dezember – Weihnachten.
Kirchliche Feiertage wie Ostern, Pfingsten etc. können wegen des anders gegliederten griechisch-orthodoxen Kirchenkalenders zu unseren Kirchenfesten datenmäßig differieren.

FESTE UND FOLKLORE
Festspiele

April – Oktober – **Ton und Licht Darbietungen** in Athen (Akropolis), Rhodos und Korfu.

Mai – September – **Volkstänze und Lieder** der **Dora Stratou Gruppe** im Theater Philopappos in Athen.

Juni – August – Künstlerische Veranstaltungen im Likavitos Theater von Athen.

Juni – September – **Athener Festspiele**, Dramen, Opern, Konzerte, Ballett, im Herodes Attikus Odeon.

Juni – September – **Epidavros Festspiele**; antike Dramen im Theater von Epidavros.

Juli – August – **Festspiele von Philippi und Thassos**; antike Dramen in den dortigen Amphitheatern.

Juli – August – **Musik- und Theaterfestival** auf Ithaka.

Juli – September – **Weinfest von Daphni** bei Athen.

August – September – „**Aischylia**", antike Dramen auf dem archäologischen Gelände von Elefsina.

September – **Film- und Schlagerfestival** in Thessaloniki.

Feste mit folkloristischem oder religiösem Charakter

1. Januar – **Vassilios Fest**. Byzantinischer Brauch im privaten Kreis mit Anschneiden des Neujahrskuchens mit eingebackener Glücksmünze. 6.Januar – **Dreikönigsfest** mit feierlicher Weihung des Wassers und symbolischer Versenkung des Kreuzes im Meer.

Ostern – Zahlreiche **Osterzeremonien** mit feierlichen Prozessionen, besonders in der Osternacht (Auferstehung).

23. April – **St. Georgs Fest**, mit relig. Feiern, Folkloretänzen, Pferderennen. Besonders in Arachova und in Assi Gonia (Kasteli, Kreta).

Ende Mai – In **Langada** (Thessaloniki) sowie in **Agía Eleni** und in **Ágios Petros** (Serres) laufen zum *Fest der Heiligen Konstantin und Helene* Gläubige, mit Ikonen der Heiligen in Händen, barfuß über glühende Kohlen.

29. Mai – **Paleologia Fest** in Mistras.

Juli – August – „**Epirotika**", Theater, Tänze, Konzerte, kulturelle Veranstaltungen in Ioanina.

August – **Volksfest in Portaria** (Pelion) mit farbenprächtiger „Scheinhochzeit", meist am 1. Sonntag nach dem 15. August.

HOTELS UND ANDERE UNTERKÜNFTE

Unterkunft findet man in **Hotels** (Xenodochio), **Pensionen, Ferienappartements** und **Bungalows** oder in vom Griechischen Nationalen Touristikbüro restaurierten alten **Landhäusern.**

Hotels sind eingeteilt in die **Kategorien L** (Luxusklasse), **A** (erste Klasse), **B, C** (Mittelklasse), **D** und **E** (einfachere Häuser). In aller Regel kann man bei Häusern der Kategorien L, A und auch noch B an Ausstattung, Komfort und Service das erwarten, das auch bei First- und Mittelklassehotels in unseren Breiten üblich ist.

Bei den Häusern der unteren Kategorien werden die Zimmer kleiner und deren Ausstattung etwas spartanischer ausfallen, positive Überraschungen sind aber immer möglich.

Und ab Kategorie D kann es schon vorkommen, daß das Badezimmer mit anderen Gästen zu teilen ist.

Die Einteilung der Hotels in die erwähnten sechs Kategorien obliegt behördlichen Stellen, ist aber in vielen Fällen für den Gast nicht so ohne weiteres nachzuvollziehen.

Die Kategorien sind auch der Maßstab, in welchem vorgegebenen Rahmen der Hotelier seine Zimmerpreise festsetzen kann. U. a. zählen zu den Einstufungskriterien die Größe der Zimmer, die Größe der Hotelhalle, der anderen Räumlichkeiten und Hotelanlagen, die Sanitäreinrichtungen der Zimmer und andere Annehmlichkeiten für den Gast.

Nicht nur die Ausstattung, schon eher Lage, Saisonzeit und Bekanntheitsgrad des Ortes bestimmen den Zimmerpreis der Hotels mit. Viele Ferienhotels verlangen, daß Halbpension gebucht wird.

Stadthotels sind in aller Regel ganzjährig geöffnet. In Feriengebieten dagegen sind viele Häuser im Winterhalbjahr (etwa zwischen November und März) geschlossen. Eingeschränkte Öffnungszeiten sind, soweit bekannt, bei den Hotelauflistungen in diesem Band angegeben.

Die meisten Ferienhotels in den Urlaubshochburgen sind im Sommer durch die von Reiseveranstaltern gebuchten Zimmerkontingente vollbelegt und ausgebucht. Dem Individualreisenden ist also eine rechtzeitige Vorausreservierung (für die Hochsaison) über ein Reisebüro anzuraten!

Einfache Hotels, Pensionen oder Privatunterkünfte werden von Veranstaltern seltener angeboten. Hier hat der Einzelreisende in der Hauptsaison (Juni – September) also eher Chancen. Allerdings sollten die angebotenen Zimmer nicht blindlings akzeptiert werden. Eine kurze Zimmerbesichtigung erspart ggf. Enttäuschungen und spätere zeitraubende, lästige Argumentationen.

Die Griechische Fremdenverkehrszentrale E.O.T. baut und betreut die Kette der Xenia Hotels. Ihr Standard entspricht allgemein dem guter Mittelklassehotels.

In verschiedenen großen Städten oder Ferienzentren konnten schon alleine aus Platzgründen in diesem Reiseführer nicht alle Häuser aufgeführt werden. Die Auswahl wurde nach Lage, Öffnungszeit oder Bettenzahl getroffen. Hotels der Kategorien D u. E werden im allgemeinen nicht namentlich erwähnt.

Von der Griechischen Touristenbehörde wurden in folgenden Regionen alte typische Landhäuser in Hotelunterkünfte umgebaut: Zagoriagebiet, Pilionberge, Vathia, Monemvassia (Peloponnes), Inseln Chias und Thira u.a. Eine Liste ist bei der Griechischen Zentrale für Fremdenverkehr (siehe „Anschriften" erhältlich

Auch verschiedene **Klöster** bieten Reisenden Übernachtungsmöglichkeiten sehr einfacher Art an. Verpflegung ist dort in aller Regel nicht zu erhalten. Klöster schließen ihre Pforten bei Sonnenuntergang. Dezente Kleidung wird erwartet, keine Shorts bei Männern, bei Frauen keine Shorts oder lange Hosen, keine bloßen Schultern und Arme, längerer Rock angebracht.

Jugendherbergen gibt es recht wenige in Griechenland. Internationaler Jugendherbergsausweis notwendig. Herbergen gibt es in und bei Athen, in Piräus, in und bei Thessaloniki, in Delfi, bei Amfissa, bei Lamia, bei Volos, bei Trikala, bei Litohoro, auf dem Peloponnes in Mykene, Nafplio, Olympia und Patra. Jugendherbergsverband siehe unter „Anschriften".

KLIMA UND REISEZEIT

Die geographische Lage Griechenlands im östlichen Mittelmeer bewirkt ein ausgesprochen **mediterranes Klima**, das sich durch recht **milde Winter** und **heiße Sommer** auszeichnet. Regen fällt vor allem in den Wintermonaten (November bis Februar), dann zwar oft kräftig, aber selten lange anhaltend. Schnee fällt in hohen Lagen sowohl in Nordgriechenland, als auch auf dem Peloponnes und auf Kreta. Wintersport ist vor allem auf dem Olymp, im Pilion, im Pindos-Gebirge bei Metsovo, im Vermio- und Verno-Gebirge in Makedonien und auf dem Parnas nordöstlich von Delphi, aber auch auf dem Peloponnes und auf Kreta möglich.

Etwa ab März beginnt der Frühling. Viele bezeichnen ihn als die schönste Jahreszeit in Griechenland. Ab Mitte/Ende Mai bis in den Oktober hinein herrschen dann hochsommerliche Temperaturen, die im August Werte um 33 °C erreichen können. Auch wenn die Hitze, besonders an der Küste, durch den ständig wehenden Sommerwind „Meltemi" gemildert wird, können die hohen Tagestemperaturen für Besichtigungen von archäologischen Stätten, besonders um die Mittagszeit, belastend sein.

Der Herbst, so wie wir ihn kennen, fällt in Griechenland meist aus. Dafür kündigt sich ab etwa Ende Oktober ohne großen Übergang der milde Winter durch ergiebige Regenfälle an.

REISEZEIT

Die **beste Reisezeit** wird für den, der nicht nur ausschließlich Badeferien machen, sondern das Land bereisen will, das **Frühjahr** und der **Frühsommer** sein, etwa die Zeit von Ende März/Anfang April bis in den Juni hinein. Neben angenehmen Lufttemperaturen genießt man dann die Vorzüge der Vorsaison und die Wassertemperaturen an geschützten Stellen von ca. 21 °C im Mai lassen schon ein Bad zu. Im ganzen Mittelmeerraum hat auch der Herbst seine Reize (September und Oktober) Im September liegen die Lufttemperaturen in Griechenland noch bei ca. 28 °C und im Wasser werden noch ca. 23 °C gemessen. Spätestens ab Mitte Oktober muß aber mit eingeschränkten Leistungen und Öffnungszeiten bei Beherbergungsbetrieben, Campingplätzen, Restaurants gerechnet werden. Auch die merklich kürzeren Herbsttage können das Pensum einer Besichtigungsreise beeinträchtigen.

MIT DEM AUTO DURCH GRIECHENLAND

Das Straßennetz Griechenlands wurde in den vergangenen Jahren verbessert und ausgebaut. Alle wichtigen Orte und die bedeutenden archäologischen Stätten sind auf guten Straßen zu erreichen. Eine Schnellstraße führt von Athen nach Thessaloniki und von dort weiter zum Grenzpunkt Evzoni. Auch die wichtigsten Häfen des Landes, Piräus und Patra, sind durch eine Schnellstraße verbunden. Diese Schnellstraßen sind in gebührenpflichtige Abschnitte eingeteilt.

Die **Verkehrsregeln** sind denen in den übrigen europäischen Ländern angeglichen Trotzdem ist eine **defensive Fahrweise empfehlenswert**, denn trotz gleicher Verkehrsregeln ist das Fahrverhalten mancher Verkehrsteilnehmer gewöhnungsbedürftig. Aufschriften auf Wegweisern sind so gut wie immer auch in lateinischen Buchstaben angebracht. Handelt es sich nicht um Orts- oder Eigennamen wird der Hinweis in englischer Übersetzung gegeben (z.B. Ancient Ruins o. ä.).

Die erlaubten **Höchstgeschwindigkeiten** betragen: Innerhalb geschlossener Ortschaften für Pkw 50 km/h, für Motorräder 40 km/h; außerhalb geschlossener Ortschaften auf Landstraßen für Pkw (auch mit Anhänger) und Wohnmobile 110 km/h, für Motorräder 70 km/h und auf Schnellstraßen und Autobahnen für Pkw 120 km/h und für Motorräder 90 km/h.

Die **Promillegrenze** liegt bei 0,5 Promille. Es besteht Anschnallpflicht. Motorradfahrer müssen einen Schutzhelm tragen. Das Hupen ist in den Städten offiziell verboten.

Pannenhilfe wird ausländischen Touristen, die Mitglied eines Automobil- oder Touringclubs sind, von der **Straßenhilfe ELPA,** einer Organisation des Automobilund Touringclub Griechenlands, geleistet. ELPA unterhält in Zusammenarbeit mit dem ADAC einen **Notrufdienst** (siehe unter „Wichtige Rufnummern") .

Im Falle eines Unfalls sollte man ein Polizeiprotokoll aufnehmen lassen. Es kann für die versicherungstechnische Abwicklung zu Hause wichtig sein. Wenn möglich, sollten Sie den Schaden und die Unfallstelle fotografieren. Unterschreiben Sie nichts, was Sie nicht lesen bzw. verstehen können. Verläßliche Übersetzung verlangen. ELPA verfügt über eine Liste von Anwälten und Übersetzern.

Das Parken in den Großstädten Athen und Thessaloniki ist in den Zentren ein wahres Problem. Ein Parkverbot wird durch gelbe Linien an der Straßenseite signalisiert. Außerdem bedeutet das gelb umrandete Verkehrszeichen für Vorfahrt gleichzeitig auch Parkverbot. Falschparken kann in den Großstädten, besonders in Athen, eine recht teure Angelegenheit werden. Die verkehrsüberwachenden Organe können u.U. sogar das Nummernschild vom Wagen entfernen, das dann mit viel Zeitaufwand und hohen Kosten wieder ausgelöst werden muß. Angesichts der Parkprobleme und des chaotischen Verkehrs besonders in Athen ist es empfehlenswert, Stadtbesichtigungen mit öffentlichen Verkehrsmitteln zu unternehmen.

Kraftstoffpreise

Bleifrei Superbenzin „Unleaded", 95 Oktan, ca. GDR 264,00 (Stand 2001).

Bleifrei Super Plus, 98 Oktan, ca. GDR 300,00.

Dieselkraftstoff, ca. GDR 232,00.

Euro-Kurs Griechenland: 340,75.

ÖFFNUNGSZEITEN

Geschäfte:

Mo. – Sa. 8.00 – 14.00, 17.00 – 20.00 Uhr, Supermärkte bis 21 Uhr.

So. geschlossen. In Touristenzentren sind Geschäft mitunter bis 22 Uhr geöffnet.

Postämter:

Mo. – Fr. 7.30 – 15.00 Uhr.

Banken:

Mo. – Do. 8.00 – 14.00 Uhr.

Fr. 8 – 13.00 Uhr.

Einzelne Filialen im Zentrum Athens, auf den Hauptbahnhöfen und den Flughäfen von Athen und Thessaloniki und den Häfen von Piräus und Patra sind auch abends von 18.00 bis 20.00 Uhr, sowie an Sonn- und Feiertagen geöffnet.

Museen: Eine landesweit einheitliche Öffnungszeit in Museen und archäologischen Stätten ist leider immer noch nicht in Sicht. Oft werden Öffnungszeiten kurzfristig und nach Bedarf der Bediensteten oder aus Personalmangel vor Ort geändert. Mit Änderungen der in diesem Reiseführer genannten Öffnungszeiten muß also gerechnet werden!

Die häufigste Öffnungszeit ist: Dienstag bis Sonntag 9.00 – 15.00 Uhr; sonn- und feiertags 9.30 – 14.30 Uhr. Die wichtigsten archäologischen Stätten des Landes wie Akropolis, Delphi, Epidavros, Mykene oder Olympiadagegen sind von 8.00 bis ca. 19.00 Uhr geöffnet. Mit wenigen Ausnahmen sind Museen montags oder dienstags geschlossen.

Für die Benutzung von Fotoapparaten oder Videokameras wird in manchen Museen und für Videokameras auch in archäologischen Stätten eine Gebühr erhoben. Fotografieren mit Blitz oder mit Stativ ist ohne Sondererlaubnis, die vorher einzuholen ist, allgemein nicht gestattet.

Viele Museen und archäologische Stätten gewähren sonntags freien Eintritt.

Kirchen und Klöster sind oft zwischen 13 und 17 (16) Uhr geschlossen. Klöster schließen bei Sonnenuntergang. In Kirchen und Klöstern ist Filmen und Fotografieren oft ganz verboten. Es empfiehlt sich, entsprechende Schilder zu respektieren. Beim Besichtigen von Kirchen und Klöstern sollten Damen nicht in Shorts und ärmellosen oder gar schulterfreien Kleidern auftreten. Und Herren nur mit Turnhöschen und T-Shirt angetan, sind für eine Kirchenbesuch sicher auch nicht gerade passend gekleidet.

Aufgrund der sich häufenden Ikonendiebstähle sind Kirchen außerhalb von größeren Städten oft nur zu den Gottesdiensten geöffnet. Auf Fragen öffnet in der Regel der Kirchenmesner für eine Besichtigung.

☑ *Tipp eines Lesers!* Für Studenten ist es vorteilhaft, sich einen internationalen Studentenausweis zu besorgen. Bei Vorlage dieses Ausweises wird oft freier Eintritt oder zumindest eine Ermäßigung gewährt.

POST UND TELEFON

Eine Postkarte kostete zuletzt 90 Dr., ebenso ein Luftpostbrief bis 20 g. **Postämter** findet man unter der Bezeichnung „Tachidhromío". Dort gibt es „Gramatósima", Briefmarken. Öffentliche Fernsprecher gibt es in Postämtern nicht. Briefkästen sind gelb. Abheben von Postsparkonten nicht möglich.

Telefonämter sind mit O.T.E. bezeichnet. Nach Hause telefoniert man am einfachsten von den Telefonämtern aus oder man sucht sich eine orange gekennzeichnete Telefonzelle für Selbstwählferngespräche. Die Apparate sind mit Münzen zu 10, 20, 50 und 100 Dr. zu bedienen.

Verbreitet sind Kartentelefone. Auf O.T.E. Telefonämtern und an Kiosken erhält man **Telefonkarten** ab 1.300 Drachen (reicht für eine Gesprächsdauer von ungefähr 8 Minuten nach 18 Uhr).

Bei Auslandsgesprächen wählt man die Landesvorwahl, danach die Ortskennzahl ohne erste Null, anschließend die Teilnehmernummer. Bei handvermittelten Gesprächen werden mindestens drei Minuten berechnet.

Telefonieren mit **Mobiltelefonen** ist in den gängigen Mobilfunknetzen möglich.

Vorwahlen:
Vorwahl für Griechenland: 00 30,
für Deutschland: 00 49,
für Italien 00 39,
für Österreich: 00 43,
für die Schweiz: 00 41.

REISEN IM LANDE

Mit der Bahn sind nur die wichtigsten Orte in Nordgriechenland und auf dem Peloponnes zu erreichen. Auf Kreta gibt es keine Eisenbahnlinie. Böse Zungen sagen den Griechischen Staatsbahnen nach, daß sie sich vor allem durch ihre Langsamkeit und Unpünktlichkeit auszeichnen. Mit dem Einsatz der modernen Hochgeschwindigkeitszüge scheint sich das Blatt aber nun zu wenden. Auf dem nicht eben dichten Eisenbahnnetz der Griechischen Staatsbahnen O.S.E. bestehen Verbindungen u.a. täglich zwischen Athen, Levadia, Larissa, Thessaloniki, Drama und Alexandroupoli; zwischen Thessaloniki und Edessa, Florina und Kozani; zwischen Volos, Trikala und Kalambaka; zwischen Athen, Korinth und Patras; zwischen Patras, Pirgos, Olympia und Kalamata und zwischen Athen, Korinth, Argos, Tripoli und Kalamata.

Griechenland hat acht weitere Hochgeschwindigkeitszüge geordert. Sie sollen den Bahnverkehr zwischen Athen und Thessaloniki (bislang viermal täglich, Fahrzeit 6 Stunden), zwischen Athen und Patras (bislang fünfmal täglich, Fahrzeit 4 Stunden), sowie mit den benachbarten Balkanstaaten verbessern und beschleunigen.

Es empfiehlt sich, wenn immer möglich, in der allerdings nicht sonderlich preiswerten Ersten Klasse zu reisen und unbedingt eine Sitzplatzreservierung vorzunehmen.

Es gibt verbilligte Netzfahrkarten wie den **Greek Flexipass.** Diese Bahnkarte erlaubt unbegrenzte Fahrten in 1.-Klasse-Zügen innerhalb Griechenlands. Sie ist gültig an drei oder fünf frei wählbaren Tagen innerhalb eines Monats. Eine Variante ist der **Vergina Flexipass.** Er kombiniert Bahnfahrten und Hotelunterkünften, Ausflügen zu archäologischen Stätten und Stadtrundfahrt in Athen. Die Karte ist für die 1. Bahnklasse für 3, 5 oder 10 Tage und für die 2. Bahnklasse für 5 oder 10 Tage zu haben.

Der Bus ist das am weitesten verbreitete Verkehrsmittel. Mit Bussen gelangt man in nahezu jeden Ort des Landes. Auch können alle wichtigen archäologischen Stätten (zumindest von Athen aus) per Bus erreicht werden. Zudem sind Busse ein recht preiswertes Verkehrsmittel. Im Info-Teil über Athen finden Sie Angaben zu den dortigen Busbahnhöfen und verschiedenen Buslinien in die nähere Umgebung.

Per Flugzeug sind alle Regionen des Landes und die meisten der Inseln zu erreichen. Zentraler Knotenpunkt für den innergriechischen Flugverkehr ist der Athener Flughafen. Von dort verkehren regelmäßig, oft mehrmals täglich, Maschinen nach Alexandropoulo, Kavala, Thessaloniki, Kozani, Argos, Orestiko (Kastoria), Larissa, Ioanina, Kerkira, Preveza, Kalamata sowie nach Kreta, Rhodos und andere Inseln in der Ägäis und im Ionischen Meer.

Von den Flughäfen besteht in aller Regel eine Busverbindung in die jeweiligen Stadtzentren. In Athen befindet sich das Air-Terminal in der Singrou Ave. 96. Busse von Olympic Airways verkehren von dort halbstündlich zum Westterminal (siehe auch „Athen" oder „Wie kommt man hin – Mit dem Flugzeug").

Per Mietauto: In allen größeren Städten kann man Autos mieten. In Athen werden auch Wohnmobile vermietet. Hier ist allerdings eine rechtzeitige Vorausreservierung notwendig.

Leider muß erwähnt werden, daß nicht alle Mietwagen, die lokale Vermieter anbieten, auch einem optimalen technischen Zustand entsprechen. Hier sollte man kritisch prüfen, soweit das überhaupt möglich ist (Bereifung, Bremse, Kupplung), und nicht nur nach dem Preis entscheiden. Es empfiehlt sich, sich möglichst an international operierende Vermieter zu halten, wie Avis oder Hertz. Hier kann noch am ehesten mit technisch einwandfreien Autos gerechnet werden.

Die Mietpreise sind jahreszeitlich verschieden und richten sich nach Wagengröße und Mietdauer. Mindestalter des Mieters 23 Jahre (Kreditkarteninhaber 21 Jahre), für bestimmte Wagentypen auch 25 Jahre. Der Mieter muß seit mindestens drei Jahre im Besitz des Führerscheins sein. Bei jeder Wagenmiete wird eine Anzahlung verlangt. Größere Wagentypen werden meist grundsätzlich nur gegen Vorlage einer Kreditkarte vermietet.

Klären Sie genau, ob irgendwelche Versicherungen im Mietpreis enthalten sind und falls ja, welche und mit welchen Deckungssummen. In aller Regel empfiehlt sich dringend, Zusatzversicherungen für Haftpflichtbeschränkung, Haftpflichtzusatz, Diebstahlschutz und Insassenunfallschutz abzuschließen, die allerdings erheblich zu Buche schlagen. Und klären Sie, ob Ihr Reisepartner ebenfalls zum Fahren des Autos berechtigt ist, falls Sie sich unterwegs beim Fahren abwechseln wollen. Meist wird auch hier eine Zusatzgebühr verlangt.

Mit dem Schiff kann man von Piräus aus zu nahezu allen Inseln im Ionischen und Ägäischen Meer reisen. Zudem gibt es einen regen Schiffsverkehr zwischen den Inseln. Auf den meisten Schiffen werden Autos befördert. Zwischen Rio (Peloponnes) und Andirio, Igoumenitsa und Kerkira (Korfu) oder von Piräus nach Iraklio (Kreta) z.B. bestehen ganzjährige Pendeldienste.

Die schnellen Tragflügelboote (keine Autobeförderung) der „Flying Dolphins" bedienen ab dem Zea-Hafen von Piräus Häfen im Saronischen und Argolischen Golf wie z.B. Egina, Methana, Poros, Idra (Hydra), Ermioni, Spetses, Portoheli, Nafplio, Leonidio, Kiparissi, Gerakas, Monemvassia, Neapoli und Kithira.

Ab Githio (Peloponnes) verkehrt eine Autofähre 2 x wöchentlich über Kithira und Antikithira nach Kasteli an der Nordwestküste Kretas. Die Überfahrtszeit beträgt rund 7 Stunden. Die Überfahrt von Piräus nach Iraklion dauert ca. 12 Stunden.

SPRACHE UND SCHREIBWEISEN

Auch wenn Sie seinerzeit in der Schule noch so fleißig gewesen sind und mit berechtigtem Stolz die griechischen Klassiker im Original lesen konnten, hilft Ihnen das bei einer Reise ins Land der Hellenen heute, was die Umgangssprache angeht, herzlich wenig.

Sicher ist das griechische Alphabet so gut wie unverändert. Aber die Aussprache hat sich verändert.

Das in den zwanziger Jahren nach einem fast 200jährigen Sprachenstreit eingeführte Neugriechisch, das eigene Schriftzeichen verwendet, hat mit der Terminologie von Sophokles, Platon oder Euripides nicht mehr viel zu tun.

Zur Diskussion im Sprachenstreit standen die tägliche Umgangssprache „Dimotiki" und die „Katharevousa", die reine Sprache. Sie wurde vor allem von der Kirche und den Intelektuellen gepflegt. Der Staat verwendete in Gesetzgebung, bei offiziellen Verlautbarungen, im Schulwesen u. ä. lange die „Katharevousa". Nachdem sich aber im Literaturbereich wie in der Umgangssprache schon lange, langsam das „Dimotiki" durchsetzt, wurde auch in der Verwaltung seit 1976 unter der Regierung Karamanlis das „Dimotiki" eingeführt.

Aber auch wer weder Alt- noch Neugriechisch beherrscht, kommt mit Deutsch und Englisch gut zurecht.

Ein wahres Wirrwarr ist in der Schreibweise von Orts- und Landschaftsnamen zu beobachten. In Kalambaka sahen wir drei Ortsschilder mit drei verschiedenen Schreibweisen – Kalabaka, Kalampaka, Kalambaka.

Damit nicht genug, auch bei den Endungen der Namen sind vielfältige Varianten zu bemerken, die wohl zum einen von der Übersetzung vom griechischen ins lateinische Alphabet, zum anderen von der Übernahme aus der Altgriechischen bzw. Neugriechischen Ortsbezeichnung herrühren.

Athen kann man auf Landkarten z.B. in folgenden Schreibweisen finden: Athine, Athina, Athinai, Athinä. Da liest man Delfi oder Delphi, in alten Beschreibungen aber auch Delphoi; man sieht Schreibweisen wie Mykene, Mykenai, Mikines oder Mikinai, Nafplio, Nafplion oder Nauplion, Ägina, Aigina oder Egina.

Und dann gibt es da noch die Sache mit dem Betonungsakzent, z.B. bei Thessaloníki oder Lárisa. Aber in vielen offiziellen Druckwerken ist dieser Betonungsakzent schon nicht mehr zu finden. Er wird deshalb auch hier nicht angewandt. Wenn Sie also auch in diesem Reiseführer auf Differenzen in der Schreibweise von Ortsnamen etc. stoßen sollten, bitte ich um Nachsicht.

VON ALPHA BIS OMEGA
Das griechische Alphabet

Buchstabe – Name – Lautform

A, α – Alpha – a
B, β – Beta – b
Γ, γ – Gamma – g
Δ, δ – Delta – d
E, ε – Epsilon – e
Z, ζ – Zeta – z
H, η – Eta – e
Θ, θ – Thea – th
I, ι – Jota – i
K, κ – Kappa – k
Λ, λ – Lambda – l
M, μ – My – m
N, ν – Ny – n
Ξ, ξ – Xi – x
O, o – Omikron – o
Π, π – Pi – p
P, ρ – Rho – r
Σ, σ, ζ – Sigma – s
T, τ – Tau – t
Y, υ – Ypsilon – y
Φ, φ – Phi – ph
X, χ – Chi – ch
Ψ, ψ – Psi – ps
Ω, ω – Omega – o

MINIWORTSCHATZ – KLEIN, ABER NÜTZLICH

Allgemeines
Ja – né, málista (stärker)
Nein – óchi
Danke – efharistó
Bitte – parakaló
Verzeihung (Entschuldigen Sie!) – mé sinchoríte

Guten Tag – kalíméra
Guten Abend – kalíspéra
Gute Nacht – kalínikta
Auf Wiedersehen – kalí aňtámossi, adio
Sprechen Sie deutsch? – miláte jermaniká?
Ich spreche nicht griechisch – dhé miló eliniká
Wieviel kostet das bitte? – póso káni parakaló?
Haben Sie ein Zimmer? – èchete domátio?
Doppelzimmer – éna díklino
Was kostet das Zimmer? – póso kani to domatio?
Das ist teuer. – Ine akrivo
Hat das Zimmer ein eigenes Bad? – Ehi banio to domátio?
Ich möchte gerne – tha ithela
Ich liebe Griechenland. – Mou aresi i Ellada.

Apotheke – farmakio
Arzt – jiatrós
Buch – Vivlio
Hotel – xenodhochío
Konsulat – proxenío
Polizist – astifilax
Polizeistation – astinomikó tmíma
Postamt – Tachidromío
Reisebüro – touristikó grafío
Touristenpolizei – touristikí astinomía
Zahnarzt – odhontiatros
Zeitung – efimerida

Auto und Werkstatt
Achse – Àksonas
Anlasser – Míza
Abschleppen, das Auto – Rimúlkiste tó aftokínito
Bremsen – Fréna
Ersatzteil – Antalaktikó
Getriebe – Kivótio tachitíon
Öl – Ládi
Ölwechsel – Aláksete to ládi
Panne – Vlávi
Scheinwerfer – Provoléfs
Stoßdämpfer – Amortisér
Vergaser – Karbiratér
Werkstatt, Garage – Garáz
Zündkerze – Buzí

251

Unterwegs

Wo ist das Museum? – Pou ine to mousio?
Wie komme ich dahin? – Pos boro na pao?
Fährt dahin ein Bus? – Iparhi leoforio?
Wann fahren Sie ab? – Pote fevgete?
Fahren Sie mich bitte nach ... – Me pate stin ...

Alt – Paléo
Bahnhof – Stathmos
Bank (Geldinstitut) – Trápeza
Boulevard, Stadtallee – Leofóros
Bucht – Órmos
Festung, Burg – Kástro
Flughafen – Aerodromio
Flugzeug – aeroplano
Gefahr – Kíndinosi
Hafen – Limani
Höhle – Spiliá
Kap – Akrotíri
Kloster – Monastíri
Landkarte von Griechenland – Hartis tis Elladas
Platz – Platía
Straße (z.B. bei Straßennamen) – Odós
Zug – treno

Im Restaurant

Restaurant – Taverna
Wo ist das Restaurant? – Pou íne to estiatório?
Was möchten Sie bestellen? – Ti tha parate?
Zeigen Sie mir bitte ... – Díxte mou, parakaló
eine Flasche Wein – ena boukali krasí
Apfel – Mílo
Bier – Bíra
Birne – Achládi
Brot – Psomí
Butter – Voútiro
Eier – Avgá
Eischreme – Pagotó
Feigen – Síka
Fisch – Psári
Frischer Fruchtsaft – Freskos himos
Feta Käse – Tiri feta
Gemüse – Lachaniká
Griechischer Bauernsalat – Salata hiriatiki
Hühnchen – Kotópoulo
Käse – Tirí

Kaffee mit Milch – Kafé gallikó me
Melone – Pepóni
Milch – Gála
Nachtisch, Dessert – Gliká, pástes
Ober – Garsón
Orange – Portokáli-
Orangensaft – Portokalada
Pfeffer – Pipéri
Pfirsich – Rodákino
Pommes frites – Patátes tiganités
Reis – Rizi
Rindersteak – Brizola mosharisia
Rotwein – Mávro krasí, kokkino krasí
Salz – Aláti
Schinken – Zambón
Schweinefleisch Souvlaki – Souvlaki hirino
Spaghetti – Makaronia
Trauben – Stafília
Vorspeisen – Mezédes, orektiká
Wasser – Neró
Weißwein – Àspro krasí
Zucker – Záhari
Die Rechnung bitte. – Thelo ton logarismó, parakaló.

Zahlen

eins – éna
zwei – dío
drei – tría
vier – téssera
fünf – pénde
sechs – éxi
sieben – eptá
acht – októ
neun – enéa
zehn – déka
zwanzig – íkossi
dreißig – triánda
vierzig – saránda
fünfzig – penínda
sechzig – exínda
siebzig – evdomínda
achtzig – ogdónda
neunzig – eneanínda
einhundert – ekató
zweihundert – diakóssia
dreihundert – triakóssia
eintausend – hília
zweitausend – dío hiliádes
dreitausend – tís hiliádes

Wochentage
Montag – Deftéra
Dienstag – Tríti
Mittwoch – Tetári
Donnerstag – Pémpti
Freitag – Paraskeví
Samstag – Sávato
Sonntag – Kyriakí

WÄHRUNG UND DEVISEN

Die griechische Währungseinheit ist die **Drachme** (Dr.) zu 100 Lepta. Münzen gibt es im Wert von 1, 2, 5, 10, 20, 50 und 100 Dr., wobei Wechselgeld gewöhnlich nur bis 5 Dr. herausgegeben wird. Niemand wird bei einem Rechnungsbetrag von z.B. 985 Dr. erwarten, daß er auf einen 1000 Drachmen-Schein Wechselgeld herausbekommt. Und Sie würden sich eine Blöse geben, wenn Sie darauf bestünden.

Banknoten sind in den Werten von 50, 100, 1000 und 5000 Dr. im Umlauf.

100 GDR = ca. 0,57 DM (Stand 2001)
1 DM = ca. 174 GDR

Am 1. Januar 2002 wurde auch in Griechenland der EURO als Zahlungsmittel eingeführt.

1 EURO = 340,75 GRD
100 GRD = 0,29 EURO.

Ausländische Zahlungsmittel, bar oder als Reiseschecks, können von Touristen unbeschränkt eingeführt werden. **Euro- und Reiseschecks** werden von größeren Banken und Hotels eingelöst. Euroschecks können bis zu einem Höchstbetrag von 45.000 Dr. ausgestellt werden.

Geldautomaten, die mit EC- oder Kreditkarten bedient werden können, sind nur wenig verbreitet.

Kreditkarten werden von Hotels, Autovermietungen, großen Restaurants und namhaften Geschäften akzeptiert. Bei einem Restaurantbesuch sollte man sich aber nicht blindlings darauf verlassen, mit der Kreditkarte bezahlen zu können!

WICHTIGE RUFNUMMERN

ADAC-Notruf, München: 0049/89/22 22 22.

Deutschsprachiger **Notrufdienst** des ELPA/ADAC: Athen **01/9 60 12 66** (bei Anrufen aus Athen ohne die Vorwahl)..

Polizeinotruf: 100

Unfallrettung: 166 oder 151

In den **Mobilnetzen** lautet die **Notrufnummer**: 112

Feuerwehr: 199

Touristenpolizei: 01/171

Ärztliche Betreuung, **Erste Hilfe**: In Athen, Thessaloniki, Kavala, Ioanina, Larissa und Patras – **166**. Außerhalb dieser Städte über die **151**.

Straßenhilfe des Automobilclubs ELPA: **104**,
vom **Mobiltelefon 0 11 04**.

ZEITUNTERSCHIED

Die Uhrzeit in Griechenland ist der unseren um eine Stunde voraus. Beispiel: Deutschland 12 Uhr – Griechenland 13 Uhr. Wie bei uns gilt auch in Griechenland von April bis September die Sommerzeit.

ZEICHENERKLÄRUNG

Durch die nachstehenden Symbole und Angaben, zusammen mit der Kartenskizze vor jeder Teilstrecke, haben Sie die wichtigsten Informationen über die jeweilige Etappe auf einen Blick zusammen. Sie können – ohne die ganze Etappe durchblättern zu müssen – abschätzen, was Sie auf dieser Strecke erwartet.

Beispiel:

⊙ **Entfernung:** Rund 200 km.

➜ **Strecke:** Über Straße 7 bis **Tripoli,** Straße 39/E961 über **Sparta** bis **Githio**.

🕐 **Reisedauer:** Mindestens ein Tag.

⌘ **Höhepunkte:** Die Kirchen von **Mistras** ** – der **Strand** bei Githio.

Mit folgender **Hervorhebung im Text, beginnend mit einem Pfeil und endend mit einem Punkt**

➜ **Route:** Weiterreise nach ..... ●

soll die eigentliche Route/Fahrstrecke von den Beschreibungen der Städte, Landschaften und Sehenswürdigkeiten optisch unterschieden und der Wiedereinstieg in die Route bei der Weiterfahrt erleichtert werden.

☑ *Mein Tipp!* – Dieser Hinweis ist eine subjektive Einschätzung durch den Autor. Damit sind Sehenswürdigkeiten, Hotels, Restaurants, Ausflüge o. ä. gekennzeichnet, die während der Recherchenreisen einen besonders starken und positiven Eindruck hinterlassen haben. Oder es werden damit wichtige Reisetipps markiert.

Piktogramme am Seitenrand:

 die Route

 archäol. Sehenswürdigkeit

 Wandermöglichkeit

 Umweg, Alternativroute

 Stadtrundgang

 Radtouren

 Abstecher, Ausflug

 Schloß, histor. Gebäude

 Information

 Autofähre

 Campingplatz Stellplatz

 Restaurant

 Sehenswürdigkeit

 „Mein Tipp"

 Hotels

Wichtige, am Rande vermerkte Sehenswürdigkeiten sind ihrer Bedeutung entsprechend mit ein, zwei oder drei Sternchen versehen:

* = sehenswert
** = sehr sehenswert
*** = ein „Muß" auf der Reise

MOBIL REISEN

Praktische Führer für das erlebnisreiche Reisen auf eigene Faust.

Die schönsten Reisewege neu erfahren.

Freude am Touring mit Auto, Motorrad, Caravan oder Wohnmobil.

Mobil Reisen: SKANDINAVIEN

Reiseziel Nordkap

Die große Tour zum Nordkap in bequem zu kombinierenden Reiserouten. Mit vielen Routenvarianten durch alle vier nordischen Länder – Dänemark, Norwegen, Schweden und Finnland. Ausführliche Beschreibung der Hauptstädte Kopenhagen, Oslo, Stockholm und Helsinki.

440 S., zahlr. s/w.- u. Farb-Abb., Kartenskizzen, Stadtpläne, Hotels, viele Infos, die schönsten Camping- u. Stellplätze.
ISBN 3-926145-14-5

Mobil Reisen: DÄNEMARK

Mit Insel Bornholm

Handlich und praktisch für erlebnisreiches Auto-, Motorrad- oder Wohnmobil-Touring. Auf 15 handverlesenen Urlaubsrouten zu den schönsten Städten und Küsten in Jütland, Fünen, Seeland und Bornholm. Ausführlicher Teil über "wonderful, wonderful Copenhagen".

272 S., zahlr. s/w.- u. Farb-Abb., Kartenskizzen, Stadtpläne, Hotels, viele Infos, die schönsten Camping- u. Stellplätze.
ISBN 3-926145-02-1

Mobil Reisen: NORWEGEN

Reisewege zum Nordkap

In besonders für den Individual-Autoreisenden aufbereiteter, praktischer und übersichtlicher Form wird das Land von Oslo durch die schönsten Täler und Fjordlandschaften Süd- und Westnorwegens, über die Lofoten und Vesterålen-Inseln bis zum Nordkap mit allem Sehenswerten rechts und links des Weges anhand zuverlässiger Routenvorschläge vorgestellt.

390 S., Stadtrundgänge, Wandervorschläge, zahlr. s/w.- u. Farb-Abb., Kartenskizzen, Stadtpläne, Hotels, viele Infos und die schönsten Camping- u. Stellplätze.
ISBN 3-926145-07-2

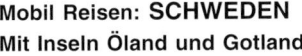

Mobil Reisen: SCHWEDEN

Mit Inseln Öland und Gotland

22 sorgfältig ausgewählte, vor Ort getestete Reise(mobil)routen und Autotouren durch die schönsten Landschaften, Städte und Regionen. Mit vielen Reisetipps und Informationen über Sehenswertes vom südlichen Schonen bis Lappland. Mit ausführlichem Stockholm-Teil, Stadtrundgänge u.a. durch Helsingborg, Göteborg, Uppsala, Kalmar, sowie die Inseln Öland und Gotland. 332 S., zahlr. s/w.- u. Farb-Abb., Kartenskizzen, Stadtpläne, Hotels, viele Infos und die schönsten Campingplätze. ISBN 3-926145-13-7

Mobil Reisen: BRETAGNE – Durch das Loire-Tal

Ein individueller Reiseführer mit Routenvorschlägen, ausgesuchten Touren und praktischen Reisetipps. Eine bequem nachvollziehbare Reise von Orléans durch das Tal der Loire bis an die bretonische Atlantikküste. So angenehme Themen wie "Essen und Trinken" kommen ebenso wenig zu kurz wie Historisches und Amüsantes. 428 S., zahlr. s/w.- u. Farb-Abb., Kartenskizzen, Stadtpläne, Hotels, viele Infos und die schönsten Campingplätze. ISBN 3-926145-20-X

Mobil Reisen: PORTUGAL

Gesamt Portugal, vom grünen Norden bis zur sonnigen Algarveküste, vom kargen, ursprünglichen Alto Alentejo bis zu den Seebädern am Atlantik beschreibt dieser Band auf leicht nachvollziehbaren Touren, die einen kompletten Eindruck von diesem überaus interessanten Reiseland vermitteln. Besonders ausführlich die Weinstadt Porto und natürlich Lissabon, eine der schönsten Hauptstädte Europas. 274 S., zahlr. s/w.- u. Farb-Abb., Kartenskizzen, Stadtpläne, Hotels, viele Infos und die schönsten Campingplätze. ISBN 3-926145-04-8

Mobil Reisen: TOSKANA & UMBRIEN

Wiege der Renaissance, altes Zentrum von Kunst, Kultur und Wissenschaft und natürlich Eldorado für Weinliebhaber und ein wahres Paradies für kulinarische Entdecker. Ein Autoführer mit bequem zu kombinierenden Reiserouten durch die gesamte Toskana, mit Elba, und durch Umbrien.
Großer Florenz-Teil sowie alle wichtigen Städte, Landschaften und Sehenswürdigkeiten. 360 S., zahlr. s/w.- u. Farb-Abb., Hotels, Restaurants, Camping- u. Stellplätze, Kartenskizzen, Stadtpläne und viele Infos. ISBN 3-926145-09-9

Mobil Reisen: IRLAND – Nordirland

Der ideale Urlaubsführer für alle, die den Charme der "Grünen Insel" auf eigene Faust entdecken wollen. Ausgesuchte Routenvorschläge fürs Auto-Touring von den südlichen Counties über die imposante Westküste bis hinauf ins abgeschiedene Donegal und durch Nordirland. Ausführlicher Dublin-Teil mit detaillierten Rundgängen. Kultur, Folklore, Tipps zu Pubs, Wandermöglichkeiten.
384 S., viele s/w- u. Farb-Fotos, Kartenskizzen, Stadtpläne, Hotels, viele Infos und die schönsten Campingplätze
ISBN 3-926145-01-3

Mobil Reisen: SCHOTTLAND

Schottland auf neuen Wegen erleben. Eine variantenreiche Rundreise – von den Borders bis zu den Highlands, von den Western Isles bis zu den Orkneys. Detaillierte Beschreibung von Edinburgh, Glasgow, allen wichtigen Städten, Schlössern und Landschaften.
Außerdem Essen und Trinken, Whisky, Clans, Tartans und Dudelsäcke, Wandern u.v.m.
364 S., zahlr. s/w- u. Farb-Abb., Kartenskizzen, Stadtpläne, Hotels, viele Infos und die schönsten Campingplätze.
ISBN 3-926145-08-0

Mobil Reisen: MAROKKO

Mehrfach vor Ort getestete Reiserouten vom Mittelmeer bis zur Sahara und detaillierte Pistenbeschreibungen für Off-Roader. Komplett überarbeitete Neuausgabe!
436 S., zahlr. s/w- u. Farb-Fotos, Karten, Stadtpläne, Hotels, Campingplätze.
Edith Kohlbach
ISBN 3-926145-12-9

Mobil Reisen: NAMIBIA

Ausgewählte Touren erschließen grandiose Landschaften mit einer einzigartigen Tier- u. Pflanzenwelt.
Umfassender Serviceteil und viele praktische Tipps.
Ca. 300 S., viele s/w- u. Farb-Fotos, Karten, Hotels, Campingmöglichkeiten.
Klaus Assmann
ISBN 3-926145-22-6

TOURING AMERICA

Die individuellen Touring-Guides für Ihre Traumtour durch die schönsten Gegenden in den USA und Kanada.

Mobil Reisen: WESTKANADA

Informiert reisen heißt auch mit Vergnügen reisen. Auto-, Motorrad- und Wohnmobil-Tourer finden in diesem Band neben den schönsten Reiserouten eine Fülle an Reisetipps und Infos.
Von Klaus Assmann. 349 S., zahlr. s/w.- u. Farb-Fotos, Hotels, Camping, Karten.
ISBN 3-926145-21-8

Mobil Reisen: NEUENGLAND – *Plus* New York City

Dieser neu konzipierte, kompetente Reiseführer geleitet Sie in ein ganz anderes Amerika, als Sie es vielleicht von den Klischee- und Reklamebildern aus Amerikas Westen her kennen. Neuengland, das "alte" Amerika, ist ein herrliches Reiseziel vor allem zum Indian Summer im Herbst.
Mit großem **Extra**: Umfangreicher New York City Guide.
Ca. 368 S., zahlr. s/w.- u. Farb-Fotos, Hotels, Campingplätze, Karten, Stadtpläne und viele Reisetipps und Infos.
ISBN 3-926145-18-8

TITEL IN VORBEREITUNG

Mobil Reisen: U.S.A. SÜDWEST

Wo Amerika am schönsten ist – Autotouren vom Pazifik bis in die Rockies. In einer gelungenen Mischung aus Sachinformation, Kultur und Tipps fürs tägliche Reiseerleben werden Kalifornien, Las Vegas, Colorado, Utah, Arizona und New Mexico anhand ausgesuchter Routen und Touren vorgestellt. Ausführlich wird natürlich auch auf die grandiosen Naturwunder und Nationalparks und auf die alten Indianerkulturen eingegangen.
ISBN 3-926145-15-3   **In Vorbereitung!**

TITEL IN VORBEREITUNG

Mobil Reisen: FLORIDA

Sonne satt. Strände soweit das Auge reicht. Und natürlich Heimat der berühmtesten Maus der Welt. Das alles ist Florida. Darüber hinaus finden Sie in diesem Reiseführer Touren, Städteportraits, Freizeitparks und viele Reisetipps in Amerikas Sonnenstaat – verpackt in praktischen Routenvorschlägen für bequemes Auto-Touring durch alle Regionen Floridas, vom "Panhandle" im Norden, über Disneyworld und Miami bis zu den Keys.
ISBN 3-926145-16-1   **In Vorbereitung!**

Fragen Sie im Buchhandel nach unseren aktuellen Neuerscheinungen.
Oder besuchen Sie uns im Internet:

http://www.rau-verlag.de

WERNER RAU VERLAG, Feldbergstr. 54, D - 70569 Stuttgart
e-mail: rauverlag@aol.com

MOBIL REISEN: GRIECHENLAND
© Werner Rau, Stuttgart, 1988
Vorliegend: Komplett überarbeitete 4. Auflage 2002